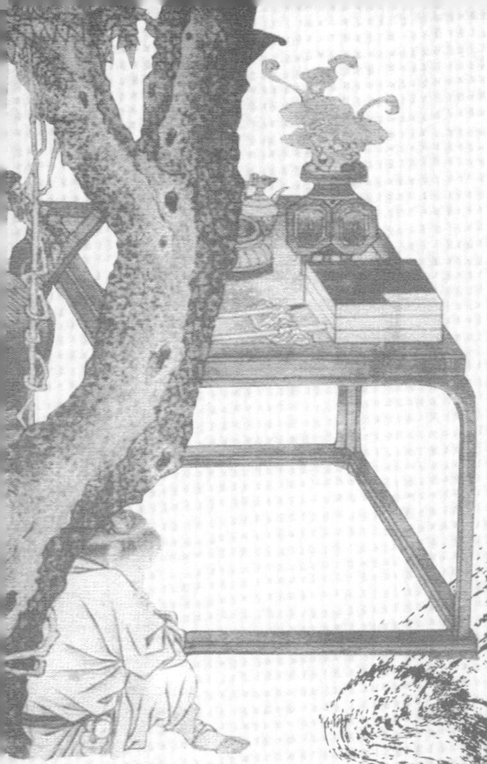

青史读来总断肠

中国散文学会编选
张秀枫 主编

内蒙古出版集团
远方出版社

图书在版编目（CIP）数据

青史读来总断肠/张秀枫主编.－呼和浩特：远方出版社，2011.3
ISBN 978-7-80723-586-6
Ⅰ.①青… Ⅱ.①张… Ⅲ.①中国－历史－文集 Ⅳ.①K207-53
中国版本图书馆CIP数据核字(2011)第024370号

青史读来总断肠　张秀枫/主编

编　　选：中国散文学会
策　　划：张　明
责任编辑：敖登格日乐　云高娃
特约编辑：文　欢
出版发行：内蒙古出版集团　远方出版社
社　　址：呼和浩特市乌兰察布东路666号
电　　话：0471-4919981（发行部）
邮政编码：010010
经　　销：新华书店
印　　刷：北京中印联印务有限公司
开　　本：720毫米×1000毫米　1/16
字　　数：250千字
印　　张：20.5
版　　次：2011年5月第1版
印　　次：2011年5月第1次印刷
标准书号：ISBN 978-7-80723-586-6
定　　价：32.00元

声明：本书未能联系到的部分文章作者，请与“中国散文学会”王智接洽，电话（010）82859262

序　言

几千年来的中国历史是辉煌灿烂的，对人类做出了难以胜数的伟大贡献。然而，勿庸置疑，华夏大地也充满了血和泪。历史的悲剧重复上演，几乎贯穿了中国历史的各个时期。戴逸在《18世纪中国与世界·导言卷》中说：“历史的悲剧只有在悲剧造成以后很久时间，人们才会感到切肤之痛。”悲剧的历史对于悲剧发生的当时是巨大的灾难，对于其后则有着无可替代的特殊价值。在感受“切肤之痛”、心灵受到强烈冲击的同时，也会刺激人们从理性上进行反思，从而获得使社会更加合理向前发展的经验和才智。

在漫长的中国历史中，袁崇焕之死被称为“千古第一奇冤”，他的人生悲剧颇富代表性。袁崇焕是明末杰出的军事家，也是天才的文学家。万历四十七年中进士，后在兵部任职。当时对明廷构成严重威胁的是山海关外的清兵。袁曾单骑出关考察，还京后自请守卫辽东，筑古宁远城（今辽宁兴城）卫戎。天启六年，清太祖努尔哈赤率军进攻，被袁打败，努尔哈赤中弹身亡。宁远大捷极大地振奋了朝野的士气，意义和影响都是空前的。然而袁因不附奸佞魏忠贤而被解职。明思宗即位后，在朝臣的纷请中还朝被任命为兵部尚书，执掌军政大权。崇祯二年袁以尚方宝剑诛杀了大将毛文龙。同年皇太极率十万大军兵临北京城下。袁闻讯带兵两日急行军三百里，但他没有在蓟州、通州一带与敌决战，却在诸将反对下率兵入京，在广渠门外大败清军。此间，皇太极施反间计得逞，崇祯三年袁以“通虏谋叛”、“擅主和议”和“专戮大帅”三项罪名“磔死”。

悲剧的实质是把有价值的东西毁灭给人看。袁崇焕文武双全，为人正直，在国难当头的关键时刻，他不计个人安危，挺身而出，英勇地抗击入侵的敌人，自觉地担负起时代赋予的重任，践行历史的必然要求，然而，他的爱国情怀和正义之举却因丑恶环境的强大而惨遭失败。车尔尼雪夫斯基在《美与生活》中说：“悲剧是人的苦难或死亡……它能够使我们充满恐怖和同情。”反抗暴力侵略是正义的、进步的，是人类伟大悲剧精神（从恐惧到勇敢）的体现，不但唤起了人们的同情、惋惜和悲愤的感情，而且在人们的心目中油然而生一种神圣的崇高感。这种情感在历史上得到了无限的延续，晚近名人康有为曾在袁崇焕祠墓廊柱上撰写对联云：“自坏长城慨今古，永留毅魂壮山河”。连袁的敌手也对他崇敬有加，清乾隆皇帝专门下诏为其平反，《清高宗实录》记载说：“袁崇焕督师蓟辽，虽与我朝为敌，但尚能忠于所事，彼时主暗政昏，不能罄其忱悃，以致身罹重辟，深可悯恻。”

康有为的“自毁长城”是从崇祯皇帝这个视角而生发的感慨。明朝所处的18世纪，资本主义经济开始萌芽，城市已经相当发达，市民阶层业已形成，与西方此时的发展虽各有短长，但差距并不显著。然而西方也恰恰在这一历史阶段开始步入工业化时代。明王朝的坍塌使这个老大帝国彻底丧失了历史的机遇，从此走向了更加昏愦而腐朽的超稳定的封建社会和半封建半殖民地社会。有人说，如果袁崇焕不死，“甲申三百年”的历史或可重写。袁崇焕命运中所体现的悲剧超越了它的自身，而是一种更为深刻的时代的悲剧。正如太平天国的失败是“天国的悲剧”，而不是历史的悲剧。

任何事物的发生和发展，都是主客观互相作用的结果。袁崇焕如果不是对昏庸的崇祯过于迷信，如果对加害有所察觉并另行谋划，如果他的性格不是那么刚直、刚愎而是善于听取意见和建议，也许不但不会白白送掉性命，更不会使清军的铁蹄踏破山海关，也不会有屠城式的杀戮。历史当然没有“如果”，但性格所造成的悲剧，却是惊心动魄而且值得玩味的。

袁崇焕伏刑的惨状，令人毛骨悚然。当时北京的老百姓都相信袁“通敌”，对其恨之如骨。据《石匮书》所载，“刽子手割一块肉，百姓付钱，取之生食。顷间肉已沽清。再开膛出五脏，截寸而沽，百姓买得，和烧酒生吞，血流齿颊”。封建社会治下的老百姓，按鲁迅先生的说法，只有两种人，即“看客”和被看者。群众的愚昧和残酷，是历史悲剧产生的麻木的温床和无意识的推手。这是令人怆然而悲凉的。

最大的悲剧在于人们几乎不从悲剧中吸取教训。宋代末期发生了岳飞的悲剧，二三百年后的明代末期又发生了袁崇焕的悲剧。这样的重复在中国历史上不知凡几，令人扼腕。最近报端披露，在我国历史教科书中人们所熟知的国宝“浑天地动仪”模型，根本不是原件，而是1950年代一位考古学家根据古书上196个字的描写，参考英国科学家的地震理论，设计并制作的。连张衡的画像也是模拟的。据科普作家方舟子说,张衡的地动仪“很可能和今人复原的模型一样，仅仅是个摆设”。如此吊诡的事情，极大地打击了人们的信心。而更大的打击在于，我们从未在这种造假的悲剧中认真反思并痛改前非，这才是最大的悲剧。

这就要求我们坚持怀疑精神和批判意识，用理性驱除头脑中的黑暗，还原历史的真相。只有真相才能使人认清历史，从而避免历史悲剧的循环往复，而使其在不断的否定中发展前行。

本书所选收的一些历史随笔，通过对历史生态的扫描、质疑和透视，通过对历史真相的追寻、探究和争辩来再现历史和历史人物的真与假，善与恶，悲与喜，爱与恨，惋惜与愤怒，正义与卑劣，虚伪与崇高。这些文章力戒封闭的思维、陈旧的意象、钝化的感觉、老掉牙的故事和苍白无力的表达，追求一种独特的视角、新鲜的材料、尖锐的洞察力、个性化的真知灼见，在行文上则努力深入浅出，富有质感，大处能见方圆，小处可知细心，以坦率的真诚与读者进行促膝式的交流。对历史的质疑和批判是文章的主要诉求，干预历史的冲动弥漫在字里行间。在历史悲剧的巨大怆痛中，表现历史在克服重重阻碍中得以摇摆前行的艰难；在喻人、悦人、予人的历史叙事中，启迪并接通广泛的思索，增添认识的新元素，透悟打通古今的人类智慧。

张秀枫2011年1月10日于深圳

目　录

历史的质疑

历史的谜团

历史的真相

人物的新探

历史的韵事

历史的质疑

秦始皇不可能是吕不韦的私生子

方舟子

《史记》能让一般的人也读得津津有味的一个原因，是太史公很喜欢讲述一些奇闻异事。比如，按他的说法，秦始皇帝居然是个没有嬴家血统的私生子。据他说，吕不韦在赵国邯郸与一名美貌舞女（后人称为赵姬）同居，后者有了身孕。有一次吕不韦请在赵国当人质的秦国公子子楚喝酒，子楚喜欢上了赵姬，向吕不韦索要。吕不韦先是大怒，后来考虑到已经破费了大笔家财结交子楚，于是就把赵姬献给了子楚。赵姬向子楚隐瞒了自己已怀孕一事。12 个月后，在第二年的正月，赵姬逾期产下一子，被子楚立为夫人。这个小孩取名为政（“政”通“正”，表示是正月生的），也就是后来的秦始皇嬴政。但汉朝的人认为嬴政其实是吕不韦与赵姬的私生子，所以干脆又把他叫做吕政。

后来的史家也都沿用这个说法（例如司马光《资治通鉴》）。到明朝时，有几位学者对此表示怀疑，认为这或者是吕不韦编造出来保护自己的，或者是秦始皇的仇家捏造出来泄愤的。现代的史学家有的认为这个说法不可信，有的认为司马迁的记述不可能空穴来风，于是秦始皇生父是谁，就成了一个谜了。

现在的小说、影视，都还是把吕不韦当成秦始皇的生父。文艺作品喜欢传奇，无可厚非。近日见到有一个名牌大学的历史系教授在电视上办讲座讲吕不韦，也跟作家一样喜欢八卦，甚至连存疑的态度都没有，坚称“吕不韦是秦始皇的生父，是没有问题的”，而且邯郸献姬乃是吕不韦精心策划的一个阴谋，就是为了让自己的儿子有朝一日能当上秦王。

嬴政生于秦昭王四十八年。秦昭王是嬴政的曾祖父，中间还隔着祖父秦孝文王和父亲秦庄襄王即子楚。子楚当时还只是秦昭王众多孙子中被抛弃的一个，几乎没有可能继承王位，吕不韦把宝押在他身上已是匪夷所思，更何况是子楚的继承者？孝文王和庄襄王碰巧都很短命，一个只在位几个月，一个只在位 3 年，嬴政才因此早早登上了王位。吕不韦如果能预见这种巧合，那可真是神仙了。

从科学的角度看，说吕不韦是秦始皇的生父，问题更大了。很显然，嬴政是在赵姬嫁给子楚一年以后出生的，后人为了把嬴政说成吕不韦的儿子，才有怀孕 12 个月这种离奇的传说。人类妊娠时间从受孕之日算起平均不足 9 个月，仅为 266 天。古人因为不知道女性的受孕时间，有了“怀胎十月”这种不准确的说法。如果真的怀胎 10 月，对胎儿是相当危险的，更不要说怀胎 12 个月了。

在现在，如果过了预产期两周还没有开始生产，医生就要考虑进行引产或剖腹产了。这个时候，子宫的环境开始恶化，胎盘无法向胎儿提供足够的养分和氧气，影响了胎儿的健康。羊水的产量也下降了，使得子宫中羊水量减少，胎儿有缺水的危险，皮肤变得干燥、松弛、发皱。覆盖在胎儿皮肤表面的保护性皮脂也会丧失。逾期胎儿会在子宫中排出胎粪，把胎儿皮肤和脐带染成绿色或黄色，并有可能被吸入体内。逾期胎儿的头通常长得过大，导致难产。

那么，如果在怀孕 12 个月后还能顺利地生下健康的婴儿，那只能说是奇迹了。虽然现代偶尔也能见到怀胎 1 年成功生产的新闻报道，但是都不可信，那或者是孕妇为了掩盖自己的不忠而撒谎，或者是中间有过不明显的小产再第二次怀孕。

因此，子楚根据赵姬生子的时间判断嬴政是自己的儿子，是非常合理的。那位历史教授嘲笑子楚是因为智力不高才如此判断，反而暴露出他自己缺乏常识。

总之，根据医学常识我们可以断定秦始皇不可能是吕不韦的儿子。虽然有关吕不韦是秦始皇的生父的说法不见于《战国策》等其他史料，是《史记》首先提出来的，但是现在的历史学家之所以不敢否定甚至去肯定这种说法，是因为相信司马迁，以为太史公不会胡写。

其实以现代的眼光看，《史记》算不上严谨的史书，充斥了神话、鬼话、传闻和小说家言。就拿吕不韦这事来说吧，《史记》既说赵姬是委身吕不韦的舞女，又说赵姬是赵国有势力的豪家女，身份如此悬殊，前后矛盾。又如，《史记》叙述吕不韦与子楚商议如何争取让安国君（后来的秦孝文王）立子楚为嫡嗣，绘声绘色地记录两人的对话。读者读起来固然很过瘾，但是这是两个人私下里极为机密的密谋，具体内容他人如何得知？不过是司马迁的文学虚构而已。再如，赵姬婚前怀孕一事，乃是她与吕不韦两个人的天大秘密，连赵姬的丈夫都瞒过了，他人又如何得知？明显是编造出来的。在吕不韦生前，秦始皇显然从未听说过吕不韦是其生父的传言，所以在决定除掉吕不韦时，还责问他："君何亲于秦？"

我们是相信科学、理性，还是迷信古代的权威？即使是学习历史，也会面临着这样的选择。

史料探秘：火烧赤壁是否绝属虚构

胡小伟

“赤壁之战”的历史演变

《三国志演义》以战争描写著称后世。明人评价《三国志演义》，向有“据正史，采小说，证文辞，通好尚，非俗非虚，易观易入”的褒誉，清儒章学诚归结为“七实三虚”之说，遂成定谳，而为后世文学史、小说史乐于引用。其间偶有争议，也仅限于《三国志》与《三国志演义》文史之异同，而鲜有谈及其中的“三虚”，是否另有素材来源的问题。那么，我们来探讨一下《三国志演义》中的“实中之虚”与“虚中之实”，以见其增益部分中的宋元事实。

“赤壁之战”是《三国志演义》的重要情节之一，不仅因为它是直接构成“三国鼎立”的要素，而且直接描述在毛宗岗120回本中占据了8回之多。事实上从三国故事形成以来，有关“赤壁之战”的诗歌便不绝如缕，如盛唐李白“二龙争战决雌雄，赤壁楼船扫地空。烈火张天照云海，周瑜于此破曹公。君去沧江望澄碧，鲸鲵唐突留余迹。一一书来报故人，我欲因之壮心魄。”如晚唐胡曾“烈火西焚魏帝旗，周郎开国虎争时。交兵不假挥长剑，已挫英雄百万师。”一直到苏轼前后《赤壁赋》，破曹英雄都锁定在周瑜身上。

戏剧囿于舞台及脚色限定，很难直接表现战役全景，故元杂剧有《隔江斗智》，专门描述诸葛亮与周瑜既联合又相互算计的曲折过程，间接表现了“赤壁之战”的设谋、实施和胜利，把戏曲从矛盾中塑造人物的特长发挥得淋漓尽致，转为后世小说承袭发展。《三国志》中雍容大度的周瑜形象亦因此改塑，作为诸葛亮智高一筹的陪衬，变成小肚鸡肠、嫉贤妒能的典型。而明人嘉靖本《三国志通俗演义》则发挥了小说叙事不受三维空间局限的特长，以大段篇幅，反复穿插，全景视野描写的“赤壁之战”，遂成中国小说史上最成功的战争描写。

有人统计，毛本《三国志演义》中有关“赤壁之战”的描述文字共约37900字，“其中的故事绝大部分为虚构”，故称“赤壁之战——《三国演义》中虚构故事为最多”。但“赤壁之战”到底被虚构到了什么程度，尤其是其核心情节是否符合史实，前贤也曾论及，如钱钟书论及《孟德新书》时，以为：“《三国演义》写赤壁之战，黄盖苦肉计诈降，周瑜佯醉骗蒋干，皆使曹操堕术中；征之《三国志·吴书·周瑜传》，黄盖诈降而无苦肉计，蒋干做说客而无被骗事。《演义》所增诡计，中外古兵书皆尝举似。《孙子·用间》篇：‘内间者，因其官人而信之’，何延锡注引李雄鞭扑泰见血，使谲罗尚，尚信之，即《演义》第四十六回周瑜之挞黄盖；又‘反间，因其敌间而用之’，萧世諴注谓‘敌使人来候我，我佯不知而示以嘘事’，即《演义》第四十五回周瑜之赚蒋干。”

只是关于《三国志演义》增益谋略“诡计”，远非此端。从《三国志演义》小说描述的经典战役“赤壁之战”，与宋金元水军在长江与崖门四次水上战略决战的比较，以窥其余。

史实辨疑：从《三国志》到《资治通鉴》

1.《三国志》的矛盾记叙

首先的问题是：以三国时代的造船技术和系泊水平，是否能够在长江中游形成后人从《三国志》传述的大规模战略决战？我们不妨回溯一下史籍的记述。

《三国志·魏书·武帝纪一》比较简略：“十二月，孙权为备攻合肥。公自江陵征备，至巴丘，遣张憙救合肥。权闻憙至，乃走。公至赤壁，与备战，不利。于是大疫，吏士多死者，乃引军还。备遂有荆州、江南诸郡。”不但讳言失败，更未提及“火攻”致败，而是归于战役“不利”之后的“大疫”，可以理解。王粲《英雄记》言：“曹公赤壁之役，行至云梦大泽中，遇大雾，迷失道。”也绝口不提烧船之事。又《江表传》：“周瑜破魏军，曹公复书与权曰：赤壁之役，值有疾疫。孤烧船自退，横使周瑜虚得此名。”还说是曹操自烧其船。裴松之于此节注言：“《山阳公载记》曰：(曹)公船舰为(刘)备所烧，引军从华容道步归，遇泥泞，道不通，天又大风，悉使羸兵负草填之，骑乃得过。羸兵为人马所蹈藉，陷泥中，死者甚众。军既得出，公大喜，诸将问之，公曰：‘刘备，吾俦也。但得计少晚；向使早放火，吾徒无类矣。’备寻亦放火，而无所及。孙盛《异同》评曰：按《吴志》，刘备先破公军，然后权攻合肥，而此记云权先攻合肥，后有赤壁之事。二者不同，《吴志》为是。”

可知早在南朝，策划并实施赤壁“火攻”的所有权人究竟是刘备还是周瑜，已经发生了疑问。且“放火”不仅限于江面，还有追及陆上之说。尽管孙盛挑出的逻辑矛盾，导致后世《吴志》作为信史之价值上升，但也不能回避“刘备先破公军”问题。《蜀书·先主传》亦言：“曹公以江陵有军实，恐先主据之，乃释辎重，轻军到襄阳。闻先主已过，曹公将精骑五千急追之，一日一夜行三百余里，及于当阳之长阪。先主弃妻子，与诸葛亮、张飞、赵云等数十骑走，曹公大获其人众辎重。先主斜趋汉津，适与羽船会，得济沔，遇表长子江夏太守琦众万余人，与俱到夏口。先主遣诸葛亮自结于孙权，权遣周瑜、程普等水军数万，与先主并力，与曹公战于赤壁，大破之，焚其舟船。先主与吴军水陆并进，追到南郡，时又疾疫，北军多死，曹公引归。”增加了刘备等人先“大破其军”，然后再“焚其舟船”的细节，又以适值“大疫”，才击退曹军的。而《吴书·吴主传第二》则言：“是时曹公新得表众，形势甚盛，诸议者皆望风畏惧，多劝权迎之。惟瑜、肃执拒之议，意与权同。瑜、普为左右督，各领万人，与备俱进，遇于赤壁，大破曹公军。公烧其余船引退，士卒饥疫，死者大半。”

从文字上看，失利以后“烧其余船以退”的还非刘备，而是曹操自己。只是在《吴书·周瑜传》中描述到曹操的“结船为阵”，和联军攻势的“以风助火”，细节也比较详尽：“时曹公军众已有疾病，初一交战，公军败退，引次江北。瑜等在南岸。瑜部将黄盖曰：‘今寇众我寡，难与持久。然观操军船舰首尾相接，可烧而走也。’乃取蒙冲斗舰数十艘，实以薪草，膏油灌其中，裹以帷幕，上建牙旗，先书报曹公，欺以欲降。又豫备走舸，各系大船后，因引次俱前。曹公军吏士皆延颈观望，指言盖降。盖放诸船，同时发火。时风盛猛，悉延烧岸上营落。顷之，烟炎张天，人马烧溺，死者甚众。军遂败退，还保南郡。”

说得最热闹的其实是裴氏为《周瑜传》加注的《江表传》：“至战日，盖先取轻利舰十舫，载燥荻枯柴积其中，灌以鱼膏，赤幔覆之，建旌旗龙幡于舰上。

时东南风急，因以十舰最著前，中江举帆，盖举火白诸校，使众兵齐声大叫曰：'降焉！'操军人皆出营立观。去北军二里余，同时发火，火烈风猛，往船如箭，飞埃绝烂，烧尽北船，延及岸边营柴。瑜等率轻锐寻继其后，雷鼓大进，北军大坏，曹公退走。"不知为何，与其引用曹操致周瑜书的说法颇有矛盾。

2. 吴、魏当时"鼓吹曲"的描述

此外，《周瑜传》的说法也只是孤证。即便同书《黄盖传》中，也仅以"随周瑜拒曹公于赤壁，建策火攻，语在瑜传"敷衍道之，而未言及其他，即是一疑。沈约所撰《宋书·乐志四》裒集有"吴鼓吹曲"十二篇，其中涉及周瑜参与"赤壁之战"的歌辞为："《乌林》者，言曹操既破荆州，从流东下，欲来争锋。大皇帝命将周瑜逆击之于乌林而破走也。汉曲有《上之回》，此篇当之。第四。"

"曹操北伐，拔柳城。乘胜席卷，遂南征。刘氏不睦，八郡震惊。众既降，操屠荆。舟车十万，扬风声。议者狐疑，虑无成。赖我大皇，发圣明。虎臣雄烈，周与程。破操乌林，显章功名。"

也没有提及"诈降"、"火攻"等关键情节。从证据价值来看，这首歌辞是赤壁之战胜利后的"当时鼓吹"，创作时间无疑早于陈寿志传，甚至《吴书》的写作年代，而该歌辞的收存者沈约的实际年代，亦与为《三国志》作注的裴松之先后踵接。结合前引《三国志》魏、蜀、吴主各传记叙，即面对同时或稍前之四项基本一致之史料记载，《吴书·周瑜传》的描述是否真实，就很值得质疑了。

3. 亲历者王粲《英雄记》的记载

至于周瑜"火烧赤壁"的真实情景为何，亲身参与过"赤壁之战"的王粲在《英雄记》中两段平实叙述，或许可以帮助我们解开这个历史之谜："周瑜领江夏，曹操欲从赤壁渡江南，无船，乘簰从汉水下，住浦口。未即渡，瑜夜密使轻舡、走舸百所艘，艘有五十人移棹，人持炬火，火燃则移船走去，去复还烧者。须臾烧数千簰，火大起，光上照天，操夜去。"

"曹军至江上，欲从赤壁渡江，无舡，作竹椑使部曲乘之，从汉水来下，出大江，注浦口，未即渡，周瑜又夜密使轻舡、走舸百艘烧椑，操乃夜走。"

也就是说，曹军所乘只是木筏（簰、椑）。而周瑜则是采取夜袭方式，遣船烧簰，使曹军欲渡不能。这种说法仍然有"火攻"事实，但与《魏书》、《蜀书》及《吴书·吴主传》记述相去不远，惟与《周瑜传》描述大相径庭。从证据学的观念上看，王粲所记似乎亦稍胜一筹。

但《周瑜传》所载之“黄盖诈降”、“结船为阵”、“东南风急”相继成为“火攻”要素，也是这一场“以弱敌强”的战役发生戏剧性转变的关键，因而为历代史学家、文学家珍爱，辗转相沿，成为定说的。故而杜牧赋诗，特意标举“东风不与周郎便，铜雀深宫锁二乔”。请注意，杜牧此诗作于晚唐，已与李商隐“或谑张飞胡，或笑邓艾吃”所述三国人物故事以传说形式流行民间的时代相同。

现今史学界多以为历史上的“赤壁之战”，发生在湖北蒲圻市（今称赤壁市）北约38公里的长江南岸。而《英雄记》所载因有“从汉水下”、“从汉水来下”之语，被认为是支持“黄冈赤壁”说的，因而为唐后学人诗家所不取。揆诸情理，曹军既不习水战，当然不会选择水而宽阔的地带，进行战略决战的。

《三国志》虽然成于陈寿一人之手，但是三方的资料却来源有自。正是因为陈寿尊重了各方资料所载，而没有用《魏书》的正统观念统摄其他，所以受到后世史家的称赞，号为“良史”，但推想《三国志》关于“赤壁之战”说法何以会出现这样的歧异，或者与《吴书》好以“眩言”自大有关。比如南下曹军的数量，《吴书·吴主传二》叙及赤壁战事时，裴注有言：“《江表传》载《曹公与权书》曰：‘近者奉辞伐罪，旄麾南指，刘琮束手。今治水军八十万众，方与将军会猎于吴。’权得书以示群臣，莫不相震失色。”

这里的“水军八十万”开始谈及决战可能的规模问题，也是三国小说戏剧铺张之由头。复引《江表传》注《周瑜传》：“及会罢之夜，瑜请见曰：‘诸人徒见操书，言水步八十万，而各恐慑，不复料其虚实，便开此议，甚无谓也。今以实校之，彼所将中国人，不过十五六万，且军已久疲，所得表众，亦极七八万耳，尚怀狐疑。’”等于自释其疑。但由于话分两头，令人无所适从。如结合前述《乌林》曲中“舟车十万”之说，实与刘孙联军的实力差别不大。

再者，曹操荆州之争征伐的主要敌人，本为刘备，除了前引《三国志》诸说之外，还可以由《宋书·乐四》裒集的“魏鼓吹曲”《平南荆》觇之，其辞云：“南荆何辽辽，江汉独不清。菁茅久不贡，王师赫南征。刘琮据襄阳，贼备屯樊城。六军庐新野，金鼓震天庭。刘子面缚至，武皇许其成。许与其成，抚其民。陶陶江汉间，普为大魏臣。大魏臣，向风思自新。思自新，齐功古人。在昔虞与唐，大魏得与均。多选忠义士，为喉唇。天下一定，万世无风尘。"

注曰："汉第八曲《上陵》，今第八曲《平南荆》，言曹公南平荆州也。"明确指出此役敌人实为刘琮与"贼(刘)备"，而非孙权。比照前引《魏书》、《蜀书》及裴注所引《山阳公载记》，也都是写刘备正面接敌，而《吴书·吴主传二》亦只写"瑜、普为左右督，各领万人，与备俱进，遇于赤壁，大破曹公军"可知，引发荆州归属问题的"赤壁之战"，是曹、刘互以为正面对手，孙吴不过是偏师突袭而已。

吴鼓吹曲《乌林》中则述"虎臣雄烈，周与程。破操乌林，显章功名"，不再提及刘备。这或许是与他们强烈的自尊心有关。吴人载记每好"眩言"，夸大其词，笔者曾在《〈乐府诗集〉所辑〈关背德〉、〈通荆门〉看三国历史上的荆州之争》中"蜀疑其眩"一节有所分析，不赘。

这让人疑心《周瑜传》描述的"赤壁之战"，实际上是吴人争功，以塞实"借荆州"之说，为日后偷袭关羽造成借口而编造出来的。或者换一种说法，这条资料其实是三国历史虚构化、故事化的起始，甚至迳称为三国故事"小说化"的发端，未尝不可。

4. 王浚楼船下益州

由唐人所撰《晋书》对于王浚伐吴的记载看来，《周瑜传》的有关"赤壁之战"的描述也值得怀疑。正如前述杜牧之诗还写到了"折戟沉沙铁未销，自将磨洗认前朝"，歌咏的却是象征三国时代结束的"王浚楼船下益州，金陵王气黯然收"。这次曾经在长江中下游有过小规模水战，除此次及类似的隋平陈之外，中国历史上直至宋金，都没有发生过值得一提的水上战役。

据《晋书》载，"武帝谋伐吴，诏浚修舟舰。浚乃作大船连舫，方百二十步，受二千余人。以木为城，起楼橹，开四出门，其上皆得驰马来往。又画鹢首怪兽于船首，以惧江神。舟楫之盛，自古未有。"虽然他"造船于蜀，其木柿(木屑)蔽江而下"。这曾经引起了下游的警惕，"吴建平太守吾彦取流柿以呈孙皓曰：'晋必有攻吴之计，宜增建平兵。建平不下，终不敢渡。'"只是孙皓不听。太康元年(280年)二月王浚大军克复丹杨(今湖北秭归东)，进逼西陵峡，顺流而东时，吴人还是在水上尽最大努力设置了障碍："吴人于江险碛要害之处，并以铁锁横截之，又作铁锥长丈余，暗置江中，以逆距船。先是，(襄阳太守)羊祜获吴间谍，具知情状。浚乃作大筏数十，亦方百余步，缚草为人，被甲持杖，令善水者以筏先行，筏遇铁锥，锥辄著筏去。又作火炬，长十余丈，大数十围，灌以麻油，在船前，遇锁，然炬烧之，须臾，融液断绝，于是船无所碍。”

可知即便冬季长江枯水期间，木筏逞顺流而下之势亦非无用，兵不血刃，即顺利平吴。而铁锥遇筏而拔，铁锁遇火而化，不中用的反而是东吴的锚碇和铸铁技术。此时距建安十三年(208年)发生的“赤壁之战”时，不过六十余年。推想当时赤壁战时曹军果若“船舰首尾相接”，铁索亦应遇火而化，未必坚若磐石。而船舰一旦荡开，当然不可能出现“顷之烟炎张天，人马烧溺”的壮观场景。

5. 中国科技史提出的困惑

《吴书·周瑜传》及《江表传》的精彩述说，似乎忽略了一个重要问题，就是只谈长江“北岸”、“南岸”，不提江水之“上游”、“下游”。盖缘曹军所据西北，无疑为长江上游。“大江东流”之势能，在水战之中可否忽略不计？是否可与“东南风急”之动能对等抵销？笔者不是船舶专家，不能妄下定评。但《吴书》此番描述的周瑜火攻，虽言顺风，却不顺水，故必须逆流而上。如不考虑成熟的锚碇技术以及风帆问题，则长江水域能否进行如此规模的水上决战，实可怀疑。即以今日技术而言，水翼船、摩托艇容或能之，即便其他老式机动船在长江中游逆流而上，想要达到“往船如箭”的程度，也是不可能的。

值得注意的是，《江表传》中出现了一句“中江举帆”，为《三国志》原文所无。按《江表传》为晋人虞溥所著，见《晋书》列传第五十二。但这部著作是在他死后，儿子虞勃渡江，才献给晋元帝司马睿(276—322年)，藏诸东晋秘府的。如以东晋政权建立的建武元年(317年)而论，已距“赤壁之战”一百余年，距陈寿(233—297年)编《三国志》(约从泰始十年，即274年升为著作郎开始)也有三十余年。所叙既非亲见，亦非可能访于亲历之人。从介绍虞溥善文章词赋特点看来，“中江举帆”一语应当是“以意补之”，同时亦不排除其子虞勃或者后人增饰润色的可能。盖缘帆以风为动力，于是“东南风急”成为文学想象中东吴船舰所以能够溯流急上，“火攻赤壁”的主要动力来源。而后世所以增饰诸葛亮“借东风”，凸显他的“神机妙算”，其实不过是突出此战关键的“能源专家”。这正是原史不明，需要补苴罅漏的地方，也为后世小说戏曲铺张此事增添了依据。可惜如果引入中国科技史的历史考察，就会遭遇到麻烦。

又《吴书·吴主传二》引《江表传》曰："权于武昌新装大船，名为长安，试泛之钓台圻。时风大盛，谷利令柂工取樊口。权曰：'当张头取罗州。'利拔刀向柂工曰：'不取樊口者斩。'工即转柂入樊口，风遂猛不可行，乃还。权曰：'阿利畏水何怯也？'利跪曰：'大王万乘之主，轻于不测之渊，戏于猛浪之中，船楼装高，邂逅颠危，奈社稷何？是以利辄敢以死争。'权于是贵重之，自此后不复名之，常呼曰谷。"

如果孙权所乘为帆船，则逆风"大盛"，须急落帆，而非逆风行船，或者掉头回返，其理至明。则知当时孙权所乘之船，动力源亦为橹篙之类。

大约读惯了"孤帆远影碧空尽"、"沉舟侧畔千帆过"、"过尽千帆皆不是"之类诗词的原因，很多人把船帆在中国"自古有之"视为当然。其实在科技史上这还是一个具有争议的问题。有论者言："我国发明帆的时间，现在已无法知道了，但是我国使用帆的历史至少已有三千多年了。在商代遗留下来的甲骨文中，就经常能够发现帆的文字，这些文字写作Ⅱ、丹等形状，好像张开的帆。从甲骨文关于帆字的字样，我们可以推测早期的帆是属于固定装置的方形帆。固定装置的方形帆制作简单，但是它只能有效地利用从船尾方向吹来的风，就是顺风。"

这倒正似黄盖所率趁"东南风急"火烧曹营使用的帆船。可惜语焉不详，并没有提供进一步实物图形甚至文字的证据。

按东汉许慎《说文解字》中"帆"作"颿"，从马从风，表示是用于车驶之风力。汉末刘熙《释名》才首次解释为"随风张幔曰帆，使舟疾泛泛然也"。显然已用于船行。刘熙就是汉末三国时代的人，但究竟他是在描述习见技术，还是耳食之言，尚难骤定。此外还有人据东汉马融《广安颂》中有句云："然后方艅艎，连舼舟、张云帆，施蜺帱，靡飔风，陵迅流，发擢歌，从水讴，淫鱼出，蓍蔡浮，湘灵下，汉女游。"这段文字被认为是"对风帆作了生动的描绘"，说明"汉代帆船已很普遍了"。但此赋显为时空两维，不受限制之夸饰描绘，而非实用技术之描述。比如"靡飔风"时能否"张云帆"，就是一个常识性问题。何况"帆"字何时出现，也应经过考究。

李约瑟曾专门论述过中国帆船及锚碇技术的发展，评价甚高。他以为就帆船技术而言，最早出现在古埃及，中国古代则多谓“舟楫”，动力系统是篙桨橹，见其《中华科学文明史》缩略本第三册，有关论述散见如下：古埃及帆船(300页)，中国舟楫(80、230—231、299页)、帆船改进(217—218页)。按李氏对中国帆船技术特多好评，故特置第五章《推进(帆：中国在纵帆发展中的地位)》详细论述唐宋元明的技术，但在意欲上溯前期时却遇到疑惑，他在分析广州出土的一艘东汉陶船结构时，屡次惊讶于“桅在何处仍是一个谜”，“遗憾的是寻找桅和帆装的拿部证据已经遗失”(118页)。在全书结论部分，也谨慎地用“至少在3世纪后”、“应该是2世纪和3世纪”以及“汉代以后”这类词语概括言之(300—301页)。但都明显迟于“赤壁之战”的发生。最早明确介绍帆具作用的，则是三国晚期吴国人万震描述海外贸易的《南州异物志》言：“外徼人随舟大小，或作四帆，前后沓载之。有卢头木叶如牖形，长丈余，织以为帆。其四帆不正向前，皆使邪移，相聚以取风。风吹后者，激而相射，亦并得风力。若急，则随宜减灭之也。邪张相取风气，而无高危之虑，故行不避迅风激波，安而能疾。”

性急的船舶专家又从这段描述推导出许多斩钉截铁的结论：“汉代由于船舶尺寸增大，已开始在船上采用多桅多帆；用卢头木叶织成的帆当属于硬帆，厚而硬；‘其四帆不正向前’证明硬帆能利用侧向风力了。汉代已注意到多帆的相互影响，根据风向和风力大小要随时调节帆的位置、角度和帆的面积，中国式便帆可利用本身的自重迅速落帆，而不像西方大软帆需众多人力将帆卷起绑扎在横桁上，紧急时可能要砍桅以保证船的航行安全。”

但是，首先需要厘清的是船主“外徼人”究竟是何许概念。《汉书·地理志第八》：“越嶲郡，武帝元鼎六年开……绳水出徼外，东至僰道入江。”《后汉书》：“两南夷者，在蜀郡徼外，有夜郎国，东接交址，西有滇国，北有邛都国。”《南史》卷七十八《夷貊上·海南诸国》言：“其西界接天竺、安息徼外诸国，往还交易。其市东西交会，日有万余人。珍物宝货无不有。”

按《老子》：“故恒无欲也，以观其妙；恒有欲也，以观其徼。”王弼注言：“徼，归终也。凡有之为利，必以无为用；欲之所本，适道而后济。故常有欲，可以观其终物之徼也。”宋人陈景元言：“大道边有小路，曰徼。”元人吴澄言：“徼者，犹言边际之处，孟子所谓端也。”可知“外徼”或“徼外”实为边邻与我贸易往还之国，即所谓“化外之地”。

这样看来，万震描述的帆船并非东吴所拥有，显然也因为是新见异物，所以他才用那样艳羡口吻来描述的。又文尚光将《南州异物志》中“外域人名船曰舡。大者长二十余丈，高去水三、二丈，望之如阁道。载六七百人，物出万斛。”船舶史家也顺手移来当做“三国时孙刘联军赤壁大战的起楼三层的斗舰”，完全忽视了“外域人”的说法，和南海、长江的区别，恐怕也犯了同样的错误。

但既然能够看到帆船，官员又着意重视，中国人模仿起来也就不成问题，而且很快就将“船帆”用于实用，并持续改进以致而大为兴盛的时期，显然是在东晋以后，而自宋迤明，最为成熟。别看从“赤壁之战”到东晋渡江只差百十年时间，但是像风帆这类简易适用技术的引进和发展，会是日新月异的。《古今乐录》介绍，齐武帝“数乘龙舟，游五城江中放观，以红越布为帆，绿丝为帆絳，鍮石为篙足。”犹为当时时髦举动。《唐书・乐志》曰：“梁改其名为《商旅行》。”如果有学者能举出实证，证实三国时期长江流域已有成熟的船帆技术，则可以对李约瑟的有关论述做出重要修正补充，亦为功德无量之事，亟请提出，以为佐证。

此外就锚碇系泊技术而言，古代中国一般是“采石为碇”，仅利用碇石自身的重量来同定船舶，力量有限。故“赤壁之战”时曹营是否有能力“结船为阵”，泊于长江之滨，尚属老大疑问。西晋王浚平吴，即是一例。至宋代始出现“木爪石碇”，即利用木爪扎入泥层，类同木桩作用，固定船只的力量也因此增大了好几倍。1975 年在泉州湾曾经发现并出土有一杆宋元时期的大木碇，残存长度达 7.57 米，上面有系缆绳和安碇担的圆孔，还有用铁箍加固后所留下的锈迹。至于铁锚的使用，则是明代以后的事了。

中国船帆与锚碇的起源流变，虽为专门技术问题，但若不加考虑，历史学的叙述便无可依托，以其事涉专门，故不欲班门弄斧，只希望提请专家注意。

6. 宋人的历史综述与文学想象

由于周瑜火攻破敌的传说唐时已盛，故司马光《资治通鉴》卷六五综合《三国志》及裴注诸说，重在厘清“赤壁之战”之前因后果，而对战役本身的捕述，也基本采用了《吴书・周瑜传》的说法：

“(刘备)进，与操遇于赤壁。时操军众已有疾疫，初一交战，操军不利，引次江北。瑜等在南岸，瑜部将黄盖曰：‘今寇众我寡，难与持久。操军方连船舰，首尾相接，可烧而走也。’乃取蒙冲斗舰十艘，载燥荻、枯柴、灌油其中，裹以帷幕，上建旌旗，预备走舸，系于其尾。先以书遗操，诈云欲降。时东南风急，盖以十舰最著前，中江举帆，余船以次俱进。操军吏士皆出营立观，指言盖降。去北军二里余，同时发火，火烈风猛，船往如箭，烧尽北船，延及岸上营落。顷之，烟炎张天，人马烧溺死者甚众。瑜等率轻锐继其后，雷鼓大进，北军大坏。操引军从华容道步走，遇泥泞，道不通，天又大风，悉使羸兵负草填之，骑乃得过。羸兵为人马所蹈藉，陷泥中，死者甚众。刘备、周瑜水陆并进，追操至南郡。时操军兼以饥疫，死者太半。操乃留征南将军曹仁、横野将军徐晃守江陵，折冲将军乐进守襄阳，引军北还。”

同时苏轼《前赤壁赋》写“赤壁之战”，铺叙曹操“破荆州，下江陵，顺流而东也，舳舻千里，旌旗蔽空，酾酒临江，横槊赋诗”云云，正是以宋时船舰作为蓝本，逞其对于“当然”想象之“姑妄言”。而《念奴娇》一句“谈笑间，樯橹灰飞烟灭”，也是未历战阵的文学语言，却为后人铺张此役提供了足够的空间，亦为后世《三国志演义》所本。

诸葛亮真的拙于奇谋将略吗

陈绍唐

纵观华夏五千余年文明史，功勋卓著的谋臣良将多如繁星，但自古被视为中华民族智慧化身的既非“兴周八百年之姜子牙”，亦非“旺汉四百年之张子房”，而是偏居西南一隅仅数十年、连年北伐均以失败告终的蜀相诸葛亮。“三个臭皮匠，顶个诸葛亮”、“事后诸葛亮”、“孔明皱眉——计上心来”、“孔明的锦囊——用不完的计”等妇孺皆知的谚语和歇后语无不说明诸葛亮的智谋冠绝古今，他的名字已成为足智多谋的代名词。

然而，陈寿整理完《诸葛亮集》后，在给晋武帝司马炎的上表中却认为“亮才，于治戎为长，奇谋为短，理民之干，优于将略。而所与对敌，或值人杰，加众寡不侔，攻守异体，故虽连年动众，未能有克”，又在《三国志·诸葛亮传》的篇尾评曰：“然连年动众，未能成功，盖应变将略，非其所长欤。”尽管陈寿充分肯定了诸葛亮长于“治戎”和“理民”的才能，但不难看出，他对诸葛亮的奇谋和将略是不以为然的。如果这种说法成立，那么历史上的诸葛亮便不能以奇谋将略而著称了。

在此，暂且避开陈寿是否因私怀髡父之仇（陈寿之父陈式曾因失街亭而被诸葛亮处以髡刑）而厚诬诸葛亮的争论，将陈寿等史学家的评论暂且放在一边，立足史实，从诸葛亮所作所为去重新思考诸葛亮的奇谋和将略。

奇谋未为短

“奇谋之道，贵在突破常规思维，以小胜大，以弱克强，出奇制胜。”只要对《三国志》稍有研究的人就都知道，在赤壁之战前，刘备虽得“世之虎将”关羽、张飞和赵云的辅佐，但一直由于拙于用兵而奔亡不暇，先后投靠过公孙瓒、陶谦、吕布、曹操、袁绍、刘表等割据军阀。飘零半生而无尺寸之地，不得不寄人篱下的刘备此时急需的不是一个仅仅擅长“治戎”和“理民”的后勤部长，而是一个能够为他谋划霸业并精于奇正智术的谋主。假如诸葛亮果真“奇谋为短”，如何能使刘备一见而深感“孤之有孔明，犹鱼之有水也”？如何能够提出千古妙策“隆中对”？如何能使“拙于用兵，每战则败”且“失势众寡，无立锥之地”的刘备在短短几年内横跨荆、益而鼎足天下？

当然，也有一些学者对“隆中对”颇多微词。据《三国志·鲁肃传》记载，早在建安五年（200 年），东吴的鲁肃在和孙权合榻对饮时就谋划曰：“肃窃料之，汉室不可复兴，曹操不可卒除。为将军计，惟有鼎足江东，以观天下之衅……剿除黄祖，进伐刘表，竟长江所极，据而有之，然后建号帝王以图天下，此高帝之业也。”这实际就是东吴版的“隆中对”，后世通常称作“榻上对”。其中的“鼎足江东”、“竟长江所极，据而有之”（即占据荆州、益州）与“隆中对”中的“跨有荆、益”以三分天下如出一辙，而“隆中对”的提出则是在建安十二年（207 年），比“榻上对”晚了整整 7 年。因此，有人简单地认为诸葛亮是拾人牙慧，“隆中对”是“榻上对”的翻版，评价不宜过高。其实不然。

首先，建安十三年（208 年），鲁肃为了联合刘备，共治曹操，在当阳长阪见到刘备和诸葛亮时，曾向诸葛亮自我介绍说：“我，子瑜（亮兄诸葛瑾，字子瑜）友也。”可见，二人此前并不相识，“榻上对”作为图谋帝业的计划，也不可能被大肆宣扬，躬耕于南阳的诸葛亮当然也不可能听到鲁肃的高论。因此，不是诸葛亮拾人牙慧，而是英雄所见略同。

其次，从实用性和最终效果来看，“榻上对”比不上“隆中对”。赤壁之战后，可谓鬼使神差，鲁肃竟劝孙权将荆州借予刘备（若刘备听从诸葛亮攻刘琮、夺荆州的建议，则未必需借），后来，孙权遣孙瑜率水军进驻夏口，欲取西蜀，结果刘备“使关羽屯江陵，张飞屯秭归，诸葛亮据南郡，备自住孱陵”，横刀将吴军挡了回去。从而使主张“竟长江所极，据而有之”的“榻上对”化为泡影。相反，在“隆中对”全局战略的指导下，刘备在借得荆州、挡回吴军之后，迅速扭转刀柄，向西一推，又将益州揽入怀中。就这样，“隆中对”为刘备无中生有地创造了一个蜀国。诸葛亮一计而定三分，何言“奇谋为短”？

诸葛亮不仅长于谋划全局，而且在应对具体事件和战斗方面也不乏奇谋。比如建安十三年（208年），刘琦因恐遭后母蔡氏及蔡瑁、张允等统军大将的加害，遂向诸葛亮谋求自安之术，亮答曰：“君不见申生在内而危，重耳在外而安乎？”一语惊醒梦中人。此计在今天看来似乎很平常，但刘琦作为荆州牧的嫡长子，再不得志也会有几位心腹或可信之人，包括刘备在内，但硬是没人能够替他想到一计半策。诸葛亮只言片语，不仅救了刘琦，而且帮了刘备，使江夏一万多水军没有追随刘琮（刘琦的同父异母弟）归降曹操，却追随刘琦归降了刘备，成为联吴抗曹的主要砝码和资本，可谓一箭双雕。

又如七擒孟获，既然孟获是“为夷、汉所服”的夷酋，自然是位手握重兵、有勇有谋之人，诸葛亮却能将其七纵七擒，如老叟戏婴儿般玩弄于股掌之间，使其五体投地而真心归顺，岂是“奇谋为短”者所能为？

再如北伐，诸葛亮面对的是“兵动若神，谋无再计”、“每与大谋，辄有奇策”（《晋书·高祖宣帝纪》）的军事家、权谋家司马懿。蜀汉建兴九年（231年），双方第一次正面交锋。据《汉晋春秋》记载：司马懿“乃使张郃攻无当监何平于南围，自案中道向亮。亮使魏延、高翔、吴班赴拒，大破之……宣王（司马懿）还保营”。此后，司马懿一直避战自守，待诸葛亮粮尽回军，司马懿又命张郃追之，结果遭到诸葛亮的埋伏，“蜀军乘高布伏，弓弩乱发”、“善处营阵，料战势地形，无不如计”的名将张郃死于乱箭之中。自此之后，司马懿对诸葛亮深为忌惮，甚至到了数倍兵力于彼而不敢追的地步，从而留下“死诸葛走生仲达”的千古笑柄。司马懿得知诸葛亮死讯后也自叹不如曰：“吾能料生，不便料死也。”诸葛亮在兵将、积蓄、环境、后援等诸多方面都远不及司马懿的情况下，却能使其进不敢战、退不敢追，若无奇谋，所仗者何？

当然，有的人之所以对诸葛亮的“奇谋”能力有所怀疑，最重要的原因还是因为诸葛亮否决魏延的兵出子午谷计策。据《魏略》记载：蜀汉建兴六年（228年）春，诸葛亮第一次北伐，魏安西将军夏侯楙镇守长安。魏延计曰：“闻夏侯楙少，主婿也，怯而无谋。今假延精兵五千，负粮五千（应是负五千人十日粮，也有人理解为五千负粮兵），直从褒中出，循秦岭而东，当子午而北，不过十日可到长安。闻延奄至，必乘船逃走。长安中惟有御史、京兆太守耳，横门邸阁与散民之谷足周食也。比东方相合聚，尚二十许日，而公从斜谷来，必足以达。如此，则一举而咸阳以西可定矣。”结果，诸葛亮否决了这个计策。但后世许多学者认为此计可行，并以此论定诸葛亮“奇谋为短”。实则不然。

不难看出，魏延的计策若要成功，至少需要同时满足如下四个条件：魏延五千精兵必须 10 日内兵临长安城下；夏侯楙必须闻风而逃；魏军逃后必须给蜀军留下 10 日粮；诸葛亮大军必须在 20 日左右到达长安，而魏国援军则必须在 20 日左右到不了长安，即诸葛亮必须比魏国援军先到长安。但是，这四个条件每个都几无胜算：

第一，子午谷长 660 余里，东汉顺帝时已被诏令废弃，离长安还有 100 余里，从当时蜀军所在地南郑至长安，路途当在 800 里开外，要使身负兵器盔甲和 10 日粮的士兵在崇山峻岭中 10 天奔行 800 多里本身就很困难。如果再遇到刮风或下雨等恶劣天气怎么办？据《三国志》记载，魏太和四年（230 年）八月，魏大司马曹真从子午道伐蜀，“会大霖雨三十余日，或栈道断绝”，结果“后粮腐败，前军县乏”而被迫回军；魏正始元年（240 年），“魏使司马懿由西城，张郃由子午，曹真由斜谷，欲攻汉中”，结果“大雨道绝，真等皆还”。可见，子午道不仅路险难行，而且司马懿等魏将也都知道它是连通魏蜀的捷径，万一在途中设有防守或探马，稍加阻击，魏延 10 日内就无法到达长安，10 日不到，五千精兵就可能因粮尽援绝而饿毙途中。因此，10 日抵长安的不稳定因素实在太多。

第二，魏延预计夏侯楙必将闻风而逃，这一点可信度太低。想那夏侯楙（字子林，夏侯惇中子）好歹也是将门之后，又身为安西将军，镇守长安的主帅，无论才能多么不济，也不至于脓包到一听敌来，不问实力如何就率众逃跑的地步。假如他据城固守，饿着肚子的五千蜀军如何攻下长安？

第三，就算夏侯楙弃城而逃，万一逃前烧毁所有粮草乃至烧城怎么办？饿着肚子可守不了城。

第四，就算魏延能够顺利地占领长安，城内也留有足够粮草，但谁能保证诸葛亮真的能比魏国援军先至长安？魏延估计魏军抵达“尚二十许日”未免过于乐观，就像孟达估计司马懿尚需 1 个月方能抵新城一样，结果司马懿只用了 8 天就擒斩了孟达。而诸葛亮率军从斜谷出发到长安，要行千里栈道，途中是否会遇风雨或阻击也未可知，一旦落在魏军后面，不但魏延及其五千精锐付之一炬，诸葛亮的数万大军也将陷入进退两难的险境。魏延的计策中不保险因素如此之多，成功几率实在很低，此计可称险计而非奇计，实在不值得大家津津乐道，更不足以作为非议诸葛亮“奇谋为短”的佐证。

将略实为长

陈寿在《三国志·诸葛亮传》的篇尾评曰：“然连年动众，未能成功，盖应变将略，非其所长欤。”可见他之所以认为诸葛亮“将略非长”，是因为诸葛亮连年兴师北伐，却均以失败告终。这就使人不禁产生两个疑问：一是北伐在战略上是否正确；二是成败是否能够论定将略的长短。

北伐在战略上是否正确呢？许多人认为，当时蜀国与魏国相比，在地域面积、物产资源、人口数量、军事实力、物资储备等诸多方面都相差甚远，蜀国应该一心发展自己，韬光养晦，耐心等待魏、吴两大国火并，待两败俱伤时坐收渔利，至少也该等到魏国发生内乱，即《隆中对》所说的“天下有变”时方可兴师北伐。因而认定诸葛亮在北伐时机的选择上发生了战略性的错误。

这种观点不能说没有道理，但如此常识性道理，诸葛亮岂会不知？问题是蜀国的状况已经不容再等了，宿将关羽、张飞、黄忠、马超等次第陨落，赵云虽在，但已年迈（赵云在诸葛亮北伐第二年就病逝了）。人才奇缺从谚语“蜀中无大将，廖化做先锋”中就可见一斑，而人才又不是短时间能培养出来的。人才危机正如《后出师表》所言：“自臣到汉中，中间期年耳，然丧赵云、阳群、马玉、阎芝、丁立、白寿、刘合、邓铜等及曲长屯将七十余人，突将、无前、賨、叟、青羌散骑、武骑一千余人，此皆数十年之内所纠合四方之精锐，非一州之所有；若复数年，则损三分之二也，当何以图敌？”与其让有作战经验的将士自然死亡殆尽，不如趁他们有生之年放手一试。如果继续等下去，局势将会更加不利于蜀国，这与坐以待毙何异？就如一场比赛，落后的一方如果不是积极进攻，而是抱着不求有功，但求无过的态度，等待对方失手而侥幸获胜，时间将会使厄运越来越逼近弱者一方。当初被曹操讥为“自守之贼”的刘表的灭亡就是典型的例子。故而时不我待，诸葛亮不能坐以待毙。

再说，蜀国经过诸葛亮的苦心治理和经营，政局相对稳定，经济空前繁荣，民族关系空前融洽，大将尚有赵云、魏延、王平、廖化等可用之才。而魏国文帝刚死，年幼威轻的明帝登位不久，吴国也趁魏有大丧而先后攻其江夏和襄阳。这种时机已经比较难得。何况历史上以寡胜众，以弱克强的例子比比皆是。试问，如果在这种情况下仍不北伐，那和“自守之贼”的刘表有何区别？因此，诸葛亮决定北伐在战略上是没有问题的，以此来论证诸葛亮“将略非长”是没有道理的。

那么，是否能以成败论定将略的长短呢？不可否认，诸葛亮的北伐最终没有完成他“兴复汉室，还于旧都”的宏愿。但如果以此认定诸葛亮“将略非长”，那么试问，曹操多次讨伐江东和西川同样没有完成一统天下的既定目标，而陈寿却在《三国志·武帝纪》中称其“明略最优”、“非常之人，超世之杰”当作何种解释？孙权多次讨伐曹魏同样没有成功，而陈寿却在《三国志·吴主传》中赞其“任才尚计”、“有句践之奇，英人之杰”又当作何种解释？

当然，现在仍有许多人爱拿失街亭来非议诸葛亮的将略，并引用毛泽东读《资治通鉴》“斩马谡”一段时的批语“初战，亮宜自临阵”作为论据。实际上，诸葛亮失街亭只能说明他一时看错了人，不能说明他短于应变将略，因为马谡违背诸葛亮既定计划是谁都无法预料的。毛泽东的批语实际是在惋惜诸葛亮用人之失的同时，也充分肯定了他的应变将略。假如诸葛亮果真短于将略，毛泽东怎会认为诸葛亮应该亲自临阵呢？退一步说，就算失街亭全是诸葛亮的过错，那又算得了什么呢？

曹操是大家公认的杰出军事家，但据《汉晋春秋》记载，他在战争中曾“困于南阳，险于乌巢，危于祁连，逼于黎阳，几败北山，殆死潼关……五攻昌霸不下，四越巢湖不成，任用李服而李服图之，委夏侯而夏侯败亡”。既然被陈寿称为明略最优，非常之人、超世之杰的曹操在一生征战中尚有如此可观的败绩，怎么可以只因误用了一次马谡就认定应变将略非诸葛亮所长呢？

实际上，诸葛亮的应变将略在北伐中体现得淋漓尽致。他的五次北伐，除了最后一次因病逝五丈原无功而返外，前四次都有斩获：第一次（228 年春）“拔冀城，虏姜维”，又“拔西县千余家，还于汉中”；第二次（228 年冬）在回军途中破魏将王双，斩之；第三次（229 年）击退魏将郭淮，夺武都、阴平二郡；第四次（231 年）大破司马懿，“获甲首三千级，玄铠五千领，角弩三千一百张”，并在回军途中射杀“以巧变为称”的名将张郃。因此，诸葛亮除了在第一次北伐中因错用马谡而失街亭外，从没遭受重大的挫败。

相比之下，“殄公孙（渊）于百日，擒孟达于盈旬”的一流军事家司马懿，虽手握三十余万大军，“据天下十倍之地，仗兼并之众，据牢城，拥精锐”，却“无禽敌之意，务自保全而已，使彼孔明自来自去”。明明“畏蜀如虎”，却又自导自演了一出“千里请战，仗节入营”的滑稽剧。谁不知战场局势瞬息万变，战机稍纵即逝，哪有千里请战的道理？当初擒斩孟达可曾请示皇帝？对降将孟达尚能先斩后奏，奉命抵抗来犯敌人却要千里请战，岂不滑天下之大稽？再说，司马懿身为大将军加大都督、假黄钺，从军已有三十春秋，岂能不知“将在军，君命有所不受”的道理？

想那诸葛亮起八万之众，“蹈一州之土”，伐“十倍之地”却能在彼境内自来自去，使兵将数倍于己的司马懿进不敢战，退不敢追。诚如吴国大鸿胪张俨《默记·述佐篇》所言：“若此人（诸葛亮）不亡，终其志意，连年运思，刻日兴谋，则凉、雍不解甲，中国不释鞍，胜负之势，亦已决矣。”如此神话般的传奇人物，怎可轻言“应变将略，非其所长”？

诸葛亮为何遗令葬在定军山

佚　名

罗贯中《三国演义》中说：诸葛亮死后，姜维、杨仪遵照遗命，不敢举哀，依法成殓，安置龛中，令心腹将卒三百人守护。随后以魏延断后，大军退去。又因魏延不肯断后，改由杨仪领兵扶灵柩先行，姜维断后，直退入栈道口，才更衣发丧，扬幡举哀，随后将灵柩扶送到成都，入城停于丞相府中。接下来，将灵柩安葬何处？如何安葬的？就再没有交代了。

据《三国志》诸葛亮本传记载：诸葛亮死后，姜维、费祎等秘不发丧，整军撤退。同时遵照诸葛亮遗嘱："葬汉中定军山，因山为坟，冢足容棺，敛以时服，不须器物。"蜀军退至勉县，遵嘱将其安葬了。定军山在勉县西南五公里处，墓冢至今尚存，为陕西省文物保护单位。诸葛亮死葬定军山，裴松之注引《襄阳记》也如是说。《诸葛亮传》记后来魏镇西将军钟会征蜀时也曾路过祭扫。然而，魏晋以后史载互异，叫人难定是非。

北魏郦道元《水经注·沔水》记："诸葛亮之死也，遗令葬于其山（定军山），因其山势，不起坟茔，……（今已）莫知墓茔所在。"

梁朝刘登之《梁州记》却说："入（定军）山十余里有诸葛武侯墓。……今松柏碑铭俨然。"

这里存在两个问题：

其一，为什么前者既说在定军山已找不到诸葛亮墓了，后者却说其墓"松柏碑铭俨然"呢？

其二，如果说是因为郦道元根本就找错了位置，刘登之的记述才是对的，那么，刘氏所记定军山诸葛武侯墓的位置（入山十余里）和今勉县城南十里定军山下诸葛武侯墓位置又不相一致呢?

关于诸葛亮葬于何处，还有这样一段有趣的民间传说：说诸葛亮临死时，吩咐姜维办理葬事。姜维选派了两名犯人抬棺挖坟，一名犯人在家做饭、打杂，事后赏银20两。两犯人抬着棺木走了半天，在定军山下挖了坑将其安葬。回去路上，两人为得银子，商定杀掉煮饭的；煮饭的犯人想独吞银子，便在酒食中投毒。结果先是打死了做饭的，然后两犯人也中毒身死。至晚上，姜维过问此事，因三人都死了，所以连姜维也不知道诸葛亮葬于何处。

以上传说，大略出自后人寻找武侯墓而倍感茫然编造出的故事，自然不足为信。

我们倾向于认为诸葛亮死后葬于定军山，但以为对郦道元之说，以及文献记载的前后矛盾有必要作进一步的研究，多问几个“为什么”。

《三国志·蜀书·诸葛亮传》中说：诸葛亮临死“遗令葬汉中定军山，因山为坟”。

定军山在古代沔阳县境内，沔阳在魏晋时属汉中郡。汉代沔阳县城，据传系汉高祖时萧何所筑，汉末魏晋均沿旧制。沔阳辖境大约相当于今陕西勉县。定军山在勉县城南十里，北对沔阳故城。因峰对峙，山上平板，可驻万军，故名定军山。

定军山武侯墓至今尚存。墓为东西向，封土高5米，呈覆斗形，四周有砖墙护围，周长60米。墓前碑亭向东，内存明万历二十二年（公元1594年）所立“汉丞相诸葛武侯之墓”石碑、清果亲王于雍正十三年（公元1734年）所立“汉诸葛武侯之墓”石碑各一通。墓冢与殿堂为一体。占地东西长120米，南北宽130米，周围古木荫翳，柳绿花红。

一般都认为，定军山武侯墓系诸葛亮死葬之地。那么，诸葛亮为什么生前“遗令葬定军山”，而没有回成都安葬或迁葬成都呢？对于这件事，陈寿的《三国志》、罗贯中的《三国演义》都没有多发议论。可是，后世读史的人，出于对诸葛亮一生忠贞的感佩，对“遗令”葬在定军山之事做了不少的感叹：

一说：生而治蜀，死犹护蜀。

定军山武侯墓殿内，就有这样一幅楹联：生为兴刘尊汉业；死犹护蜀葬军山。

人们普遍认为此联语体察了诸葛亮“遗令”葬定军山的隐衷。《三国演义》

也据此创作了诸葛亮“显圣”定军山的故事，托梦给征蜀大将钟会：“汝入境之后，万勿妄杀生灵”云云。

二说：北伐壮志未酬。

柳春藩《诸葛亮传》就认为：诸葛亮之所以要“遗令”葬在汉中定军山，是因为北伐壮志未酬，想让后人不忘北伐曹魏。惟其如此，诸葛亮的后继者姜维才不顾一切而坚持“八伐中原”。

三说：别有苦衷。

有一种观点认为，为什么陈寿对诸葛亮“遗令”葬定军山之事不加任何评论，裴松之也避而不谈，或许诸葛亮是确有其苦衷的。在封建时代，忠臣难做，尤其是像诸葛亮那样集权于一身而又未完成“复兴汉室”之重任者，他不能不处处小心。在当时，实际上就有人对诸葛亮的权力至大产生过疑虑，明察秋毫的诸葛亮对此不会没有认识。所以，他“遗令”葬定军山，或许正是为了避免身后被君臣猜疑，以保全国家与家人之平安。这从他死后，百姓请为立庙而朝廷却一直不同意，可见诸葛亮的苦衷是不无道理的。

刘伶为何舍命纵酒

李占才

中国历史上爱喝酒的名人不少，比如李白、杜康、陶渊明、苏轼、欧阳修等，但终生“泡”在酒里，为了酒可以荒废事业和生计，甚至故意糟蹋自己身体的名人，只有魏晋时期“竹林七贤”之一的刘伶。作为一个文学家，又有政治身份和地位，刘伶如此纵酒而不能自拔，既影响政治前途，又耽误了文学才华的发挥，常常让人感到惋惜。其实刘伶如此迷酒这只是个表面现象，他“惟酒是务”是有原因的。

南北朝时期宋国人刘义庆写了一本《世说新语》，可能是最早提到刘伶形象的一本书。该书“容止”门说：“刘伶身长六尺，貌甚丑顇，而悠悠忽忽，土木形骸。”如此矮个，五官结构又不好，再加面容极度憔悴，可见其形象实在难看。

和“竹林七贤”其他人相比，尤其是和身高七尺八寸、“风姿特秀，高而徐引”的美男子嵇康站在一起，刘伶外貌上与他们的反差实在不小。好在他们都是名人高士，重在思想见解和志向情操，不会如常人般以貌取人。所以，外貌之差并不妨碍他们互相引为朋友，一块儿聚会，或携手到竹林里去玩儿。

从干事业来说，作为男人长得丑点这也不能算是什么问题。只要你有本事，能建功立业，你就是个人才。只是，刘伶当时的职务是建威参军，是协助治理“领军都督幕府”事务的高级官员。身处统辖千军万马的总指挥部机关，需要给全军做表率的人，他却天天蓬头垢面不讲卫生，衣服也不好好穿，行为还吊儿郎当。

这还不算，此时的他竟然还终日沉湎在酒中，天天喝得晕晕乎乎，走起路来晃晃悠悠，东倒西歪。作为一个高官，这表现绝对是说不过去的。

《晋书·刘伶传》说，刘伶平时不管因公因私，爱坐鹿车出门，车上总是带着许多酒。他常常是一边坐在车上赶鹿前行，一边手不离壶地大口喝酒，地地道道的"酒后驾车"。出门时他还常带着一名童子扛着一把铁锹在后边跟着，并不时嘱咐童子说："如果我喝死了，你就随便找个地方挖个坑把我埋了，知道了吗？"跟着这样一个醒醉难分的主子，想必这童子当时表情一定很尴尬。

别看刘伶个儿矮，瘦弱，终日醉醺醺的，但他还爱逗个乐。一次他"工作时间"喝酒，喝醉了就跟另一个醉鬼为事争吵起来。不一会矛盾激化，那位一蹦老高上去就要揍他。刘伶知道自己瘦小干瘪，单挑不是对手，便赶紧自己圆场说："你看我这像鸡肋一样的身体，怎能安放你那尊贵的拳头呢？"那人一听噗哧笑了，架也没打成站起来就走了，刘伶则免了一顿暴揍。

《世说新语》"任诞"门说："刘伶恒纵酒放达。"是说他只要一喝了酒，行为举止就没了准。他任建威参军期间，有一次他忽然来了兴致，竟然在办公室脱光了衣服一丝不挂地饮酒。有几个客人来访，他也不赶紧把衣服穿上，还继续光着身子喝。客人见他如此不雅，就讥笑他。他却一本正经地反驳说："天地就是我的房子，房子就是我的衣裤，你们进我的房子就是钻到我裤裆里来了，谁让你们钻进来的？"

如此没有节制地喝酒，必然影响家庭关系，引起家人忧虑。据《世说新语》记载，一天，刘伶酒瘾又上来了，便向夫人要酒。夫人见他总是这样喝很生气，就赌气把桌上的酒倒在地上，还把酒壶也摔碎，哭着劝刘伶道："夫君喝酒太多，不是养生之道，实在对身体不利，你替家人想想，下决心把酒戒了吧。"刘伶很认真地说："对，你说得有道理，只是看来靠我自己是戒不了了，我还是求求神仙帮忙吧。这样吧，你准备点酒肉当供品，我马上在神仙面前祷告发誓戒酒。"夫人听了非常高兴，赶紧准备了酒菜，放在神案上，请刘伶来祷告。刘伶遂跪在神案前，突然大声说道："老天生了我刘伶，因为爱酒出了名，一次要喝一斛，五斗哪里够用？妇道人家的话，可千万不能听啊！"说罢，拿起酒肉，一阵猛吃猛喝，随即烂醉如泥。此时站在旁边的夫人其心情可想而知。

作为一个堂堂的建威参军，如此重要的职务在身，为什么喝酒竟然要喝到几乎是在糟蹋自己的程度呢？宋人叶梦得说："晋人多言饮酒，至于沉醉，未必真在乎酒。盖时方艰难惟托于酒，可以疏远世故而已。传至刘伶之徒，遂欲全然用此，以为保身之计，饮者未必剧饮，醉者未必真醉耳！"这说明刘伶不是为喝酒而喝酒，而是“时方艰难”以此避世所致。

曹操死后，魏国传至曹芳时，朝内掌握军权的司马氏家族坐大，发生了曹氏宗室与司马氏的权力之争。最后，司马氏家族用血腥屠杀手段消灭了曹魏集团势力，终于于公元265年，司马炎篡魏改立了晋朝。

面对司马氏家族的作为，原魏国朝野上下一些官僚志士，对司马氏篡权所造成的恐怖气氛极端不满，多数采取了不合作态度。但大势所趋，他们又无能为力，便以消极遁世表示抗议。刘伶是魏国的官员，一直转不过这个弯子，心中一百个不愿给司马氏家族效力。虽然他坐在建威参军的位子上，但哪有心思工作？

这时，他有空就找阮籍、嵇康他们几个气味相投的人，到山阳（今河南修武县）的竹林里去喝酒发牢骚，回到家也是泡在酒里，他是用这种方式来表示对司马氏家族的不满。所以日日耽酒的背后，掩盖的是他无尽的苦闷、无奈和愤懑。《晋书》说刘伶“放情肆志”;《名士传》说他“肆意放荡”；他的《酒德颂》说自己“惟酒是务,焉知其余”；让“醉死便埋”等等,都是这种情绪的一种体现，是他独立人格和反抗精神的一种表达。

刚刚夺得天下的晋武帝及时地发现了刘伶的问题，便以征求关于治国的意见为名，专门找刘伶谈了一次话。刘伶本来就一肚子不满，又哪壶不开提哪壶，不合时宜地建议志得意满的晋武帝，应该“无为而化”。意思是说，你武帝不要人心不足，反正你也夺取了政权，应该就这么待着，不要再有什么大动作，这样国家就治理好了。谈话双方不欢而散。

因刘伶的观点与正在雄心勃勃开疆拓土维持新生政权的武帝正好撞了个满怀。武帝彻底发现，刘伶是因为对新生政权不满，抵触情绪很大，所以才这样吊儿郎当不敬业。武帝当然不能允许这样的人存在于他的政权，结果“时辈皆以高第得调，伶独以无用罢”（《晋书·刘伶传》）。意思是许多“识时务”的人都得到了重用，惟独坚决不再用刘伶。

万历皇帝为何找张居正秋后算账

佚　名

万历皇帝是在隆庆六年(1572年)五月二十五日上午十一时举行的登基大典。到了下午三时，便有一道中旨传到内阁：免去孟冲司礼监掌印之职，冯保接任。

什么叫中旨呢？就是不经过内阁讨论，径由皇帝直接发布的圣谕。明代的圣旨颁布，有极为严格的规定。大凡朝臣呈给皇上的奏疏，需要给予回复的，先交皇上读过，然后再转至内阁。阁臣提出批复的建议，另抄在一张纸上，是为批黄，亦叫拟旨。批黄送呈大内司礼监。司礼监的秉笔太监再根据皇上的意见抄录成文，是为批。这种批有的完全照抄内阁的拟旨，有的略加改动。如果皇上不同意内阁的拟旨，就发回内阁重拟。有时候，为了一道批复，奏疏会在内阁与司礼监之间来回游走好多次，以期最后达到统一。

但是，朱翊钧登基后的第一道圣旨便绕开了内阁。高拱立刻认识到问题的严重性，这不仅涉及违背公文制度的祖制问题，更是皇权对相权的轻视和忽略。何况走马上任的冯保又是高拱的宿敌。据说，当传旨太监读罢圣谕，高拱一怒之下，将黄绫圣旨扔到地上。传旨太监吓得脸色都变了，咕哝一句："这可是圣旨啊！"高拱厉声斥道："什么圣旨，10岁孩子懂得什么，还不是你们这帮太监鼓捣出来的，迟早要把你们都赶走！"

传旨太监跑回大内，立即将高拱的态度禀报给冯保。冯保又赶紧来到乾清宫，向李贵妃和新皇上作了回奏。冯保添油加醋，将"10岁孩子懂得什么"改成"10岁孩子如何当皇帝"！据说李贵妃母子听了，既震惊又害怕，抱在一起哭了一场。

10天后，小皇上再传中旨，勒令高拱致仕，驱逐出北京，一刻也不许停留。空出来的首辅职位由张居正接任。

一个 28 岁的女人，一个 10 岁的孩子，就这么轻而易举地决定了一位 60 岁的名满天下的资深政治家的命运。

短短的一个月时间，李贵妃换掉了内相外相，冯保与张居正联袂登场，从而拉开了万历新政的序幕。

考察整个明代，二百七十余年中，李贵妃做出的这两桩走马换将的决定，的确是可圈可点的英明之举。有的皇帝如武宗、世宗、熹宗等，终其一生，也未做出过这等漂亮的事情。但是，如果我们据此说李贵妃有着非凡的政治洞察力和高超的手腕，那就大错特错。如果说男人的忧患在国家、在苍生，女人的忧患则是在家庭、在亲人。李贵妃撤换孟冲与高拱，起用冯保与张居正，并不是为了朝廷社稷、天下苍生的福祉，而是出于母爱，为了给儿子找两个可靠的人。

冯保是朱翊钧的大伴，即男保姆。朱翊钧闹百日咳，整夜不能睡觉，冯保让朱翊钧骑在自己背上，在砖地上转磨儿，两只膝盖都磨出血来。所以，李贵妃母子对他倚重甚深。而张居正则是朱翊钧的老师。他的严谨与沉稳，还有他的洁癖，都深得李贵妃母子的尊重与喜爱。

尽管我们承认英雄创造历史，但政治不是一个人的事业。纵观历史，凡成就伟业者，除了有一位胆识超常的领袖，还得有一个互相信任的精英团队。万历初年的新政之所以能够迅速推开并取得巨大成就，就因为李贵妃、张居正、冯保这样一个牢不可破的“权力铁三角”。其时朱翊钧尚小，凡由皇帝决定的事情，都由他的监护人李贵妃拍板定夺。

母爱可以让一个女人极度自私，母爱也能让一个女人产生超常的智慧。将母爱融入政治，要么一塌糊涂，要么充满和谐。值得庆幸的是，李贵妃不但是一位慈母，更是一位严母。她将自己的这两个功能转植于两位信任的大臣。在小皇上面前，冯保近慈，张居正持严。两相配合，国事家事就显得井然有序。

关于万历新政，史学界一直给予肯定。拙著《张居正》也因人及事，对这一历史时期作了浓墨重彩的描述。所以这里再不用赘述。但是，我仍要从女人的角度，谈谈李贵妃的历史功德。

张居正上任首辅后，首先就是给隆庆皇帝的两位遗孀上尊号。因为新皇上登基，老皇上的后妃要升格为“太”字辈，如太后、太妃等。明朝进封制度规定：“新天子登基，尊老皇后为皇太后，若有生母，亦封为太后，但加徽号以示分别。”

这意思是，陈皇后是当然的皇太后，李贵妃作为皇上的生母，也可以进封皇太后。但是，为了显示两个皇太后的差别，则应在陈皇太后前边加两个字的尊号。冯保与张居正商量：鉴于李贵妃担负着小皇上的监护作用，两宫太后不应该有差别，都应加两个字尊号。虽然，这件事在礼部实施过程中遭到一些官员的反对，但因张居正的强力支持，最终获得通过。陈皇后的尊号是仁圣皇太后，李贵妃是慈圣皇太后。从此，两宫太后遂无差别。

陈太后与李太后两人，打从认识一直到死，始终感情和睦、亲如姐妹。李太后地位比陈太后低下时，她对陈太后奉事惟谨。后来母以子贵，她与陈太后身份齐平且实际占优时，她对陈太后依然奉事惟谨。每天清晨，她都会带着儿子到陈太后处请安。一年三百六十五日天天如此，风雨无阻。这一点令陈太后非常感动，她多次要李太后取消这个礼节。李太后的回答是："老辈子传下的规矩，在我手上不能改。"两人始终以姐妹相称。在明代，后妃之间这样的亲密无间，是难得的佳话。

李太后对陈太后的尊敬，为她赢得了广泛的赞誉。但是，对待自己的儿子万历皇帝，她却管教极严。儿子登基的头几年，她将国事托付给张居正，而让儿子以读书为主。

皇帝读书，叫出经筵。张居正亲自给万历皇帝挑选了六位讲臣。每逢在文华殿听讲归来，李太后便邀来陈太后，让儿子将听讲的内容复述一遍。小皇上讲完了，李太后就问陪皇上听讲的冯保，皇上讲的是否有错漏。如果全部都讲对，就给予褒奖；如果有错漏，就给予惩处。有好几次，小皇上因为逃学而被罚长跪。

由于管教极严，万历皇帝对李太后充满敬畏。万历六年 (1578 年)，母子间曾发生过一次极为严重的冲突。其时，万历皇帝新婚不久，李太后便离开乾清宫，搬回慈宁宫居住。离开了母亲的监护，万历皇帝有一种如释重负的感觉，便在太监的唆使下，做一些往常不敢做的事情。一次夜游西城，贴身侍应太监孙海为其找来两位年轻貌美的宫女陪酒。喝得半醉时，万历皇帝要这两位宫女唱时令新曲。昕谓时令新曲，类似于今天的流行歌曲，但明代坊间的曲子，语颇轻佻，粗俗下流。两位宫女说不会唱，孙海在一旁怂恿，宫女仍坚持不唱，万历皇帝因此大怒，喝令推出斩首。经孙海提醒，万历皇帝这才醒悟杀人不是好玩的事情，于是改为削发代替斩首。

第二天，李太后知道了这件事情，找来那两位惊魂未定花容失色的宫女，问明事情原委，顿时大怒。她跑到奉先殿祭告亡夫，竟然做出撤销万历皇帝的九五至尊地位的决定，改让潞王继承皇位。

乍一听到这个消息，朱翊钧吓得三魂出窍，六魄离身。他跑到李太后面前长跪不起，乞求得到宽恕，并保证悔过自新。李太后在陈太后的一再劝说下，终于松了口气，但仍坚持说："能不能留你，要看张先生的态度。"张居正在李太后的授意下，写了一道劝诫皇上"慎起居"的奏疏。《明史・李太后传》中说张居正"具疏切谏"，过几天，张居正又遵李太后的懿旨，替万历皇帝代草"罪己诏"颁示天下，此场风波才告平息。

这次事件，可看做是朱翊钧与张居正这一对君臣关系的转折点。此前，朱翊钧对张居正深为倚赖，信任有加；此后，他对张居正除了敬畏，更在内心中潜藏了一份不满。

引起君臣对立的原因有很多种，但李太后的介入也是其中重要的原因之一。

李太后与张居正的关系，在万历初年，始终是一个极为敏感的问题。因为李太后对张居正的欣赏几乎是不加掩饰，无论是国事上的谋划还是对皇帝的教育，可以说是言听计从。朱翊钧年满 18 岁后，张居正多次提出归政于皇上，均遭李太后拒绝。朱翊钧 20 岁时曾向母亲委婉提出想亲政处理国事，李太后亦明确回复："30 岁前不要提亲政的事，一切听张先生的安排。"母亲的这个态度，增强了朱翊钧对张居正的反感。

因为李太后的完全支持，张居正得以大刀阔斧地推行万历新政，使本已气息奄奄、病入膏肓的明王朝迅速恢复了生气。但是，万历十年 (1582 年) 张居正一死，亲政的万历皇帝迅速对张居正进行无情的清算。导致在短短几年内，万历新政的改革成果丧失殆尽。

关于张居正的悲剧，大多数人归结于他的改革对势豪大户惩抑太过。我看另外还有一个原因，就是他与李太后的关系已引起万历皇帝的极度不满。

我一直不认为李太后与张居正两人之间有什么暧昧之处。须知明代宫禁甚严，李太后与张居正尽管互相倾慕，也绝没有勇气进行这种可能会给他们带来灭顶之灾的尝试。但是，改革的反对派们仍会捕风捉影，含蓄制造这两个人的"绯闻"。民间的戏本中，就攻击张居正"黑心宰相卧龙床"。我想，朱翊钧对张居正的清算之所以那么残酷，除了皇权与相权之争，大概也是受了“绯闻”的蛊惑，从维护皇室尊严的立场出发而施以雷霆手段。

自从张居正死后，李太后再也没有过问政治。她的儿子朱翊钧迅速变坏，乃至40年不上朝。奇怪的是，李太后也没有做出任何指责。她的态度为何有180度的大转弯呢？这里头大概有两重原因：第一是儿子大了，她再也无法管教；第二是张居正过早去世，她失去了可以信赖的后援而心情沮丧。

研究这段历史，似可得出这样的结论：李太后是最称职的母亲，而朱翊钧却是最不争气的儿子；张居正是非常合格的帝王师，而朱翊钧却是一位糟糕的皇帝。

李鸿章是否通敌日本间谍

秦武漾

1894年9月8日，正当中日两国在朝鲜惨烈激战时，一颗“炸弹”却在紫禁城里引起轩然大波：江南道监察御史张仲炘弹劾正当前敌的直隶总督、北洋大臣李鸿章，罪名是骇人听闻的腐败、通敌。

在这篇《奏陈北洋情事请旨密查并请特派大臣督办天津团练折》中，向以敢言著称的张仲炘指控李鸿章及其子李经方向日本人出售大米和煤炭，李经方甚至与日本王室攀亲，还在日本开了一家洋行。并说天津日本间谍案被破获后，还查出地雷炸药八箱，但李鸿章却在审理后，不仅隐匿不报，而且私放间谍，并给银资行。事后，张仲炘承认这些都是风闻，“始闻之而诧，继而不能无疑，如果属真，则自无怪乎纵容奸细、售买米煤之种种乖谬矣”。

这一名上达天听的日本间谍就是石川伍一，他是甲午战争史中最为著名的日本间谍之一，更是被不少史学家认为是引爆高升号事件的罪魁。

英国商船高升号被中国租用运兵，当时中日并未宣战，该船由英国船员驾驶，且飘扬着英国国旗，却在朝鲜海面被日本军舰打沉，千名中国士兵和欧洲船员罹难，震惊世界。据受雇于日本信义洋行的德国人透露：“有一倭人久住塘沽，此倭人才具甚大，华、英、德、法言语俱能精通，看其与他人言论间……并随时用铅笔注载……爱仁、飞鲸，高升船载若干兵、若干饷、何人护送、赴何口岸，该倭人无不了彻于胸。”这位“才具甚大”的倭人就是石川伍一。

其实，也有研究质疑石川在高升号事件中的作用。有学者认为其实是天津电报局的电报生泄露了高升号的开航时间等情报，但这一说法缺乏直接证据，而且电报生其实并不掌握密码，而电讯本身日军完全可以监听截获。

另有研究者认为，日本早已决定在海上攻击中国船只了，只是在随机选择攻击目标，无须等待运输船的具体情报，遭遇战是必然的，但何舰遭遇何船，却是偶然的。时任日本外交大臣的陆奥宗光在发给驻中国兼朝鲜公使大鸟圭介的电令中表示：“今有施行断然处置之必要。故阁下务须注意，可择一不受世上非难之某种口实，以之开始实际运动。”并在口讯中明确表示：“促成中日冲突，实为当前急务，为实行此事，可以采取任何手段。”根据相关史料分析，当时拦截高升号的东乡平八郎，并不知道这是运兵船，至少其并没有一个根据谍报伏击高升号的计划，否则，高升号之前的两艘运兵商船“爱仁”与“飞鲸”亦不会平安到达了。

石川伍一幼读私塾，入标榜“兴亚主义”的兴亚学校专攻中文。1884年18岁时来华，在海军大尉曾根俊虎带领下精研汉语，随后加入设在汉口的日本间谍机构乐善堂。

他曾受命与另一间谍松田满雄到中国西南地区调查，两人的任务，一是调查全川情况，二是了解川南的苗族，三是调查西藏的牧场。他们以成都为中心，足迹遍及全蜀，直达西藏边界，其间历经艰险，遭到当地土著的包围和攻击，并被官府怀疑是奸细甚至一度入狱，多亏石川能说流利的汉语才得以逃脱。他当时设想到西藏经营牧场，为乐善堂筹集经费，甚至希望能仿效三国故事，割据四川，另立一国。石川等人撰写的西南报告庞然巨册，并附以十分精密的地图，被日本军事当局当做极为珍贵的资料保存。

此后，石川到天津担任日本武官关文炳的助手，到蒙古、西安、洛阳等地刺探军情。关文炳死后，他又配合其继任者井上敏夫测量黄海的重要军港及航道的水文，为日后日军入侵提供了重要情报。在天津期间，他以紫竹林松昌洋行职员的身份为掩护，成功收买了天津军械局的书办刘棻（又称刘树棻、刘五等），获得大量第一手军事情报。

石川的暴露牵涉到另一外交纠纷重庆号事件。重庆号是一艘英国客轮，往返于天津和上海之间，高升号惨案发生不久，天津当地民众冒充清军搜查并痛殴了搭乘重庆号撤离的日本领事馆人员及其家属，意外地搜获日本间谍泷川具和他发给天津领事馆武官的密信，获悉了潜伏日谍石川的动态。日本外交人员及侨民均在开战后撤离天津，只石川伍一及钟崎三郎两人受命潜伏，但因美国领事坚决反对其留在租界内，石川遂搬到刘棻家，而钟崎则转往关外，并在那里被捕。

石川在搬进刘棻家的次日（1894年8月4日）清晨，就被天津城守营拿获，当日，天津海关道盛宣怀即向李鸿章汇报此事。在初审中，石川坚决不承认自己的间谍身份。

而受托分别为中日两国护侨的美国则开始积极干预此案，婉转希望“如遇有日本人改装在内地作奸细者，即将其解交就近海口逐其回国，使之不得与内地华民交接，于中国防泄军机似亦为无碍，且此办法，已足为惩其作奸细之罪”。美国的逾情之请被中国政府拒绝，总理衙门表示将根据国际公法，处死战时间谍。

石川被捕后第10天，上海法租界又破获楠内有次郎、福原林平间谍案，两人随即被租界当局送交美国驻上海总领事馆庇护。六天后，藤岛武彦、高见武夫在浙江被捕。此三案因美国插手而相互关联，其中最早且危害最大的石川一案成为关键焦点，关联到另两案的处理思路。美国插手的三个案件，石川的情节并不复杂，却牵扯更深。反对李鸿章的一派，拼命想利用此事，连章弹片，指责或影射李鸿章等，而李鸿章也确有难言之隐，因为泄密的军械局总办正是他的外甥张士珩。

沉默了12天后，李鸿章于8月15日向总理衙门正式报告石川一案，但称仍在审讯中。至此，石川一案已经与前线军情、中美外交及中国内政瓜蔓相连，日本人也知道其已无生望。在华间谍首脑宗方小太郎感叹道：“潜伏于天津之石川清末天津法租界码头，左上建筑为天津海关。终死于豚奴之毒刃，亦不失为一世之快男儿也。足以愧死肉食苟安之惰夫矣。予望其从容就死，示奴辈以神州男儿之真面目。”

石川伍一案件迅速引起光绪皇帝的关注，8月28日，军机处转达谕旨，要求李鸿章彻查此案。次日，美国外交机构直接插手，其驻天津领事根据驻华公使田贝指令，发函李鸿章，要求将石川释放回日本，理由是“日本声称此人并非间谍”。

李鸿章命天津海关道盛宣怀与美方交涉。盛宣怀在发给美国领事的回函中，对美国的要求进行了有理有据有节的严词驳斥。

朝廷坚定了彻查此案的决心，天津的办案取得了明显进展。9月17日，李鸿章向总理衙门提交了结案报告："前获倭人石川伍一，饬县屡讯，供词狡展。须将间隙确证予以死罪，始无碍在倭华民。八月初四日（9月3日），饬天津海关道盛宣怀严密根究，传到崔姓等，曾在倭武员处服役。人证确凿，即提石川伍一，与已革书吏刘棻质讯，无可狡辩，始均供认：前驻津之倭海军武员井上敏夫等曾嘱石川伍一转托刘棻，私抄中国海军炮兵数清单，给过谢礼。宣战后，倭员回国，留探军情，改装华服，以七月初四日（8月4日）潜行至刘棻家藏匿，当日即被军械局会同官弁获住等语。严讯王大，并无知情同谋。初九日（9月8日），奉电旨，复审石川伍一等，供均如前……石川伍一拟按公法，用枪毙击毙；刘棻即行正法。"

9月20日，石川伍一及刘棻在天津被处决，轰动全国，《字林沪报》报道称观者如潮，行刑后"但闻一片声叫好不绝"。当日，李鸿章将该案所有案卷包括两人的供词等呈交总理衙门。10月8日及27日，美国干预的另两起日本间谍案的主犯，也分别在南京和杭州被处决。

在甲午战争期间被捕的所有日本间谍中，石川伍一是惟一被执行枪决的，其余均被斩首，或许这与李鸿章希望给美国留点面子有关。美国朝野对中国"酷刑逼供"和"残忍处决"日本间谍表示不满。但当时外界谣传石川伍一被处以最残酷的凌迟："被拘禁于天津之同志石川伍一于九月二十日在天津城西门外被处磔刑，军械局之刘某亦同时被斩首云。不堪痛恨惋惜之至！"与石川相关的高升号事件，折腾10年后以中国赔偿船费而告终；另一重庆号事件，由大沽炮台以21响礼炮的最隆重军礼向重庆号道歉而结束；美国国会则因政府在间谍案处理过程中对中国的"过分软弱"而险些启动弹劾案。

御史因此案借题发挥，上奏指控李鸿章通敌。次日，军机处便拿出了处理意见，除了需对张士珩涉嫌采办军械时以劣充好查证外，其余各项指控，"皆系影响之词，暧昧之事，碍难查办"。张士珩最后以玩忽防务而被革职。李鸿章后来激烈指责"言官制度最足坏事"："当此等艰难盘错之际，动辄得咎，当事者本不敢轻言建树，但责任所在，势不能安坐待毙。苦心孤诣，始寻得一条线路，稍有几分希望，千盘百折，甫将集事，言者乃认为得间，则群起而讧之。朝廷以言路所在，有不能不示加容纳。往往半途中梗，势必至于一事不办而后已。大臣皆安位取容，苟求无事，国家前途，宁复有进步之可冀？"

若石川伍一泉下得知自己的案件居然引发如此剧烈反响，不知会做何感想？

圆明园到底是谁烧的

王道成

146 年前，北京城西郊一把大火，万园之园——圆明园毁于一旦，五千年古老文明发出一声沉重的叹息，华夏民族留下一道疼痛的伤口。是谁烧掉了它？又是什么引发了这场旷世大火？这把大火究竟烧掉了什么？

一座万园之园，一个艺术典范，一把旷世大火，一片断壁残垣，火烧圆明园动机何在？真凶谁属？

146 年前，圆明园究竟经历了怎样的苦难与浩劫？

今天我准备讲四个问题，第一个是什么人烧毁了圆明园，第二个他们为什么要烧圆明园，第三个被烧以后的圆明园是什么样子，第四个火烧圆明园对我们的启示。

现在先讲第一个问题，是什么人烧毁了圆明园。现在，有一种很流行的说法：八国联军烧了圆明园的说法是错误的。其实早在 1900 年，八国联军侵入中国之前，也就是 1860 年，圆明园就被英法联军抢劫和焚毁了。

在 1856 年的时候，英法两国政府分别以“亚罗号事件”和“马神父事件”为借口，发动了侵略中国的第二次鸦片战争，12 月 29 日，攻陷了广州，他们要想迫使清政府就范，就继续北上，到了天津的大沽口岸，5 月 20 日攻陷了大沽炮台，26 日就侵入了天津的城郊，并且扬言要进攻北京。当时清政府就派了两个大臣，一个是大学士桂良（相当于总理这一级的人物），还有个吏部尚书华沙纳，作为钦差大臣到天津议和，6 月 26 日和 27 日，就和英国、法国分别签订了《天津条约》。但是，英法政府认为有关商务方面的条款，还不能令人满意，他们决心重新挑起战争，从中国取得更多的特权。1859 年的时候，英国公使普鲁斯和法国公使布尔布隆，还有美国公使华若翰，来中国和清政府交换《天津条约》的批准书。为了要挑起战争，对清王朝施加压力，他们派了一支强大的舰队。结果他们打了败仗，就想要进行报复，所以1860年的春天，英国的额尔金和法国的葛罗带领了英法联军两万人，从白河登陆，打这个新城，打这个军粮城，然后绕到大沽炮台的背后，从背面攻击大沽炮台，大沽炮台就陷落了。

当时北京就震动了，咸丰就派遣怡亲王载垣和军机大臣穆荫到通州和英法联军进行谈判，在谈判的过程当中，对一些具体的条款达成了协议，有一条没有达成协议，是什么呢？在现在看来，这是一个很简单的问题，这属于礼节问题，但是在当时清政府看来，就觉得这个是有关国体的问题，这一条不能接受。这个巴夏礼态度非常傲慢，据外国人的记载讲，说在谈判的时候争论得很激烈，把这个桌子都掀翻了，桌子上放的瓷器都摔坏了。载垣就通知僧格林沁，说你赶快出动一支队伍，在张家湾把巴夏礼他们抓起来。这样呢，就抓了巴夏礼他们二十几个人，马上就送到了圆明园。清军和英法联军又打仗了，结果失利，清军就退守通州西面的八里桥。这个消息传到圆明园的时候，当时咸丰是住在圆明园，他马上准备逃往避暑山庄，但是英法联军还认为咸丰还在圆明园，所以他们绕过了北京城直奔圆明园。1860年的10月6日，法国侵略军就进入圆明园，从7号开始，也就是从第二天开始，法国的士兵就开始对圆明园进行抢劫，把圆明园的珍宝抢走了。当时法国的军队里边有一个翻译官叫德里松，他在翻译官手记里边就描绘了英法侵略者抢劫圆明园的情景。他这样讲，他说这一大群各种肤色、各种样式的人，这一大帮地球上各式人种的代表，他们全都闹哄哄的蜂拥而上，扑向这堆无价之宝，他们用各种语言呼喊着，争先恐后，互相扭打，跌跌撞撞，摔倒又爬起，诅咒着，辱骂着，叫喊着，各自带走自己的战利品，初看起来真像是一个被踏翻了的蚂蚁窝。

因为圆明园的建筑大多是用松木来修建的，又经过了这么多年的修建以后，这些木材全部是干燥的，所以很容易燃烧，几分钟之内，50多处就燃起了熊熊大火，在手记里边讲，目光被天空的浓云所笼罩，仿佛一场持久的日食一般，周围的地区也是一片黑暗。有一个亲自看到了这场浩劫的人叫斯文候，他说红红的火焰照在军队的脸上，看起来仿佛是魔鬼一样，连他们自己都认为他们这些烧毁圆明园的人像个魔鬼。这是18日开始烧，到19日的傍晚，经过两天两夜的焚烧，这座凝结着中国人民智慧和血汗的一代名园圆明园，就被英法侵略者烧毁了。

现在讲第二个问题,就是英国侵略者为什么要烧圆明园。按照英国人的说法，他说是因为有 37 名英法俘虏在圆明园受到了虐待，所以要焚烧圆明园来作为报复。但是经过我们的研究，不是这么一回事。9 月 21 日僧格林沁在捉拿了巴夏礼等二十几个人送到圆明园以后，他在圆明园只过了一个晚上，因为圆明园不是个关押俘虏的地方，所以第二天，就把他们就转送到了刑部，把他们分别囚禁在刑部的南监和北监。因为刑部监狱里边关押外国人这是破天荒的事，因为过去刑部监狱里边从来没有关押过外国人，所以，刑部尚书赵光和另外两个刑部的官员亲自到南北两监去察看，看俘虏在这里边生活得究竟怎么样，还跟那管理监狱的这些人讲，说要小心防守，不可凌虐，简直是待如上宾。巴夏礼在离开刑部监狱的时候还摘下了帽子向监狱的管理人员一再地表示感谢，你们看，如果他们真正的在“监狱”受到了虐待，像额尔金讲的那样，巴夏礼离开监狱的时候会这样吗?

这是第一种说法。第二种说法，是我们国家比较流行的一种说法，这些英法侵略者是为了掩盖他们抢劫圆明园的罪行，所以把圆明园烧了。这个说法也是不可靠的，因为在英法侵略者看起来，战胜了一个国家，抢劫他的东西这并不是什么罪行，所以法国那巴特雷上尉写信给雨果，要雨果歌颂他们，他认为这次远征行动是干得体面而漂亮，是法兰西和英格兰共享之荣耀。他并不认为（抢劫）是一种罪行，他能够放火把它烧掉吗?

第三种说法，这是我自己的研究，我的看法。我认为英国侵略者之所以要焚毁圆明园,他是要以此对清王朝施加压力,使清政府尽快地接受他们提出的条件,签订和约，以便他们能够按原定的计划从北京撤出。为什么这么说呢?因为在 1860 年,英法联军从香港出发的时候,还是春天,他们的军官和士兵,都是春装,但是北京到了 11 月天气就冷了，而天气寒冷以后对英法侵略者是很不利的。大家知道拿破仑一世在攻打莫斯科的时候,就遇到了严寒的天气。因为他们的士兵,还是穿着春天的衣服，结果很多兵士被冻死饿死，所以英法联军这次在出发的时候就定下了撤军的日期，必须在 11 月 1 号以前撤离北京。但是他们提出的条件是非常苛刻，作为清方的谈判代表奕䜣不敢接受，接受了以后不好跟咸丰交代，所以他不敢跟英法侵略者接触，一直到了十月中旬，到十五号都还没有动静。额尔金就认为，只有用烧毁圆明园的办法，才能解决问题，因为额尔金很清楚，园明园在咸丰皇帝心目中的地位，因为圆明园不是一座普通的园林，而是从雍正以来，五朝的皇帝经常居住和向全国发号施令的政治中枢。当时的政治中枢，不是在紫禁城，而是在圆明园，皇帝的绝大部分时间都是住在圆明园里边，都在那处理国家的大事。他认为焚毁圆明园可以对清统治者产生正面的作用，所以就以英法俘虏在圆明园受到虐待为借口，下令焚毁圆明园，他这个看法怎么样呢？事实证明的确起到了效果。在侵略者的压力下，奕䜣完全接受了侵略者提出的一切条件，在 10 月 24 日、25 日，分别和英国公使额尔金、法国公使葛罗交换了《天津条约》的批准书，并且订立了中英中法《北京条约》，所以英法侵略者他们自己说烧毁圆明园大大加快了达成最终协议的部分。由此可见，中英中法《北京条约》，是被圆明园之火逼出来的。

第三个问题讲圆明园被烧以后是怎么一步一步地变成废墟。经过 1860 年这场大火，圆明园的建筑绝大多数都被烧毁了，花草树木也遭到了严重的损害，但是山形水系是依然如故，没有遭到破坏。中国的园林有三个组成部分，一个是山水，一个是建筑，一个是花木。在这场大火当中，建筑大部分被烧掉了，花木也受到了很大的损害，但是山形水系没有遭到破坏，所以在同治十二年的时候，同治为了给慈禧太后庆祝 38 岁生日，准备重修圆明园。同治让内务府的大臣明善和堂郎中贵宝对圆明园被焚以后的建筑物进行调查。他们调查以后的结果是，圆明园尚存 13 处，就是还有 13 个地方没有被烧到。由此看来，英法联军（焚烧）之后，圆明园里边的中国园林部分，并未成为一片废墟，有的建筑还保存的相当的完整，不过英法联军对圆明园的疯狂抢劫和野蛮的纵火焚烧，是这座名园由盛到衰的一个转折点，从此以后圆明园就一蹶不振，这是中国人民应该永志不忘的国耻。

1900 年八国联军入侵北京，圆明园又一次遭到破坏，残余的陈设被洗劫，幸存的建筑物被拆毁，大量的古树被砍伐，圆明园被彻底摧毁，但是到现在为止还没有材料证明八国联军破坏了圆明园，而且有的学者在自己的著作里明确地讲，破坏圆明园的是当时驻守西郊的一些八旗兵的败兵游勇，太监以及地痞流氓，是我们中华民族的不肖子孙干的事。当然我们可以这样讲，就是没有八国联军的入侵，就不会有这些人的趁火打劫，圆明园这次破坏和八国联军有关系，但是跟他有关系，给他提供了条件并不等于是他们干的，所以我们不能说是八国联军烧毁破坏了圆明园，这个时候圆明园的山形水系仍然没有遭到破坏。清王朝覆灭以后，管理圆明园的机构和人员没有能力对圆明园进行管理。军阀、官僚、政客对圆明园的一些石料巧取豪夺，一些人也肆意地取用了圆明园的石料，有一个军阀叫王怀庆，他就把圆明园的一些石料弄去修了自己的园子，就是达园，在圆明园的旁边。在圆明园的附近的一些居民的家里，我们也可以看到圆明园的一些石质的遗物。

1917 年以后，一些人进入了圆明园，山形水系就开始遭到了破坏。建国以后进入圆明园的人就越来越多，破坏也越来越严重。据 1980 年圆明园管理处的统计，圆明园里边有 7 个生产队，农业人口 2000 多人，劳动力 700 多个，里边的住户有 270 多家，形成了近 20 个大小的居住点。这些人进了圆明园以后，为了种水稻，要挖山填湖，因为水深了水稻是不能种出来的，所以要挖山填湖，为了建房屋要挖山取土，为了养猪羊要挖山垫圈，所以几十年当中，他们是每天挖山不止。圆明园的山形水系主要是近几十年破坏的，经过一次又一次的破坏，圆明园终于成为了一片废墟。有的专家就把圆明园遭劫的经过，分别地称为火劫、木劫、石劫和土劫，这是第三个问题。

第四个问题，讲讲火烧圆明园对我们有什么启示。我们在讲圆明园的时候，很多人都会讲到这一句话，就是落后就要挨打。这个说法是对的。中国为什么会落后，当然答案是很多，原因有很多，但是我认为，闭关锁国是重要的原因之一，这种闭关锁国造成了一种夜郎自大的心态，就觉得中国是了不起，我就是在世界的中心，自己是天朝大国，别人都是蛮夷小邦。清统治集团对世界大事是茫然无知，鸦片战争以后两年多，道光皇帝还不知道英国是一个什么样的国家，离中国有多远，他还问别人英国是什么国家，离中国有多远。你说他连英国是个什么样的国家，离中国有多远都不清楚，他能够正确地处理跟英国的关系吗？所以圆明园被焚，闭关锁国应该是一个最重要的原因，但是圆明园之火，也烧掉了清统治者因闭关锁国而造成的一些落后的心态。当圆明园被焚的消息传到热河的时候，传到避暑山庄的时候，咸丰皇帝气得口吐鲜血。中英中法《北京条约》签订以后，咸丰也不得不予以批准，允许外国使臣驻京，允许外国人到内江通商到内地游历，不久又设立了一个总理各国事务衙门，专门管理这个外交的事，而且这个总理事务衙门是在六部之首，原来不是吏户礼兵刑工吗，总理衙门在它们的前面，开始重视对外关系了。后来又是在总理衙门的主持下，开展了求强求富的洋务运动，培养外语人才，学习西方的先进的科学技术，创办军事工业，创办民用工业，把第一次鸦片战争时期，魏源提出的“师夷之长技以治夷”的这个口号，落到了实处，把它付诸实践。而洋务运动又成为了中国近代化的开端。所以圆明园的被焚，是圆明园由盛到衰的转折点，但是它亦是中国由封闭到开放，由传统到现代的一个转折点。

梁启超为何善变

刘 仰

梁启超支持过变法维新，也靠近过孙中山的武装革命；他既支持革命，又被认定为是一个反对革命的改良主义者；他大力提倡君主立宪，又鼓动段祺瑞发兵推翻张勋辫子军的复辟；他曾经想借助日本的力量改变中国，又很早就向中国介绍马克思主义；他拥护过袁世凯的强人政治，试图与袁世凯一文一武联手治理中国，又策划自己的学生蔡锷领兵反对袁世凯；他向中国大力介绍西方思想，提倡“德先生”、“赛先生”，并一手直接促成了“五四运动”，最终又认为西方文明已经破产，要用东方文明来拯救世界……他几乎受到各个方面的欢迎和重视，但是，正因为如此，梁启超也被认为在政治上是“善变”的。

赞扬梁启超的人说，他的善变是与时俱进；批评梁启超的人说，他的善变是政治投机；维护梁启超的人说，他善变的背后，有“内在的一致性”；抨击梁启超的人说，他的善变是自相矛盾、无所依靠的彷徨等等。于是，中国近代史上几乎每一个政治流派，都能从梁启超那里找到支持，同样也能找到反对。梁启超从学术思想到政治领域的“善变”，的确是中国近代史上的一大奇观。

我不认为梁启超的“善变”是政治投机，相反，他在政治领域的每一个选择都是真诚的。那么，又如何解释他在政治上没有主见、没有长性呢?

梁启超所处的时代是一个变动巨大的时代，后人说，这是一个“新思想”层出不穷的时代。实际上，这种描述并不准确。在那个时代出现的所有“新思想”，其实都是既有的“旧思想”，只是对某些以前没有接触过某种思想的人来说，是特定的“新思想”。因此，在那个巨变的时代，有些人因为接触了某一种“新思想”，便以为找到了新世界的真理。在当时的中国，这样的知识分子非常多。有人认为实用主义是惟一，有人认为无政府主义才是真理，有人认为马克思主义最适合中国，有人认为儒家思想才是正路……对于当时大多数知识分子来说，很多人都只是盲人摸象，以为窥一斑便能知全豹，而梁启超不同，他几乎在各个领域都触及到东西方文化的本质，因此，当不同的思想和政治流派互相角逐的时候，梁启超要么成为各派争取的对象，要么成为各派批评的对象。

举个例子，清华是一个西式的学校。梁启超在清华的时候，向校长推荐了陈寅恪。校长问：陈寅恪是哪个洋学校的硕士、博士？梁启超说：不是。校长又问：这个陈寅恪有什么专著？梁启超说：也没有，但陈寅恪的几百字就超过我的全部文字。于是，校长不得不接纳了陈寅恪。

梁启超在这个问题上的认识，可以说完全是中国传统式的。中国传统的教育以及对人才的认识，就是不讲究职称、著作之类身外之物的，但他又确实是要给陈寅恪谋一个西方化的教授头衔。梁启超在教育和人才问题上，对于东西方文化实质的同时把握，使得他高出了校长。这样一种东方传统的流露，在梁启超身上显得极为自然，并没有刻意的痕迹。

教育问题只是很小的一个方面，在政治、民主、经济、国家利益等等很多问题上，梁启超都同时接近了东西方文化的本质，视野开阔与真知灼见并存，而不像同时代的许多知识分子，只是有限地在自己的知识范围内达到“专家”的本质。但是，梁启超的问题在于，他对东西方文化的本质了解都很深入，却未能将其协调起来。因此，梁启超著作甚丰，一生写了1400多万字，却没有鲜明的主张，谁都可以从他那里找到自己需要的东西。以至于，主张发扬五四精神，推行“德先生”、“赛先生”的人，可以拿梁启超做旗帜。而在五四批判的新儒家的眼中，梁启超同样也是儒家学说的代表。

梁启超晚年因尿毒症到协和医院开刀，结果，美国人开的医院居然发生了一起重大的医疗事故。梁启超的坏肾没被切掉，另一只好的肾居然被切掉了。本来，梁启超的家人朋友要向协和医院兴师问罪，提出赔偿，但是，梁启超因担心影响西医在中国的发展前途，在病榻上用中药养病调理的时候，居然还写文章为协和医院辩护，其他人也只好不了了之。手术8个月后，梁启超病逝。这件事情仿佛也是一个象征：他对中医和西医都有信赖，但没有处理好两者的关系，最终伤害了自己。反过来说，如果这个不幸没有发生，梁启超能再长寿一些，也许，他就能把自己的观念协调起来，形成一个真正的理论。

梁启超的“善变”是因为他在历史巨变时期，在复杂的政治领域，随时都能发现每一种政治主张和政治势力都有符合东方或西方文化本质的道理，而不像只接受某一种主张的人，只认为自己的方式是对的，别人都是错的，因此，与自己不同的政治行为，都是应该被批判打倒的。梁启超则在不同的政治流派中，都深刻地看到了各自的合理性。因此，梁启超的“善变”不是因为政治投机，而是因为他把每一种合理性都当成可能的终极价值，这也成为梁启超的遗憾。在巨变的时代，他没有能够把他所认识到的、丰富的合理性，变成一个纲举目张的思想体系。

按照梁启超的遗愿，他的墓碑上没有评价性、总结性的文字，也许就是他自己对这一点的了解。他理解了一切，却未能形成自己的方法。

当初，梁启超一个人做到的事情，如今很多人同时在做。这也是梁启超依然被当今中国人广为关注的原因。至今，我们还是没能找到面对现实的真正方法。

历史的谜团

子贡为何老挨骂

王兆贵

在孔门弟子中，子贡应该算是一个好学生。他不仅反应机敏，能言善辩，谦恭随和，于人际交往、经商理财方面也是一把好手。但在孔子生前，他却跋前踬后，动辄得咎，经常挨骂，就像子路一样，总也不讨老师的喜欢。

从历史记载来看，子贡挨批的几桩子事，给人的感觉并非过错，听起来好像还是“好事”，但孔子就是不给好脸，不给好气，也没给过好评。真正是冤哉枉也，倒霉透顶。

一件事是子贡自掏腰包赎奴被训。按照鲁国当年律例，若有人从邻国赎回被掳作奴仆的鲁国公民，可以从国库支取赎金。子贡赎回了奴仆，却拒绝申请公费。孔子知道后，没夸子贡“廉洁”也倒罢了，反而劈头盖脸地把子贡教训了一通。另一件事是子贡预言灵验遭斥。邾隐公拜见鲁君，子贡观察到邾隐公献玉和鲁定公受玉时的失礼行止和情态后，便预言两位君主都有亡兆，不到半年，鲁定公果然去世，真是料事如神。然而孔子却斥责子贡多嘴，并说这事是被他不幸言中的。

孔子虽说是一个和蔼敦厚的长者，但他批评起弟子来，却是直言相向，毫不留情。在孔门的高足中，除了颜回之外，很少没被他责备过的，而对子贡的评价尤为苛刻。

孔子曾当面说子贡就像用作装食物的祭祀器具瑚琏。按照孔子关于“君子不器”的定性，这意思大概是说子贡是个单方面的实干家，不会成为一个修齐治平的君子。有人根据瑚琏的功用，把子贡说成是“贵重而又华美的高级饭桶”，这当然是以今论古的戏谑，说来好玩，但比拟蹩脚，未免失当。不过，从这里我们也可察知，子贡并不被孔子看好。更倒霉的是，在论及前程时，孔子对子贡还有一段让人沮丧的鉴定。意思是说，我死了以后，子夏的学问会越来越好，子贡的学问却会退步。子贡后来的发展，既没有像孔子预言的那样走下坡路，也没有因孔子对他的“酷评”而怨尤、消沉。孔子死后，子贡不仅尽师孝、尊师道、敬师业，而且成了“诸侯无不仆庭与之抗礼”的跨国企业大老板，并能低调做人，富而无骄，以商促教，不遗余力地弘扬孔子的思想，是孔门弟子中最有实力且功业卓著的一流人才。那么，这是不是说明孔子看人的眼力有问题，或者说他老人家知人论事主观武断、失之偏颇了呢？其实不然，我们只要深入探讨一下孔子办学育人的用心，其中的乖谬便可得到合理的解释。

孔子认为，完整人格的形成比较难，也往往容易被忽略，而这将会影响弟子的一生。用现在的话说，就是做人比什么都重要，也比做事、做官要难。所以在教书育人时，孔子总体上是把道德修为摆在才艺习用之前的。按照现代眼光看，这与“不拘一格降人才”的理念相悖，重德轻才，抹杀能人，显然有些保守了。但是话又说回来，重艺轻德、恃才傲物、术高品低之类的能人，即使在今天也是不可取的。

正由于孔子秉持的是这样的教育方针，所以他对子路、子贡等一些特长生就颇多担心。除了担心子路因莽撞而招祸之外，孔子对子贡也总是放心不下。子贡能力虽强，但却聪明外露，出了麻烦自己倒霉，还会牵累他人。对于子贡这些特长生的技能和行为，孔子考量的不是事情本身的善恶意义，而是担心由此所产生的社会影响以及长远后果。以上这些，或许就是孔子对子贡批评多于表扬、劝诫多于鼓励的用心所在，也是子贡善解师意、不负师教、终成大业的原因吧。

吴越两国为何势不两立

王 琴

春秋时期，地处东南沿海的吴国和越国相邻，彼此争战不休。当然你可以说，国家强大了难免都有扩张的野心，碰到一起就开战呗。不过在这个常见的理由之外，吴越之争还与这两个国家的历史渊源有关。

一般认为，夏王朝是中原土著民族创建的，而开创这个王朝的大禹也是在治理山西、河南的洪水中建立起至高权威的。但是很多考古结果表明，夏朝很可能起源于长江下游，后来扩张到中原一带，大禹原来是生活在江浙一带的古越族的领袖，后来才成为统治中原的领袖。

越族是广泛分布在我国东南部和南部，直至越南北部的广大地区的古老民族，是我国最早栽培稻谷的民族，素以巧于驭舟，富于航海经验而著称于世，养蚕缫丝也是他们最早开始的。

对比历史文献时夏朝的记载，我们可以发现，夏朝与古越族有着千丝万缕的联系。大禹曾下令国人种植水稻，并以稻谷贩济民众，而不提中原地区常见的农作物黄米、高粱。可见夏人是一个擅长于种植水稻的民族。历史文献还记载，夏人习水性，善舟楫，具有海洋民族的习性，其首领在历史上均以建筑水利工程、治理水患而著称。夏人还擅长养蚕织丝，丝织业相当发达。

另外，夏王朝在其崛起初期举行的国家大事或重大活动，会盟、征伐、祭祀、婚娶、丧葬等，几乎都是集中在长江下游一带。大禹在蚌埠涂山娶妻，死后葬在绍兴会稽。即便是今天，在长江以南地区仍然盛行着很多大禹活动遗迹的民间传说。

那么这个东南沿海民族又是如何人主中原建立夏王朝的呢？中国东部沿海

曾经历过一次严重的海平面上升，长江下游平原全都变成一片汪洋。在这里生息千余年的越族人在大禹的领导下，一面治理水患，留下了治水的传说；一面向中原迁徙，击败了舜领导的有虞部落，威震长江、黄河两大流域，成为众多酋邦的盟主，建立夏朝。

后来商部落崛起，推翻夏朝统治，建立商朝，将夏桀放逐到长江边上的安徽巢县，也有赶他回老家的意思。越王勾践的祖先是夏朝第六个王少康的儿子，奉命回到故乡会稽守护大禹的陵寝，责任重大。尽管夏朝覆灭了，越国却因为地处僻远，一直生存了下来，历经商朝和周朝，传到勾践已经是二十多世了。

可见，越国人是夏文化的代表，越王勾践是夏朝王室的后裔。

越国的敌人吴国也不是等闲之辈。按辈分说,吴国国君还是周天子的大伯呢。早在周人尚未推翻商朝，还生活在陕西周原的时候，他们的领袖周太王有三个儿子。大哥、二哥发觉父亲想要立三弟做继承人，为了不让父亲为难，便借为父采药的机会一起躲避到太湖边。三弟的儿子和孙子就是开创周朝的周文王和周武王。而这两个“让贤”的哥哥则被土著居民奉为君主，在太湖平原建立了吴国。

不过这哥俩来到江南，除了“让贤”之外，似乎也负有为周族开拓南疆长江流域，从南面包抄商朝的重任。立国之后，吴国逐渐侵并越人的地盘，强大起来。

尽管远离中原，历代吴王始终不忘自己与周朝王室的亲缘关系，一直向中原诸国积极靠拢，礼敬周天子。为此，他们如饥似渴地吸收周文化，竭力挣脱当地土著文化的影响。

与此相反，自夏亡以后，越国长期以来与中央王朝保持着勉强应付的关系，敬而远之，有时甚至长期不朝贡，引起了朝廷的讨伐。对商代、周代制定的中原礼制，也不感兴趣。原因很简单，越人是中国第一王朝夏朝王室的后裔，出于自尊心也不能接受周朝的文化啊。

孔子曾经带着雅琴，率领七十个弟子前去为勾践演奏。勾践很隆重地迎接，向孔子讨教，可是一听孔子说要向他陈述三皇五帝的治国之道，宣扬中原文化，勾践叹口气说道：“我们越人性格愚钝脆弱，栖居在山水之间，以船为车，以楫为马，要来就飘然如风，要走别人也追不上，喜欢打仗，不惧死亡。您还能如何指教呢？”话说得很客气，实际就是对孔子倡导的周朝礼制表示拒绝。

话说到这儿就比较清楚了，当吴国和越国碰到一起的时候，决不是两个普通的诸侯国发生冲突，而是夏王朝与周王朝、夏文化与周文化的较量。吴国认为自己有责任有义务为周朝开拓南疆，越国则坚决维护大禹传人的尊严，决不屈服。双方经过一番生死较量，越国取得了最后的胜利。

匈奴最后到了哪里

路卫兵

匈奴这个昔日北方彪悍的民族，曾经在马背上叱咤风云，盛极一时。但最后不但退出了中国的历史舞台，就连令欧洲闻风丧胆制造出匈奴神话的西迁一支，也在泱泱的历史长河中消逝得无影无踪，留下了许多未解之谜。那么为什么这个强盛一时的民族逐渐衰败而致消亡了呢？

早在三皇五帝时，匈奴部族便已存在。《史记》记载，尧时匈奴的名字叫“獯粥”，周朝叫“猃狁”、“犬夷”，后世也称之为“戎狄”。他们散居在黄河流域，大致在现在的陕西、山西和河北的北部，与汉族杂居，但长期遭到汉族的排斥。先是黄帝北伐獯粥、尧帝“北教八狄”，到了西周更是和匈奴征战不断。春秋战国时，此族和秦、晋、赵、燕等国接壤，时有摩擦，也没讨得什么便宜，这些散居的小部族渐渐被赶到黄河以北，后来秦、赵、燕三国修筑长城以拒之。这些部族为生存计，只能散居溪谷，或追逐水草而生，发展缓慢。

被汉族长期排斥北迁的部族中，有一部在河套平原一带定居，因为这里相对富庶，所以此部族渐渐壮大，这就是后来令秦汉长期头疼的匈奴。其人数很少，靠游牧为生，时常南下抢掠。秦始皇统一中国后，令蒙恬北击匈奴，收复河套地区，“却匈奴七百余里，胡人不敢南下而牧马”。可见当时的匈奴实力根本不能和秦王朝抗衡。

冒顿单于时期是匈奴最为辉煌的时期，他骁勇善战、带兵有方，逐渐统一了各个散部，又兼并了周边小国，开始了和汉朝近200年的征战，致使汉初的君王不得不用和亲政策来改善汉匈之间的关系。但到了汉朝国力渐强的武帝时期，便派大将霍去病、卫青多次力挫匈奴，使其大大削弱。及至汉宣帝刘询时，采取步步为营、联合周边的策略，使匈奴彻底臣服。匈奴崛起之时也恰逢中原统一强盛时期，否则匈奴极有可能入主中原，历史或许会改写。

公元46年，匈奴境内连年遭受旱蝗之灾，赤地千里，又受到乌桓的进攻，内部又起王位之争，匈奴从此分为南北两部。南匈奴投降，并与汉朝合力攻打北匈奴，致使北匈奴不得不西迁欧洲。这么一折腾，南匈奴也衰退为一个弱国而一蹶不振。到东汉末年，曹操统治北方，将南匈奴分为五部，由汉人统管，“以弱其势”，南匈奴渐渐开始被汉族同化。

匈奴第二次短暂的崛起是在五胡乱华时期，匈奴人刘渊率先建国，开十六国分裂割据的先河。刘渊试图恢复匈奴昔日的强盛，到其儿子刘聪在位时甚至灭掉了西晋王朝，在北方强极一时。五胡大肆屠杀汉人，使民族矛盾加剧。后来冉魏国君冉闵下发“杀胡令”，汉族又疯狂报复，中原匈奴几乎灭种，从此彻底告别了中国历史的舞台，遗留者也逐渐被汉族同化，匈奴作为一个独立民族的身份从中国历史中彻底终结。

北匈奴西迁欧洲，散落于欧洲和中亚各地，在公元4世纪时逐渐集结统一成一个强大的帝国，特别是在被欧洲人称作“上帝之鞭”的阿提拉即位后，匈奴铁骑更是践踏欧洲，给欧洲人带来了极度恐慌。最盛时匈奴帝国的统治版图甚至囊括了欧洲的绝大部分，最西打到了大西洋沿岸，比后来的蒙古帝国占领的土地还要多。但最终随着阿提拉的骤逝，加上欧洲其他各民族的反抗，匈奴帝国土崩瓦解，散落消遁于欧洲各族而不复存在了。

由此，匈奴消亡的最主要原因在于，没能形成自己的政治文化，甚至没有自己的文字，统治根基薄弱，要想得到生存和发展确非易事。

汉宣帝：中兴之主抑或是亡国之君

谌旭彬

公元前 74 年，托孤大臣霍光以迅雷不及掩耳之势，向帝国所有成员公布了现任皇帝刘贺在即位之后的短短 27 天内所做的 1127 件荒唐淫虐之事——平均每日 42 件——如果这一控告属实，那么毫无疑问，皇帝刘贺必然患有严重的躁动症和亢奋症，必得夜以继日不眠不休才能胜利完成这一“任务”。在帝国高层和民众的满腹狐疑中，刘贺被赶下了皇帝的宝座。

27 天之后，未央宫迎来了新的主人。

戾太子的遗产

汉宣帝刘病已，在汉代皇帝当中是个异数，受武帝晚年的戾太子冤狱的牵连，出生不久即被投入大牢——他的祖父戾太子刘据和父亲太孙刘进均在此案中被杀。当武帝听信望气者“长安狱中有天子气”的妖言而准备杀尽长安城的在狱人犯时，年幼的刘病已碰上了命里的贵人邴吉，邴吉的抗命相护让他熬过了那个最漫长的夜晚——第二天，年迈的武帝清醒过来，取消了杀尽长安在狱人犯的命令。九死一生的狱中生活，显然教会了刘病已如何在最艰难不利的情境下求生取胜的原始技能，这是汉代其他所有皇帝都未曾有过的经历。

伴随着武帝对“戾太子案”的有限平反，刘病已结束了他狱中的童年，但却无法回归皇太孙的身份，只能作为汉帝国的一介平民，在邴吉等戾太子余党的照料下，如野地里的高粱般悄无声息地生长。如果不出意外，他这一生，似乎注定了只能这样悄无声息地生长、成熟、繁衍，终至死亡。

转折发生在公元前 74 年。邴吉在霍光最犹豫不决的时候，站出来建议他选择平民身份的“前皇太孙”刘病已继承帝位。汉宣帝刘询（病已）由此登上历史舞台。一介布衣，眨眼间君临天下，事情貌似传奇，貌似充满了不可预测的偶然性。但细究历史的线索，不难发现，这其中有着太多的必然因素。

作为惟一有资格继承戾太子政治遗产之人，宣帝刘询在公元前 74 年这个汉帝国至为彷徨的年份里被推上帝位，是一件理所当然的事情。

要想看清楚戾太子的政治遗产究竟是什么，先要把视线拉回到武帝晚年。关于导致戾太子冤案的“巫蛊之祸”的起因，公认的一点，是武帝和太子刘据之间已经产生了无法调和的政治矛盾，但这种政治矛盾具体是什么，历代史家说法各异。或纠缠于卫氏家族的外戚势力过于强大；或着眼于武帝晚年对太子党势力过分强大的不满，如此种种。这些分析未尝没有道理，但如果考虑到在戾太子去世多年之后，其残余势力仍然在朝野内外不断活动这一事实——如下文《霍光：后雄主时代的政治转型牺牲品》（本文在“人物的新探”中，编者注）中提到的，汉昭帝元凤三年“公孙病已立”的谶言在帝国大肆流播，背后最有可能的操作者就是戾太子余党——就不能不承认这么一个结论：戾太子集团绝不是一个简单的利益集团。古往今来，历史已经充分证明：只有那些拥有强烈的意识形态色彩的政治团体，才能够拥有如此顽强的生命力，甚至于在组织首脑被铲除殆尽之后，还能野火烧不尽，春风吹又生。

从这个角度切入武帝晚年这场“巫蛊之祸”，自然就不难发现这样一个政治立场的分野：在戾太子与武帝两大集团的势力并存之时，朝廷内部存在着两类气质、理念完全不同的官僚。

一类是追随武帝开边、兴利、改制、用法的臣僚，就传世的史书所见，这类人似乎占据了多数，而且多处在显赫的职位上。自然，这也是符合历史事实的，毕竟武帝才是当时汉帝国的一把手，他所欣赏的官僚占据多数席位和多数要职，是情理中的事情。

另一类则是追随在太子刘据身边的“守文之臣”。武帝多次提到这些围绕在太子身边的“宽厚长者”，也曾对他们多有褒赞。这些人大多也在朝中任职，虽然没能出现在要害部门的要害职位，但在数量和声势上，却已经可以和武帝近臣集团相抗衡。

换言之，如果从意识形态的角度来考虑戾太子冤案的话，做这样一个结论应该是中肯的：戾太子案件实际上是武帝晚年关于汉帝国的根本发展方向，也就是基本路线问题的一次政治恶斗，其结果是：武帝和武帝近臣们所主张的“用法”、“进取”路线取得了胜利；太子刘据和他周围的守文之臣们则遭到了惨烈的血洗。甚至于将其视为武帝晚年“法家路线”和“儒家路线”的生死斗争，也未尝不可。

正因为围绕在戾太子身边的“守文之臣”们是一群拥有自己独立的价值观和政治理念的儒者或者亲儒分子，他们才能够在此后的几十年中仍然顽固地坚持在朝野内外活动，并最终把戾太子的血脉和政治遗产的惟一继承者刘询推上帝位。

史书对于戾太子余党势力的记载相当稀缺和分散，但并不妨碍后世通过其他历史侧面去窥视当时戾太子余党势力在朝野的影响力。譬如武帝去世之后朝廷对戾太子案的平反态度即相当耐人寻味。

《霍光：后雄主时代的政治转型牺牲品》曾经谈及始元五年（公元前 82 年）发生的假戾太子事件。这个事件很能说明民间舆论对已故戾太子的感情，以及戾太子在民间的影响力。

《汉书·隽不疑传》记载，公元前 82 年，有一男子，“乘黄犊车，建黄旐，衣黄襜褕，著黄冒，诣北阙，自谓卫太子”。事件被报告到宫中，昭帝下诏令公卿、将军、中二千石等官员全部前往辨认。长安城中前来围观的民众多达数万人，全城都沸腾了。“右将军勒兵阙下”，朝廷甚至出动了大军，在事发现场严加戒备，防止生变。结果，丞相、御史大夫以及到场的中二千石一概官员，没有一个人敢发言表态此人到底是不是戾太子。最后，京兆尹隽不疑到场后，事情才获得解决。隽不疑追查出此人原名成方遂，相貌颇似戾太子。

不管隽不疑的“追查”是真实的，还是出于政治目的强行“结案”，这次假戾太子事件至少说明了两个问题：一是戾太子在民间的影响力巨大，假戾太子的出现，沸腾了整座长安城；二是昭帝朝廷对戾太子高度警惕，派了大军前往现场就是明证。

朝廷处理此事，最耐人寻味的地方，其实是隽不疑赶到事发现场时那个鲜明的表态。当时，在场官吏各个目瞪口呆，鸦雀无声，隽不疑赶到，厉声说道：“你们有什么好怕卫太子的？当年蒯聩违背君命出走，各国闭门不纳，受到《春秋》的高度褒赞。卫太子当年得罪先帝，没有去死反而跑了，如今自己跑到这里来，本就是个罪人！”

稍往前追溯，武帝晚年虽然没有彻底为戾太子平反，但处死参与镇压戾太子集团的积极分子，修筑思子台，包括释放皇太孙刘询，这些都足以表明武帝和朝廷已经不再将戾太子当做“罪人”，这也是刘询出狱后能够在皇族典籍里登记在册的前提条件。

然而，在昭帝始元五年，也就是公元前82年，隽不疑处理“假戾太子案”的基础却仍然是在强调戾太子的“罪人”身份。对“假戾太子”，隽不疑显然并未做必要的身份核实，其处理的依据为：其一，假如此人不是戾太子，则冒充有罪，自然应当处以极刑；其二，即便此人真是戾太子，本就是先帝罪人，也当处以极刑。换句话说，在隽不疑的逻辑当中，根本就不需要去核实当事人的真实身份。

隽不疑的厉喝，透露出来两点至关重要的信息：一是戾太子在朝廷官员当中影响力很大，以至于他们不得不集体采取观望的态度；二是朝廷或者说昭帝和当时的辅政者霍光，对戾太子的影响力极为警惕，为此甚至不惜违背武帝晚年已经付诸实施的平反，仍然顽固地坚持戾太子是“先帝罪人”，惟如此，才能彻底否决掉戾太子政治势力的道德优势。

戾太子政治势力的庞大，也可以从武帝临终前夕试图杀尽长安狱中囚犯一事中窥见一斑。虽然史书称此事是武帝听信了江湖术士的妖言，但考之史实则不然。武帝晚年，在打垮戾太子之后，耿耿于怀的事情就是如何顺利地将昭帝扶上皇位，包括将昭帝降生之地取名为赤裸裸的“尧母门”；打垮昌邑哀王的后台、手握军权的李广利；以及在甘泉宫召集各诸侯王，责成他们维护刘弗陵（即日后的昭帝）等等。自然，长安狱中襁褓中的戾太子之孙刘询，就成了武帝临终之前必须除掉的一块心病。所谓术士的妖言，不过是发动此事的借口。所谓杀尽长安狱中囚犯，目的不过是想杀掉戾太子之孙刘询，只不过单独诛杀这么一个尚在牙牙学语的幼儿，又是自己的血脉，武帝抹不下脸来，所以才需要术士的那番妖言做遮羞布。

但是，结果并未如武帝所愿。武帝的使者郭穰连夜赶到狱中，却被廷尉监，也就是国家监狱的狱长邴吉拒之门外，双方一直对峙到天亮，郭穰无奈离去，回宫告了邴吉一状。但既然邴吉已经公然抗命把刘询的生死问题挑到了明处，武帝也就无可奈何，没办法再拉下脸来置刘询于死地。若不能体会这背后错综复杂的政治纠葛，自然也就难以透彻体会刘询这生死悬于一线的巨大危机。

反过来看，武帝临终前夕还如此担心仍在吃奶的刘询，认为他可能会危及到自己选定的昭帝刘弗陵的帝位，自然，也就从一个侧面反映出戾太子余党势力的强大。

也就是说，平民刘病已能够在公元前 74 年因为邴吉对霍光的一番建议而登上皇帝的宝座，绝不是什么一步登天的平民励志传奇。在这一貌似传奇色彩浓重的事件背后，隐藏着汉帝国各种政治力量的角逐和妥协。它标志着武帝时代被打压下去的儒家“守文之臣”集团重新浮出水面，摆脱了在野身份，进入了汉帝国的上层统治集团。

但诡异的是，儒家“守文之臣”们的春天并没有与宣帝的上台同步到来。

夏侯胜事件

本始二年（公元前 72 年）五月，也就是即位改元的第二年，宣帝下诏宣扬武帝的功德，要求朝廷为武帝加尊号，对武帝的伟大功绩做盖棺论定。诏书说：“朕以眇身奉承祖宗，夙夜惟念孝武皇帝躬履仁义，选明将，讨不服，匈奴远遁，平氐、羌、昆明、南越，百蛮乡风，款塞来享；建太学，修郊祀，定正朔，协音律；封泰山，塞宣房，符瑞应，宝鼎出，白麟获。功德茂盛，不能尽宣，而庙乐未称，其议奏。”

在宣帝的一手推动下，对武帝的隆重纪念和赞誉在六月份迅速达到高潮：“六月庚午，尊孝武庙为世宗庙，奏《盛德》、《文始》、《五行》之舞，天子世世献。武帝巡狩所幸之郡国，皆立庙。赐民爵一级，女子百户牛、酒。”

但是，这次颂扬武帝功德的大工程，开展得其实并不顺利，在计划之初就遭到了强烈的阻力。《汉书·夏侯胜》记载，宣帝命列侯、二千石高官与朝廷博士一起商议，拟出一个颂扬武帝功德的切实可行的具体方案来。群臣全都聚集在朝堂上商议此事，夏侯胜突然冒出来说：“武帝虽然有攘夷开边之功，但战争损耗多少士卒，耗尽百姓财力，耗费无度，天下空虚，百姓流离，全国人口减少达一半之多。蝗虫大起，千里赤地，人民相食。国家至今未能恢复元气。武帝在位，对百姓没有德泽，不应当为其立庙立乐！”

夏侯胜被宣帝以毁谤先帝的大不敬之罪下了大狱，但这并不代表宣帝不认同夏侯胜的观点。恰恰相反，宣帝在诏书里说自己“日夜以孝武皇帝亲自实施仁义为榜样”才是真正的言不由衷之词。宣帝不可能忘记，仅“巫蛊之祸”一案，武帝便株连了数万苍生，自己也差一点死于非命，哪里有什么“仁义”可言。

夏侯胜所言武帝穷兵黩武，耗尽天下财力等，均属事实。这一点朝廷众臣们也都无人反驳——史书记载很有意思，夏侯胜在朝堂说完上面这段话后，“公卿共难胜曰：‘此诏书也。’胜曰：‘诏书不可用也。人臣之谊，宜直言正论，非苟阿意顺指。议已出口，虽死不悔。’”（《汉书·夏侯胜传》）公卿大臣们没有人反驳夏侯胜，只是极简单明确地告诉他纪念赞颂武帝功德是宣帝本人的决定。这一方面说明夏侯胜对武帝的指控，是当时朝堂上大多数朝臣们的共识，只是其他人慑于是宣帝本人的旨意，而选择沉默，夏侯胜则“不识时务”地把这一普遍共识抖了出来；另一方面，则表示当时朝臣们对武帝并没有多少深厚的感情。

无疑，这是一件相当吊诡的事情。按理说，宣帝本人受武帝迫害最深，对武帝晚年的残酷阴冷感触最深；而在朝的公卿大臣，许多都是武帝时代的过来人，并在武帝手下获得过赏识。但在高调赞颂纪念武帝这件事情上，宣帝反而成了最积极之人。

对这一反常现象，只有放到当时宣帝所面临的严峻的政治形势下考虑，才能真正找到答案。宣帝依靠戾太子余党势力，在取得霍光的支持之后，入主长安未央宫。如《霍光：后雄主时代的政治转型牺牲品》中所述：“刘病已的上位，很显然是霍光在万般无奈之下，与潜伏于朝野内外的戾太子余党之间达成的一次妥协。此时的霍光，早已是孤家寡人——无论是在内廷还是外朝以及地方刘姓皇族中间，霍光都已丧失了信任。他惟一能够选择的，只能是一直在暗地里四处活动的戾太子余党。元凤三年的谶言终于实现了，霍光知道，民心，挂靠在已经死去的戾太子那里。”

一直在钢丝上行走的霍光，在昭帝时代就一直遭受着来自朝野内外的质疑（主要质疑昭帝不是武帝之子），在废立昌邑王事件上的失策（旋立旋废，而且没有正当理由），已经使霍光的声望跌至谷底。选择接纳戾太子余党邴吉的建议，迎立平民出身的刘询为帝，霍光无疑是想通过这种妥协，来为自己解套。

但对宣帝和戾太子势力而言，局势却并不容乐观。霍氏家族的势力，此时已臻巅峰。旁系及余党姑且不论，单就霍氏直系势力，粗略统计如下：

霍光：大司马大将军；

霍禹：中郎将；

霍山：奉车骑都尉侍中，令胡越兵；

霍云：中郎将；

霍光长女婿邓广汉：长乐卫尉；

霍光女婿金赏：奉车都尉；

霍光中女婿赵平：散骑骑都尉光禄大夫；

霍光女婿范明友：度辽将军，未央卫尉；

霍光女婿任胜：诸吏中郎将羽林监；

……

长乐宫（太后）和未央宫（皇帝）是宫廷内最重要的两大政治中心，它们的“安全保卫工作”都执掌在霍氏手中；朝廷的兵权更是直接掌握在霍光父子手中。也就是说，霍光尽管在舆论上失势，但在实际权力的掌控上面，仍然拥有绝对性的压倒优势。戾太子势力虽然不小，但显然无法与手握内外兵权的霍氏家族相抗衡。

从这个角度来看，宣帝所开展的对武帝的那种赤裸裸的褒赞，也就变得容易理解了。一方面，宣帝来自民间，虽有戾太子余党势力的支持，但因为戾太子案平反不彻底，其身份在登基之前一直相当模糊。高调尊崇武帝，意味着宣帝的继承法统直接上承武帝，其传承顺序是武帝—戾太子—宣帝，而不是昭帝—宣帝。从西汉帝国的皇位继承规则来看，宣帝继承的其实是昭帝的法统，换言之，宣帝应该称呼昭帝为“父皇”。但宣帝如此高调纪念武帝，其实等同于绕过了昭帝，变相恢复了戾太子的法统，是在为戾太子案平反。另一方面，也是最重要的一点，武帝留给后世最重要的政治遗产就是至高无上的君主个人独裁专制。宣帝即位后，皇权极度衰弱，朝政握于霍氏之手。宣帝显然是希望通过对武帝的尊崇，来重新阐释武帝时代君主独裁的政治遗产。

换言之，宣帝把夏侯胜打入大狱，并不是因为他不赞同夏侯胜的观点，而是因为宣帝另有用心。经过昭帝年间那次重要的盐铁会议，儒生们集中对武帝时代的经济军事政策提出了尖锐的批评，这种批评已经在汉帝国的儒家知识分子圈内取得了共识，武帝的实际地位早已一落千丈，受到儒生的普遍反感。只是一般的儒生不会像夏侯胜那样激烈地表达出来。譬如魏相在劝谏宣帝不要出兵匈奴时，所举的反面例子就是武帝的穷兵黩武。

只是宣帝出自民间，戾太子案件的平反直接关系到宣帝帝位的合法性，而这一平反的根源在武帝。只有尊崇武帝，才能彻底为戾太子平反，也才有可能彻底确定宣帝帝位的合法性。再者，尊崇武帝也就等于继承了武帝的政治遗产，尤其是在皇权衰微的时候如此高调地纪念实现了皇权高度独裁的武帝，这种针对的味道，也就更加浓重了。夏侯胜不能理解宣帝的这番用心，被打入大狱，是很自然的事情。

亡国伏笔一：外戚之滥觞

《汉书·王吉传》和《汉书·何武传》里都曾提到宣帝颇修“武帝故事”。宣帝对“武帝故事”的修撰的兴趣浓厚,显然与武帝死后西汉皇权的急剧衰落有关，实际上是在表达自己对君弱臣强现状的不满，表达对霍光辅政大权独揽的不满。

即位之后，宣帝采取了多种措施，来提升皇权的力量，力求削弱霍氏家族。

为戾太子平反就是诸多手段中的一种。作为戾太子的惟一遗孙，宣帝为祖父平反是名正言顺的事情，借昭雪事件来培养亲信也就成了宣帝壮大皇权力量的重要手段。其主要方式便是大力提拔微故旧恩，并委以重任。正是通过一系列的昭雪措施扶植起来了一大批亲信势力，才使得宣帝最终能够十分稳重和冷静地铲除掉霍氏势力。

在铲除了霍氏势力之后，宣帝更换朝廷人事组织，躬亲万机，每五日一听政事，后世史家对宣帝执政时期给予了“中兴”的高度评价。

与“中兴”相伴随，西汉帝国后半期不容忽略的外戚势力也在宣帝朝正式登场。传统史观历来认为外戚势力是西汉最重要的亡因。史学家杨树达就认为，西汉元帝之后，外戚强盛专权，其源头都是来自汉宣帝。在汉代最兴盛的时候，已经埋下了国家覆灭的隐患，每一个读史者都应该引以为戒。

这番话不能说没有道理。外戚强盛的基础，确实始于汉宣帝时期。宣帝由平民登基为帝，朝中根基不稳，受制于霍氏家族强盛的势力，连自己的妻子都无法保护——宣帝平民时同甘共苦的妻子许平君，在宣帝登基后被册立为皇后，最终被霍氏毒死——结果，如前所述，借昭雪、报恩等主题培植私人势力就成了宣帝抗衡霍氏的最重要的手段之一。这一手段发展到后来，就成了西汉帝国中晚期外戚势力强盛的滥觞——宣帝时期，即有史、王、许三家外戚悄然崛起。

但是，将外戚势力看做西汉灭亡的主因，显然是极为偏颇的。与此后历代王朝的衰亡有所不同，西汉帝国实际上亡于意识形态。当王莽被儒生们的狂热推上皇帝的宝座，西汉帝国的知识分子所感受到的，是一种意识形态的强烈快感。这种快感，跟王莽的外戚身份没有太大的关系——当时当日，没有人在意王莽是不是外戚，知识分子在意的，是他究竟有没有做到“内圣外王”，有没有足够的道德资本来接受那份沉重的禅让。

亡国伏笔二：社会儒家化

汉宣帝在中国历史上具有独一无二的特殊性——这里说的不是他传奇的出身，而是指他所面临的政治遗产和现实政治之间的取舍融合。宣帝晚年对自己的太子，也就是后来的汉元帝说过一句话：“汉家自有制度，本以霸王道杂之，奈何纯用德教，用周政乎？”“霸王道杂之”固然足以概括宣帝一生为政的基本原则，但可惜的是，却没能概括得了宣帝早年所经历的个人与国家同步的双重精神分裂。这种精神分裂，给当时的汉帝国造成了何种后果，限于史料，还很难有一个比较准确的描述。

这种精神分裂，主要源自历史遗产与现实需要之间的剧烈冲突，尤其是历史意识形态遗产与现实意识形态需要之间的剧烈冲突。

宣帝登基，背后倚仗的是戾太子余党的努力，戾太子当日身边环绕的全是“守文之臣”，或者说，基本上都是儒家知识分子。作为戾太子政治遗产的惟一继承人，宣帝本该继承儒家意识形态下的政治理念。但是，结果呈现在历史当中的，却是宣帝将名儒夏侯胜打入了大狱，宣帝自己反而成了戾太子的对立面——武帝进取政策的拥护者，或者说，成了武帝法家政治遗产的继承者。

这是宣帝本人的一种精神分裂。

另一方面，整个国家的意识形态工作，自宣帝时期开始就呈现出与武帝时代完全相同的适用主义面貌。昭帝时期举办的那场规模空前的盐铁会议，已经将儒家知识分子推上了批判现行政治制度、政策法规的前台。但对宣帝来说，他并不需要这种儒家知识分子的批判精神，他需要的只是像睦弘那样的有利于增强自己的帝位合法性的谶纬之说——睦弘当年以一句“公孙病已立”的谶言获罪于霍光而被诛杀，宣帝即位后很快为其平反。也许是出身底层的缘故，宣帝对西汉经学中的“祥瑞”特别感兴趣，清代史学家赵翼曾经概括说：“两汉多凤凰，而最多者，西汉则宣帝之世。”对“凤凰”出世的祥瑞的喜好，是宣帝朝“凤凰”甚多的真正原因。

宣帝在表彰经学方面始终不遗余力，最主要的表现就是春秋谷梁学的兴立。这里面有一个很重要的原因，就是宣帝的祖父戾太子喜好《谷梁》。不过，当年武帝却喜欢董仲舒的《春秋公羊传》。戾太子年轻的时候曾经跟从瑕丘江公学习过《谷梁》，但瑕丘江公在与武帝喜欢的公羊学大师董仲舒辩论时，因为口才不佳而败北，最终公羊学成为官学，《谷梁》只能民间传授，影响力日渐微弱。这次辩论，其实也是武帝和戾太子在争夺意识形态领域控制权方面的一次交锋，结果是武帝赢了。宣帝即位后了解到祖父戾太子喜好《谷梁》，自此，其对儒学的奖掖无一不伴随着对《谷梁》的推崇——譬如召开汇聚全国各地著名学者的石渠阁辩论会，《谷梁》往往是会议的焦点。

与武帝时代儒法各行其是、法远高于儒相比，宣帝时代的统治艺术要柔和圆融得多，这可以从武帝中晚期大臣们多数不得好死，而宣帝年间的大臣们大多都能全身荣耀而退中看出来。相比武帝高度重用法吏，宣帝朝对儒生的尊重度要高很多。学习儒学出身，而在宣帝朝出任丞相、御史大夫等政府一二把手者很多。

尽管宣帝公开宣称自己的施政理念是“霸道”、“王道”并用，绝不纯用儒学，但在宣帝时代，儒学逐渐受到了社会的普遍尊重，却是不争的事实，儒生们在社会中的地位也不断得到了提升。中国传统社会的儒学化，正是从汉宣帝时期开始成形的。尤其是在继承人选择这个问题上，宣帝可谓直接催生了中国传统社会的彻底儒学化。

《汉书·元帝纪》里说：“孝元皇帝，宣帝太子也。母曰共哀许皇后，宣帝微时生民间。年二岁，宣帝即位。八岁，立为太子。壮大，柔仁好儒。见宣帝所用多文法吏，以刑名绳下，大臣杨恽、盖宽饶等坐刺讥辞语为罪而诛，尝侍燕从容言：‘陛下持刑太深，宜用儒生。’宣帝作色曰：‘汉家自有制度，本以霸王道杂之，奈何纯任德教，用周政乎！且俗儒不达时宜，好是古非今，使人眩于名实，不知所守，何足委任？’乃叹曰：‘乱我家者，太子也！’”

倘若认真追究起来，“乱家”之人其实并不是汉元帝，而是汉宣帝自己。宣帝继承了戾太子的政治遗产，自然不可避免地要走到尊崇儒学的道路上去，元帝不过是循着宣帝既定的道路继续向前走罢了。从小成长于妇人之手，缺乏宣帝早年那般磨难的元帝，在统治手腕方面做不到霸道与王道兼容并蓄也在情理之中。

宣帝也曾考虑过替换太子。元帝的“仁弱”、“好儒”是宣帝的一块心病，就性格而言，众多皇子之中，宣帝更喜欢淮阳宪王刘钦。《汉书·宣元六王传》说：“淮阳宪王钦，元康三年立，母张婕妤有宠于宣帝……而宪王壮大，好经书、法律，聪达有材，帝甚爱之。太子宽仁，喜儒术，上数嗟叹宪王，曰‘真我子也！’”在刘钦身上，宣帝似乎看到了另一个自己。

不过，宣帝最终并没有将这一计划付诸实施。之所以如此，原因估计有二：其一，宣帝晚年的施政理念越来越远离霸道，倾向于纯儒政治；其二，元帝周围已经聚拢了一大群知名儒者，在那个汉代儒学发展最黄金的上升期里，这些儒者聚集在元帝周围，意味着元帝的名望正在日趋一日地上涨。

公元前 49 年十二月，汉宣帝刘询逝世于长安未央宫，在位 25 年，享年 43 岁。遗诏令外戚史高、太子太傅萧望之、少傅周堪为托孤大臣。

这一临终辅政安排，有两点值得注意：

第一，萧望之是名儒，宣帝在民间时就闻其大名。即位之后，萧望之辅政，但后来因议论不合，宣帝将他外放做地方官，见废十余年，宣帝临终时又起用萧望之，主要原因仍在于他是名儒。也就是说，到了宣帝晚年，“名儒”已经开始拥有自己独立的社会影响力，皇帝在做许多决策的时候，也不得不考虑到他们可能的态度。

第二，在史高、萧望之、周堪三个人组成的内阁中，萧望之和周堪是名儒，乐陵侯史高是外戚；两个儒者，加上一个外戚，正好为西汉晚期儒者和外戚相互攀缘执政做好了铺垫。这不幸成为后来西汉王朝覆灭的伏笔。也就是说，当宣帝感慨“乱我家者，必太子也”的时候，殊不知，真正为西汉王朝的灭亡埋下伏笔的人正是他自己——事情的关键在于：正是在宣帝的努力下，一个新的儒家社会的雏形已经基本完成。

关羽为何成了神

蒲勇健

在《三国演义》众多英雄豪杰中，只有关羽关云长一个人在死后成了神，各地都有关帝庙，被后世所膜拜。为什么是关羽呢？按道理说，关羽在武功上并不是三国中的老大，加上张飞一起也斗不过吕布。有人说关羽的武功还在其弟张飞之下呢。其实历史上真正的关羽没有什么特别了不起，个人勇力不过和张飞、赵云、马超差不多，曹操部下的勇将张辽、徐晃、许褚等大概和关羽都可打成平手。吕布当然更是强过他。

其实，不仅仅是在武功方面，就是在性格和品行上，关羽也并非三国中最令人称道者，至少比不上赵云。他恃才傲慢，眼中无物，没有大局观，缺乏长远的战略思想，破坏了刘备联吴抗曹的战略方针，导致诸葛亮“跨有荆益，保其岩阻”的战略全部失败，蜀汉国运立即衰落。但在后世的民间传说和文学作品中，关羽这一人物形象却被无限放大，被称颂为扶困救危的江湖义士，又被美化成匡复汉室的一代忠臣，明清以后更被尊崇为神。

关羽有什么特别的原因获此殊荣呢？人们说关羽是忠义之士。但是，在历史上“忠”得一塌糊涂的人多的是，不惟关羽关云长一人！这样看来，关羽身上最为难得的品德就是“义”了。关羽受后人尊崇，全靠《三国演义》夸张了他的重义。中国民间最重视的道德，第一是孝，第二就是义。一部小说把一名武将捧成了神，不但由于小说的魅力，也由于中国人传统的性格。

《三国演义》的作者罗贯中对“忠义”的颂扬，主要是通过成功塑造关羽这一被清人毛宗岗称为“义绝”的典型形象来实现的。关羽主要是尽忠义于他“朋友而兄弟，兄弟而君臣”的刘备，有较浓的知恩图报的思想。当关羽的忠与义处于矛盾对立时，往往是朋友之义、兄弟之义高于一切的。小说《三国演义》有三绝，即诸葛亮的“智绝”、曹操的“奸绝”以及关羽的“义绝”。

应该说在历史上，“义士”是相当多的，如春秋刺客荆轲、宋朝名将岳飞等，但为什么惟独关羽成了神呢？这与关羽的“义”之独特行为有关。

最能表达关羽之义的，当属华容道义释曹操一节。

赤壁之战，曹操大败。诸葛亮算准曹操必走华容道，遂派关羽把守。关羽领军前，受诸葛亮所激，立下军令状。这就意味着他非得擒住曹操，否则将以违抗军令之罪被斩首。曹操败退之后由“三笑”到“三惊”，陷入穷途末路之境，最后“止有三百余骑随后，并无衣甲袍铠整齐者”。残兵败将，人饿马乏，不堪一击。反观关羽所带军队，五百校刀手，都是以逸待劳。

此时，关羽只需大旗一挥，曹操断无生还之理。然而关羽“傲上而不忍下，欺强而不凌弱；恩怨分明，信义素著”。他是个义重如山之人，当他想起曹操的恩义，想起他千里走单骑之时，曹操仍遣人送关文等种种礼遇，又见“曹军惶惶，皆欲垂泪，一发心中不忍”。于是便放了曹操及所有曹军将士。及至回营，关羽果然差点被诸葛亮斩了。

华容道义释曹操，成就了关羽的一世忠义美名，他的人格也升格为义的化身。连不太推崇《三国演义》的王国维，也承认“叙关壮缪（即关羽，追谥壮缪侯）之释曹操，则非大文学家不办”。

我们通过上面的详细分析，还注意到关羽的“义”有一利十分特别的行为特点，就是他与人交往中的“一报还一报”。也就是从这种“一报还一报”的典型行为中，现代博弈论就与中国人民对于关羽的造神运动建立起了联系。但是，中国文化中历来没有类似于西方基督教那样的有神宗教。那么，在这样一个缺乏宗教约束的文化里，是什么样的机制在规范人的呢？可能有人会说是儒家学说，但是，儒家学说既缺乏像有神宗教那样的对于背叛者的震撼威慑机制（它基本上是一种自律的学说），又基本上只适用于官僚圈子里，对于普通大众来说实际影响不大。

于是，在这个缺乏有神论宗教约束的民族文化里，能够按照最优博弈策略“一报还一报”行事的关羽关云长就自然成为民间的规范。通过把关羽树立为神的方式，中国人（特别是民间）就希望由此规范人们的行为，希望大家都按照“一报还一报”的最优策略方式进行交往，以期获得最优的博弈结果。

关羽成为神的缘由此破解。他成为民间游戏的图腾，成为中国民间行为的规范，成为中国民间文化的一种标准符号，皆源于此。

孙权选太子动了谁的奶酪

宗承灏

在古代家天下的历史状况下，继嗣问题往往直接关乎某一王朝的兴衰，因此备受历代统治者和思想家的重视，早在先秦时期，儒家便根据商、周的历史教训，提出了一整套的继嗣理论，其核心便是嫡长子继承制。这种继承制主要是为了防止统治者在立嗣问题上感情用事，从而引发纷争。一般说来，统治者在嫡子继承的原则下，应尽可能早地确立继嗣人选，时间拖得越长越容易出纰漏。早早选好接班人，可以断了其他子嗣的念想，避免诸子争嗣和群臣分化。

但是很多时候，说起来容易做起来难，历代统治者也明白其中的道理。但很多时候还是会做出有违先圣教诲的事，从而引发统治危机，这其中不乏像唐太宗李世民、康熙那样英明的帝王。

孙权早年是很有作为的割据统治者，他的称帝，标志着孙吴政权江东地域化的最后完成，在这个过程中，南方士人逐渐取代了北方士人，成为孙吴政权的核心势力。但是，淮北士人作为一个政治集团依然存在，而且在政权中起着相当重要的作用。由于经济利益的不同，势必导致南北士人两大政治集团之间的矛盾，乃至在一些重大政治问题上产生分歧和对立。在处理这种矛盾时，孙权的态度基本上倾向于北方士人，与北方士人结成联盟，压抑、打击南方士人。

在立嗣问题上，当初他还是比较清醒的。孙权共有七个儿子：长子登、次子虑、三子和、四子霸、五子奋、六子休、少子亮。这几个孩子不是一母所生，为同父异母兄弟。因为孙权长期未正式立后，所以诸子只有长幼之分，而无严格意义上的嫡庶之别。

黄初二年（221 年），孙权为吴王时，即立长子孙登为太子，并且很注意对太子的培养，为他精心挑选了师傅和宾友，其中诸葛恪、张休、顾谭和陈表号为“四友”，谢景、范慎、刁玄和羊衜等都是太子的座上客，依附东宫的士人比较多。从这份名单上看，东宫僚属都是孙吴之地旧士族第二代人物中的精英之士；孙权又先后安排当世名儒程秉和征崇作为太子的师傅，又一度令江东世族代表陆逊辅佐孙登。在这些人的熏陶下，孙登深受儒家思想的影响，在为人处世与从政之态上都颇具儒者气质。

综合来看，孙权选择孙登作为自己事业的接班人算是比较正确的。然而，令人遗憾的是，孙登起点虽高，但命比纸薄。他没有等到接过孙权权杖的那一天，就于赤乌四年（241 年）病卒，年仅 33 岁。孙登英年早逝，对孙吴政权来说，是一个无法弥补的损失。

其实孙登的早死，对他个人来说未必不是一件幸事。因为有种种迹象表明，在孙登死之前，他的继嗣地位已不太稳固。《三国志》载：“弟和有宠于权，登亲敬，待之如兄，常有欲让之心。”也就是说，如果孙登不死，他极有可能会被他的父亲孙权废黜。作为一个太子，如果不是感觉到了严重的危机，孙登是绝对不会“常有欲让之心”的。也就是说，孙权宠爱三子孙和，并有意用他来取代孙登的太子地位。

那么，孙登有欲让太子之位的危机究竟来自哪里？究其根源，一个重要的原因恐怕就在于孙权长期不立皇后，导致皇子之间嫡庶不分。

根据儒家“子以母贵，母以子贵”的原则，孙登虽然身为长子，但仍有身份上的限制。立何人为皇后，牵涉到多方利益，有时在某种程度上反映出政治势力的消长，因此，立皇后和立太子一样，都是一件十分敏感的大事。成年皇帝即位无后达十余年之久的，孙权可能是独一份。

步夫人性情和婉而不妒忌，因此在很长的时间里得到了孙权的宠爱。孙权意欲立步夫人为后，遭到群臣的极力抵制；南方士人又发动太子孙登提议立自己的母亲徐夫人为后，也同样遭到孙权本人的反对。南方士人势力足够强大，致使孙权身为君主，也不能肆无忌惮地按自己意愿行事。这些支持徐氏者主要是江东的儒学朝臣，他们之所以如此，主要是为了维护太子孙登的合法继嗣地位。另外一个原因就是，徐夫人为吴郡富春人，徐氏在南方有一定的影响和势力。自己的感情自己做不了主，这就是帝王的无奈，孙权也不例外。

孙权几次欲立步夫人为后，都没有成功，但他也坚决拒绝了南方士人请立徐夫人为后的建议，致使皇后之位悬搁十余年之久，这已经超出了孙权个人的感情范围，而上升到了南北士人的不同政治态度层面。皇后空位时间如此之久，反映了南北士人的势均力敌以及孙权的矛盾心态。但从另一角度分析，也可以说明孙权对南方士人的态度已经发生了变化，不再是执政前期的一味迎合、拉拢。但步氏膝下无子，此后步氏逐渐失宠，王夫人取而代之，王氏有子孙和。这样就形成了徐氏与王氏相争的局面。

立后之争体现了南北政治势力之间所存在的矛盾。但这种矛盾毕竟还处于隐伏阶段，并不明显。在二宫之争过程中，南北士人的矛盾终于公开，孙权对南北方士人的态度也由游移不定转为倾向于北方士人。

孙登既死，次子孙虑又早亡，故得宠的三子孙和在赤乌五年（242 年）便顺利地获得了太子位，并且迎合了皇长子继承的继嗣原则。从有关记载看，孙和具有良好的儒学修养，与儒学士大夫间的交往甚为融洽，因此，孙和是孙登之后最合适的继嗣人选，早年支持孙登的儒学士大夫便逐渐聚集到太子孙和的周围。

头脑聪明的孙和自从成为皇太子，处事就和哥哥孙登一样沉稳老练。孙权让他考察朝臣，孙和总能听取大家意见，比较公正地看待每一位大臣。但是，这种看似安定的局面仅仅维持了 8 个月，孙权便制造了新的继嗣斗争和危机。

赤乌五年八月，孙权封四子孙霸为鲁王，这样，在孙权的支持下，鲁王孙霸地位上升，形成了夺嗣之势。孙霸虽然身为鲁王，但孙权将他也安排住进了东宫，并且和太子一切待遇相同。一些大臣认为太子和鲁王，待遇应该有所区别。孙权听了，就让孙霸搬出东宫，将兄弟俩分开。因为这一点，孙霸对孙和非常不满，“二子由是有隙”。

由于孙和、孙霸兄弟地位相当，于是朝臣也随之分化，形成了太子党与鲁王党两大阵营。也就是说，这时候太子虽然名落孙和，但继嗣问题所带来的危机却大有愈演愈烈之势。在这种情况下，孙权准备册立孙和之母王夫人为皇后。孙权这么做，既有感情因素，更主要的是希望通过立后来夯实太子之位。此举立即在江东引起轩然大波，第一个站出来砸场子的就是孙权的女儿孙鲁班（全公主），这时候的孙鲁班已经嫁给左护军全琮为妻。

孙鲁班是步夫人的女儿，当年孙权欲立步夫人为后，遭到来自各方的阻挠。

如今孙权欲立王夫人为后，孙鲁班自然不能答应，且她平日里和孙和母亲王夫人就有很深的矛盾。同时，孙鲁班担心由于自己反对，将来太子孙和一旦继位，肯定会找自己秋后算账，因而在父皇面前，极力诬陷孙和，甚至逼着孙权废掉这个太子。

恰在这个时候，身体有病的孙权，一天让太子孙和到位于朱雀桥南边的哥哥孙策庙中，替他祭奠。孙和之妃张氏的叔叔张休家正好在附近，孙和代父祭奠完后，应张休之邀顺便到张府坐了一会儿。没想到孙鲁班居然让心腹暗中跟踪孙和，并无中生有地对父皇说，孙和不但没有到庙中祭奠，反而到张休家，共同商议并企图谋反。

赤乌十三年（250年），太子孙和被废。通过这件事，可以看出此时的孙权对孙和的疑心还是很重的，怀疑他和江东地方势力结党。

孙权对鲁王孙霸和同党诬陷孙和的事也有所察觉，也意识到就目前这种现状，如果孙和继续为皇太子，孙霸肯定不会善罢甘休。将来即便孙和继位，也会不可避免地引发内乱。“若使一人立者，安得不乱乎？”不过，孙权又觉得，即使废了太子孙和，也不能立孙霸为太子。倘若立孙霸为太子，那些不同意废掉孙和的大臣肯定会联合起来反对，这样反而更不利于孙霸。

用心不良的孙霸，其末日随着哥哥孙和的被废很快也到了。孙权“颇悟太子（孙）和之无罪”，于是毫不留情地赐死孙霸。孙霸同党全寄等因为共同参与诬陷孙和，一个个也被孙权杀了。盛怒之下，孙权还让人将已被杀掉的杨竺尸体扔进长江里去。不久，孙权到南郊祭祀还宫，想起无辜被废的太子孙和，便想召他回来。然而，由于心怀鬼胎的孙鲁班和侍中孙峻、中书令孙弘等从中作梗，孙权最终没能召回孙和。

为了平息矛盾，只有废掉孙和，再立新太子，也许只有这样方能缓和一下矛盾，孙和在血淋淋的内争中失去太子身份，仅过了两个多月，孙权就立孙和异母弟、年仅8岁的潘夫人之子孙亮为皇太子。

在这个过程中，支持前太子孙和的朝臣多受到谴责、流放甚至被诛杀，鲁王孙霸集团中也有多人被杀，两党斗争终告一段落。这次围绕太子和与鲁王霸争嗣所展开的斗争持续时间之长、卷入人数之多、相互残害之烈、危害之重，在历史上实属少见。孙权虽然暂时以断然之手段平息了“二宫之争”，但其遗患并没有真正根除。

太元二年春（252年），孙权遗命以诸葛恪、孙弘、滕胤及吕据、孙峻为辅政大臣，辅佐孙亮。在这些顾命大臣中，吕据、二孙党于鲁王霸，属北士集团，而诸葛恪、滕胤则是前太子孙和一党。诸葛恪乃琅琊诸葛瑾之子，诸葛瑾是辅佐孙权开创孙吴基业的重要人物，仕至大将军，他和张昭、周瑜、鲁肃诸人共同组成北方士人的核心。由于孙和之妃张氏是他的外甥女，诸葛恪虽身为北士子弟，在两宫之争中，却与南士共同支持太子孙和。

孙亮即位时只有10岁，年幼无知，只能成为权臣操纵的傀儡，以致孙吴政权终于在日益恶化的政治斗争中不断陷于衰没之境。

从孙吴宫廷斗争的角度来看，全公主孙鲁班在“二宫构争”中是一位关键性人物。而孙氏宗室的一些野心家如孙峻等人则聚集在孙鲁班身边，兴风作浪。孙亮即位之后，他们一度操纵大权，孙鲁班家全氏“侯五人，并典兵马，其余为侍郎、骑都尉，宿卫左右”。孙吴政权建立以来，外戚的势力从来没有达到如此高度。

在这一系列事件的背后，还有更深层的原因。其中的根源在于孙权与儒学世族的矛盾与冲突。在“二宫构争”过程中，其波及范围远远超过了宫廷斗争，广大朝臣也发生了分化，形成了阵线分明的两个集团。

两大政治派别形成后，围绕着孙权的继嗣问题展开了激烈的斗争和残酷的倾轧，双方都使用了大量的阴谋手段。在孙吴政权的两大派系中，移民到江东的北士集团只是无源之水，无本之木，这些与南方士族作斗争的只是最初随孙氏南渡开创江东基业的淮泗士人及其后代，而无新的力量可以补充。

随着北士的自然死亡及其后代落籍当地，北士已经很难作为一个集团存在下去，南北之争也就逐渐失去了实际意义。诸葛恪是南北之争中北士的最后一个代表人物，他被杀后，北士人才已无可称道者；相反，南士则逐渐发展起来，人才相衔而出，高级官僚全部由他们担任，他们重新掌握了孙吴政权，这种情况一直持续到孙吴灭亡。

公元251年（吴赤乌十四年）夏，称帝快30年，一直没有册立皇后的孙权，在身体患病的情况下，立位居妃位的潘氏为皇后，“亮母潘氏立为皇后”。后宫空缺多年的孙权，终于正式册立了一位皇后。孙权选择潘皇后，有他自己的考虑。

一是因为她是新太子的母亲，另一方面是因为她没有强大的派系背景。

潘皇后出身于会稽句章（今浙江余姚）一个小官吏之家，在父亲犯法被处死后，和母亲、姐姐一同被没入吴后宫罚做苦工。当时和她一样做苦力的人都夸她长得如同天仙神女一样漂亮，这话传到孙权的耳朵里，孙权一听，立马让人为潘氏画像，画工将她面带忧愁的真实面貌不加修饰地画了出来。孙权一见潘氏画像，顿时十分高兴，连连夸她："此神女也，愁貌尚能惑人，况在欢娱。"

公元242年（赤乌五年）已经60出头的孙权，很快将潘氏召入后宫。

孙权在继嗣和立后这两件大事上，始终处于摇摆不定的状态。他有自己的苦衷，他极力想摆脱孙吴政权落入江东大族之手，成为傀儡政府的危险。但是，孙权也清醒地认识到，政权建在别人的地盘上，想完全撇清关系也是不可能的。要在江东建立起稳固的统治，就必须争取江东世家大族的支持与合作。作为孙吴统治者，打压和排斥都不是办法，最好的办法就是为我所用。

孙权在这一点上做得还是成功的，稳固了江东政权，这时候，以陆逊、顾雍等为代表的江东大族看到孙氏政权已站稳脚跟，只有与之合作才能给江东世族带来更广阔的发展空间。他们相继进入孙氏政权，并先后成为军事与政治领域的风云人物，孙权政权也由此实现了"江东化"，南北士人也走上了逐渐合流的道路。

孙权是一位在位时间比较长的统治者，随着年龄的衰老，他对身后之事的顾虑越来越重。一方面，为了政治的稳定不得不向江东世族开放政权；另一方面，面对地方世族势力的发展及自己后继者的派系化，让他觉得君权受到了制约。

一般说来，寒门政治是崇尚集权的，而门阀世族则要求在一定程度上分权。孙权对江东世族势力的上升十分担忧，对孙登、孙和的"江东化"甚为不安，因此，他不断制造事端，打击江东世族人物，"二宫构争"便是针对江东世族发动的最严重的政治斗争。为扼制江东大族势力的上升，孙权主要依靠宗室、外戚人物，并提携一些寒门才俊之士。

在立嗣观念上，江东大族始终抱着立嗣以嫡以长的原则，先后支持太子登、太子和，并希望通过他们来进一步推进孙吴政权江东化的进程。孙权是不允许这种局面发生的，于是他有意扶持鲁王孙霸，培植新的政治力量，以对抗江东世族政治势力的渗透。与太子和集团成员主要为世族人物不同，鲁王霸集团的主要人物多出自寒门和宗室、外戚。因此，这是孙权精心培植的寒门政治集团，其幕后操纵者实际上是孙权本人。

正因为如此，孙权在处理“二宫构争”时，对太子和党人物多加严惩，主要人物皆诛杀、流放；相反，鲁王霸党的主要人物步骘诸人多受重用，只杀了几个与皇室关系不密切的寒士以应景。孙权在陆逊郁愤而死后，重新安排了辅政人选。鲁王霸一派人物多据要津，一度分割了陆逊的权力。

孙权之所以这样处理，是有深层考虑的。孙权与儒学世族有矛盾，而孙吴儒学世族的主体是江东土著大族，因而斗争的对象也主要是江东大族。孙氏带过来的江北之士非但人数有限，而且脱离了乡里社会，势单力薄，他们虽凭借共同的文化基础，逐渐融入到江东地域社会中去，但毕竟融而未化，尚有分别。对孙吴皇权，他们不仅缺乏江东大族那种激烈的对抗情绪，而且还有较强的依赖性，易于为皇权所控制。因此，孙权在打击江东世家大族的时候，为使国家机器能够正常运转，他往往起用流寓之士。有些流寓的寒士正是看到孙权的这一心态，为攫取更多的权力和利益，甘愿充当孙权打击江东大族的工具。

作为流寓之士，在孙权正式建国并实现“江东化”之后，他们自身并不具备与江东土著大族相对抗的条件。每一次针对江东大族的政治事件，兴造事端的都是孙权，其目的就是固化皇权。

当然，在这些斗争中，江东大族都不同程度地遭到了打击，但从长远看，地方大族的支持是地域政权生存与发展的基石，孙权屡起事端，使江东大族必然对孙氏政权产生离心力，丧失了江东大族的支持，孙吴统治的危机便来临了。从这个意义上说，正是孙权本人开启了此后孙吴的灭亡之端。

洪秀全究竟是怎么死的

赵 焰

在曾国藩把目光死死盯着金陵的时候，他的敌人，一个昔日的教书先生同样眼光迷茫地看着远方。这个高个子的广东汉子一直快快地拖着病体，在很多时间里，他轻手轻脚，神情恍惚，喜怒无常，好似天外来客。进入金陵（南京）之后，洪秀全变得更奇怪了，他仿佛整日坠入一场大梦，一直自说自话，自我封闭。给人的感觉是，当这个幻想家在极短的时间里一步登天走上天王宝座时，他的内心似乎承受不了这种翻天覆地的变化，一切都让他无所适从……尽管金陵外围一直战事激烈，但洪秀全从没正视过前方的对手，他只是在密室里不断向他的天父祷告，在他看来，祷告的力量要比那些南征北讨有效得多，眼前这些敌人，就如妖魔鬼怪一样，有朝一日他会借助天父的力量，轻而易举地将他们扫除。在他看来，这个世界上的所有一切都是不真实的，也是没有意义的，这个世界，只是他的一个临时客栈，他只想借助于这个客栈升天，或者，充分地及时行乐。让他困惑的惟一问题是，在这个世界上还会残留多长时间，天父何时将召唤自己。

从洪秀全的思想发展中可以看出，教书先生出身的他对于宗教的认识，一直是生硬的，是生吞活剥的，是自欺欺人的。这个在科举上屡屡落第的落魄书生，对于僵化的科举取士方式由怨生恨，是再自然不过的事情了。也就是在这样的情况下，洪秀全接触到了基督教义，那种彼岸的希望燃起了他内心中的干柴，让他变成了一个狂热的宗教徒。他以自己的方式在教义中掺入过多的酵母，从而促使教义胀大炸开。在某种程度上，与其说他是崇尚基督教，还不如说他是对基督教的某种神秘感兴趣，肆意扩大其中的奇迹、幽灵和显圣。实际上真正贯穿于洪秀全内心的，还是成仙得道的中国民间传统，还是做皇帝的愿望。进入金陵之后，洪秀全头脑中潜伏了很久的欲望得到了释放，对于王权的渴求取代了宗教的幻想。值得一提的是，对于金陵这个城市，洪秀全喜欢异常。在他看来，来到金陵，是一种偶然，更是一种必然。当年，在金田起义之后，一路北上，所向披靡，不知不觉中，他就将目标锁定在金陵了。到了这个虎踞龙盘的古城之后，洪秀全就不想走了，他迷恋上了这个地方，迷恋得死去活来。洪秀全到金陵是来当皇帝的，在他看来，只要一息尚存，就要当一天的皇帝。他喜欢这样的感觉，喜欢人们匍匐在自己脚下的感觉，无论是现实中还是精神上。洪秀全先是派人拆掉了明朝的故宫。原先矗立在紫金山附近的一座座巨殿宫寝，被一群群来自广西、湖南的农民闹哄哄地肢解。然后，洪秀全命令将那些巨大的宏柱和石料运到玄武湖边上，去构造一个新的宫殿。宫殿建成之后，洪秀全整天把自己锁在金碧辉煌的天王府中，谁也不见。他一方面杂乱无章地思考着一些哲学和神学问题，幻想着如何把王权跟宗教更紧密地结合起来，让臣民同时成为自己的教民，从而无私地贡献所有的一切；另一方面，他像历史上所有的帝王一样，苦练房中术，想在谜团一般的两性交媾中，得到极度快乐，也摸索一种解脱之道。当然，他的所有努力都失败了，无论是在头脑里还是身体上，他都没有找到一条通天之途。到了后来，高高在上让他心灰意懒，及时行乐成了惟一的安慰。当形势急转直下，李秀成等人一再提醒金陵形势危急，劝他离开金陵另觅京都时，一直沉湎于苦苦思索中的洪秀全就是不听。在洪秀全看来，世界如此虚幻，危险同样虚幻。只有当上皇帝的感觉，才稍稍让人觉得有点真实。与其蝇营狗苟地活在这个世界上，不如利用这个短暂的时间，像火柴一样划过黑夜，度过闪亮的人生——洪秀全所做的一切，就是那样匪夷所思，从某种程度上，与其说他是一个宗教的实践者和鼓动者，还不如说他是一个怯懦无力的哲学家，或者一个杂乱无章的幻想家。

时间进入到 1864 年，在苏南，太平军苏州城守将郜永宽等人杀死主将谭绍光后投降了淮军，苏州陷落；在浙江，左宗棠率军攻克了杭州；在金陵城下，曾国荃亲自指挥，组织敢死队攀岩直上紫金山，攻陷了天堡城，占据了控制金陵的制高点。随后，湘军又进驻太平门、神策门外，金陵自此完全被合围。眼看最后的决战就要结束，曾国藩却怎么也高兴不起来，形势发展到这一步，那种残酷和冷血变本加厉，人性的忍耐力也到达极限。尤其前线的官兵，那种极度的屠杀几乎让人性和理智崩溃。在金陵城下潜伏了两年之久的曾国荃更是如此，他的情绪一天比一天焦躁，身心已濒临崩溃的边缘。在苏州，一向理智坚定的李鸿章也疑神疑鬼，情急之下，竟然先下手为强，杀了投降献域的太平军“八大王”部永宽等人，然后，又大开杀戒，将上万太平军降将杀得干干净净。消息传到曾国藩这里，曾国藩尽管颇为震惊，但还是写信谆谆地安慰李鸿章。这一切，有什么办法呢？咫尺之间，往往就是你死我活……曾国藩不断写信安慰前线的将士，跟他们说，战争中过度的杀戮，有时候的确也是迫不得已，要注意对自己身心的调节……每当写这样的书信时，曾国藩总是唉声叹气，战争到了如此地步，哪里是短兵相接的决一雌雄，简直就是血淋淋的屠羊了！

朝廷显然是想加大这样的屠杀力度，那些一直躲在京城的权贵们似乎等不及了，他们一再批评曾国藩行动迟缓，对曾国藩迟迟不发布总攻命令感到不满。朝廷一再敦促李鸿章的淮军前来协攻金陵。戈登的洋枪队也想来分一杯羹，他们不断给朝廷施压，也想来增援金陵。曾国藩最不愿意的，就是洋人插手了，他拒绝了戈登的要求。就在这节骨眼上，金陵城外的湘军主将曾国荃病倒了，一连很多天高烧不止，卧床不起。在安庆的曾国藩得知后，大惊失色，寝食难安。曾国藩最挂念的，就是曾国荃的病情了。金陵攻城在即，从情感上说，曾国藩当然也不想让攻克金陵的头功落入他人手中，而且，曾国藩清楚地知道九弟攻克金陵的渴望。毕竟，曾国荃在金陵城下像一根长钉一样一扎就是近两年。曾国藩急忙给弟弟写了一封信：

你信中讲到的“肝病已深、痼疾已成、逢人辄怒、遇事辄忧”这几句话，我读着非常焦虑。今年以来，江苏、浙江等省攻克的城池很多，惟独金陵城，迟至今日也没有把握，加之军费奇缺，不如意的事情、不顺耳的言语纷至迭起。我都忧郁成疾，何况你的劳苦甚过我百倍，你的心血久亏重过我数倍呢？从春天以来，我一直害怕你肝病发作，但在信中你每次都含糊其辞，这四句话实情全露。

这种病不是药物所能奏效的，必须把万事万物看开一些，不恼不怒，才可使病情逐渐减轻。毒蛇蜇手，壮士自断手臂，以保全性命。我兄弟若要保得性命，也应当视恼怒如毒蛇，花极大勇气去除它。

肝子发作，大发雷霆时，不只是心中不平静，也不害怕，确实有这种情况。

不只是你年方盛年是这样，就是我这种已渐衰老之人，也常有怒不可遏的时候。必须强迫自己控制住自己的情绪，降伏这种恶劣心情，这就是释迦牟尼所说的“降龙伏虎”。龙是相火（欲望），虎是肝气（怒火）。自古以来有多少英雄豪杰过不了这两关，也不仅仅是你我两兄弟如此。关键是要抑制住这两种情感，不能使它燃得太旺。降龙以养水，伏虎以养火。古圣人所说的熄灭欲望，就是降龙；所说的制怒，就是伏虎。儒学与佛教虽然主要的道理并不同，但他们在节制血气这一点上，却没有什么不同，总是不要使我们过分的欲望伤害我们的身体。

让曾国藩感到欣慰的是李鸿章的态度，毕竟，李鸿章是自己的弟子，是自己一手带出来的。在关键问题上，李鸿章表现得极其仗义，在给曾家兄弟的信中，李鸿章一再表示自己不想抢头功。他不断拖延朝廷的敦促，一会儿声称部队需要休整，一会儿又向朝廷进言，准备将自己的军队调至湖州，从南面对金陵实施包围。没想到的是，李鸿章兵马的调动激怒了由浙江对金陵进行包围的左宗棠。左宗棠火速向朝廷报告，说李鸿章想“越境掠功”，弄得李鸿章十分尴尬。李鸿章所做的这一切，很明显，就是要拖延时间，把最后攻克金陵的头功让给曾国荃。一个人，在如此巨大的诱惑中，能守得住，看得出来，李鸿章还是懂得知恩图报的。曾国藩无奈何，只好派人敦促曾国荃，让他全力攻城。毕竟，时间不等人了，再拖下去，谁也不知道会发生些什么。

1864 年 7 月 19 日，从病榻上挣扎起来的曾国荃号令攻城了，通向金陵城的地道已挖通。曾国荃几乎是用嘶哑的嗓子下令点火，几分钟后，数万斤炸药爆发出一声巨响，金陵城墙被炸塌了二十余丈，黑色的硝烟冲天而起，整个金陵都能感觉到地动山摇。不仅仅城墙上的太平军消失在轰鸣中，湘军冲在前面的四百多名士兵也在硝烟弥漫中粉身碎骨。数万湘军一齐呐喊，挥舞着刀剑像龙卷风一样冲入城内。此时，金陵城中早已断食很多天，残存的太平军已基本丧失了战斗力。到了晚上，金陵九门皆破，征战了十多年的湘军，尤其是在金陵城下坚守长达两年之久的曾国荃的“吉”字营，在这样的狂喜中，早已忘记了创立之初曾国藩所制订的各种纪律，开始了大规模的烧杀抢掠……

每个人都疯了。实际上不仅仅在城池攻陷之后，在此之前，战争的双方都失去理智了，长时间的杀戮和压力，使得残存的人性早就烟消云散。洪秀全在金陵被围困的最后关头，眼见着城池守不住了，精神彻底地崩溃。他整天嘴中念念有词，不断呼唤神灵，乞求上天让地下长出食物，让自己的天兵天将饱餐杀敌。失望至极，洪秀全饮药自尽。死之前，洪秀全甚至命令手下用十几层厚布，在自己死后将自己裹得严严实实。洪秀全在乞求什么呢？是解脱，还是逃避？一个靠神权来确立地位的统治，比依靠道德和王权的统治，还要愚昧和落后。这样的方式，只能用“匪夷所思”来形容吧？攻下金陵城后，曾国荃带人冲击了天王府，命人掘开了洪秀全的坟墓，将洪秀全浑身的厚布全部扯烂，用刀斧将尸体剁得粉碎。即使是这样，曾国荃还是不罢休，他又命人把肉泥拌进火药，装入炮弹，然后接连发射出去——曾国荃同样也疯了，洪秀全就是死，也要让他的阴魂散去——这是一种仇恨吗？这分明就是最后的疯狂。

战争，就是这样以最疯狂的方式进入高潮，也进入尾声。

著名华侨领袖陈嘉庚与蒋介石决裂内情

樊 斌

今年是抗日战争胜利65周年，中国人民不会忘记曾募捐数亿巨款充当军政费用，支持祖国抗日战争的著名华侨领袖陈嘉庚先生。他以巨大的财力支撑了祖国的抗日战争。

1928年，南京国民政府成立不久，陈嘉庚始终拥护蒋介石把持的南京政府，但抗战期间，他却逐渐由拥蒋转变到坚决反蒋，进而成为中共的支持者。这其中有什么隐秘内幕？

募捐数亿巨款充当军政费用支持祖国的抗日战争

1936年，南京政府为了庆祝蒋介石50诞辰，请陈嘉庚发动华侨捐款购买飞机祝寿。最初，只希望马来西亚（包括新加坡）的华侨捐10万元购买飞机1架。但是陈嘉庚领导的马来西亚华侨的“购机寿蒋会”，竟募得国币130多万元，可购飞机10架（当时新加坡币60多元等于国币100元）。虽然当时陈嘉庚的动机是爱国，目的是要加强中国空军的力量，以抵抗日本的侵略，但亦可看出他当时是拥护蒋介石的。

1937年卢沟桥事变后，抗战全面爆发，中国人民在中国共产党的号召下，奋起抗日。这时,陈嘉庚领导的南洋华侨组织“南洋华侨筹赈祖国难民总会”（简称南侨总会），募捐巨款，支持祖国抗战。仅1938年和1939年两年就募捐国币达1.5亿元，加上1937年和1940年两年的捐款，总数近3亿元。除此以外，陈嘉庚还在南洋主持劝捐购买“救国公债”的工作。1938年，仅在马来西亚就募购公债1500万元，又为宋美龄任主席的重庆“难童保育会”和“寒衣募捐会”在马来西亚向华侨募捐500多万元。

当时，中国的半壁河山已沦于日寇的铁蹄之下，财政来源大大减少，华侨的捐款加上华侨赡家汇款对祖国的财政经济起了很大的作用。据1940年国民党军政部长何应钦在国民参政会上报告：1939年军费为18亿元，同年华侨汇回祖国之款达11亿元，其中捐款约占10%，而南洋华侨捐款占华侨捐款总数的70%。

陈嘉庚曾经指出，按世界银行发行纸币的通例，1元基金可发纸币4元，当年华侨所汇11亿元的外汇，可发纸币44亿元，除交还侨眷赡家费10亿元外，还有31亿元可充当军政费用。陈嘉庚为了抗战救国，领导华侨筹赈，始终是十分努力的。他以巨大的财力支撑了祖国的抗日战争。

1940年3月，南侨组织的“南洋华侨回国慰问视察团”回国慰问抗战军民，陈嘉庚也在当月下旬，以南侨总会主席的身份回国考察和慰问。蒋介石政府因为陈嘉庚在华侨界有巨大的号召力，特别是因为陈嘉庚领导华侨筹赈做出了很大的成绩，把他视为“大财神”，因而把欢迎他回国当做一件国家大事，动员了有关党政军大员欢迎并迎接陈嘉庚。

国民党当局在蒋介石亲自策划下，对待陈嘉庚的主要手段，最初是“捧”和“拉”，就是挖空心思地捧，千方百计地拉。

为了捧陈，蒋介石在重庆一地即准备了8万元经费，要举行一系列大小宴会，以博取陈嘉庚的欢心。不料，陈对这样的奢侈应酬极为反感，他认为在军民艰苦抗战之时，不该如此铺张浪费，并担心引起各地连锁反应，竞相挥霍。因此特地在重庆各报刊登一则启事：“闻政府筹备巨费招待慰问团，余实深感谢。然慰问团一切费用已充分带来，不欲消耗政府或民众招待之费。在此抗战中艰难困苦时期，尤当极力节省无谓应酬，免致多延日子，阻碍工作，希望政府及社会原谅！”此举给了蒋介石当头一棒。

蒋介石企图将陈嘉庚拉入国民党，陈嘉庚置之不理

蒋介石认为，如果能把陈嘉庚拉入国民党，不但可以借助这个“大财神”，使他们生财有道，还可以利用他的威望为国民党欺骗和引诱广大华侨。因此，在陈嘉庚到达重庆后不久，国民党中央组织部部长朱家骅就在一次宴会上宣布：“我们欢迎陈嘉庚先生来共同领导国民党！”陈嘉庚沉默不语，使朱家骅十分尴尬。老奸巨滑的戴季陶看见陈嘉庚面有不悦之色，赶快起来打圆场说：“陈先生热诚为国家社会服务，入不入党是一样的。”这才缓和了宴会上的紧张气氛。他们原以为当场给陈一顶“高帽子”，就不难把他拉入党内，哪里知道陈嘉庚不入他们的圈套。

蒋介石听说陈嘉庚平素简朴，所以在嘉陵新村特地只用了四五样菜加些面包招待陈嘉庚和慰问团，以标榜其所谓“新生活运动”。但重庆达官贵人们花天酒地、挥金如土的情形，瞒不过陈嘉庚的眼睛。在重庆，最令他不满的是蒋介石政府要员的贪污营私。嘉陵新村富丽堂皇的大官私邸使他极为惊讶，当他听说那座宏伟新颖的嘉陵宾馆是孔祥熙私人所开时，起初不大相信，后来承认确是他所开办，使陈嘉庚为之愕然。他想，孔祥熙长期担任财政部长和行政院长，竟公然私营企业，搜括民脂，可见国民党大官贪污腐化确非虚传。

陈嘉庚虽然对重庆许多现象感到失望，但是中国什么地方有光明，他当时还看不出来，所以寄希望于蒋介石改革弊政，使抗战取得最后的胜利。他在重庆出席了许多大会，如国民党参政会的欢迎会、重庆军政民各界联合的欢迎会、政府各机关欢迎慰问团的宴会等，也和许多重要人物谈过话，包括国民政府主席林森、行政院院长孔祥熙、立法院院长孙科、监察院院长于右任、司法院院长居正、考试院院长戴季陶，以及宋子文、何应钦、白崇禧、陈诚、冯玉祥、邵力子、王世杰等，他在这期间的发言，主要是报告华侨支持抗战的情况，询问我国抗战中的军事和经济等问题，尤其是关心国共两党能否合作抗战到底，对于蒋介石政府贪污腐化还不曾公开提出抨击，只闷在心里。

当时在重庆的中共负责人董必武、林伯渠、叶剑英曾特地去访问陈嘉庚，邀请他参加中共驻重庆办事处的欢迎茶会。陈嘉庚在茶会上问起如果想到延安去访问毛泽东，应该从什么地方去，需要多少天，路上交通如何？叶剑英说，

先到西安，去找第十八集团军办事处，他们会将您送至延安。不久，毛泽东从延安发来一封电报，正式邀请陈嘉庚到延安访问。

陈嘉庚欲访问延安的消息，给了蒋介石很大的震动。于是国民党对待陈嘉庚，除了“捧”和“拉”，还加上了“防”，就是千方百计防止他与中共接触，更要防止他倾向中共。

共产党人的光明磊落给陈嘉庚留下了深刻的印象

陈嘉庚由重庆到成都的时候，蒋介石知道他将赴西安，特地赶到成都，立即发出请柬，请陈参加一个规模盛大的宴全。宴会结束时，还约陈第二天共进午餐，并在第二天早上派人送来正式请柬。这一餐午饭，蒋还叫夫人宋美龄作陪。

席间，蒋问陈：“陈先生要从成都到哪里？”陈答到：“要到兰州和西安。”蒋又问：“还要到什么地方？”陈老知道蒋的用意，就老老实实回答：“如果有车可以到延安，也想去。”于是，蒋介石大骂共产党，极力阻挠陈嘉庚去延安。但是，陈回答说：“我的职责是代表华侨回国慰问考察，凡是交通没有阻碍的重要地方，我一定要亲自去看看，以尽我的责任，回海外也好据实向华侨汇报。”蒋介石看见陈嘉庚坚持要去延安，没有理由阻碍他，又不好引起这个“财神”反感，只好说：“要去也可以，但切不可受共产党的欺骗。”

陈嘉庚从西安到延安的时候，八路军办事处派出大、小汽车各 1 辆，还派来主管招待工作的蒋处长陪同。临行时，国民党陕西省政府的一位寿科长又匆匆赶来，说省政府派他送陈老去延安，并要陈老与他同车。这个寿科长正是蒋介石派来负责监视陈嘉庚行动的。

经过洛川的时候，经国民党政府的严密部署，有一些所谓“民众”往陈老车上递上了不少污蔑共产党的“控诉书”，这种伪造的“民意”骗不了陈嘉庚。就在陈嘉庚到达延安的第二天，一个细节深深感动了他，陪同他前往延安但与他不同车的八路军办事处蒋处长去见他，交给他一封“控诉书”。原来这封责骂中共的“控诉书”写明要交给陈嘉庚，所以他带来照交。陈嘉庚对共产党人的光明磊落，留下了深刻的印象。

陈嘉庚在延安的 8 天中，毛泽东与他谈了几次话，朱德也陪他参观了一些地方，出席了延安各界的欢迎会。陈嘉庚发现共产党对他的接待和国民党当局有很大的不同，同是欢迎，中共领导人朴素诚恳，而国民党却是奢侈而虚伪。他对延安最好的印象有下列几个方面：一是没有苛捐杂税，不像国民党统治区捐税多如牛毛。二是领导人廉洁，他们的工资和一般干部、士兵相差很小，这同国民党达官贵人的贪污形成了鲜明的对照。三是没有乞丐、妓女、没有失业的人，人民生活过得去，不像国民党统治区民不聊生。四是领导和群众平等相处，不像国民党统治区等级森严。五是治安好。六是男女关系严肃。七是朴素成风。

陈嘉庚这一次访问延安的结果，发现了当时黑暗的中国有了一片光明，看到中国出现了救星，这就是中国共产党。他在《南侨回忆录》中写道：

> “余久居南洋，对国内政治，屡有风闻而未知事实究竟如何。时中共势力尚微，且受片面宣传，更难辨黑白……直至回国慰劳……并至延安视察……见其勤劳诚朴、忠勇奉公，务以利民福国为前提，并实行民主化，与民众辛苦协作，同仇敌忾，奠胜利维新之基础，余观感之余，衷心无限兴奋。梦寐神驰。为我大中华庆祝也。”

蒋介石鼓动南洋华侨反对陈嘉庚，促使陈蒋决裂

1940 年 7 月底，陈嘉庚由重庆乘飞机赴昆明，然后经贵阳、广西、湖南、广东、江西、浙江再到他的家乡福建。当他离开重庆时，朱家骅代表蒋介石去送行，并说蒋介石要派王泉笙陪陈老到西南各省视察，陈嘉庚意识到蒋的用意，在昆明写了一封信给蒋，信里直言不讳地指出蒋派王泉笙去陪他视察，无非是要监视他，怕他沿途说中共的好话。并警告蒋介石：“至若欲消灭共产党，此系两党内战，南洋千万华侨必不同情……若不幸内战发生，华侨必大失所望，爱国热情必大降减，外汇金钱亦必减缩。”由于陈老戳穿了蒋派王泉笙陪行的阴谋，蒋只好命令王泉笙终止出发。

国民党当局不但害怕陈嘉庚在西南各省发表他的观感，更担心他回到南洋汇报中共的光明磊落和国民党的贪污腐败，于是，对待陈老的手段，在“捧、拉、防、骗”之外，又增加了一个字：“打”。

陈嘉庚视察浙江金华时，收到一位可靠朋友从重庆给他的信，说国民党当局决定对他实行3项阴谋：一是以军政部长何应钦的名义打电报给西南各省当局，命令他们注意陈老的行动。二是命令新加坡总领事馆向英国殖民政府提出交涉，要求禁止陈嘉庚回新加坡，说陈嘉庚和中共亲善。三是派吴铁城到南洋，鼓动华侨反对陈嘉庚。

陈嘉庚在家乡视察的日子里，亲眼目睹了福建国民党官僚假借“战时统治经济”的名义，垄断粮食、交通等业，残酷地剥削人民，米价昂贵，人民陷于水深火热之中。陈嘉庚还亲眼看到官吏的贪污舞弊。如同安县县长借口要欢迎陈老，勒派各商民缴纳“招待费”3000元，又向各区勒派，大肆搜括民财，同时他还看到，福建田赋，一时竟增加好几倍。他为民请命，呼吁福建当局改革这些弊政，但福建当局已经知道蒋介石不满意陈老，自恃有了靠山，完全不听陈老的呼吁。

陈嘉庚自忖要求蒋介石改革福建弊政未必有效，但他不忍看见人民的惨遇，所以一连几次致电蒋介石，蒋却久久不予答复。直至陈嘉庚要回新加坡，路经云南芒市时，才接到蒋介石头一封复电：“来电悉，闽省田赋系中央意旨。闽事可电我知，切务外扬。”陈嘉庚对蒋介石这一复电的评语是：“护恶讳疾。”至此，他对蒋介石的国民政府已不抱任何幻想了，而对蒋令人勾结英领事驱逐他，又派人鼓动华侨反对他的这一卑鄙行径，心中感到极大的反感和厌恶，于是决心与蒋介石彻底决裂，分道扬镳……

1945年抗日战争胜利后，国内要求国民党“还政于民”的呼声极高。当时，香港的进步报纸《华商报》特地请陈嘉庚题词，陈老针对“还政于民”的呼声，出人意料地题了如下几句：“还政于民，谋皮与虎。蜀道崎岖，忧心如捣。”

陈老为什么给当时“还政于民”的呼声泼冷水呢？这是因为他在与蒋介石的接触中，早就看出了蒋的真面目，认定蒋要消灭中共的阴谋不会取消，也决不会让出他的独裁政权。

陈老听说毛泽东要到重庆同蒋介石谈判，很担心毛泽东的安全，曾打电报劝毛泽东不要到重庆去。“蜀道崎岖，忧心如捣”，正是表达了陈嘉庚当时内心的焦虑和对代表了光明磊落的共产党人的敬仰之情。

孙传芳被杀真相

苏全有

孙传芳被杀是民国年间的大案，其诱因是施从滨被杀。长期以来，为父报仇的施剑翘被神话渲染，加以蒋介石、冯玉祥、李烈钧亦身影闪现，以至该事件迷雾重重。笔者通过对当事者后人的采访，以及查阅、梳理有关文献记载，终于解开该案的谜底。

事出有因

第二次直奉战后，奉系独霸天下。1925 年 8 月 29 日，北洋政府在张作霖的压迫下，任命杨宇霆为江苏督办，姜登选为安徽督办。奉军取得上海、江苏和安徽的地盘后，趾高气扬，目空一切，张作霖就曾表示：“三五年内我不打人，绝没有人敢打我。”

奉军的节节南下和步步紧逼，其咄咄逼人的气势已经引起各方的严重不安。

西南四省正在共商联防同盟组织，以防奉军深入，因奉张的步步吞食而节节退却的冯玉祥也以“因许加盟，共为十四省区”亲笔信联系吴佩孚。孙传芳见此，觉得自己的机会来了。他于 10 月 7 日在杭州召开秘密会议，与直系和有关各省代表讨论出兵攻奉的任务。参加会议的有福建督办周荫人、赣南镇守使邓如琢、皖南镇守使王普、江苏第四师师长陈调元、湖北督办萧耀南及下台军阀齐燮元、马联甲的代表。会议决定成立皖、赣、苏、闽、浙五省联盟，组成五省联军，推孙传芳为总司令，树“拥段反奉”旗帜。联军号称 20 个师，20 个混成旅和 9 个步兵旅。孙传芳还请吴佩孚出山，共图大举。

谁来打第一枪呢？如果按着地理位置，应该由江苏军队首先发动，因为，苏军与奉军同居一省。但是，陈调元、白宝山等怕敌不过奉军，不敢首先发难，于是孙传芳自告奋勇，率先起兵。会议结束后，孙军以国庆阅兵为名开始向松江、长兴集中。

张作霖闻讯，急召关内奉系四督——直隶李景林、山东张宗昌、江苏杨宇霆、安徽姜登选，于双十节前赶回沈阳，讨论应付孙传芳的问题。但是时间已经来不及了，孙军分为五路，以浙军第一师师长陈仪为第一路司令，北军第四师师长谢鸿勋为第二路司令，担任由沪杭线进攻上海；北军第二师师长卢香亭为第四路司令，浙军第二师师长周凤岐为第五路司令，负责由长兴进攻苏州；孙自己兼任第三路司令，担任居中策应，另派孟昭月为杭州戒严司令，留守后方。

孙传芳的突然起兵，使得号称“小诸葛”的江苏军务督办杨宇霆狼狈北撤。他作为奉系前方第一要员，见局势难以收拾，乃决定遵照张作霖“应相机撤回徐州待命”的命令，对孙军采取不抵抗的方针，退兵十分迅速，借以保全实力。10 月 18 日深夜，杨宇霆乘专车由浦口抵达济南，下车后至督办公署与张宗昌晤谈出兵事宜。

形势所迫，张宗昌不得不答应出兵，而且也不得不亲自出马。于是又深入研究了一下出兵办法。张宗昌以第一军部队正在扩编整训，立即出发确有困难为由，为由决定动用山东原有地方部队。办法商定后，为了让杨宇霆放心，立即将孙宗先、施从滨等地方部队将领召来，当着杨宇霆的面，说明目前的局势和决定采取的对策，并正式下达了任务。杨见山东出兵一事得到具体落实，方才乘车离开济南北上。张宗昌也随即动身，带领祝祥本卫队旅，乘铁甲列车先行驰赴徐州。

1925 年 9 月，也就是与孙传芳交手之前，张宗昌部辖东北陆军 6.5 万人，原山东陆军 2.8 万，共计 9.3 万人。张家军尽管人数很多，但由于主力部队正在整顿，地方部队与张宗昌关系不密切，且战斗力不强，这就为战争的失败埋下了伏笔。

10 月 24 日，张宗昌亲自赴徐州布防，与姜登选洽商防御计划。同行者有第五师师长孙宗先、军务帮办施从滨。第一军卫队旅旅长方永昌带卫队旅全旅，共分 6 列车运载，随张宗昌南下。另外，二十八旅、二十九旅也将随后陆续开到。

在此之前的22日，浙军一师四混成旅、苏军两混成旅已全部运输到津浦路，向前方推进，前锋已抵蚌埠。孙传芳的行营专列也已开到。张宗昌在凤阳、蚌埠之间设置了3道防线。他调第二旅开抵宿县，他本人则亲临徐州指挥。

为了强化对孙作战，张宗昌与施从滨、孙宗先效法三国桃园三结义誓盟：施长，孙次，张排三，俨然刘、关、张三兄弟。张宗昌自豪地说："有咱兄弟三人守此，哪怕孙郎百万兵！"

张宗昌还许诺，战胜孙传芳后，施从滨督安徽，孙宗先督江苏。

与此同时，五省联军的另一路军队渡江北上。孙传芳的浙军已经渡江3万人，聚集在乌衣镇、滁县路站附近。等苏军马玉仁师、白宝山师渡过五河以后，会师进攻凤阳。

现在滁州的浙军约有5万人，卢香亭、谢鸿勋、陈调元的主力部队预备攻蚌埠。

另在张八岭的奉军因所处地势不利，且人数也很少，接战不利，即向临淮关撤退。浙军于修复明光站附近之假桥后，前锋已抵近临淮关。之后，大军集中临淮关，继续向蚌埠逼进。奉军继续撤退，23日联军占领蚌埠。这时，皖军与联军会合，孙传芳命令工程队尽快修路，以备大军向徐州前进之用。

各路兵马到齐后，孙传芳下令向徐州方向推进。这时突然收到白宝山海州告急的求援电报，孙传芳只得派师援助海州。原来在10月26日，山东军队盛传苏军白宝山师将由海州乘船袭击青岛，进攻奉军后背。张宗昌决定先发制人，他于当日派第三十二旅旅长兼海军司令毕庶澄，由青岛率领海圻、华甲、豫楚、永翔4舰，载海军陆战队3000多人和邢士廉退到青岛北面的3000人，向前进发，进攻海州，从侧面进攻孙传芳。

张军另外用运输舰两艘，运送军火给养，随后开往海州湾。

奉军占领海州后，又进取清江浦，苏军马玉仁部战败。张军准备趁机再从运河南下取镇江，抄袭孙传芳后路，使他腹背受敌，陷于进退维谷的境地。

白宝山在海州危急时，一日内向孙传芳发6次十万火急的电报，请求援助。孙传芳决定派闽军第二十四旅的步兵、炮兵800人先往援救，又飞调驻六合的苏军第三师刘明汉旅全部调往江浦应援。孙传芳还觉兵力不够，怕不抵张军，又命令苏军抽调4个混成旅由郑俊彦率领前往参战，并责成白宝山、马玉仁、陈调元务必夺回海州。孙传芳派的这些军队赴到海州后，即与奉军展开了激烈的大战。

孙传芳采取“围魏救赵”的策略，派卢香亭为前敌总指挥加紧进攻徐州，以牵动前线的奉军。兵锋所向，直指蚌埠。

张宗昌、施从滨等在张作霖那里领到大批饷银、给养。特别是张宗昌，给白俄领了一批活牛活羊，还有大宗白兰地洋酒、大炮台香烟等名贵东西，专门供应这一大批白俄军享受之用。

白俄军的军纪很坏，每占领一地之后，白俄兵手执伏特加或白兰地酒瓶，边歌边饮，招摇过市，或殴打行人，或调笑妇女。上世纪20年代，中国妇女特别是农村妇女，大都缠小脚，“老毛子”一来，她们纷纷逃难，但因脚小，步履艰难，常被俄兵捉获，“从则淫之，拒则杀之”，所以老百姓对白俄兵恨之入骨，一听说“老毛子”来了，便逃避一空。

施从滨部经过数日整顿补给后，就由兖州、泰安防地，先后开到蚌埠附近。但施军布防尚未就绪，而孙传芳的谢鸿勋师和卢香亭师两路大军取钳形攻势，把蚌埠的西南东三面包围,连夜向市区施军猛冲。施部本是缺少训练的老弱残兵，又兼军饷积欠不发，兵无斗志，一遇谢、卢两军夹攻，便纷纷败退。蚌埠便被谢鸿勋占领了。

张宗昌的白俄军，由济南滑津浦线东侧，掩护施从滨向南急进。白俄军一路奸淫烧杀，无恶不作。当施部进入蚌埠时，白俄军处在蚌埠以北地区，致使施军孤立无援。

孙军占领蚌埠后，便立命李俊义旅马葆珩团驰赴津浦东侧迎击白俄军。马团官兵一路胜利，便有轻敌急功的念头。先头尖兵因过于突出，一遇白俄军，全部50多人完全被大队白俄军包围杀死。残忍如同野兽般的白俄军，甚至对孙军士兵挖眼睛、割鼻耳、取心肝以取乐。卢香亭大队开到，立即展开激烈冲杀。大部分白俄军赤膊作战，一手拿着白兰地酒瓶，一手拿着上好刺刀的步枪，一面狂饮，一面冲杀，凶猛异常，把马葆珩团几乎击溃，副团长、营长多被打死，士兵伤亡甚众。马团急命步兵全线撤退,将全团机关枪和大炮集中火力猛烈轰击，当即打死打伤白俄军800多名，他们才酒醒，弃枪逃窜。可是他们都穿着长大皮靴，个子又大，跑得不快，又被活捉了300多名。因为马团前锋曾被他们残杀，前线士兵为了给被杀官兵报仇，也以暴易暴，把被俘的白俄官兵，有的吊在树上活活烧死，有的吊在车站当活靶子打。等到旅、团长赶到时，才制止了这种野蛮的行为。

至于铁甲车上的白俄部队，在战斗中拼命用机炮扫射，待时间已久，弹尽援绝，欲进无路，欲退不能。他们本能自己修理铁路，但因被包围，亦无法下车进行。当时的铁甲车司令俄人车柯夫自认部属全非中国人，平时纪律极坏，强奸妇女，无恶不作，参加中国的内战，如果被俘定难活命。于是把人集中一起，连女眷在内，共七八十人，浇上洋油点上火，一阵浓烟起处，这些人全数火葬在铁甲车之上。

施从滨部撤出蚌埠后，仍在蚌埠以北坐着铁甲车督战，希图挽救失败的局面。不料谢鸿勋师上官云相团，已绕到固镇桥以北，把铁轨拆掉，断绝了施军的归路。固镇以南卢香亭师马葆珩团，趁消灭白俄军的余威，向施军猛攻。此时施军遭到孙军腹背夹击，同时又悉白俄军已被消灭，感到孤军被围，形势紧急，就下令铁甲车开足马力向北速进。铁甲车到固镇桥时，施从滨见长达一里的铁桥面上，挤满了向北逃窜的自己部队，他不忍在自己部队的身上碾过去，又命铁甲车往南开。没有开十几里远，见大部孙军冲杀前来，又急命铁甲车往北行驶。到固镇桥时桥面仍是挤满着部队，争先恐后向北逃窜。此时由北向南截击的上官云相团正包围张军缴械，固镇以南的马葆珩团，又已紧追前来。在生死关头，施不顾部下将士的生命，命铁甲车开足马力，在自己部队身上冲过桥去，桥上1000多人立刻化成肉饼血浆，冲下河去也不计其数。当时血肉横飞的惨状以及惊叫惨呼之声，真是无法形容。还有许多带着上校、中校肩章的军官的下肢已经被碾掉，但还能说话，要求过桥官兵快给他一枪，免得痛苦。孙军随军文职人员等过桥时，目睹此种满桥血肉狼藉情况，都吓得不敢过桥，有的竟痛哭失声。

施从滨冲过固镇桥后，满以为可逃过此大劫难，哪知铁轨已经被拆掉，铁甲车立即倾倒路旁，他和随从人员全部被俘。

施从滨被杀

施从滨被孙部俘获时，已是须发皆白的七十高龄老人，着陆军上将服装，他还很自然地对孙军说：“你们辛苦了。”

当时由谢鸿勋派一营长把他送往蚌埠总司令部（谢还写一报告给孙传芳，并要求优待施从滨）。施见孙传芳时还行了军礼。孙在烟床上动也没动，便笑着说："施老，你好，你不是来当安徽督办么？你马上去上任吧！"

于是孙就命人把施拖出去枪杀了。

事后孙部里许多军官，都对孙擅杀战俘表示不满。据孙自己对亲信说，他杀施是给邓如琢、陈调元等一个眼色看。内部将领都认为此次战争，是出人意料的顺利，很轻易就占领了上海、江苏、安徽，致使孙传芳得意忘形，儿戏般地枪杀了施从滨。

杨文恺著《孙传芳反奉联奉始末》对孙传芳杀施从滨的记载是这样的：

> 孙传芳命令卫队团长李宝章将施从滨押解到蚌埠，交军法处长陈锡璋审讯。施直认不讳，孙传芳决定立即斩决。时已午夜，幕僚杨文恺对孙说：
>
> "我们打内战，对待俘虏，不宜杀戮，不如把施押送南京监禁。"
>
> 孙不听，拍着桌子对杨说：
>
> "你我要是被他们俘虏，还不是被杀吗！"
>
> 杨又劝孙冷静考虑，不可操之过急。并言道：
>
> "杀也可以，何必今夜，明天再问一次，杀也不迟。"
>
> 孙声色俱厉地说：
>
> "是你当家，还是我当家呢？"
>
> 杨见孙主意已定，难以挽回，无语而退。孙即命令李宝章把施从滨由军法处押出来。施亦自知必死，他说：
>
> "就在这里执行吧。"
>
> 李宝章终于把施押到车站南边的旷野，执行斩决，身首分在两处掩埋。

杨文恺的记载可以作为孙传芳杀施从滨的情节补充。

李藻麟著《我的北洋军旅生涯》记载，称施从滨被杀另有隐情：

当时传说，施被俘后，孙传芳立即电告吴佩孚，吴回电就地枪决，施遂被害。吴之杀施，缘于第二次直奉战争。当直奉两军正在山海关一带酣战不已时，冯玉祥突然倒戈，致使吴佩孚陷入首尾不能相顾的绝境。其实，直军在江苏尚有六个旅的兵力，吴佩孚把起死回生的希望完全寄托在这部分兵力上。他打算利用津浦路把六个旅迅速运至京津前线，同冯玉祥国民军决一雌雄，但惟一顾虑就是怕山东方面破坏铁路，阻挡直军北上。不料山东果然表示反对直军假道山东，一线希望终成泡影。吴佩孚手无援兵，一筹莫展，最后不得不将大军弃置于山海关，只身乘船离津南下，致使直军全线崩溃，一败涂地。山东方面之所以坚决反吴，据说施从滨主张最力。因此，吴将施恨之入骨，遂有杀施之举。此说系奉方当时猜测谣传之辞，并无实在根据，姑且志之，尚有待知情者揭露事实真相。存之。

孙传芳杀害施从滨，过于狂妄，他万万没有想到，10年后，当他放下屠刀念经唱佛时，施家后人施谷兰改名施剑翘，为报父仇，也将他杀了。

孙传芳之死

施剑翘是施从滨从他哥哥施从云那里过继来的。施从滨被孙传芳枪杀后，尸首被分解，暴尸三日，悬首七日！施从滨的被杀，激怒施剑翘，她立志为父报仇。在悲愤之余，施剑翘作了一首诗，以表明自己的决心：

战地惊鸿传噩耗，闺中疑假复疑真。
背娘偷问归来使，恳叔潜移却后身。
被俘牺牲无公理，暴尸悬首灭人情。
痛亲谁识儿心苦，誓报父仇不顾身。

起初，施剑翘把报仇的希望寄托在她的叔兄施中诚及几位弟弟身上。施中诚早年丧父，是由施从滨夫妇抚养成人的。施从滨被杀时，他刚从保定军官学校毕业。施剑翘很有心计，她知道，要报仇就得让施中诚和几个弟弟到军队中去当军官，手中有了军权，就好办了。施中诚刚好毕业，施剑翘立即带他去见张宗昌。张宗昌是施从滨的上司。在施剑翘的恳求之下，张给了施中诚一个团长职位，并出资送施剑翘的几位弟弟去日本士官学校学习，为杀孙传芳准备条件。转眼几年过去了，施中诚当上了烟台警备司令。但是，其人只顾吃喝玩乐，将报仇的事抛到了九霄云外。施剑翘多次劝说无效，十分痛心。恰巧，这个时候，施剑翘认识了阎锡山的中校参谋施靖公。施靖公得知施剑翘的事情后，主动表示要为施剑翘报仇。报仇心切的施剑翘信以为真，便以身相许。然而，施靖公的目地只是为了得到施剑翘，报仇之事不过是说说而已。施靖公得到施剑翘后，就一反原来的态度，再也不提报仇的事。

两次依赖别人为父报仇，两次失败被人欺骗。施剑翘最终下定了决心，要亲自为父报仇。

施剑翘并不认识孙传芳，而且也只是听说他在天津。因此，她要做的第一件事是找到孙传芳。孙传芳一生作恶多端，而且又经常进行不可见人的勾当。因此，其行动格外隐蔽，从不肯轻易露面。施剑翘要找到孙传芳实在不是一件容易事。经过多番的查找，施剑翘弄清了孙的住处和相貌。

一天，施剑翘在孙宅门口摆了个小摊，想在孙走出大门时开枪射击。可是，她刚坐下，两个看门的卫兵就把她赶走了。以后的几个月里，施剑翘一直都找不到下手的机会。很快就到了施从滨被杀十周年的忌日，焦躁苦闷的施剑翘来到日租界的观音寺，给亡父烧纸念经。当班的和尚念完经后便要下楼休息，施剑翘却跪在地上痛哭失声。当班和尚觉得奇怪，便劝道："女施主，你已为亡灵烧纸诵经，为何还这般伤心？"

施剑翘抽泣着说："烧纸念经不过是尽儿女一点儿心意罢了，其实还不是迷信吗！"

和尚有点不快，说："女施主，这就错了，如果是迷信，那靳云鹏、孙传芳这些名人，不也信佛吗？"

一听到孙传芳3个字，施剑翘停止抽泣，装作不信。上前问道："我怎么从未听说过？"

"贫僧怎会欺骗施主。前年，他们两人在东南角租了块地，创了个佛教居士林。

靳云鹏是林长，孙传芳是理事长。”

和尚越说越来劲儿。施剑翘无意中得知了孙传芳的行踪，大喜过望。于是，她化名为董慧也加入了这个居士林。

1933年，靳云鹏联合孙传芳出头，向天津市富绅李颂臣说妥，将坐落在东南城角草厂庵的清修禅院（原为李氏宗祠），改名为天津佛教居士林，由靳任林长，孙任副林长。新居士林成立之后，规定每星期日居士们来林念经，由富明法师主讲。靳云鹏、孙传芳这两个曾经显赫一时的人物亲自领拜，在佛教居士中发生了很大的号召力，辗转相告，信徒纷纷而来，陆续参加活动的多达3000多人。

1935年11月13日正是讲经日，靳云鹏与孙传芳皆应到林领拜。这一天下雨，孙传芳的妻子不愿孙冒雨外出，曾一再劝阻，但孙事前与靳云鹏约好在林会面，所以冒雨赶来，靳却反而因雨爽约未到。居士林的男女居土们在礼佛听讲时，是男东女西分坐的。男居士行列之首座是靳云鹏，女居士行列之首座是孙传芳。主讲人富明法师坐在正中座上，面对男女居士讲经说法。

下午，在天津草厂庵清修禅院的大殿佛堂里，居士林的男女居士们正襟危坐，参禅听经。大殿之上，孙传芳身披和尚们常穿的黑海青，在一旁全神贯注地倾听着讲解。

施剑翘事先打听明白，做好了准备。她原以为孙传芳可能因为雨天不去听经了，便空手前往观察，果然未见孙到来。后来她正与别人谈话时，忽然见孙身披袈裟走进佛堂入座。施剑翘租了一辆小汽车赶回家，取出手枪、传单等物，返回居士林。她本来坐在后面，离孙较远，于是故意提高声音说：“后面的炉子烤得我太热了。”

一位居士说：“你不会到前一排去吗？”

她答应一声：“好！”

施剑翘上前几步，就到了孙传芳的右后方。她掏出手枪，照准孙传芳的耳后打了一枪。孙立即倒在太师椅的扶手上；她又向孙的后脑和背后打了两枪，脑浆已流出来。施剑翘打完三枪，从大衣里掏出预先准备好的几十张卡片。那时，大殿里的人都慌忙四下乱跑，她把卡片撒在院子里，并且大声说：“我是施剑翘，为父报仇，打死孙传芳，一人做事一人当，绝不牵连任何人。你们可以带我到警察局去自首！”

当时，和尚和居士们都吓得发抖，无人应声。施剑翘自己到电话室打电话给警察局。警察来后，她告之孙传芳是她打死的，并掏出手枪交给警察，要求带自己去自首。说完便将手中的油印传单扔敞出去，传单上有诗一首：

父仇不敢片时忘，更痛萱堂两鬓霜。
纵怕重伤慈母意，时机不许再延长。
不堪回首十年前，物自依然景自迁。
常到林中非拜佛，剑翘求死不求仙。

施剑翘得遂心愿后，豪迈地赋绝命诗一首：

得报亲仇恨已消，芳兰总有一时凋。
从今拜别萱堂去，一点灵犀上九霄。

施剑翘被带到警察局，经过简单讯问，次日转到法院，拘留在看守所。初审承认她是自首，判有期徒刑 10 年；二审鉴于她是为父报仇，情有可悯，改判有期徒刑 7 年；三审维持二审原判。

施剑翘被关进监狱后，曾受到典狱长虐待，不许和家属见面。施连急带感冒，病了，监狱里的医生、看守主任和她自己一连写了 3 张呈文，请求让她享受病人的待遇，典狱长不许。施剑翘气极了，写了一封信，请她的律师胡学骞来会见她，要求把她的呈文转交法院。过了几天，法院院长邓哲熙亲自到监狱看她。她向邓面陈在监狱里受虐待情况，请求对她的生命安全予以注意。邓说，你安心养病，我们会处理好这里的问题的。又过了些天，在冯玉祥等人的活动下，南京政府鉴于全国舆论对施剑翘的同情和支持，于 1936 年 10 月 14 日对她做出特赦的决定。

另有说辞

施剑翘出狱后，招待过一次新闻记者，见过一次宋哲元。事后她了解到冯玉祥、李烈钧等非常同情她，尤其是冯玉祥，在辛亥革命时期滦州起义时，是她的四叔施从云烈士的伙伴。她才明白她的特赦问题，是与这几位老先生的支持分不开的。

施剑翘杀孙之事，蓝衣社成员、安徽人张克瑶和施从滨的侄子、南京军官教导队团长施仲达一直在身后关注着，并为其提供线索和行刺用的枪支、子弹，施剑翘的《告国人书》也是施仲达与其弟施仲杰（冯玉祥的副官）等人共同商量写出的。施剑翘在被捕后，于法庭上谎称，手枪是从一个退伍军官手里买来的。其实，这种勃郎宁手枪在当时是很先进的，绝非一般人所能得到，只有执行特殊任务的人才能拥有。施剑翘在杀孙后，第一个行动不是去自首，而是去打电话。她拿着电话筒大叫："我成功了！我成功了！"她在法庭上说是向其堂嫂报告，但这只是一面之词，未必可信，也许这是施向她的幕后指使者报功的一个信号。

马葆珩著《孙传芳五省联军的形成与消灭》称，杀孙传芳事件背后有蒋介石的影子：

> 孙传芳的部队被北伐军收编后，孙本人逃出关外，由于寄人篱下的日子不好过，于是他便派人用高官、金钱方法来拉拢旧属，但两次运动都以失败而告终。蒋介石本来就对孙传芳不放心，此时得知他运动部队，与自己为敌，便通过陈调元部队的师长施忠诚，唆使施剑翘（施从滨的侄女）以替父报仇名义刺死孙传芳，听说施剑翘得了一批款子，经过准备后，便混进居士林念佛打坐。因此，摸清了孙等都是哪些日子去，经常坐在什么地方，她也就经常坐在孙的背后，准备伺机动手。在刺孙的那天，是靳云鹗先到居士林，再打电话约孙。孙到后，先在客室吃了些茶才去打坐。刚坐下，施剑翘就在他身后开枪把他打死。当时施也吓得晕了过去。传说施剑翘刺孙后，立即亲到警局去自首，是与事实不太相符的。

马葆珩的叙述多有与事实不符的，但他提到案件背后有蒋介石的因素，则值得重视。总体上分析可以知道，施剑翘刺孙事件绝不是一个单纯的个人行为，当无疑问。

施剑翘被放不久，抗日战争爆发，她先后辗转到长沙、重庆等地，筹措慰劳品，办从云小学，做了不少有益于国家、人民的工作。1952 年她因病移居北京。病愈后又居五台山光明寺村，并以居士身份在碧山寺修行。1957 年为北京市政协委员会特邀委员。1979 年病逝。

揭开“埃及艳后”死因的六大疑点

佚　名

在文艺圈，画家将她描绘为裸胸垂死的荡妇，诗人却将她看做为爱情献身的英雄；在历史上，罗马人对她痛恨不已，因为她差点让罗马变成埃及的行省，埃及人却称颂她是勇士，因为她为埃及赢得了22年的和平……在众多的历史人物中，能像“埃及艳后”克丽奥佩特拉一样得到世人如此矛盾评价的并不多见。事实上，关于这位女王的争论远不止于此。最近一枚古埃及银币的出现，又彻底颠覆了关于克丽奥佩特拉的美丽传说。

在拍摄于1963年的好莱坞影片《埃及艳后》中，出生于公元前69年的克丽奥佩特拉被描绘为用色相引诱凯撒大帝，借其力量击溃兄弟、独掌王位的美艳野心家。在凯撒遇刺后，她又以美色迷倒东罗马帝国的统治者安东尼。最终，安东尼的作为激起罗马市民的愤怒。在与罗马人作战败北后，见大势已去的克丽奥佩特拉不得已以毒蛇噬胸自杀，年仅38岁。征野史、传说中，一代艳后的命运如此，但这就是真实的历史吗？在克丽奥佩特拉执政时期，一场大火将闻名世界的亚历山大图书馆毁于一旦。据说，随火灾付之一炬的有荷马的作品、亚里士多德和柏拉图的手稿，还有克丽奥佩特拉亲自撰写的书籍。也许正因如此，长久以来，人们更乐于品评她的容貌，而忽略了她作为统治者的智慧。

美人还是丑女

“她有像青春少女那样的苗条体态，有一双乌黑发亮的大眼睛；高高隆起的鼻子比普通妇女更显得高贵；一头乌黑发亮的长发衬托出细腻白皙的肌肤，使裸露的肢体如脂似玉……”在一本名为《震惊世界的女人》的书中，作者不惜笔墨地描绘着克丽奥佩特拉的美貌。在影片《埃及艳后》中，被誉为“好莱坞第一美女”的伊丽莎白·泰勒众望所归地成为女主角的扮演者。在美容界，凡是传说曾被埃及艳后使用过的护肤品大都热卖旺销……克丽奥佩特拉就是“美艳绝伦”的代名词。

然而，铸刻在古埃及钱币上的克丽奥佩特拉——凸额、厚唇、尖下巴、鹰钩鼻，远非人们常识中的“美人坯子”。考古学家认为，这枚铸造于公元前32年、由铸币局发出的钱币必定是由熟识克丽奥佩特拉之人制造的，因此长相的可信度很高。这无疑颠覆了关于克丽奥佩特拉的美丽传说。

早在5年前，英国《星期日泰晤士报》就曾披露，根据对克丽奥佩特拉雕像的比例进行研究，所谓的“埃及艳后”不过是一个又矮又胖的丑女人——她的身高不到160厘米，满口坏牙，体型偏胖，脖子上尽是赘肉。英国国家博物馆甚至专门展出11尊女王的雕像，这些雕像看起来没有一丝美艳的痕迹。英国学者表示，在克丽奥佩特拉死后才出现了有关其美貌的传说，而且越传越离奇。

英国媒体的见解遭到了埃及人的谴责。在埃及人的心目中，克丽奥佩特拉是最杰出的法老之一，曾被列为“影响世界历史的第一个女人”。2000多年前，正是由于克丽奥佩特拉的美貌与智慧，才阻止了罗马帝国在地中海东南岸的征服行动，维护了埃及王国的利益和领土完整。如今，克丽奥佩特拉与金字塔一样，已经成为埃及的象征：刻有她头像的工艺品随处可见；以她名字命名的香烟备受欢迎……

埃及吉萨文物局局长扎西哈瓦斯也极力维护克丽奥佩特拉的“美人形象”：“英国人说克丽奥佩特拉丑陋和肥胖是毫无根据的，他们应该到埃及卢克索神庙去看一看。这座神庙里有保存完好的克丽奥佩特拉的浮雕。如果克丽奥佩特拉像英国学者描述得那样丑陋，那为什么两位罗马将军会不顾一切地拜倒在她的石榴裙下呢？”

智者还是庸人

在阿拉伯学者的眼中，这位“埃及艳后”并不依靠美色来收服人心。“克丽奥佩特拉在 17 岁时就继承了父位，她是凭借聪慧和文化底蕴来统治埃及。”亚历山大希腊罗马博物馆馆长艾哈迈德说。

英国考古学家奥卡萨・艾尔・达利撰写的《埃及古物学：迷失世纪》一书印证了这一说法。在对记载早期埃及历史的文献进行研究后，达利发现，克丽奥佩特拉被称为“善良的学者”；她是一位语言天才，除了希腊语，还精通拉丁语、希伯来语、亚拉姆语和埃及语；她是一位数学家、化学家和哲学家，写过许多科学书籍，每周要与科学家开会；她是一位工程师，曾开凿运河将尼罗河河水引入亚历山大；她是一位城市规划专家，艾尔・巴克里、亚库特等阿拉伯学者都曾撰文称其在亚历山大城的建筑计划“史无前例的庞大”。

“‘埃及艳后’捍卫王位的技巧与我们现在处理国际关系时的做法并没有什么两样。”埃及远古史学家阿兰鲍曼说。在德国柏林博物馆，比利时草纸考古学家简・比根在一具古埃及木乃伊的布片中发现了一张 16 开大小、写满古埃及文字的草纸。比根认为这不过是一份普通的买卖合同，幸好荷兰历史学家万・明尼察觉到其中的可疑之处。经研究证实，这是一份发布于公元前 33 年 2 月 23 日的古埃及政府公文，其内容是埃及国王决定给予罗马帝国大将军卡尼迪斯以优惠的商品进出口关税——允许他每年免税向埃及出口 1 万袋小麦，进口 5000 安普耳的埃及美酒。该文件末尾处有一个类似女性笔迹的单词——genestho。在希腊语中，其意思为“依议”，多用于古埃及国王签署法令时。诸如此类的线索让万・明尼认定这是克丽奥佩特拉签署的手令，指示贿赂罗马军队统帅卡尼迪斯，使其与安东尼并肩作战。

古希腊传记作家普卢塔克在《希腊罗马名人比较列传》中写到：“在凯撒死后，克丽奥佩特拉急欲求得安东尼的庇护，但却碰了一个软钉子。于是，克丽奥佩特拉马上将主攻方向转向安东尼手下最得力的大将卡尼迪斯，她以贿赂的手段买通了这位影响力非凡的罗马大将。最终，卡尼迪斯说服安东尼同意庇护克丽奥佩特拉。”这手令是克丽奥佩特拉收买卡尼迪斯的证据，也体现出了她的政治手腕。

此外，克丽奥佩特拉曾经居住过的亚历山大城遗迹也足以彰显她的治国智慧。在亚历山大港外海海底，美国考古学家戈迪奥发现了那座街区密布、雕像林立的古城。在戈迪奥看来，眼前的一切无不记录着当时的繁荣景象。

至于人们为何会将克丽奥佩特拉描绘为一个爱勾引男人的风流女王，一些考古学家的解释是："目前，我们所知的关于埃及艳后的信息全都是来自于她当年的敌人——罗马人。罗马人希望将她描绘成一个性感亡国的尤物，从而让后人以为她不是靠自己的才华，而是靠风流手段才令罗马的两大统帅俯首称臣。"

扑朔迷离的死因

公元前 31 年，安东尼与罗马大将屋大维交战。在战争中，克丽奥佩特拉命令其舰队退出战斗。见此情景，安东尼丢下 10 万将士，追赶克丽奥佩特拉逃亡埃及。1 年后，屋大维兵临埃及，52 岁的安东尼自刎，克丽奥佩特拉被生擒。此后，看到色诱屋大维的计划失败，又得知自己将作为战利品被带到罗马游街示众，克丽奥佩特拉万念俱灰，写下遗书。女仆将一条叫做"阿普斯"的毒蛇装在无花果的篮子，克丽奥佩特拉抓起毒蛇放到自己的丰乳上，自杀身亡。对于这个故事的真实性，法理学家和犯罪专家提出了质疑，克丽奥佩特拉的死因也因此变得扑朔迷离起来。

疑点一："克丽奥佩特拉用毒蛇自杀"的叙述最早见于古希腊传记作家普卢塔克的《希腊罗马名人比较列传》。在克丽奥佩特拉死去75年后，普卢塔克才出生。时隔多年，这一叙述的真实性让人生疑。

疑点二：按现有史料分析，为独掌王位，克丽奥佩特拉曾不惜色诱凯撒大帝，从而借其力量击溃兄弟。由此可见，克丽奥佩特拉是一个有着很强的权利欲的女人。根据常理，这样的人是不会轻易认输，并以自杀的方式了结生命的。即使到最后一刻，他们仍会想办法击溃敌人。

疑点三：据史料记载，克丽奥佩特拉在自杀前曾向屋大维送出一封遗书。犯罪研究专家认为，这显然不符合自杀者的性格，"一个决心自杀的人绝不会事先向某人送出一封示警性的遗书，好让他（她）跑来拯救自己。"

疑点四：克丽奥佩特拉是用一条埃及眼镜蛇自杀身亡的。根据实验数据，被眼镜蛇咬中至死亡大约需要两个小时。在医学史上，也有在中毒后 20 分钟内就毒发死亡的病例。当屋大维的卫兵接获命令冲到克丽奥佩特拉的住处时，距离其遣人送遗书仅仅相隔几分钟的时间，但克丽奥佩特拉已经死亡，这有违科学。

疑点五：据史料记载，女仆埃拉斯和查米恩在克丽奥佩特拉死后也用毒蛇自杀身亡。在传染病学专家看来，两名女仆之死不合情理，“毒蛇并不是每次咬人都能释放出毒液，三个人一起被毒蛇咬中的概率是非常低的。”此外，历史学家认为，古埃及并没有女仆陪主人自杀的传统。

疑点六：从屋大维后又杀死克丽奥佩特拉与凯撒之子的行为上看，屋大维具有谋杀动机。克丽奥佩特拉很可能是死于一场精心策划的政治谋杀。这也就解释了两名女仆的死亡原因——屋大维要除掉所有目击者。

真实的中美合作所，是什么样子

何　蜀

1943年4月15日，在陪都重庆近郊歌乐山下的磁器口缫丝厂杨家山，国民政府军事委员会调查统计局(简称军统局)乡下办事处大礼堂里，举行了一次由中美两国官员出席的签字仪式。中方有外交部长宋子文的代表、常务次长胡世泽，军统局副局长戴笠；美方有海军部长诺克斯，罗斯福总统的私人代表、美国《生活》杂志老板鲁思，海军部情报署代表迈尔斯——即旧译已为人们熟知的梅乐斯。

从这一天起，由中美两国军事情报机构联合组建的中美特种技术合作所正式成立。

长期以来，这个简称为“中美合作所”的战时跨国军事情报合作机构，成了广为人们熟知的“美蒋罪行”的代名词。歌乐山革命纪念馆也曾一度名为“中美合作所集中营美蒋罪行展览馆”。

而使“中美合作所集中营”的恶名深入人心的，则是20世纪60年代出版的长篇小说《红岩》和由此改编的电影《烈火中永生》、歌剧《江姐》等文艺作品。在长篇小说《红岩》中，国民党特务头子徐鹏飞威胁许云峰：“你可受不了四十八套美国刑法！”改编成电影《烈火中永生》后，这句话改成了审讯江姐时的台词，“美国刑法”改成了“中美合作所的几十套刑法”。

历史上的中美合作所真是这样吗?

其实，当时中美合作所并非是为“反共”、“反人民”而建立的法西斯集中营，而是在国际反法西斯统一战线中建立的跨国军事情报合作机构。对于当时中美两国首脑及许多参加具体工作的人员来说，建立这一合作机构的目的，是为中美两国共同对日作战的需要。据参加起草中美特种技术合作协定草案的军统局军事情报处少将处长鲍志鸿回忆，协定的第一条即是：“为中美两国共同对日作战，组织中美特种技术合作所（简称中美所），交换日军海陆空军事情报和搜集中国大陆气象情报，训练游击队，挺进日军后方，协助美军在中国沿海登陆作战，共同迅速歼灭日寇。”（《戴笠、梅乐斯与中美合作所》34页，群众出版社，1994年版）

中美合作所在中美两国共同对日作战中起到的作用，以往很少提及，以致鲜为人知。据鲍志鸿回忆，美国空军击落日本海军大将山本五十六的座机，就有中美合作所的军统局人员在电讯侦测和密码破译方面的功劳。

抗战胜利后，美方人员分批回国，1946年1月，中美合作所正式宣告结束，经军统局报蒋介石备案，中美合作所中的军统局人员回军统局报到，非军统局人员（这是许多人不了解的，以为凡中美合作所的中方人员就都是军统特务，其实并非如此）则发给3个月薪金资遣。到1946年七八月间，全部结束手续办理完毕。

在歌剧《江姐》的最后一场（场景说明：重庆“中美合作所”渣滓洞集中营女牢），江姐在就义前得知敌人就要逃跑时，嘲笑沈养斋说：“怎么？你害怕了？你们‘中美合作所’这块招牌就要摘掉了！”编导和演员都不知道，其实“中美合作所”的招牌早在这个剧情发生的4年前就已摘掉了。

出于某些历史原因，在中美合作所撤销之后，在其原址及其附近发生的监禁、虐待和屠杀政治犯的罪责，都算到了它的账上。

曾经在重庆歌乐山革命纪念馆编研室工作的邓又平先生，在中国社科院1988年第3期《美国研究》杂志上发表了《简析“中美合作所集中营”》一文。他得出结论：“中美合作所与这些逮捕、关押、屠杀等罪恶活动是完全无关的。”“至今为止，在重庆歌乐山烈士陵园的档案室中，找不出一份由中美合作所签。发的逮捕、屠杀革命志士的文件，也没有一份材料中提及过，说是美国人亲自参加了这些活动。”

历史的真相

残忍的人殉制

宗　华

人殉，简单地说就是以活人作为死者殉葬品的葬俗，以卑者殉尊者为常见。在中国古代帝王死后，人殉比较普遍，秦始皇嬴政死后，殉葬者数量惊人，大概创造了历史之最。但在汉朝以后，此恶俗慢慢消失了，至唐朝则已非常罕见，接近废除。但到明代却死灰复燃，这古老的葬俗由此再添一层神秘。

秦始皇死后，后宫全部殉葬

春秋晚期，奴隶制濒于崩溃，人殉的做法引起非议。公元前 621 年，秦穆公死后用 177 人殉葬，其中包括 3 名才能出众、深孚众望的良士。国人因此作《黄鸟》诗以表示对死者的哀悼和对暴君的憎恨。这时在各诸侯国，妇女作为主人婢妾生殉的恶俗也逐渐受到摒弃。

齐大夫陈子车死后，其妻和总管商定用人殉葬。子车的弟弟子亢对他们说："如果哥哥在阴间需人侍候的话，没有比他的妻子和总管更合适的了，这件事要不就算了，如果一定要坚持，我就准备用你们二位生殉。"子车的妻子与总管只好取消生殉婢妾的打算。

春秋之后，人殉的做法已不多见，基本上改用木制或泥制的人形偶像殉葬。战国时的秦国于公元前 384 年正式下令废止人殉。

到公元前 221 年秦统一六国后，却再次发生了大规模的生殉事件。

秦始皇嬴政死后，殉葬的确切人数至今仍是个谜。《史记·秦始皇本纪》记载，"二世曰：'先帝后宫非有子者，出焉不宜。'皆令从死，死者甚众。"从这段文字看，后宫女人大约全部殉葬了。

秦王朝的速亡，也狠狠地教训了汉朝的统治者。汉武帝死后，虽然殉葬了大批金银财物、鸟兽鱼鳖、牛马虎豹，但他的几千名妃子、宫女却都保住了性命。从此，除边远少数民族地区外，强制妇女殉葬的制度，基本不复存在。

明朝，又一个殉葬高潮

在明朝初期，却再次出现了妃嫔殉葬的制度。明太祖、成祖、仁宗、宣宗和景帝时期，人殉成为皇室的惯例。

明太祖死后，共有 40 个妃嫔殉葬，除了 2 个死在太祖之前，最后得以埋在太祖陵墓的东西两侧外，其余 38 人都是殉葬而死。

给成祖殉葬的妃嫔人数有两种说法，一种是《大明会典》的 16 人，一种是朝鲜的《李朝实录》的 30 余人。

仁宗死后有 5 个妃子殉葬，宣宗死后有 10 人殉葬。至于景帝，史书上仅记载“诸妃嫔唐氏等”殉葬，具体人数不明。5 个皇帝加起来，殉葬妃嫔总数约 100 人左右。

明代殉葬的方式主要是自缢、绝食，具体过程鲜见于正史。不过朝鲜《李朝实录》中详细地记载了给成祖殉葬的妃嫔集体从殉的过程。

被挑选出来殉葬的宫女妃嫔共 30 余人。集体自杀那天，是明永乐二十二年十月戊午。先让她们在殿外用餐，吃完后带到殿内，彼时“哭声震殿阁”。殿内放了 30 多张“小木床”，这些即将赴死的妃嫔被命令站到木床上去，她们的头顶上方是已经准备好的绳子，末端结圈，让她们自缢而亡……

为了对殉葬女性有所补偿，下任皇帝多半会给她们及其家属一些好处。最常见的是追赠谥号，表彰其行。

至于其亲戚，有时也能得到优恤。《明史·后妃传》载：“太祖崩，宫人多从死者。建文、永乐时，相继优恤。如张凤、李衡、赵福、张璧、汪宾诸家，皆世袭锦衣卫千百户，人谓之‘太祖朝天女户’。历成祖、仁、宣三宗皆然。”

得到世袭职务的，皆为殉葬女性的父亲或兄弟，他们的身份是“朝天女户”。不过这种优待究竟持续多久，很难断定。

康熙下诏，终于废止

在明朝皇帝之中，英宗朱祁镇是公认的没有建树的皇帝。可到他临终时，却做出一个决定：从他开始，废除人殉制度。他的继任皇帝明宪宗在临终前也再一次强调不要殉葬，以表达对先帝决定的尊重。这两代皇帝的坚持执行，终于给明以来的人殉制度画上了句号。

但实际上，这一制度到清朝却没有真正的绝迹。清朝著名的殉葬事件发生在清太祖努尔哈赤身上。天命十一年（1626 年），68 岁的努尔哈赤病死，令大妃阿巴亥殉葬，“俟吾终，必令殉之”。阿巴亥为了保全几个儿子，盛装自尽，年仅 37 岁。实际上，除了阿巴亥以外，努尔哈赤生前的 4 位宫女也一块殉葬了。

清太宗皇太极死后，其妃敦达里、安达里殉葬；世祖福临死后，其妃楝鄂氏、傅达里从殉；睿亲王多尔衮死后，侍女吴尔库尼从殉。

这说明清初皇室的人殉制曾经非常盛行。

一直到康熙年间，御史朱斐上奏称：“夫以主命责问奴仆，或畏威而不敢不从，或怀德而不忍不从，二者俱不可为训。且好生恶死，人之常情；捐躯轻生，非盛世所宜有。”

康熙十二年（1673 年），康熙下诏，明令禁止奴仆随主人殉葬。从此，帝王死后的殉葬制才真正退出了历史舞台。

中国人是日本人的祖先
——徐福东渡的传说

汪高鑫 程仁桃

徐福（一作“市”）东渡，是一个反映古代中日交往的古老传说，而这个夹杂着历史真实与合乎逻辑推理的传说，是经过若干世纪才逐渐缔造出来的。徐福东渡的传说，说明了这样一个事实，那就是早在2000多年前，中国人就已经东渡日本，在那里传播中国的先进文化和生产技术；中日两个国家和两个民族之间的交往，可谓是源远流长。

《史记》关于徐福东渡的最早记载

徐福东渡的传说，最早起源于中国；而关于此事的最初记载，便是司马迁的《史记》。

《史记·秦始皇本纪》记载了秦始皇二十八年（前219年）徐福上书，请求入海求仙之事，从中我们可以得到这样几个信息：徐福是秦始皇时期齐地人，他曾经得到秦始皇的允许，率领数千童男、童女到海中三神山去求仙人。至于三神山在何处，《史记·封禅书》说就在渤海中，似乎离陆地不远，却又“莫能至”。

《史记·秦始皇本纪》还有一处记载了秦始皇三十七年（前210年）时，徐福入海求仙人回来时的情况，从中可知，徐福入海寻求仙药，耗费巨大却没有结果，因害怕秦始皇怪罪下来，便编谎言说是鲛鱼当道，希望能得到武装随行，再度入海。

《史记》中记载徐福之事最为完整的，当属《淮南衡山列传》。该篇记载了徐福与海神的答问、从东南来到蓬莱仙山以及海神要童男童女等礼物的事情，显然还是徐福对秦始皇的“伪辞”、诈言，却再次被秦始皇所相信。值得注意的是，这个记载与秦始皇二十八年的记载有一定的出入，那就是徐福并没有一开始就带领数千童男童女入海，而是入海数年无所得后，才以诈言得到秦始皇的相信，而如此行事的。此外，这一记载还有几点补充，一是徐福的入海，应该是从东南陆地出发的；二是徐福在率童男童女3000人入海的同时，还带去了谷种以及百工随行；三是这次徐福入海以后再也没有回来，而是“得平原广泽，止王不来”。

《史记》被历代史家奉为信史，司马迁如此三番五次地提到徐福入海之事，我们有足够的理由相信此事的真实性。我们从《秦始皇本纪》的记载可知，这位中国历史上的千古一帝，是很迷信、渴望长生不老的，而方术之士则是最好言长生不老之事的，由此推论秦始皇派方士徐福入海求长生不死之药，是完全符合情理的真实之事。只是徐福所说的三神山，《史记·封禅书》只是说在渤海中，具体位置并不确定；而同书《淮南衡山列传》中所说的徐福滞留不归的“平原广泽”究竟在何处，则更是不得而知。

《三国志》与《后汉书》关于徐福滞留亶洲说

三国时期的吴国，因为濒海的缘故，与此前以内陆地区为中心的政权相比，更加重视开拓海上交通。根据史书记载，吴国的船队已经远抵夷洲、亶洲（一作澶洲）一带。《三国志·吴书·孙权传》在黄龙二年（230年）的记事中，不但记载了吴国派遣将军卫温、诸葛直将领甲士万人，浮海求夷洲及亶洲的情况，还延续了徐福入海的故事传说——徐福率领童男童女数千人入海，止亶洲不还。

《三国志》关于徐福入海传说的记载，第一次提到了徐福滞留不归的地方是亶洲。亶洲在何处？根据《三国志》的这一记载，当与夷洲属同一方向，都在中国东南外海中，并且相距也不会太远。夷洲即是台湾，而亶洲有人认为就是今天的日本，与倭国是一地两名。这种说法有一定的道理，因为根据《三国志》和《后汉书》的记载，当时中国人关于倭国方位的认识，认为就在中国东南外海之中，而不是我们现在所认知的在中国东北方。如《三国志·魏书·倭人传》就说倭国：“计其道里，当在会稽、东冶之东。”《后汉书·东夷列传·倭传》也沿袭了这一说法，认为它的方位“大较在会稽、东冶之东”。

值得注意的是，《后汉书》在其《倭传》中还增补了一些情况——徐福滞留亶洲后，“世世相承，有数万家”；亶洲与会稽、东冶有往来，亶洲徐福的后代时常到浙江会稽来，会稽、东冶的人也时常有入海遭风漂流到亶洲去的。

《释氏六帖》提出的徐福滞留日本说

《释氏六帖》为中国五代后周时济州开元寺缁徒义楚所撰，故又名《义楚六帖》。该书在卷 21“国城州市部”中有一段话，明确指出徐福入海，滞留的地点就是日本国（也叫倭国），并说倭国“人物一如长安”，东北有一座山，名叫富士山，徐福称它为蓬莱山。后代至今还自称是秦人。这是迄今为止明确指出徐福入海滞留地为日本的最早的中国文献。

不过，《释氏六帖》关于徐福滞留日本的说法，其中既有义楚本人对历代关于徐福传说的理解，主要还是来自他的好友、日本醍醐时代僧人宽辅的说法。五代时期的中日两国交往已经比较频繁了，这个名叫宽辅的僧人，法号弘顺大师，是公元 927 年来到中国的，与义楚交往密切。义楚关于日本富士山的描绘，显然是从宽辅处听说来的。

《日本刀歌》关于徐福赍书东渡日本说

随着中日两国交往的日益频繁以及徐福传说的不断流传，到了宋代，关于徐福入海到日本的说法已经很普遍，开始成为文人们诗词文章的内容。与此同时，徐福入海的传说，也被赋予了更多的故事情节，徐福赍书东渡日本说便是一个具体事例。此事记载于宋代大文豪欧阳修的《日本刀歌》之中：

传闻其国居大岛，土壤肥沃风俗好。
其先徐福诈秦民，采药淹留丱童老。
百工五种与之居，至今玩器皆精巧。
前朝贡献屡往来，士人往往工词藻。

徐福行时书未焚，逸书百篇今尚存。
令严不许传中国，举世无人识古文。

欧阳修在所咏《日本刀歌》中，不但再次明确肯定了徐福东渡的滞留地是日本，而且还第一次将徐福东渡的传说与中国秦朝秦始皇焚书事件联系起来，认为正是徐福在秦始皇焚书之前赍书东渡，才使日本保存了中国失佚的《尚书》百篇。

欧阳修的“赍书说”，也许是当时已经流行的一种传说，也许是文人欧阳修的一种主观想象，现在我们对此都不得而知。不过这个说法，后来在日本却是产生了很大影响。如1339年日本南朝重臣北亲房著《神皇正统记》，就将《日本刀歌》所记徐福赍书东渡日本说当做信史加以记载，并且认为由于中国秦朝的焚书坑儒，“孔子全经惟存日本矣”。近年来，有个名叫铃木贞一的学者，通过潜心研究据说是中国先秦典籍的《宫下文书》，甚至统计出徐福当年携带到日本的书籍共有儒家经书1850卷、其他典籍1800卷，认为这大致囊括了当时中国所有的重要典籍。

徐福东渡的传说在日本

徐福东渡的传说，从中国古文献的记载来看，大致经历了从《史记》的“入海说”，到《三国志》与《后汉书》的“渡洲说”，再到义楚《释氏六帖》的“渡日说”，最后衍生出宋欧阳修的“赍书说”。

于是乎，一个系统的徐福的传说就这样形成了。而传说的内容则比较简单，无非是率领童男女，携带五谷种子以及百工随行，宋以后才有了赍书一说。然而在日本，关于徐福的传说更为丰富，不但有文献记载，还有文物遗迹，传说的内容也更为具体。

日本文献对徐福传说的记载比较晚。8世纪成书的日本史书《古事记》和《日本书纪》，记载了早期秦民东渡日本和移民的一些情况，却没有记载徐福的传说。也许是8世纪以前的中国文献还没有明确提出徐福“渡日说”，虽然《三国志》和《后汉书》都指出亶洲和倭国的方位都在“会稽、东冶之东”，但毕竟没有明确说亶洲就是倭国。一般认为，日本最早记载徐福传说的文献，就是上文提到的著于1339年的北亲房的《神皇正统记》。从这以后，关于徐福渡日的传说便在日本流传起来，收录徐福传说的书籍也逐渐多了起来。

在日本的徐福传说中，人们给予徐福高度的评价。在他们看来，徐福率领童男童女来到日本，还有随行的百工，并且带来了五谷种子和先进的生产农具、生产技术以及医术药物，对日本社会的发展做出了重要贡献。正因如此，日本人民尊称徐福为“司农耕神”、“司药神”。

近年来，在中日学界还有一种说法，即认为徐福就是日本的神武天皇。其实，近代中国的变法人士黄遵宪在所著《日本国志》中早就提出过这样的观点。不过这种观点再度被提出，也反映出徐福对于日本人来讲，是一个与神武天皇一样神秘的人物，他们其实都是无法做出真正探究的传说人物。

与中国关于徐福的传说有一个重要不同，那就是日本人确信徐福是从日本的纪州熊野的新宫（今和歌山县新宫市）登陆的。至今新宫市还有徐福墓和徐福祠（现称徐福神社），每年11月28日是祭祀徐福的日子。在祭祀活动期间，一些地方街头扎上彩带，男女老幼手提彩灯，有的还身着印有汉字“徐福”的和服，以表示对这位前贤的怀念。那么徐福墓和徐福祠究竟是什么时候建的呢?现在已无法知晓。有学者认为最晚当在14世纪70年代以前，因为在1368年日本僧人绝海中津来到明朝，后来他觐见明太祖朱元璋时，曾赋诗提到“熊野峰前徐福祠”，说明此时以前日本熊野已有徐福祠了，有祠自然也该有墓。

近年来，在江苏连云港普查地名时，发现赣榆县金山乡有个徐阜村，原名叫徐福村。经考证，认为就是东渡传说中的徐福的故乡。1985年12月，人们在徐福的故乡——赣榆县金山乡徐福村，竖起了一座题写着“徐福村”的石碑，以纪念这位最早东渡日本的使者。

徐福的传说与秦民东渡

徐福东渡是一个历经2000年之久的历史传说，至今仍然有其生命力。一个具有如此漫长历史和生命力的传说，自然是不能被我们简单地否定的。究其理由，有如下几点：

第一，徐福入海，为有“信史”美誉的《史记》最早记载，而且该书在若干篇章都记载了此事。后来的《三国志》和《后汉书》也同样将此事当做信史加以记录，只是更加明确地提出了徐福的滞留地就是会稽、东冶海外的亶洲。以上三书与《汉书》合称为中国古代正史的“前四史”，代表了中国古代纪传体史书的最高成就，因此，我们没有理由对徐福入海之事本身产生任何的怀疑。

第二，关于徐福入海最终到达与滞留的地方究竟是否为日本，《史记》的记载只是说“在渤海中”，似乎离陆地不远，却又“莫能至”，确实没有透露与日本相关的信息。但是，结合《三国志》的《吴书·孙权传》、《魏书·倭人传》和《后汉书·东夷列传》来看，它们所提到的徐福滞留亶洲说，以及亶洲的方位与倭国的方位都是在中国会稽、东冶以东海外，从逻辑上推论，亶洲当属倭国或倭国的一部分。

第三，徐福东渡日本，以当时的条件是否具有可能性。我们认为，徐福东渡是一次想法成熟、准备精心的行动，他对于寻求到蓬莱的可能性究竟有多大、渡海的成功系数又有多少等等问题一定是有考虑的。如果此事危险太大，成功渺茫，他只是为了躲避秦朝苛政，尽可以想想别的办法，不必要冒着可能是九死一生的危险。首先，徐福为秦琅琊郡人氏，相传为今江苏赣榆县金乡徐福村人，靠近沿海地区，熟悉海事。其次，徐福入海是得到秦始皇的许可和支持的，他的一切行事，尽可以假天子之令，这为他入海之事提供了很大的方便。再次，春秋战国时期先民们的渡海，多少也会为秦民东渡提供一些经验教训。最后，也是最为重要的，那就是2000多年前的古代东海与黄海，由于大陆漂移的缘故，并没有今天这样宽阔。尽管当时的造船技术还很落后，但渡过并不十分宽阔的东海或黄海，还是有相当的可能性的。

第四，我们还应该将徐福东渡日本的传说，放置在秦民东渡这样一个大背景中去考察，这有助于我们对这个传说蕴涵的真实性的认识。日本学者神田秀夫的《日本的中国文化》一书，已经注意到了中国古代难民东渡问题。据他考察，早在中国春秋末年和战国时期，随着越王勾践灭吴和楚威王灭越事件的发生，就有大量难民乘船东渡，虽然当时的航海技术和造船技术都很落后，但在这些难民中，就已经有一部分人到达了日本的九州。秦皇朝的苛政和秦末战乱导致了一次大规模的移民浪潮，即所谓“秦民走海东”、“秦民东渡”。前文已经提到，秦末大起义时，从秦、燕、齐地避难朝鲜的秦民多达数万口。由此我们完全有理由相信，当时秦民入海到日本避难的，也一定为数不少。日本典籍如《古事记》、《日本书纪》、《新撰姓氏录》和《古语拾遗》等，都对当时的秦民东渡以及一些移民情况做了记载。从这个角度来讲，徐福东渡日本，只是这股难民东渡潮中的一个典型事例罢了。我们从《史记》的记载可以看出，徐福为了逃避秦朝苛政，其实是做了精心准备的。他利用了秦始皇求长生不老药的迷信想法，而提出入海求仙、求药。可是他却找了种种借口，从秦始皇那里得到了童男童女、百工、善射之人、五谷种子等。我们试想一下，这些东西不正是开拓一个新的地方所必须具备的吗？也就是说，徐福为了躲避秦政，是预谋好了要到新的地方去开拓，求仙是名，逃避苛政、寻求新的乐土是实。

徐福东渡日本的传说，其内容的真实性究竟如何，其实并不是一个最为重要的问题。也许徐福没有真的到达日本。也许日本的徐福墓、徐福祠都不是真实的，更有可能徐福只是日本的中国移民传说的一个缩影。不过传说本身说明了这样一个事实：那就是中日两国之间的交往源远流长，日本人民对于早期中国移民向日本传播先进的中国文化和生产技术是抱着感激之情的。也正因此，中日两国才有了徐福东渡日本这样的历久不衰的历史传说，才有了人们对于这位伟大渡海人士的祭祀和怀念。

知己之主与竭命之良
——“三顾草庐”的真相

歌　痕

“三顾频烦天下计，两朝开济老臣心。出师未捷身先死，长使英雄泪满襟”。我虽不是英雄，但年少时读《三国演义》，也常为那段波澜壮阔的历史所陶醉，为诸葛亮未能一统天下完成夙愿而感慨流涕。但记得当时就对“三顾草庐”的史实虽然向往但却疑惑。已四十多岁名动天下的刘皇叔，为何会对才二十多岁籍籍无名的诸葛亮一顾二顾乃至三顾？以管仲乐毅自诩的诸葛亮不就是想入世干一番大事业吗，为何会对刘备的礼贤下士一拒二拒差点三拒呢？我当时就很替诸葛亮担心，万一这毛头小伙架子摆足了，最后却没有实际才能，帮不了刘备啥忙，那“三顾草庐”岂非成了千古笑谈？还好，史实非常完美，诸葛亮才德兼备，“三顾草庐”成了“万世一时”的千古传奇。但，真那么巧？与诸葛亮素不相识的刘备凭啥那么肯定年轻的诸葛亮一定有过人的才干？历史，还对我们隐瞒了什么？这个疑问一直萦绕在我心头，随着阅历渐长读书渐多，当我最近花了许多时间研究和梳理那段历史时，我忽然发现了一些史书背后的史实，恰好解开了我一直以来的疑问。原来人人皆知的“三顾草庐”，其实绝大多数人，包括《三国志》作者陈寿在内，都是知之不详的。现在，我就把我所认为的更接近史实的“三顾草庐”，介绍给诸位。

“遂许先帝以驱驰”的确切时间

现在史学界公认的诸葛亮投靠刘备的时间是建安十二年（207 年），这其实是不准确的。

“由是感激，遂许先帝以驱驰。后值倾覆，受任于败军之际，奉命于危难之间，尔来二十有一年矣。”（诸葛亮《出师表》）

“刘备以建安十三年败，遣亮使吴，亮以建兴五年抗表北伐，自倾覆至此整二十年。然则备始与亮相遇，在败军之前一年时也。”（《三国志——诸葛亮传》裴松之注）

因为迷信史学权威裴松之的轻易论断，所以我们也人云亦云地认为诸葛亮投靠刘备的时间是公元 207 年。但我们不妨掰着指头仔细算算，从建安十三年（208 年）到建兴五年（227 年），按“年头”算的确“整 20 年”，但按“时间跨度”算只有 19 年！就像从 2005 年到 2006 年，我们可以说有“两个年头”了，但按“时间跨度”我们只能说才 1 年。诸葛亮在《出师表》中追忆往事，按正常的逻辑，“二十有一年”当然应该是指“时间跨度”，因为他在回忆“遂许先帝以驱驰”有多长时间了。“时间跨度”是准确的“实指”，而“年头”则是概括的“虚指”，诸葛亮既然已精确到“二十有一年”，当然用的该是“实指”而非“虚指”。所以，“遂许先帝以驱驰”的确切时间，应该是在公元 206 年而非公元 207 年。

接着再来分析一下“二十有一年”，首先它表示的是还不到 21 年，否则就该直说“二十一年矣”而不必加个“有”；其次它表示快到 21 年了，因为“有”在古汉语中还有“接近”的意思，例如孔子在《论语》中说“吾十有五而志于学”，意思就是“我快 15 岁时立志于作学问”。所以，我们姑且把“二十有一年”暂定为 20 年零 8 个月左右，然后来作一个反推。诸葛亮的《出师表》和刘禅的答表据《诸葛亮文集》记载都发生在建兴五年（227 年）三月，往前推 20 年零 8 个月，应该是公元 206 年八九月间，即是在建安十一年秋。这个从时间上粗略推导出来的答案，恰和我从其他途径推导出的结论高度吻合，所以，诸葛亮“遂许先帝以驱驰”的确切时间，我暂定为“建安十一年秋”。

两种“截然相反”的说法

对“三顾草庐”有些研究的人都知道，历来对“三顾草庐”就有两种“截然相反”

的说法，主流的说法是诸葛亮《出师表》中的“先帝不以臣卑鄙，猥自枉屈，三顾臣于草庐之中”以及陈寿《三国志·诸葛亮传》所说在徐庶的大力推荐下“先主遂诣亮，凡三往，乃见”。另一种说法则是魏鱼豢《魏略》和晋司马彪《九州春秋》中所言：

> 刘备屯于樊城，是时曹公方定河北，亮知荆州次当受敌，而刘表性缓，不晓军事。亮乃北行见备，备与亮非旧，又以其年少，以诸生意待之。坐集既毕，众宾皆去，而亮独留，备亦不问其所欲言。备性好结毦，时适有人以髦牛尾与备者，备因手自结之。亮乃进曰：“明将军当复有远志，但结毦而已邪”？备知亮非常人也，乃投毦而答曰：“是何言与！我聊以忘忧耳”。亮遂言曰：“将军度刘镇南孰与曹公邪”？备曰：“不及。”亮又曰：“将军自度何如也？”备曰：“亦不如。”曰：“今皆不及，而将军之众不过数千人，以此待敌，得无非计乎！”备曰：“我亦愁之，当若之何？”亮曰：“今荆州非少人也，而著籍者寡，平居发调，则人心不悦；可语镇南，令国中凡有游户，皆使自实，因录以益众可也。”备从其计，故众遂强。备由此知亮有英略，乃以上客礼之。

因为有诸葛亮的自叙在，所以历来的史学界大都认为《魏略》和《九州春秋》中的记载不可信，裴松之的评论是“虽闻见异辞，各生彼此，然乖背至是，亦良为可怪”。意思是说同一件事因为传闻各异所以各自表述时有些出入很正常，但互相对立到这个程度却真是奇怪。鱼豢是魏国著名史学家，司马彪更是晋国的皇室学者，还是《后汉书》的作者，《魏略》和《九州春秋》都是良史，可以排除故意杜撰和造假的可能。如果因为鱼豢是和诸葛亮同时代的人，可能还不知道蜀相诸葛亮自己有“三顾草庐”的说法，所以采信了失实的传闻入史，但司马彪则是晋朝人，对“三顾草庐”不可能不知道了，为何还不将那一大段“亮乃北行见备”的记载删除？从这可以看出，鱼豢和司马彪一定是有比较可靠的依据的，而且他们认为这可靠性甚至超过了诸葛亮的自叙！

到底谁先去见谁

首先，确定一下这段“传闻”的发生时间。“是时曹公方定河北”，关键是当时“河北”指何处，《三国志》中有相关记载：

“河北平，太祖领冀州牧，徙诩为太中大夫”。(《三国志 · 贾诩传》)

“(建安九年)八月，……生禽配，斩之，邺定。九月，令曰：‘河北罹袁氏之难，其令无出今年租赋’！天子以公领冀州牧”。(《三国志 · 曹操传》)

“太祖既定河北，而高幹举并州反”。(《三国志 · 杜畿传》，高幹造反时间在公元 205 年末)

从上可知，“河北”是对袁绍领地冀州的别称，那么“是时曹公方定河北”是指建安九年(204 年)曹操定邺之事吗？这还不准确，因为当时袁尚败退屯聚中山(冀州境内)，袁谭降而复叛，“略取甘陵、安平、勃海、河间”，只有当“(建安)十年春正月，攻谭，破之，斩谭，诛其妻子，冀州平”、“熙、尚奔三郡乌丸”(以上均录自《三国志 · 曹操传》)之时，才称得上“是时曹公方定河北”，所以，那段传闻应该发生在建安十年(205 年)。再从“时适有人以髦牛尾与备者，备因手自结之”可看出，当时应该是初冬，因为以髦牛尾编帽是寒冬时的用具，其他季节都不太合理。同时送髦牛尾如果在寒冬时节未免也晚了些，当然该是在天气刚变寒的初冬最合逻辑，所以“传闻”的发生时间应该是在公元 205 年初冬。时间大致确定后，我们忽然就可发现，这“传闻”和诸葛亮的自叙并无任何矛盾，“三顾草庐”无论发生在公元 206 年还是公元 207 年，都和公元 205 年初冬发生的“传闻”并不抵触。诸葛亮简略的自叙中，只说了有“三顾草庐”的史实，并未排除“三顾草庐”前他曾去见过刘备的可能。

其次我们不妨推导一下这“传闻”的来历，它当然并不来自两个当事人刘备和诸葛亮，否则陈寿不可能不知道。那么除了两个当事人，还有谁会知道得那么详细呢？“坐集既毕，众宾皆去，而亮独留”，分明只有诸葛亮留下来了，还有谁会对这事如此了解呢？一个比较合理的推断，那就是“坐集既毕”之后进来收拾“会场”的樊城当地的衙役，这衙役可能是一人也可能是多人，我们不妨简化为一人。该衙役在收拾“会场”的过程中，恰好就耳闻目睹了诸葛亮和刘备的第一次见面，当然会知之甚详，而后来魏人鱼豢编写《魏略》收集史料时，该衙役的叙述就成了“传闻”的来历。请注意，鱼豢编写《魏略》时樊城在曹魏手中，所以该“传闻”只记载于魏国的史料而在蜀国的史料中找不到。因为该衙役在当年的特殊身份，的确能够近距离接触刘备和诸葛亮，所以鱼豢和司马彪才会认为该“传闻”比较可靠，即便有诸葛亮自叙的“三顾草庐”，《魏略》和《九州春秋》仍要把这“传闻”记上。

必须说明的是，该衙役叙述的史料大体史实是可信的，但他也加入了一些自己错误的判断，例如说刘备是因为诸葛亮“年少”而又“非旧”才不答理他的，这明显只是旁人的揣度，并不可靠；再例如“备由此知亮有英略，乃以上客礼之”，樊城的衙役只知道“樊城初会”事件，并不了解后来发生在南阳卧龙岗的“三顾草庐”，他想当然地认为是“樊城初会”造就了君臣遇合，并因此影响了鱼豢和司马彪的记载，所以才使得史书中的“樊城初会”看起来竟然和当事人诸葛亮的自叙相“对立”。其实“樊城初会”只是“三顾草庐”的序幕而已，它们不但毫不对立，而且紧密相连，没有“樊城初会”，就绝不会有接着发生的“三顾草庐”！

诸葛亮为何“北行见备”

在《名高天下，自当辨襄阳南阳》一文中，我已推导出公元205年时诸葛亮是刘表南阳屯田的“田官”，刘备驻扎在新野对屯民提供军事保护，为何公元205年“樊城初会”时刘备驻扎在樊城？为何诸葛亮去见刘备是“北行”而不是“南行”（南阳在樊城北，而隆中和襄阳均在樊城南）？公元205年秋冬之际发生了什么特殊事件吗？仔细研究和梳理各类史料，我忽然发现了一个不为人知的史实：

“建安十年，璋闻曹公将征荆州，遣中郎将河内险溥致敬，公表加璋振威将军，兄瑁平寇将军”。（东晋常璩《华阳国志·刘璋传》）

“故安赵犊、霍奴等杀幽州刺史、涿郡太守，三郡乌丸攻鲜于辅于犷平。（建安十年）秋八月，公征之，斩犊等，乃渡潞河救犷平，乌丸奔走出塞”。（《三国志·曹操传》）

按《华阳国志》的记载，建安十年（205年）曹操要攻打荆州，但《三国志·曹操传》以及曹操的将军谋士的传记中并无任何此类记载，公元205年初曹操平定河北后，在“秋八月”是攻打赵犊和三郡乌丸，和荆州并不相干。但联系一下公元205年初冬“樊城初见”时刘备从新野移屯到了樊城，诸葛亮则从南阳转移到了隆中或襄阳（如此才符合“北行”），就会发现《华阳国志》的记载并非空穴来风，而是事出有因。“兵不厌诈”是曹操的拿手好戏，“秋八月”整军出征前故意放出风声说这次是去攻打荆州，造成荆州人的慌乱，给刘表和刘备制造麻烦。而远在益州的刘璋都听到了这个传闻并赶忙派人向曹操“致敬”（由此也可见这个传闻是“官方发布”而非“小道消息”），荆州人没听到这个传闻是不可能的。正因为此，所以公元205年秋冬之际在荆州的南阳应该发生了一次未被史书记载的“屯民逃散”事件。很简单的逻辑，曹操攻打荆州，南阳首当其冲，南阳屯民不愿当“炮灰”，为保命，逃到襄阳附近或其他地区更安全，身为“田官”的诸葛亮无法阻止屯民大规模的逃散，也只得回到了隆中故居躲避或是回到了襄阳向刘表汇报。而当曹操“秋八月”出征的目标明确后，驻防新野的刘备南下到樊城，召集屯民重返南阳，因为秋收需要大量人手。同时也召集一些相关人士研究“屯民逃散”事件的善后办法和预防措施，“田官”诸葛亮当然也在被召集之列，这应该就是“亮乃北行见备”的基本原因。

并不和谐的“樊城初会”

明白了诸葛亮“北行见备”的基本原因，也就明白了“樊城初会”时为何刘备会对诸葛亮爱理不理，因为诸葛亮是“田官”，对“屯民逃散”事件有不可推卸的责任，但又因为诸葛亮和刘表有世交加亲戚的特殊关系，刘备也不便过于责难，所以自顾自编髦牛尾帽子对单独留下来的诸葛亮干脆装没看见。但当诸葛亮出言调侃时（“但结毦而已邪？”），刘备终于压不住火，把帽子往地上一扔，骂到：“你说的这是什么话！”（“投毦而答曰：‘是何言与！’”）刘备当时正求贤若渴，而且性格也是“善下人，喜怒不形于色”（《三国志·刘备传》），如果只是因为诸葛亮“年少”且“非旧”的原因就对诸葛亮爱理不理，这不符合他一向“善下人”的性格；如果不是因为对“田官”诸葛亮有怨气，也不会仅为了诸葛亮一句玩笑话就摔帽子发脾气，这不符合他一向“喜怒不形于色”的性格。

但接下来诸葛亮的分析却让刘备受益匪浅，诸葛亮指出，“屯民”都是些“上了荆州户口”的老实人，但在荆州境内还有大量没“上荆州户口”的“游户”，当荆州有难时，只让老实人在前面顶着，当然会引起“屯民”不满（“平居发调，则人心不悦”），这才是发生“屯民逃散”的最根本原因。然后诸葛亮又提出了让“游户自实”的具体措施，面对正发脾气的刘备，诸葛亮气定神闲，侃侃而谈，当然会让刘备刮目相看。而且按诸葛亮的措施实施后，效果明显（“备从其计，故众遂强”），这就使得刘备对二十余岁的诸葛亮青眼相加，必欲得之了。为何“樊城初会”并不是君臣遇合之时呢，其一当时诸葛亮是刘表的人，刘备当然要和刘表商量后才好去请；其二刘备也要看看诸葛亮的措施是否有实际效果，只会纸上谈兵的书生他可不想要；其三诸葛亮是“不求闻达于诸侯”之人，他向刘备献计很大程度上是为了“将功折罪”（“屯民逃散”他当然有管理不善之责），而刘备摔帽子发脾气当然会让诸葛亮不满，他不太可能在当时就轻易投靠刘备。

顺理成章的“三顾草庐”

当公元205年底刘备按诸葛亮的措施让大多数“游户”都“自实”并为自己效力之后，他便打定主意一定要把诸葛亮这样的奇才收归己用，在向刘表通报并得到同意之后（刘表当然认识不到诸葛亮是奇才），对诸葛亮的一顾二顾乃至三顾就顺理成章地发生了。而诸葛亮因为对刘备心存芥蒂，互相还不充分了解，所以前两次都找借口婉言谢绝了。前两次顾草庐的具体时间难以确定，但第三次的时间却有迹可寻。

“仆躬耕南阳之亩，遂蒙刘氏顾草庐，势不可却，计事善之，于是情好日密，相拉总师”。(《诸葛亮文集——黄陵庙记》)

请注意“情好日密”这句话，它前面有“势不可却”，这表明了“情好日密”是指第三次顾草庐，同时又表明这次是一次有较长时间跨度的事件，而不是一次单日事件，否则诸葛亮何来“日密”之说？但刘备在南阳要管理的事情很多，有啥合理的理由让他多日和“田官”诸葛亮共处呢？我认为最合理的解释就是——“防秋”！即在公元206年秋收时节，刘备带着他的军队来到南阳“屯民”中间，帮“屯民”们收割，并直接提供军事保护，免得上一年发生的“屯民逃散”事件重演。“防秋”正是一次有较长时间跨度的事件，这也给刘备和诸葛亮互相加深了解“情好日密”提供了必要条件,也只有当秋收后“屯民”们都闲下来时,“情好日密”后面的“相拉总师”才好成立(总不能在秋收前或秋收时把“屯民”拉来当兵吧)。所以,第三次顾草庐君臣遇合的时间应该是在公元206年秋,这也和前文按《出师表》中的“尔来二十有一年”粗略推导出来的答案相吻合。

更接近史实的真相

公元203年左右,刘表重新控制了南阳郡后,组织了大量流民来到地广人稀的南阳郡屯田,诸葛亮和弟弟诸葛均也在其列,当时23岁左右的诸葛亮还被刘表任命为南阳(宛)附近的“田官”,负责管理流民并收粮收税。公元205年初,曹操平定了河北,荆州人尤其是南阳人都很害怕,因为曹操的下一个目标很可能就是荆州,而南阳首当其冲。公元205年秋曹操整军出征前,故意散布假消息说是要攻打南阳,结果造成了南阳屯民的大量逃散,诸葛亮也逃回襄阳向刘表汇报。逃散事件的发生让“南阳军区司令员”刘备非常恼火,心想我堂堂刘左将军坐镇新野,曹操寸兵未至而屯民土崩瓦解,太不给我刘备面子了吧!八九月间,前方敌情已明,曹操是北上攻打赵犊和三郡乌丸,和荆州不相干,于是刘备南下樊城召集逃散的流民回南阳秋收,同时也召集相关人员开会商讨时事,田官诸葛亮也在被召集之列。

会议开得并不理想,与会人士提出的诸如改善屯民待遇、减少屯民赋税等措施让刘备听得很不舒服,心想这是乱世少来这些书生之见,但表面上不便发作,敷衍而已。会开完了,大家都走了。满肚子不痛快的刘备拿起别人送给他的髦牛尾编帽子解闷。这时他忽然发现有一个年轻的田官还没走。刘备虽然不是很熟悉,但也知道叫诸葛亮,是刘表的世交兼亲戚。刘备本来就对诸葛亮未能管理好屯民很不满,碍于刘表的面子不便发作,仍然低头编帽子,对诸葛亮爱理不理。但诸葛亮却走过来施礼并调侃说:“刘将军应该有更远大的志向吧,难道您准备编帽退曹?”这可把刘备惹火了,把帽子往地上一摔,骂到:“有你这么说话的吗?我不过编帽子解闷而已。”面对正发脾气的刘备,诸葛亮不为所动,气定神闲:“将军一定是为了屯民逃散的事烦闷吧,其实这也怨不得屯民。去南阳屯田的屯民都是按户籍调拨的,而上了户籍的屯民都是些老实人,荆州还有大量未上户籍的游户，受着荆州的庇护耕着荆州的田地，却不交粮不上税不服兵役劳役，当荆州有难时却都是老实人在前面顶着，如此不合理，哪能怪屯民们逃散呢。”刘备一听很有道理，连忙改容请教：“先生有什么好办法吗？”诸葛亮答道：“将军可以和刘镇南商量一个期限，在此期限前自实的游户给予一定奖励，超过期限仍不自实的给予一定处罚，举报者录功，包庇者治罪，另外早就上了户籍的老实人也要给予减免一定税赋的奖励。照这措施认真施行，游户问题应该会得到解决，流民们也一定会真心为荆州出力。”刘备听完频频点头，并还想向诸葛亮请教其他问题，但诸葛亮因为对刘备的失礼心怀不满，借口秋收事繁，要马上回南阳，施礼告辞了。

按照诸葛亮的措施认真施行后，效果非常理想，游户问题基本得到解决，刘表和刘备的实力都得到了相当的强化，刘备因此知道诸葛亮是不同于一般书生的奇才，特意恳求刘表让诸葛亮到自己手下来帮忙，刘表也答应了。但去南阳请诸葛亮入伙的过程并不顺利，看起来因为“樊城初会”的一些不愉快，再加上互相还不够了解，诸葛亮前两次都婉言谢绝了。但刘备很看重诸葛亮的气度和才能，再加上还有徐庶等人的大力推荐，公元206年秋收时，刘备带着部分军队到宛城附近“防秋”，并替屯民们收割庄稼，乘机接近诸葛亮，经常恭恭敬敬地去“草庐”拜访，开诚布公，倾心交谈，对诸葛亮提出的一些工作措施总是大加赞赏，照单全收，终于得到了诸葛亮的信任和感激。再加上曹操本就是他们共同的敌人，诸葛亮姐弟颠沛流离的逃难生活就是拜曹操所赐，乡亲们被曹军杀得尸横遍野的情景诸葛亮没齿难忘，匡扶汉室也是当时大多数读书人的正统思想。所以，秋收后，当刘备第三次诚恳邀请时，诸葛亮终于同意入伙，并为刘备规划了远大的战略构思——“草庐对”。

以上，就是我眼中的更接近史实的“三顾草庐”。

华佗的医术

刀尔登

曹操杀华佗，似乎自断后路，所以后人多有疑者。《三国演义》的作者，是反曹派的大将，他写到曹操的儿子及自己生病，悔杀华佗时，得意之色，纸不能掩。不过我们知道，《三国演义》里的许多故事都是杜撰的，比如关羽刮骨疗毒，这个事是有的，但不是华佗所为。

古时，医人不为时所重，著名的张仲景，在正史中就无传，华佗有传，却在《后汉书》的《方术传》及《三国志》的《方伎传》中。欲为名医，得给名人看过病，张仲景医中亚圣，而且做过太守，但论政事，他大概没什么可传的，论医术，他诊治过的最有名的人，不过是文人工粲，所以百代医师，史竟无传。华佗给曹操、司马懿看过病，得入《方术传》，已经算幸运了。

华佗被曹操召至身边，身份是术士。曹操前期，对道术在半信半疑间。除华佗外，魔术家左慈，通房中术的甘始，能藏在壶里的费长房，会辟谷的郗俭，身子能发光的东郭延年，他都罗致到都中，既是好奇，也是防范这些人在外面生事。华佗医术虽高，在曹操看来，大概也是方士者流，并不真正看重。把华佗下狱时，也有人劝他，说华佗的医术着实不错，人命所系，应该宽宥。曹操说："不忧，天下当无此鼠辈耶？"

曹操对人，是宽容还是严苛？难以定论。有些人，胡作非为好多次，他也容忍，有些人，他却因小故杀之。大约曹操以智术自雄，最不愿受人欺。他有慢性的头痛病，华佗对他的病，可能说过一点大话，所以曹操觉得，华佗其实是能治好他的病，却不肯给他去根，欲以自重。于是曹操心生恨意，宁肯头痛，也不愿为"小人"要挟，便把华佗杀了。

华佗能治好曹操的病吗？古代的医生，一半身份是术士，仅治常见病，是出不了名的。

别的故事，也都与此相类。别的名医，也都有这样的故事。如张仲景，能“穿胸以纳赤饼”，何等骇人。徐之才治脚病，剖出两只蛤子，亦属神术，唐代的孙思邈，用疯狗的脑子治狂犬病，更是想象力惊人。

并非是这些医家有意骗人，而是有所不得已。那时医学的基本理论没有建立，医生的地位，也在半医半巫，不仙不道之间，常见病便是治了百例，人也不以为佳，所以遇到稀罕一点的病，医生往往隐藏真实的手法，而示人以异术，又或编造奇事，使人传诵，用现在的话说，都是生活所迫。只是长此以往，对医生自己，以及对医学的发展，终是不利的。

慢性头痛病，在今天来说，病因花样百出，有说得清的，有说不清的，治愈很难。但曹操会想，他既然这么了得，什么稀奇古怪的病都能看好，怎么会看不好我的头痛病？一定是有意欺我。

华佗是士人出身，后以医术立身，但在当时是贱业，他心里是不愉快的。他的脾气坏，不会取悦于人，在都中住了些年，便生归意。他找了个托词，回到家里，曹操召了他几次，他也不出来，说妻子生病了，无法就道。曹操派人前去看验，若华佗的妻子果然生病，便赐小豆四十斛，若是假病，就抓到狱里。不知是他的妻子果然没有生病，或是使者倾害，华佗被捉到许昌拷问，一代名医，就这么死在了狱中。

古书里说华佗能剖开人腹，湔洗胃肠，在今天看来，很难相信。他的麻沸散，处方没有传下来，后人考证，里面或有曼陀罗花。但即使有曼陀罗，再加上酒的作用，能使人在刀割肚子时昏无所觉，也是无法想象的。不过，虽然有夸大其词的成分，华佗大约确曾发明一种麻醉的办法，减少手术时病人的痛苦，可惜我们已不知其详，因为华佗的医书，一本也没有传下来。后来托名华佗的书有上百种，都是后人伪托。

说到麻沸散，从种种事情来看，古人耐受疼痛的能力，比现在人高些，加上有些人头脑本就不很清楚，容易晕迷，故一服麻沸散而百事不晓，这也是有的。

权杖是怎样炼成的

吴　钩

咸丰的权力布局

清室入关后的第七任君主咸丰皇帝，是个苦命天子：方即皇帝位（1851年），便碰上了清代最大的一场农民暴动——太平军叛乱，半壁江山沦陷敌手；好不容易捱到太平天国气数将尽，外患又至，英法联军长驱直入北京城（1860年），皇帝带着后妃皇子、王公大臣仓皇“北狩”，次年（咸丰十一年）七月十七日卒于热河行宫。

据晚清笔记《焚天庐丛录》记述，在热河驻跸期间，咸丰意志消沉，竟想“纵欲自戕，以冀遄死”，服侍在旁的宫女都着一种开裆的服装，叫“梭背裆”，以便皇帝“随时可以幸御”。不过，咸丰还不算昏庸之君，从“幸御”宫女的力不从心，他自知大限不远，除了服药、服春药，也对身后的权力布局打好了腹稿。

咸丰子嗣不旺，只有一位阿哥载淳（另一子夭折），年方6岁。皇位自然由载淳继承，但国无长君，非皇室之幸、社稷之福，如何既能避免皇权旁落，又能保障帝国的中枢不会因幼君无法亲政而出现权力真空与混乱，需要咸丰在宾天之前，以皇帝的权威对未来权力做出合理的制度性安排。

在这一点上，咸丰表现出了不俗的政治智慧，弥留之际，他口授两道谕旨，其一：“皇长子御名载淳，著立为皇太子”；其二：“皇长子御名载淳现立为皇太子，著派载垣、端华、景寿、肃顺、穆荫、匡源、杜翰、焦佑瀛尽心辅弼，赞襄一切政务”。也就是说，咸丰首先为即将践祚的小皇帝设置了一个八大臣辅政的权力架构。

顾命大臣辅政的体制并非咸丰首创，在大清开国之初已有先例。世祖顺治6岁继位，即由睿亲王多尔衮与郑亲王济尔哈朗辅政。不过，辅政大臣“去天尺五”，很容易盗柄自专，蜕变为朝廷“僭主”，赞襄团的成员越少，权力越容易转移到一人身上。多尔衮辅政之后，果然排挤掉郑亲王，独揽大权，俨然成了隐形皇帝。康熙 8 岁登基，太皇太后孝庄又命鳌拜等四大臣辅政，虽然她鉴于多尔衮篡权之祸，将赞襄团的规模扩大了一倍，但最终还是由鳌拜恩威专擅。现在咸丰将赞襄大臣增至 8 人，组成一个庞大的决策顾问班子。

这 8 名顾命大臣中，咸丰的宠臣肃顺排名第四，不过实际上这个辅政班子以肃顺为首。当时肃顺的职务是内阁协办大学士、御前大臣、户部尚书。协办大学士属于虚衔，御前大臣作为皇帝近臣，理论上也没有多大的正式权力，但是，肃顺深受咸丰器重，流亡于热河的王公大臣都惟他马首是瞻，所以他的隐权力是最大的。

肃顺也确有本事，称得上治世之能臣。他很赏识汉臣，曾国藩、胡林翼、左宗棠等后来的“中兴名臣”都是他荐举、提拔的，即使受贿，也只是接受满人的，而不受汉臣的。但有一名汉臣，肃顺却很瞧不起，那就是与他同为户部尚书的周祖培（清制，中央六部各设二尚书，一为满人，一为汉人，同为首长）。有一日，周祖培签署了份文件，肃顺却佯装不知，故意问谁签的字，司员回道：“周中堂签的字。”肃顺说：“吃干饭的，哪懂什么公事？”然后用红笔将周祖培的签署意见勾划掉。类似的事情发生过多次，周祖培心生愤恨，又不敢计较。这也可见肃顺飞扬跋扈、恃权而骄的一面。

以肃顺这么专横的秉性、往日积累起来的权势，再加上顾命大臣的权威，完全可能会变成多尔衮、鳌拜那样的僭主式权臣。咸丰对此也是有防备的，将赞襄团扩大到 8 人，便是出于分权的考虑。从道理上来说，权力被多人分持，便不容易集中于一人之手对皇权形成威胁。二人辅政靠不住，四人辅政也靠不住，8 个人还靠不住吗？

咸丰又在他身后的权力布局中加大后妃的权重，以此来制衡赞襄团的权力。他赐给皇后钮祜禄氏（即慈安太后）一方“御赏”印玺，赐给小皇帝一方“同道堂”印玺，这两枚印玺，是最高权力的象征，用法如下：“母后用‘御赏’玺，印起；上用‘同道堂’玺，印讫。凡应用朱笔者，用此代之，述旨亦均用之，以杜弊端。”即以皇帝名义发出的一切上谕、朱批，必须在起首处加盖“御赏”印，结尾处加盖“同道堂”印，方才生效。咸丰设想通过这样的分权设计，将政务的最终决策权与否决权、法令的审核权与签署权收拢于皇室，赞襄团的权力则被限制在“辅弼”性质上，不可直接以皇帝的名义发号施令，从而防止赞襄权侵吞皇权。

因皇帝年幼，“同道堂”印玺又由其生母懿贵妃那拉氏（即慈禧太后）代掌。那拉氏是个聪明、有野心、热切于权力的女人，咸丰健在时，她自恃断文识字，经常帮皇帝批答奏章，已经逐渐露出怙宠肆骄、“渐思盗柄”的形迹，受咸丰厌恶。为避免出现“主少国疑、女主临朝”的乱政，咸丰甚至跟肃顺商讨：“朕不日将效汉武帝之于钩弋夫人故事，将懿贵妃赐死，卿谓何如？”肃顺听了“不敢置一辞”。后来咸丰临终，却没有赐死慈禧，可能是对孤儿寡母心生怜悯，也可能是出于掣肘肃顺辅政集团的考量。

不过，为防范慈禧日后祸乱朝政，咸丰也留了一手。野史记载，咸丰抱病之际，曾密书遗诏，付与正宫慈安，殷殷交代：“西宫（慈禧）援母以子贵之义，不得不并尊为太后，然其人，绝非可倚信者，即不有事，汝亦当专决。彼果安分无过，当始终曲全恩礼，若其失行彰著，汝可召集群臣，将朕此言宣示，立即赐死，以杜后患。”慈安生性良懦，对政治也不感兴趣，由她把守着最后一道权力关卡，似乎也很合适。

咸丰对身后权力的分配，可谓煞费苦心。概括地说，他布置了一个环环相扣、层层设防的权力格局：帝国的一切政务，由一个庞大的辅政集体赞襄团经手；两宫皇太后作为皇权的有限代理人，不亲理朝政，却控制着最后的拍板大权。太后与赞襄团相互牵制，谁也无法专擅。而对于可能产生的后宫野心家，则以一道密诏埋伏下“尚方宝剑”。

这么严密的权力布局，应该不会出乱子了吧？所以咸丰放心地去见列祖列宗了。然而，大行皇帝刚刚宾天，政治乱子就出现了，而且还不是一般的乱子。

赞襄团与后党的较量

之所以产生政治乱子，不是因为咸丰的权力布局不合理，而是帝国的权力运行并不会乖乖地接受制度的规划，更大程度上，它受制于对弈各方的实力分布。制度，可以安排正式的权力，却无法分配非正式的隐权力。就隐权力而言，以肃顺为首的赞襄集团与两宫太后、小皇帝是不对等的，前者根基深植、党羽广布，后者孤儿寡母、势单力薄。

在这个失衡的实力弈局中，赞襄集团不欲执政大权被两宫太后分持，太后也不甘心让赞襄集团独揽朝政。于是乎，热河行宫内，大行皇帝龙驭上宾的悲怆气氛下，掩盖着争权夺利的刀光剑影。

赞襄团与太后的第一场较量很快发生在一次御前会议上——两宫太后召集辅政大臣入内，商讨颁布诏谕、批复疏章、任免廷臣的程序问题，这涉及到实实在在的权力分配。肃顺等辅政大臣首先提出："谕旨由大臣拟定，太后但钤印，弗得改易，章疏不呈内览。"意思是说，皇帝的谕旨由赞襄团拟定，太后只管盖上印玺就行，不必更改。显而易见，赞襄团想架空两宫太后的权力，让她们当橡皮图章。

慈禧坚决不同意赞襄团的意见。两方各不相让，相持不下，整整谈判了 4 日。最后赞襄团退让一步，总算与太后达成了权力分配方案："章疏呈览，谕旨钤印。任用尚书督抚，枢臣拟名，请懿训裁定，其他简放人员，按照京察暨疆臣密考，拟具正陪数员，在御前掣签，两宫并许可。"根据这一方案，赞襄团掌握着谕旨、朱批的草拟权，但需经太后过目同意，太后保留着修改权与否决权；中央部长与地方督抚的任命由赞襄团提名，太后裁定，一般官员的任命，则按照成例，在御前"抓阄"。

如果说，咸丰遗诏为身后的权力格局提供了一个原则性的大框架，赞襄团与太后通过 4 天谈判达成的补充性协议，则是一份具体的执行方案。那么，后咸丰时代的权力分配，理应不存在纠缠不清的问题了。

然而，对于两宫太后而言，虽然保住了决策大权，但肃顺集团对皇权的威胁仍然存在，慈禧梦想着将赞襄团完全逐出帝国的核心权力圈。怎么办？她想到了此时留在北京与洋人斡旋的恭亲王。

说到这里，我们必须指出：咸丰遗诏中存在着一个从字面上看不出来的漏洞——遗诏对恭亲王只字不提，有些掩耳盗铃地将恭亲王排斥在顾命大臣名单之外。恭亲王奕䜣是咸丰奕詝的六弟，才干见识远胜于咸丰。后来的所谓"同治中兴"，就是以恭亲王为首的洋务派开创的。咸丰之父道光皇帝曾在立储问题上，一度举棋不定，立四阿哥奕詝还是六阿哥奕䜣？后来咸丰虽然继承了大统，但他对恭亲王的亮瑜情结却一直无法释怀。

当年英法联军攻入北京，咸丰皇帝“北狩”，匆匆命恭亲王收拾烂摊子。不过这样一来，在咸丰远离帝都之时，留守京城的中央政府其实由恭亲王主持，而经其周旋，联军撤走，和局谈成，更使他获得了“僭主”般的权威。咸丰的权力布局有意“遗忘”了这位雄略的六弟，可是恭亲王积累起来的势力不会马上消失掉。如果与恭亲王结成联盟，慈禧便完全有可能抗衡乃至扳倒肃顺集团。

年方27岁的慈禧表现出了过人的心机与手腕，她透过极为隐蔽的秘密管道，绕过肃顺的耳目，与远在500里外的恭亲王取得联系。慈禧欲清扫权力障碍，恭亲王欲进入权力中心，双方一拍即合，悄悄布置下搞掉肃顺集团的计划。咸丰十一年八月初一，恭亲王借赴热河奔丧之机，又得以单独会见两宫太后，叔嫂密商一个多时辰，敲定了发动政变的地点、政变拟旨的人选及其他细节。

而自以为控制了全局的肃顺却麻痹大意，对这一场即将发生在眼皮底下的夺权阴谋浑然不觉。

八月初八，一封从北京发出、出自周祖培得意门生董元醇御史之笔的奏疏《奏请皇太后权理朝政并另简亲王辅政折》，送达热河。奏疏上说，皇太后应当“暂时权理朝政，左右并不得干预”，同时从“亲王中简派一二人，令其同心辅弼一切事务”。这大概是太后和恭亲王集团做出的投石问路之举，用来试探赞襄团的反应。

肃顺等顾命大臣一看，不待太后批示，便拟好谕旨，以皇帝的名义对董疏进行反驳：“我朝圣圣相承，向无皇太后垂帘听政之礼。朕以冲龄仰受皇考大行皇帝付托之重，御极之初，何敢更易祖宗旧制”，“该御史必欲于亲王中另行简派，是诚何心，所奏尤不可行”。并胁迫两宫太后钤印，慈禧争执不过，同意将谕旨一字不易地颁发。

慈禧的示弱隐忍，让肃顺集团完全低估了她的能耐。九月二十三日，按赞襄团与太后的商定，是“恭奉大行皇帝梓宫（棺材）回京”的日子。梓宫回京有一套非常繁复的仪礼，慈禧便以小皇帝年幼，经不起折腾为由，与赞襄团商议是否有变通的方式。肃顺等人不知是计，同意太后与小皇帝由赞襄团中的载垣、端华护驾，先行一步，回北京城恭候梓宫。

慈禧成功地走出了摆脱肃顺势力范围、提前与恭亲王“会师”的关键一步，须知京城的政治局面，由太后盟友恭亲王的势力掌控，慈禧回宫，便如龙入大海。

九月二十九日，两宫太后与小皇帝回到北京城，不待休息，立即召见恭亲王及其他朝中大臣，“缕述三奸（指肃顺、载垣、端华）欺藐之状”，一边说一边哭，眼泪与鼻涕齐流，群臣也听得义愤填膺。周祖培受恭亲王暗示，率先跳出来说：“何不重治其罪？”慈禧说：“他们是赞襄王大臣，如何治罪？”周祖培出了一个主意：“太后可降旨，先令解任，再予拿问。”恭亲王这时将早已拟好的治罪诏书奉给太后，太后欣然钤印。

次日，群臣朝会，恭亲王宣读了拿问“三奸”的诏书，载垣、端华被当场拿下。当天深夜，护棺行至密云县的肃顺也被人从睡梦中揪了出来，连夜解赴北京。可怜大行皇帝尚未入土为安，其临终指定的顾命八大臣已于顷刻间被解除权力，精心设置的权力布局也随之土崩瓦解。

肃顺被捉住时，大骂慈禧：“悔不早治此贱婢！”大概是想起了咸丰与他商议的“效汉武帝之于钩弋夫人故事”，只是悔之已晚，6 天后，被他骂为“贱婢”的太后下旨，令载垣、端华自尽，肃顺斩立决，其余五大臣革职。朝中与肃顺往来密切的 6 名官员、五名太监，也受到惩办，不过聪明的慈禧没有兴大狱，而是将从肃顺家中搜出的信件与账簿，悉数“公开焚毁，毋庸呈览”，盘根错节的“肃党”势力被瓦解于一盆灰烬中。

垂帘听政的合法性

赞襄团的权力迅速由拥戴有功的恭亲王接替。十月初一，即八大臣被捕次日，慈禧发出谕旨，任命恭亲王为“议政王”，“在军机处行走”。军机处是清代权力中枢，“在军机处行走”意味着恭亲王正式进入权力中心。

需要注意的是，“议政”不同于“摄政”，摄政是代行皇权，议政的权力则属于赞襄性质。可以说，恭亲王得到的授权，其实比不上热河行宫的赞襄团，因为现在两宫太后不仅保留了核心的裁决大权，而且将要亲理朝政——垂帘听政。

然而，垂帘听政是大清开国以来、史无前例的事情，当初赞襄团在批驳董元醇奏疏的谕旨上说“我朝圣圣相承，向无皇太后垂帘听政之礼”，可谓击中“垂帘派”的软肋。清祖制，严禁后宫预政，咸丰临终之时，也只是委托两宫掌管印玺，并无“垂帘”的授权。总而言之，垂帘听政严重缺乏合法性。

别小瞧合法性之于权力的重要性。政治，虽然离不开实力支撑，谁的拳头大谁说了算，在实力较量上，慈禧借恭亲王之力，已经完全打垮了肃顺集团，但是，政治又不仅仅是比拼拳头的势力游戏，权杖的炼成，不能只凭势力。势力固然可以压服政治对手,却不会自动带来权力的合法性。而没有合法性的权力，就是遮遮掩掩的隐权力，就是见不得光的黑权力，如何令满朝文武、天下臣民心悦诚服?

所以，慈禧欲代行皇权，只在政治上搞倒赞襄团是谈不上大功告成的，还有两步棋，她必须下完：第一，在法律上宣布赞襄团辅政的非法性；第二，为两宫太后“垂帘听政”建立合法性。

第一步棋似乎不好走。因为八大臣“赞襄一切政务”是先帝遗命，合法性摆在那里，如何宣告它“非法”？好在“垂帘派”有足够的聪明才智来完成这一步骤。他们从咸丰遗诏上发现了一处漏洞，即遗诏有“奉朱谕”字眼，这证明遗诏并非先帝亲书，而是赞襄团笔录的，进而言之，此乃赞襄团“矫诏”。

十月初六，即处斩肃顺那天，太后以皇帝的名义下诏：“载垣、端华、肃顺，于七月十七日皇考升遐，即以赞襄王大臣自居，实则我皇考弥留之际，但面谕载垣等立朕为皇太子，并无令其赞襄政务之谕。载垣等乃造作赞襄名目，诸事并不请旨，擅自主持，两宫皇太后面谕之事，亦敢违阻不行。”给肃顺等人扣上了矫诏欺君、擅权专政的大帽子。既然是“矫诏”，那么不但臣罪当诛，而且所谓的赞襄布局也是无中生有，政变也就不算违背先帝的遗命了。

第二步棋更不好走。当初顺治早逝，太后孝庄在朝中甚有威望，江南生员周南“诣阙上书”，请孝庄垂帘听政，但孝庄宁可在幕后发挥隐权力，也不肯到台前垂帘。孝庄做不到的事，慈禧就做得到吗?先前董元醇奏请“皇太后权理朝政”，举出的理由是“此所谓事贵从权也”。“从权”之说显然缺乏说服力，政治需要庄严的包装，而不是牵强的借口。董疏被驳倒，固然是因为赞襄团当时权柄在手，也因为它在法理上确实站不住脚。

还是董元醇的座师周祖培老谋深算。早在授意董元醇上疏的八月份，周祖培就交代他的家庭教师李慈铭悄悄地收集“历代贤后临朝故事”，给当今皇太后垂帘听政提供一些历史渊源。不是说大清没有垂帘听政的先例吗？那好，就在历朝历代中找，泱泱中华三千年，还怕找不出几个贤后临朝的故事？李慈铭果然在一日之内，便列举出汉、晋、辽、宋共八位贤后的事迹。垂帘听政的合法性包装算是勉强拼凑出来了。

九月三十日，周祖培等大臣将倡议太后听政的奏章送至慈禧手里。周疏首先承认，“我朝从无皇太后垂帘听政之典。前因御史董元醇条奏，特降谕旨甚明，臣等复有何异词”，一番铺陈之后，才切入主题：“为今日计，正宜皇太后亲操出治威权，庶臣工有所禀承，命令有所咨决，不居垂帘之虚名，而收听政之实效。准法前朝，宪章近代，不难折中至当。伏查汉和熹邓皇后、顺烈梁皇后，晋康献褚皇后，辽睿智萧皇后皆以太后临朝，史册称美。至如宋之章献刘皇后，有今世任姒之称，宣仁高太后有女中尧舜之誉。明穆宗皇后，神宗嫡母，上尊号曰仁圣皇太后；穆宗贵妃，神宗生母，上尊号曰慈圣皇太后，惟时神宗十岁，政事皆由两宫抉择，命大臣施行，亦未尝居垂帘之名也。”

周祖培的意思，简单地说，就是告诉慈禧：为今之计，太后理应亲操威柄，至于用不用“垂帘”之名，并不要紧，汉代、晋代、辽代、宋代、明代，都有政事皆由太后决断的先例，皇太后您不用顾虑，出来临朝听政就是了。

这话说到慈禧的心坎儿上了。但慈禧看得更长远，她不但要收听政之实，也要立垂帘之名，名正才言顺，名至才实归。九月三十日当天，两宫太后顺应群臣所请，诏令王公大臣、大学士、六部九卿商订垂帘听政章程，“如何酌古准今、折衷定义之处，即行议妥以闻”。慈禧此举，表明她并不打算“权宜行事”，并不满足于掌握有实无名的隐权力，而是要将她的隐权力合法化、制度化，在法理上完全取代咸丰的权力布局。只要垂帘听政作为一项正式的制度运作着，慈禧的权威便有了稳固的法理保障。

十月初九，6岁的载淳在紫禁城太和殿举行登基大典，正式即位，是为同治皇帝。这里有个插曲，不妨一叙：在热河时，赞襄团已给新皇帝拟好了年号，称“祺祥”。大学士周祖培认为这个年号文理不通，而且不吉，提议改为“同治”。这正好暗合慈禧的心意，因为“同治”隐含着“两宫皇太后同治天下”之义。对周祖培来说，废了“祺祥”年号，则出了一口当年被肃顺羞辱的恶气，他评价说：“不学之弊，一至于此，呜呼！国家可无读书人哉！”有点小人得志的样子。

在登基大典上，内阁明发上谕，公布了帝国中枢的权力流程：各大员的奏折呈两宫太后披览；而后交议政王及军机处“详议”、草拟批复；而后将议后文件交太后裁定；而后交军机处，按太后裁决拟旨；而后再呈请太后审正、钤印颁发。

一个多月后，十一月初一，帝国的另一场大典——两宫皇太后的垂帘仪式在养心殿举行。同治小皇帝端坐于御座上，身后摆放八扇黄色纱屏，象征“垂帘”，纱屏后面，并坐着两宫皇太后，接受百官朝拜、奏事。在此之前，各大臣经过半个月的磋商，已经制订出垂帘章程十一条。从此以后，两宫皇太后临朝听政、批阅奏章、召见臣下、任免职官，均有章可循了，谁敢再说垂帘听政于礼不合？它已经成了大清礼制的一部分！

后　话

我们知道，咸丰临终之际，设置的是一个赞襄团辅政与太后代政兼而有之的权力布局，现在这一权力平衡被太后独大的“垂帘听政”取而代之。不过，在太后垂帘初期，权力制衡还是存在的。首先，垂帘听政挂的是两宫皇太后之名，东宫慈安的存在，对西宫慈禧的权力是一道牵制。虽然慈安性子木讷，“见大臣讷讷如无语者。每有奏牍，必西宫为诵而讲之，或竟月不决一事”；而慈禧则“判阅奏章，裁决庶务，及召对时谘访利弊，悉中款会”（见薛福成《庸庵笔记》），犹如天生的政治动物。

然而，慈安毕竟掌管着“御赏”印，又是咸丰册立的皇后，母仪天下，而慈禧只是贵妃，因为母凭子贵，才尊为太后，两宫之间，实有嫡庶之分、尊卑之别。按稗官野史的说法，慈安还藏着先帝御赐的一份密诏，如见慈禧有骄纵不法之事，即可按祖宗家法治罪。传言慈禧因此“栗栗危惧”，服侍慈安“几于无微不至”。后来，慈安深为慈禧所感动，便取出咸丰密诏，当着慈禧之面烧掉。

其次，慈禧初次垂帘时，还是一个年轻的小寡妇，根基未深，政务不熟，经验欠缺，诸事不得不倚重恭亲王，尚做不到朝纲独断、恩威自擅。同治四年，慈禧曾因为不满恭亲王“事事与我为难”，借一名廷臣上疏参劾之机，亲自动笔写了一道谕旨，令恭亲王“毋庸在军机处议政，革去一切差使，不准干预公事”。但此举令“朝野骇愕”，上至王公大臣、下至科道言官，都吁请太后收回成命，慈禧不得不让恭亲王复职，仍在军机处行走，只是免去了“议政王”之衔。这次罢官风波，尽管让恭亲王见识到了皇嫂的手段，但也让慈禧意识到自己还无力撼动小叔子的权力根基。

及至光绪朝，又是皇帝冲龄即位，两宫太后再度垂帘听政。因为有了先例，二次垂帘变得顺理成章，而且经过多年经营，慈禧的权力已经根深蒂固、牢不可破。慈安太后在光绪七年的突然去世，又使得后宫之中再无制约慈禧的人物，两宫垂帘从此变成了西宫独裁。随着慈安的离世，主政军机处的恭亲王也失去了后援。不久，整个军机处的大臣都被慈禧一股脑儿换掉，恭亲王被罢黜，这一次，满朝官员慑于太后积威，莫敢再置一言。

即使在光绪大婚之后，按理说，已经成年的皇帝将亲裁政务，垂帘听政结束了“历史使命”，然而，归政后的慈禧还是俨然如“太上皇”，牢牢控制着朝廷大局，无垂帘之名，却据听政之实。这样，在光绪亲政时期，帝国实际上存在着两套权力班子，一是以皇帝为核心、由朝廷大员组成的正式权力中枢，一是以慈禧为核心、由内廷与外朝的效忠者组成的隐性权力系统。

这种“双核”的权力结构，比违背祖制的“垂帘听政”更糟糕，“垂帘”至少表示权力走上前台，被纳入到制度化运作之中，而躲于幕后把持威柄的隐权力则是不可捉摸、难以规制的。正式的权力中枢受到后宫隐权力系统的重重掣肘，而这种掣肘又不是制度性的分权，只会使得政策无法预期、公共权威流失、私人效忠盛行。最后，朝廷分化成“帝党”、“后党”两派，两党之间，与其说是彼此制衡，不如说是相互钩心斗角。

晚清的戊戌变法以一败涂地收场，除了维新派意气用事、光绪皇帝过于冒进的因素之外，更是因为名义上已“退隐”的慈禧太后其隐权力之大，足以在翻手覆手之间扭转乾坤。进而言之，在一切“双核”的权力结构之中，必然无法进行任何一场大刀阔斧的变革。

光绪二十四年（1898 年），66 岁的恭亲王病逝，临终前叹息道：“我大清社稷，乃亡于方家园。”“方家园”暗指慈禧，因慈禧娘家住于方家园。这一年，恰值慈禧发动戊戌政变，将厉行新政的光绪帝囚禁于瀛台，开始她人生中的第三次垂帘听政。

慈禧又赢了，赢得了代表帝国最高权力的漂亮权杖。慈禧也输了，输掉了整个帝国的大好江山。恭亲王一言成谶，13 年后辛亥年，大清灭亡，细究起来，大清之亡，只怕与慈禧恋权误国摆脱不了干系。

朝贡贸易的小九九

梁发芾

明代实行海禁，因此明朝与海外的贸易，主要是朝贡和走私。海外的一些小国家假意臣服，隔三差五拿一些土特产，前来孝敬中国皇帝。这样万邦咸服、四海朝拜的朝贡格局，是极其符合皇帝的虚荣心的。朱元璋要求朝贡中要“厚往薄来”——“诸蛮夷酋长来朝，涉履山水，动经数万里。彼即慕义来归，则赉予之物宜厚，以示朝廷怀柔之意”。而朱元璋的大臣沈秩受皇帝委托，晓谕一位羞愧没有什么好东西进贡给皇帝的外国国王：“皇帝富有四海，岂有所求？但欲王之称藩，一示无外尔。”就是说，皇帝不在乎你带了多少礼物，带什么礼物，关键是你来了，有这个心意就行了。

对于这样的厚往薄来，前来朝贡的国家是求之不得的。明朝皇帝看重的是朝贡中体现的臣服，而这些藩属国看重的则是乘机得到赏赐，这不过是借朝贡而进行的获利多多的贸易。在他们看来，送一些当地没有什么用处的土特产，换回大明皇帝的巨量赏赐，是一桩划算的买卖；何况装出忠心耿耿的样子又不需要什么成本。甚至很多时候，这些国家的商人也冒充朝贡的使团，带着象征性的贡品前来，同样也能得到皇帝的赏赐。负责接待这些朝贡人员的部门，本着外交无小事的原则，对于国外朝贡者，无不奉若上宾。有关部门派差拉运朝贡团的贡品，“男丁不足，役及妇女。所至之处，势如水火。叱辱驿官，鞑挞民夫。官民以为朝廷招怀远人，无敢与较，其为骚扰不可胜言”。接待朝贡使团简直就是沿途人民的一场灾难。

朝贡使团带来的土特产，如象牙、香料、犀角等在他们国家可能并不值什么，但是，皇帝为了表示天朝大国的慷慨，要给予数倍的赏赐，丝绸、瓷器，甚至白银和铜钱都是最受欢迎的赏赐物品。赏赐品必须精良，弘治皇帝有一次针对撒马尔罕王的赏赐品批示："该衙门承造，务要精好。如有不堪，听礼部据实参奏重治。"既然皇帝这样发话，办理此事的人当然也就不计成本。按照日本人朝仓弘教的研究，所有来中国朝贡的国家中，只有朝鲜贡来的东西可能比得到的赏赐多，而其他国家一次朝贡中得到"500%甚至600%的利润回报也是不足为奇的"。

对于明朝皇帝不计成本甘做冤大头的行为，人们一向的解释是，这算政治账不是算经济账，因为朝贡体现的就是一种国际政治关系。可人们却忽略了，慷慨的赏品完全由国库出钱筹备，而高级贡品却无不落入皇帝的私囊。如果贡品归国库，赏赐由皇帝的内库负担，那么，皇帝还会这么不计成本，慷慨赐予吗？

明朝与藩属国的朝贡贸易，实质上可以还原为国家拿巨额资金为皇帝购买海外奢侈品。在这个贸易中，皇帝得到稀世贡品，也得到了所谓的海外效忠和臣服。皇帝乐此不疲，固然有政治上的大道理，但贪恋那些白拿的稀世贡品，对于这些守财奴皇帝来说不也是顺理成章的事吗？

你不知道的宋明清

古月僧

宋

1. 被“主流”专家们诟病为“军事软弱”的宋朝，对外战争的胜率超过了70%；而被认为是军事最强盛的唐朝却在对外战争中胜少负多。

2. 宋朝士兵的平均作战负重是32公斤，训练负重还要高于这个数值；现在美国最精锐的特种部队的训练负重不到15公斤。

3. 中国在北宋神宗元丰年间（1078—1085年），城市化率达到惊人的30%以上；在所谓“康乾盛世”时代，这一比例也不过9%；新中国在21世纪初才重新达到这一数值。

4. 同样是元丰年间，中国华北地区的钢铁年产量达到了15万吨；工业革命后的英国在1788年钢铁产量才达到7.6万吨。

5. 整个北宋时期，中国一直在扩张领土，直到“靖康之变”的前一年（1126年）才停止。

6. 秦桧所创的“宋体字”是整个南宋时期的官方文书通用字体，尽管南宋大多数时间都将秦桧作为反面典型。

7. 整个南宋时期，中国一直没有定都，临安府的级别不过是“行在”（陪都）。

8. 南宋之所以一直偏安并非统治者不愿收复故土，而是因为民间反对的声音太大。更让人意想不到的是，民间之所以反对是因为担心收复故土后宋廷会增加江南地区的税收来扶植已被女真人严重破坏的收复区。

9. 南宋时期，熟练雇工的工资高于知府的工资（宋朝知府一般是从三品或正四品，年薪在400贯以上，至少相当于今天的15万元人民币）。

10. 中国南宋时期最先进的织布机有 1800 多个活动构件，其中有的技术是现代化织布机也无法达到的。

11. 南宋中后期，中国（仅指宋）的人口占世界人口的 15%左右，经济总量却占到了全球的 75%以上；今天我国人口占世界人口的 21%，经济总量占全球比例却仅为 4%。

12. 南宋数学家秦九韶至晚在 1247 年就已经发现一元三次方程的求根公式，欧洲人在 400 多年后才发现，但在中国的课本上这个公式仍是以那个欧洲人的名字来命名的。

明

1. 郑和下西洋的船队中吨位最大的宝船排水量约为 7500 吨；新中国在 2003 年才重新造出这么大的舰艇。

2. 中国历史上惟一一个只娶一个老婆的皇帝出现在明朝，他就是明孝宗朱祐樘。

3. 中国最早提出计划生育理论的不是马寅初，而是明朝万历年间（1573—1620 年）的内阁首辅申行时，而最早实施计划生育的时候却是在更早的宋朝。

4. 明朝的万历皇帝曾连续 28 年不上朝，创造了中国皇帝的纪录。但是，这期间中国无论对内还是对外的战争均获得全胜。

5. 自 1572 年“隆庆开关”到 1644 年明朝灭亡，这 70 多年的时间里，全世界生产的白银总量的 1/3 涌入中国，共计约 3.53 亿两，并且全球 2/3 的贸易与中国有关。

6.16 世纪西班牙殖民者在南美掠夺的白银几乎都通过贸易的形式最终流入了中国。

7. 中国在明朝中后期曾经研究过坦克。

清

1. 清朝乾隆时期修《四库全书》，总计存书（被认定为合格著作正式入库）

3457 部，79070 卷，存目（被认为不合格的著作，留存书名后付之一炬）6766 部，93556 卷。

2. 第一次鸦片战争结束后，有人在京城某仓库意外发现一批封存了 200 多年的火器。这批火器是明朝末年制造的，其中有的竟然比英军的装备还要先进。

3. 清朝的道光皇帝为人十分节俭，喜欢穿有补丁的衣服，但打个补丁却要花 10 两银子。

4. 第二次鸦片战争时期，清军曾以 12 万对阵 2 万英法联军，结果阵亡 3 万余，而对方仅阵亡 4 人，但非战斗减员却有几十人。

光绪与美国总统的“赔款”交往

方　勇

《辛丑条约》的谈判从庚子年（1900年）一直到辛丑年（1901年），持续了将近一年的时间。以前的不平等条约谈判，清政府还可以讨价还价，多多少少有些回旋的余地，而这次却是在列强各国就如何“宰制”中国达成一致协议后，才通知清政府照章执行。尽管如此，却有一个国家在条约谈判过程中频频为中国说话，扮演了中国利益“代言人”的角色，这个国家就是当时侵略国之一的美国。鸦片战争以来有志之士“以夷制夷”的梦想似乎就要变成现实。

这究竟是怎么回事？事情还得从美国的“门户开放”政策和庚子年间光绪皇帝和美国总统麦金利的“交往”说起。

美国的“门户开放”政策

自1895年《马关条约》签订后，欧洲列强和日本在中国争先恐后地划分势力范围。美国对中国这块肥肉虽然垂涎欲滴，但苦于忙着与西班牙争夺菲律宾，无暇顾及在中国的争夺。美国驻华公使康格向国务卿抱怨说，除了直隶省外，简直没有其他地方剩下来给美国了。尽管如此，从1895年到1899年，美国对华出口额仍增长了将近两倍。美国商人对此欣喜若狂，绝不甘心丧失中国的广阔市场，为此他们联合组织了美国亚洲协会，经常给时任美国总统的麦金利及其内阁成员写信，并寻找各种机会拜访游说美国官员。同时，《纽约时报》也连篇累牍地载文强调中国的潜在重要性。

经不住商人们的软磨硬泡，也考虑到美国的利益，麦金利在1898年年底发表国情咨文，决心采取与美国利益相符合的一切手段，维护美国在中国的利益。美国想出的新的侵华伎俩就是“门户开放”政策。

1899年9月，为阻止其他列强联合排斥美国，在总统麦金利的授意下，新任国务卿的百万富翁海·约翰训令美国驻英、法、俄、德、日等国大使，向各国提出了要求“门户开放”的外交照会。这一照会表面上要求各国在华贸易机会均等，同时保持中国的领土与行政完整。其要点如下：

第一，任何国家不得通过任何手段干涉在中国应有的任何通商口岸、租借地或所谓“势力范围”内的任何法定利益。

第二，中国现行协定关税应对一切货物，不论属于哪个国家，不论陆运还是海运到所谓“势力范围”内的所有港口，都适用。其税款应由中国政府征收。

第三，“势力范围”内的任何港口对别国船只所征收的港口税，不能高于本国船只；在“势力范围”内由其修建、经营和管理的铁路上，其他国家公民与该国公民在同样距离运输同种货物时，应收取相同的费用。

“门户开放”的政策得到了列强的承认，美国在中国的势力从此也一天比一天扩大了。

光绪与美国总统书信往还

1900年7月2日，法国向美国建议在华各国军队联合行动，消灭义和团，以尽快恢复秩序，保护外国人的安全。7月3日，美国国务卿海·约翰在给法国的答复中赞同法国的建议，同时趁机再次提出了“门户开放”的原则。同一天，海·约翰把这一原则照会各国，要求共同遵守。

俄、英、日、美、德、法、意、奥八国组成联军后，在英国海军中将西摩尔的率领下，耀武扬威地从天津一路烧杀，向北京进犯。虽然义和团顽强抵抗，但毕竟土枪土炮打不过洋枪洋炮，八国联军很快就逼近北京城。吓破了胆的慈禧太后一边下令“痛剿”义和团以讨好列强，一边任命李鸿章为议和全权大臣，与列强谈判乞和。

同时，清政府也对驻外使节发出了寻找机会缓和对外关系的指示。凭借多年的外交经验，伍廷芳觉得这是一个千载难逢的“以夷制夷”的好机会。很快，他就把美国提出“门户开放”政策的消息传回国内。六神无主的慈禧太后此时能够召集到的文武大臣一次比一次少，很多人都逃跑了，连她的近臣荣禄都不见了踪影。为了尽快求和，经过短暂的商议，清政府决定向美国请求帮助。为此，早已失去人身自由但心忧国事的光绪皇帝，在7月17日亲自向美国总统麦金利写了一封求援信。

此时的北京城里一片混乱，对外联络的无线电通讯早已中断。不得已之下，为争取时间，光绪皇帝的信件以十万火急的形式，快马加鞭送到山东巡抚袁世凯手里，袁世凯接信后不敢耽搁，马上将信函以无线电报拍发到上海，上海道台余联沅接电后再火速将信函发往清政府驻美公使馆。公使伍廷芳接信后即将信函呈送美国总统麦金利。

光绪皇帝在信中说：“最近爆发的中国人与基督教传教士之间相互的憎恨，引起了列强对朝廷立场的怀疑，认为清政府赞成人民歧视传教，此怀疑并无根据。但是这种怀疑引起了大沽炮台被攻占，并由此引发了具有灾难性后果的军事冲突……为了解决目前的困境，中国对美国寄予特别的信赖。我们诚恳率直地致信于您，希望阁下想方设法，采取行动，协调各国一致为恢复秩序与和平做出努力。恳请您，并万分焦虑地期待您的回复。”

光绪皇帝的求援信，可谓正中麦金利的下怀。他正好可以利用这样的机会与清政府高层取得联系，以加强对清政府的影响和控制，从而最大程度地保证美国在华的利益。

经过3天对中国政治局势、权力结构以及北京暴乱情况的谨慎判断，麦金利于7月23日给光绪帝写了一封回信。他在信中冠冕堂皇地表示：“我已收到陛下7月19日来函，欣悉陛下认识到，美国政府和人民对中国除了希望正义和公平以外别无他求这一事实。我们派部队到中国的目的，是从严重危险中营救美国公使馆，同时保护那些旅居在中国并享有受条约和国际法保证之权利的美国人的生命财产……同时，本政府在取得其他国家的同意后，将乐于以此目的为陛下进行友好的斡旋。”

此后，美国开始为早日开展谈判进行各种活动，然而，美国的“努力”并没有什么效果。8月14日，八国联军凭借优良的武器装备，终于攻占了北京城。占领北京城后，有了更大的谈判筹码，列强才开始与清政府谈判。这个时候，早就仓皇逃离北京城的慈禧发布上谕，让李鸿章会同庆亲王奕劻等人“便宜行事”，尽快与八国谈判，达成“和局”。逃到西安后，她还反复给李鸿章打电报，要求侵略者宽恕她的“罪过”，不要把她当成祸首惩办。

虽然美国的努力并没有产生什么实际效果，但清政府一时也找不到比美国更有力的“帮手”。1900 年 10 月 17 日，光绪皇帝为了感谢美国的帮助并敦促美国加大斡旋力度，再次给美国总统麦金利写了一封信，希望美国能说服列强尽快与清政府达成和议。

跟上次一样，美国总统麦金利回信光绪皇帝，答应继续斡旋。有了“门户开放”的政策，再加上光绪皇帝与美国总统的书信往还，美国在《辛丑条约》的谈判过程中就开始充当了中国利益的“代言人”。

美国主张减少“庚子赔款”

谈判刚一开始，其他七国列强就提出一个高得惊人的赔款总数——4 亿两中国白银。1900 年 12 月 29 日，美国国务卿海·约翰致电美驻华公使康格，指示在和约谈判中，尽可能使赔款保持在一个适当的限度内，以确保中国的偿付能力。而且，海·约翰还强调赔款要以货币支付而不是以中国的领土支付。后来，美国国务卿海·约翰指示康格努力将赔款总数尽量限制在白银 2 亿两左右。这个数字当然满足不了列强早已撑大的胃口，遭到法、俄、日、德、英、意等国的强烈反对。5 月 7 日，各国在华公使团提出向清政府索求的赔款总额不降反升，增加到 4.5 亿两。面对这一数字，美国也无可奈何。

见自己的面子不起作用，美国驻华谈判代表柔克义授意两江总督刘坤一和湖广总督张之洞以中国全权谈判代表的名义向列强提出赔款额过高，中国无法承受，以达到尽量减少赔款的目的。但在气焰嚣张、不可一世的侵略者面前，刘坤一和张之洞的话照样没有起到丝毫作用。

5 月 22 日，驻华各国公使团举行会议，德国公使非常不满美国的立场，气势汹汹地表示，没有任何国家有理由要求减少中国的赔款。美国代表柔克义马上反驳说：“我们只有这样做，才能保证中国不会崩溃。”然后，柔克义要求公使团就是否同意削减赔款额进行表决，但其他各国代表当场就拒绝了这一要求。

眼看赔款问题就要成为定局，美国人拿出了最后一招，海·约翰指示谈判代表柔克义将赔款问题移交海牙国际仲裁法庭裁决。然而，海牙国际仲裁法庭裁决的结果仍然是中国应赔款 4.5 亿中国海关银两（3.33 亿美元）。这就是 1901 年 9 月 7 日《辛丑条约》规定的“庚子赔款”的总额。至此，美国减少“庚子赔款”的努力以失败告终。

历史证明，面对列强的侵略，求助于侵略国的“以夷制夷”外交套路，只能是聊胜于无。虽然光绪皇帝谦卑恳切地写信给美国总统请求帮助，美国总统似乎也“有求必应”，但弱国皇帝与强国总统之间的“交情”，根本就不可能产生什么实质性的成果，实质上美国的友善也仅仅是为保证自己利益的另一种面孔，这正印证了“弱国无外交”的老话。

“九·一八”事变时是谁下令“不抵抗”

周　军

对于每一个中国人来说，震惊中外的“九·一八”事变，从来就不是一个陌生的话题。在此事变中，东北军及其少帅张学良执行“不抵抗政策”，多年来都定义说：是蒋介石下令让张学良不抵抗，但后来又把责任都推诿到他的头上。张学良替蒋介石背了黑锅。

“九·一八”事变爆发后，由于以张学良为首的中国东北军忠实执行蒋介石绝对不抵抗的误国政策，不战自退，东北三省的大好河山全部沦于敌手，结果引起全国人民的极大愤慨，张学良也被人们骂作“不抵抗将军”。毛泽东于1935年11月致书董英斌时，更是指斥张学良为“亡国罪魁，败兵祸首”，称其为“从此卖国贼之徽号有口皆碑，逃将军之头衔无人不知”。

然而，长期以来，无论是严肃的史学论著，还是以弘扬爱国主义为主旨、浩如烟海的通俗读物，抑或是根据张学良传奇一生改编的影视作品，在涉及张学良、杨虎城发动“西安事变”的原因时，除了说明张、杨的爱国热情，中国共产党抗日民族统一战线政策的强大感召以及全国人民抗日热潮的推动这一主要因素外，还每每论及他在“九·一八”事变后国难家仇集于一身，替蒋介石背着“不抵抗将军”的黑锅，成为不抵抗政策的替罪羊，因此渴望早日复土雪耻，洗刷骂名。于是在大敌当前而又“哭谏”无效的情况下，毅然发动了震惊中外的西安事变，迫使蒋介石答应停止内战，一致抗日。西安事变的和平解决，成为时局转换的枢纽，抗日民族统一战线初步建立，张学良也理所当然地“堪称中华民族的千古功臣”。

现在，中国史学界正在对此进行澄清。

一

1931年9月18日当晚10时许，日本关东军岛本大队川岛中队河本末守中尉率部下数人，在沈阳北大营南约800米的柳条湖附近，将南满铁路一段路轨炸毁。日军在此布置了一个假现场，摆了3具身穿中国士兵服的尸体，反诬是中国军队破坏铁路。起初不过是用不炸的炮弹试探，不见还击才放胆大举进攻。

日军独立守备队第二大队向中国东北军驻地北大营发动进攻。次日晨4时许，日军独立守备队第五大队由铁岭到达北大营加入战斗。5时半，东北军主力部队第七旅退到沈阳东山嘴子，日军占领北大营。这就是震惊中外的“九·一八”事变。

此时，尚在北京协和医院养病的张学良，因招待宋哲元等将领，正携夫人于凤至及赵四小姐在前门外中和戏院观看梅兰芳先生的《宇宙锋》。而代理东北边防军司令职务的张作相（1949年3月因患脑溢血去世）又正在锦州私邸为父大办丧事，时任驻沈阳的第七旅旅长王以哲（1937年2月2日晨，在西安寓所被东北军“少壮派”秘密杀害）亦不在营内，东北军处于群龙无首的状况，惟一主事的东北边防公署参谋长荣臻却命令：“不准抵抗，不准动，把枪放到库房里，挺着死，大家成仁，为国牺牲。”

这样，次日上午8时，日军几乎未受到抵抗，很快占领了沈阳市，并不断扩大着战果。东北军撤向锦州。全国最大的沈阳兵工厂和制炮厂连同9.5万余支步枪，2500挺机关枪，650余门大炮，2300余门追击炮，260余架飞机，以及大批弹药、器械、物资等，全部落入日军之手。最后东北军损失10万之众，130万平方公里的国土沦陷，3000万同胞成了亡国奴。据统计，仅9月18日一夜之间，沈阳损失即达18亿元之多。张学良个人财产也损失惨重，仅边业银行一处，就有1000万元以上，寄存的黄金4万两，同时大帅府的6个金库全被日军打开。

从此，张学良遂被国人视为“风流将军”、“不抵抗将军”，备受唾骂，作为“东北王”雄踞一方的少帅已不复存在。

郭维城（1912年出生，1932年转入中国共产党。1995年1月1日逝世）曾在1946年8月15日发表广播演说时称：“‘九·一八’事变当时，张学良将军在北平，一夜之间，十几次电南京蒋介石请示，而蒋介石却若无其事地十几次复电不准抵抗，把枪架起来，把仓库锁起来，一律点交日军。”《“九·一八”事变史》第166页）还说，蒋介石不抵抗命令的电文，至今还保存着。

而资深政经研究员陆建明先生以为，那封至今仍扑朔迷离的蒋介石命张学良不抵抗的电报文字，系出自原东北军抗日同志会书记应德田。1980年底，由中华书局出版的回忆录《张学良与西安事变》一书中对此有所记载。当时，应德田是专门负责给张学良提供抗日意见和理论研讨材料的，张的许多抗战口号，均出自他手。

郭维城这段话言之凿凿，说得十分明白，加上郭又是张学良的机要秘书，因此许多人对此深信不疑，都在文章和著作中加以引用（如华文出版社出版的《张学良赵四小姐在台湾的日子》等），影响甚至波及海外，并由此得出结论：蒋是不抵抗主义的始作俑者，而张学良不过是执行者，这几乎成为国内现代史学界的一致看法。

二

东北的迅速沦丧，使全国群情激愤，舆论对其的指责极为尖锐。

《中国周报》在致张学良的信中极尽讽刺，提名张为诺贝尔和平奖的候选人，因为他是“世界上最伟大的和平主义者和救世主耶稣的追随者”。林语堂则挖苦说：“张学良你干得真漂亮，你为我们丢失了大片国土，但为我们保护了大批国宝。”——讽刺张学良收集古董字画的癖好。

国民党元老、广西大学校长马君武于11月20日在上海《时事新报》上以《马君武感时近作》为题发表了打油诗《哀沈阳》二首，其中一首尤为出名：

赵四风流朱五狂，翩翩蝴蝶最当行。
温柔乡是英雄冢，哪管东师入沈阳。

当然，与这种辛辣的讽刺相比，更多的则是咒骂和充溢于字里行间的愤懑。就在人们骂声四起之时，热闹一时的热河抗战旬日之内又草草收场。张学良自觉重责难逃，于1933年3月7日发出通电，称自己自东北沦陷后，原想戴罪图功，勉求自励，谁知热河之战，未逾旬日，失地千里，故此引罪辞职。3月9日，蒋介石从江西“剿共”前线赶至保定，对张学良说：“现在全国舆论沸腾，攻击我们两个人，我与你同舟共命，若不先下一人以息全国愤怒的浪潮，难免同遭灭顶。”张学良当即表示自己辞职。

3月12日，国民政府正式下令免除张学良本兼各职。

至此，人们往往把舆论的谴责、张学良的下野尤其是蒋介石的此番谈话，看做是张学良代蒋受过、成为蒋介石替罪羊的有力证据。

要弄清史实真相，首先要搞明白不抵抗命令究竟是谁下的。

还原历史，要靠扎实的资料。2006年3月底，美国斯坦福大学胡佛研究院档案室公开了蒋介石的日记（部分）后，笔者辗转寻到该日记的原文，现将“九·一八”事变后几天蒋介石日记抄录如下。

> 9月18日：“早起批阅。与妻谒陵告辞。九时半登永绥舰，下关街中水深三尺，甚为忧虑。舰中无侣伴，寂寞不堪。下午研究地图，看中山全集，筹划对粤对匪策略。……”
>
> 9月19日：“雪耻，人定胜天。昨晚倭寇无故攻击我沈阳兵工厂，并占领我营房，刻接报已占领我沈阳与长春，并有占领牛庄消息，是其欲乘粤逆变之时，内部分裂，而侵略东省矣。
>
> “判逆毫无悔祸之心，国民亦无爱国之心，社会无组织，政府不健全，如此民族，以理论决无存于今日世界之道。而况天灾、匪祸相通而来之时乎？
>
> “余所恃者惟一片爱国心。此时明知危亡在即，亦惟有鞠躬尽瘁，死而后已耳。”
>
> 9月20日：“雪耻，人定胜天。日本侵略东省是已成之事，无法补救。如我国内能从此团结一致，未始非转祸为福之机。故对内部当谋团结也。因沈阳、长春、营口被倭寇强占以后，心神哀痛，如丧考妣。苟为我祖我宗之子孙，则不收回东省永无人格矣。小子勉之。
>
> “内乱平定不遑，故对外交太不注意，卧薪尝胆，教养生聚，忍辱负重，是我今日之事也。

"上午与敬之、真如、天翼协商，下午从南昌出发回京。"

9月21日："雪耻，人定胜天。团结内部，统一中国，抵御倭寇，注重外交，振作精神，唤醒国民，还我东省。

"下午二时到京。约会干部。余主张：日本占领东省事，先提（交）国际联盟与非战公约国，以求公理之战胜；一面则团结内部，共赴国难，忍耐至相当程度，以出自卫最后之行动。

"对广东，以诚挚求其合作。一、令粤方觉悟，速来南京加入政府。二、南京中央干部均可退让，只要粤方能负统一之责，来南京改组政府。三、胡、汪、蒋合作均可。"

9月22日："雪耻，人定胜天。

"上午到市党员大会，余讲至'国存与存，国亡与亡'之句，有一人讥为'言过其实'一语。余心为之碎。由此可知，人心已死，图亡无日，哀痛之至，抛碎茶杯，撕破倭本，不觉失态。余复言：我在日本炮火之中不止一次。倭寇在济南炮击机射，余实倭炮中遗留不死之身，决非夸词耳，乃益悲愤。因知爱国者多，而亡国者少，国事犹可为也。

"下午请稚晖、季陶详述余之怀抱与感想，要胡、汪合作，余交出政权之意。

"悲戚痛楚，欲哭无泪，哀丧未有如此之甚也。"

9月23日："雪耻。人定胜天。

"昨日国际联盟会决议，中日两国停止战时行动，双方军队退回原防，听候联盟会派委员查察裁判。此实为一外交之转机，亦对内统一之机。如天果不亡中国，则此次外交当不致失败也。

"汉卿派万福麟来京要求外交早日解决，所以官长之财产与东北之痛苦之念，闻之心痛。粤方勾结倭寇以召外侮，图谋推倒中央为快，东北又为一部分之利害急谋解决，不问国际地位与国际形势，以及将来单独讲和之丧辱。呜呼，外海既急，国内政客官僚非卖国即畏敌，如此民族不亡何待？此次国际联盟既出面干涉，如我国内不能一致对外，则中国从此无人格矣，忧焚无已。

"晚与万福麟详谈外交形势与东三省地位，与其单独交涉而签丧土辱国之约，急求速了，不如委之国际仲裁，尚有根本胜利之望。否则亦不惜与倭寇一战，以决存亡也。”

9月26日：“雪耻，人定胜天。

“闻暴日不接受国际联盟通知，并主张中日直接交涉，而国联态度因之转化，从此暴日势焰更张。如果直接交涉或地方交涉，则必无良果。我不能任其臬（嚣）张，决与之死战，以定最后之存亡。与其不战而亡，不如战亡，以存我中华民族之人格。故决心移首都与西北，集中主力于陇海路也。”

从上述日记可以看出如下几点事实：

一是从9月18日起蒋介石就离开了南京到达南昌，20日才离开南昌，于21日下午返回南京。

二是9月19日蒋介石是从上海和南京方面获悉“九·一八”事变发生。事实上，上海、南京的报纸，也只是在19日才报道了日军攻袭沈阳的消息。

三是蒋介石得知这一事变后，他在日记中记下的心情是：“雪耻”、“余所恃者惟一一片爱国心，此时明知危亡在即，亦惟有鞠躬尽瘁，死而后已耳”等等。尽管当时蒋介石也有软弱的一面，如幻想国际联盟主持正义，帮助中国；日记表白也大于实际实行，但也绝无虚伪造作之词，显然与所谓命令不准抵抗、任由日本为所欲为的说法大相径庭。

日记一般无假，因为此为私密空间，所记者纯系当日发生之事以及感想，而当初所记亦不为日后或死后发表。从上述引证蒋氏日记分析，可以得出一个重要结论——“九·一八”事变发生时，蒋介石曾十几次电令张学良不抵抗几乎是不可能的。

三

1990年，日本广播协会采访张学良时，张坦言：“‘九·一八’事变时，我认为日本利用军事行动向我们挑衅，所以我下了不抵抗命令。我希望这个事件能和平解决。……我对‘九·一八’事变判断错了。”“是我自己不想扩大事件，采取了不抵抗政策。”“当时没想到日本人会大规模地进攻，所以判断，不可乘日本军部的挑衅而扩大事件。”“到现在有很多学者认为是国民中央政府下达过不抵抗指示。”“中央不负责任。所以，我不能把‘九·一八’事变中不抵抗的责任推卸给中央政府。”

但日本广播协会的采访录认为：“关于不抵抗政策，张学良极力证明并非蒋介石的责任。考虑到他现在所处的立场,不得不做如是说。”意指张学良身居台湾。出于处境，不能不这样说，上述不能代表张的真实思想。

其实不然，张学良从来是好汉做事好汉当的性格。一般来说，他不大会屈从于形势，言不由衷。特别是到了1990年，不仅蒋介石早已逝去，蒋经国亦已辞世，他已基本上获得自由。是年6月1日，台湾政要张群等人和张学良的亲友在台北市圆山大饭店公开为其九秩寿庆，或可视做张学良获得自由的一个标志。

日本广播协会采访张学良后不久，张即赴美访游。假如说，蒋氏父子尤其是蒋介石在世时，张学良谈历史问题还有所顾忌的话，这时他应是可以直言了。也正因为如此。他才会主动邀请曾任哥伦比亚大学哲学教授、著名华人历史学者唐德刚博士（2009年10月26日在美国旧金山家中去世，享年89岁），于1990年1月至5月间，在其台北北投寓所和饭店，录下了口述历史12盒录音带。

1991年，张学良赴美在纽约期间，又主动要求与哥伦比亚大学年轻留学生座谈抗日战争历史，由此引发了哥大“口述历史部”与其合作。

四

1991年5月28日。张学良在纽约曼哈顿中城贝公馆接受纽约东北同乡会会长徐松林偕老报人李勇等8人访谈时，有人提问：“1981年，大陆拍摄的电影《西安事变》说：蒋介石下手谕（如《张学良与赵四小姐在台湾的日子》一书第105页，笔者注），令你对日本侵略采取不抵抗政策。究竟有没有这道手谕呢？”张学良立即回答：“是我们东北军自己选择不抵抗的。我当时判断日本人不会占领全中国，我没认清他们的侵略意图，所以尽量避免刺激日本人，不给他们扩大战事的借口。‘打不还手,骂不还口’是我下的指令,与蒋介石无关。”

张学良不止一次谈及“九·一八”事变时不抵抗问题，他都是这样说的。

他不仅公开答记者问如是说，即在私下对他所信任的人也同样是这样讲的。有文章说："九·一八"事变发生后，蒋介石曾给张学良十余件电报函件，令其不抵抗。张的部下王卓如、阎宝航建议他将这些电报妥为保存。后来张学良夫人于凤至让其赴欧考察时，特地保存在伦敦汇丰银行保险柜中。

也正因为这些函电，西安事变后，于凤至即以此威胁，使国民中央政府和蒋介石不敢加害张学良。但有的学者指出：阎宝航、王卓如晚年均在大陆，也写过有关张学良的文章，但均未提及将不抵抗命令原件存于汇丰银行这样的大事。

据为张学良所信任、替其记录口述历史的哥伦比亚大学女学者张之宇和张之丙姐妹记载："张氏曾自疚，告诉笔者：我是封疆大吏，对苏、日关系，平时我有自主权，不能说有了事，就推卸责任。外间传说我有蒋介石先生不抵抗手谕存在于凤至手中，是扯淡。于凤至不是那种人。"张学良说：是我的责任，不能诿过他人。

而唐德刚录下的 12 盒录音带，则记载了张学良回答唐询问"九·一八"事变不抵抗问题的一段谈话。他对"不抵抗命令"有如下一段记述："我要郑重地声明，就是关于不抵抗的事情，'九·一八'事变不抵抗，不但书里这样说，现在很多人都在说，这是中央的命令，来替我洗刷。不是这样的。那个不抵抗的命令是我下的。说不抵抗是中央的命令，不是的，绝对不是的。"张学良说，"我下的所谓不抵抗命令，是指你不要跟他冲突，他来挑衅，你离开他，躲开他。"他解释当时他为什么下令不抵抗：因为过去对日本的挑衅，一直"都是大事化小，小事化了。我当时也是大事化小、小事化了。……东北那么大的事情，我没把日本人的情形看明白，……我就没想到日本敢那么样来（指用武力侵占整个东北，笔者注），我对这件事情，事前未料到，情报也不够，我作为一个封疆大吏，我要负这个责任。"张学良说明："这就是我给你的解释。不抵抗，不能把这个诿过于中央。"

唐德刚说："我们听了 50 多年了，都是这个说法呢，都说是蒋公给你的指令呢！""……都说蒋公打电报给你，说吾兄万勿逞一时之愤，置民族国家于不顾。又说你拿着个皮包，把电报稿随时放在身上。"唐德刚探询地问张学良。张回答说："瞎说，瞎说，没有这事情。我这个人说话，咱得正经说话。这种事情，我不能诿过于他人。这是事实，我要声明的。最要紧的就是这一点，这个事不是人家的事情，是我自个儿的事情，是我的责任。”

张学良自述，“九・一八”事变发生后，下不抵抗命令者，是他自己，而非中央政府。这是对“不抵抗主义”责任最有力的澄清。

五

为了有助于说明问题的实质，笔者在位于西子湖畔的浙江省档案馆的库藏资料里，找到了该馆珍藏的一封张学良当年的亲笔信。

这封亲笔信是写给在山海关、时任陆军步兵独立第九旅中将旅长何柱国（1985 年 9 月 3 日病逝于北京）将军的，时间是在 1931 年 10 月 9 日至 12 日，即“九・一八”事变爆发之后，日寇的侵略行径正在不断升级之时。

柱国兄：

函悉，因候罗总长（即罗文干，1928 年被聘为东北边防司令长官公署顾问。笔者注）由粤返平昨日乃到，确知粤中情形后，再复兄信，现和议进行甚顺利，弟已派罗总长昨日即刻返沪，参加和议，以便悉其内容。看现在情形，兄可不必再去广东，兄之热心可嘉，因弟不愿兄离开榆关重地也，所以候粤信，知有眉目，非不得已，必兄去广东，才可去。因现在我们已半亡国军人，所服任务，恐兄去旅中乏人照料，而山海关又甚关重要。非兄乏人可胜此大任也。

现在最重要者，要确实团结，上下一心，外可以御强敌，内可以除卖国贼。弟十分痛心者，真有不是人类者，确愿作李完用（朝鲜国历史上的大卖国贼，笔者注）。第二，只求目前一点小利禄，言之不觉泪下。夫人必自恶而后人恶之，国必自亡而后人亡之，可叹！我生此时，亲眼看见卖国奴，真使我五衷如焚，恨不得食彼辈肉而方快，切盼我兄，训咱将卒，内忧外患纷来，此正男儿报国时也。敌国尚有可和之议，卖国奴非杀不可！弟书时心火上升，不修辞句，谅兄知我心矣。

此信写了三天，今日忽接唐少川（即唐绍仪，笔者注）电又唱高调（蒋下野，另组新政府）。可叹，到这步天地，大家（大老）还不牺牲一切，一致对外，真伤心痛狂，不怪人民之不爱戴，敌人之看不起也，弟五衷如焚，写了个乱七八糟，阅完切要一焚，以免落人手笑我也。

如见对公对私，有所见，切不要客套，常来信为要。

弟良手奏

十月九日书，十二日完成

此信写得十分明白，不用再作分析。这封成文于特定历史时期的信件蕴涵丰富的历史信息，即是研究“九·一八”事变也是探索西安事变的重要史料。

六

分析张学良实行不抵抗政策的原因是多方面的，首先是失败主义思想严重。蒋介石就对日本所拥有的强大军事实力有着近乎本能的恐惧。蒋认为，中国没有现代作战的条件，中国枪不如人，炮不如人，日军一旦发动战争，3 天之内就可灭亡中国。张学良的思想在这一点上与蒋介石如出一辙。

1928 年 10 月，张学良对东北大学学生说，他曾到日本考察，看到群机狂飞、多艇跃水的浩大场面，认为日本的一切军备都优于我们，要求学生们卧薪尝胆，发奋图强，以待将来。万宝山事件发生后，经与蒋介石交换意见张学良于 7 月 6 日致电“东北政务委员会”，称此时如与日本开战，我方必败，败则日方将对我要求割地、偿款，东北将万劫不复。亟宜力避冲突，以公理为周旋。可见，当时张学良的头脑中笼罩着严重的恐日情绪。

第二，保存东北军实力与依赖中央思想。张学良毕竟是脱胎于旧军阀的地方实力派，个人和小集团的利益在他心中占有相当分量。

皇姑屯事件后，集国恨家仇于一身的张学良不顾日本的反对，于 1928 年 12 月 29 日通电易帜，改“奉天市”为“沈阳市”，取得东北的统治地位后，他首先枪毙了亲日派人物、东三省兵工厂总办杨宇霆和黑龙江省省长常荫槐。

就在张学良励精图治，欲与日本周旋到底的时候，蒋、冯、阎中原大战爆发，张学良也成为各方争夺的对象。1930 年 9 月 18 日，张学良发出“通电”，挥师入关，站在蒋介石一边，被任命为全国陆海空军副总司令兼东北边防司令长官，从此坐镇北平，统摄华北及东北半壁江山，成为北中国的第一号人物。应蒋介石之邀，张奔赴南京与蒋会面，还拜了兰谱，成为结义兄弟。

而对日军日益猖獗的挑衅，张学良认为，东北军守土有责，本应与日本拼死一搏。但日本之强，决非东北一偶所能抵挡。何况蒋介石曾经三令五申，无论日军如何寻衅，我方绝对不予抵抗。若东北军违令作战，势必后援不继，其结果不仅东北不保，而且将祸及全国，造成更大的灾难。因此，为避免无谓的牺牲，不如暂率东北军退入关内，发奋图强以待将来复土雪耻。事变发生的头两天，张学良与其主要将领及平津名流们商讨应变方略时就是这样讲的。由于东北军的许多将领与张学良一样恐日病严重，入关后又同他一样贪图安逸；而那些所谓社会名流有的依附于张，有的是亲日派，有的干脆就是汉奸，自然均以少帅的意见为尊，主张对日军的进攻不予抵抗了。

第三，贪图安逸，意志消沉。张学良晚年曾坦诚对人说："我年轻时什么都来，最喜欢女人和赌博。"入居平津后，贪图安逸，度尽追欢求乐、纸醉金迷的荒诞生活。众所周知，身为三军统帅，张学良竟有吸毒的嗜好，且由来已久，以至于不可自拔。刚刚30出头，昔日英俊飘逸、神采飞扬的少帅变成面黄肌瘦、如同耳顺之年的小老头儿。

以这样的统帅，以统帅这样的精神和身体状况，又怎样指望他的部下能在侵略者面前三军用命、奋起抵抗呢？

七

结合前述史实，还可作如下分析：

第一，"九·一八"事变时，向东北军下达"不抵抗"命令的，是张学良而非蒋介石。诚然，蒋介石是不抵抗政策的始作俑者，张学良也确实为蒋介石解了围。但笔者认为，问题的关键在于张学良"代蒋受过说"流于笼统和宽泛，是不确切，在本质上也是不成立的。如果仅以张学良身背骂名，被迫下野是委屈的冤枉的，那么这种委屈、冤枉同东北的沦丧、东北人民14年所受的苦难相比又算得了什么？

第二，事变前，尽管有蒋介石"攘外必先安内"的武力统一政策，但早有"将在外，君命有所不受"的古训。面对日寇侵略，守土有责的张学良理应奋起自卫。

不妨看看稍后“一·二八”事变中蒋光鼐、蔡延锴们的英雄壮举：“光鼐等分属军人，惟知正当防卫。捍患守土，是其天职，尺地寸草，不能放弃。为救国保种而抵抗，虽牺牲至一卒一弹，绝不退缩；此志此心，可质天日而昭世界。”字字铿锵，掷地有声。所谓君命不可违的说法，在十九路军将士们的义举面前不是太苍白无力了吗？

第三，当时的民众、舆论和东北军的中下级军官都要求坚决抵抗。日军进攻北大营时，士兵们“怒呲欲裂”、“群请一战”，及至退出北大营时还问何时反攻回来，即是明证。当时总的形势是敌强我弱，要想完全制止日本对中国的侵略不大可能，但公道在我，东北军在数量上又占绝对优势（事变发生时，留驻东北的东北军尚有16万之众，而日军仅有1万多人），因此只要奋起抵抗，粉碎关东军最初的进攻还是有可能的。

第四，如前所述，张学良当时不是一般而是非常忠实地执行了不抵抗政策，翻捡一下当时的史料，张学良的不抵抗言论简直可以说是俯拾即是。他自己也说，事变发生时，自己曾严饬部下“绝对不抵抗，尽任日军所为”。当晚，进攻北大营的日军不足300人，而驻守此地的王以哲旅就有8000之众。

每每捧读幸存者的回忆录，那字字血泪怎能不使人义愤填膺、拍案而起呢？而执行不抵抗政策给中华民族所带来的灾难又岂是语言所能尽述！张学良自己也感叹“由余手失去东北，余心永远不安”。并忏悔道：自己不战而退，虽属奉命，实际上是丧权辱国。所以张学良才视学生、民众和中下级军官对自己的谴责是出于爱国热忱。

笔者认为，从本质意义上说，所谓张学良“代蒋受过说”是不能成立的。人们讥责其为“不抵抗将军”是有充分理由的，也是可以理解的。长期以来，人们出于为尊者讳的心理，对张学良在西安事变后所遭受的数十年苦难的幽禁生涯的深切同情，从风华正茂的38岁关到了老态龙钟的83岁，有意无意地忽略或无视这一点，是不明智的短视之举。否则，它会成为一切渎职者敷衍塞责的借口。事实上客观事实地承认这一点，完全无损于他后来为结束10年内战、发动西安事变，而促成第二次国共合作，为中华民族所做出的历史性贡献，反而更能说明其转变的难能可贵。这也就是写作本文的意义所在。

东北军里的第二次“西安事变”

王统富

1940年9月22日。在山东省临沭县朱仓乡东盘村——国民党57军（原东北军）军部所在地，爆发了捉拿亲日反共的国民党57军军长缪澂流的“九·二二”锄奸运动，亦称东北军里的第二次“西安事变”。领导指挥这次锄奸运动的人就是向张学良提出对蒋实行兵谏、促成“西安事变”的中共地下党员、国民党57军111师师长常恩多。

投笔从戎，力促“西安事变”

常恩多，1895年出生于辽宁省海城市东三平台村一个贫苦的满族农家。年幼时，父母先后辞世，寄养于族伯家。19岁那年，在海城师范学校毕业，当了一名小学教员。5年后，他耳闻目睹外国列强侵略中国的暴行，怀着民族仇恨，毅然投笔从戎，开始了他的军事生涯。1922年，他被保送到东北讲武堂学习，后在奉军历任连长、营长、团副等职务。“九·一八”事变时，已担任东北军71团上校团长的他，目睹东北大好河山沦入敌手，义愤填膺，声泪俱下地向全团官兵说：“咱们是东北父老用血汗养育起来的队伍，要誓死保卫东北国土。”由于蒋介石推行“攘外必先安内”的反动政策，他杀敌报国的愿望未得到实现。1934年，东北军被调往湖北红安地区，进剿徐海东领导的红二十五军。为人正直、倾向革命的他，对此痛心疾首。有一次，他与前来该团采访的东北军总部《军事周刊》记者、中共地下党员王再天秘密接触，并从此结为挚友。1936年1月25日，毛泽东、周恩来、彭德怀等红军领导人，发出《致东北军全体将士书》，表示愿意同陕西进攻红军的东北军首先停战联合抗日。他认为这个文件写得“字字血，声声泪，它使每一个有良心的东北军人佩服，每一个有志气的中华儿女拥护”。

1936年7月，已升任师长的常恩多，被调到西安的军官训练团，担任第四大队的大队长。这个训练团是由张学良和西安绥靖公署主任杨虎城联合举办的。在这里，他参加由中共东北军委员会领导的进步军官组织“东北抗日同志会”。为抗日救国，广结同志，经常和已担任“西北剿总”少校联络参谋的中共地下党员王再天，谈论政治形势和国家的命运。在他的要求下，由王再天介绍，红军总参谋长叶钊英同志接见了他，跟他畅谈到深夜。经过多次谈话，他对共产党的性质，奋斗目标和政治主张，有了进一步的了解，他深深地认识到，只有共产党才能救中国。后来，他离开训练团，回到部队驻地——合水。

1936年12月10日，常恩多奉命到总部晋见张学良将军。那时蒋介石正在西安策划和督促对陕北红军的进攻。面对蒋介石不打日本侵略者，而转向攻打红军，他异常愤怒。他利用自己是张学良爱将、亲信这一特殊关系，决计利用这次晋见之机，向张学良提出对蒋介石实行兵谏的建议，为此，他成了外人很少知道的促成事变的第一人。张学良采纳了他的建议，震惊世界的“西安事变”最终爆发。事变发生后常恩多万分振奋，根据张学良的布置，率111师开赴渭南、潼关一带，捍卫西安，曾多次击溃来犯的国民党中央军。后来，蒋介石背信弃义扣留张学良，常恩多气愤之下，决定率部北上当红军。他派少校参谋孙立基秘密到三原县红军前防指挥总部和彭德怀联系，彭德怀为了维护刚刚促成的联合抗日的新形势，没有答应他的要求。他要孙立基回复常恩多，仍留在东北军，秘密和红军联合抗日。

为锄奸，发动东北军里的第二次“西安事变”

“西安事变”后张学良在南京被扣，东北军除了部分被解散外，大部被改编成国民党57军。“七・七”事变时，常恩多率部驻在河南周口镇，他对中国共产党发出的“筑成民族统一战线的坚固长城，抵抗日寇的侵略”的通电热烈拥护。7月27日，常恩多的部队开赴江苏长江北岸担任江防。临别前幼子常克提出要到陕北当红军的愿望时，他欣然同意。他说："延安固然艰苦，但窑洞里都是中华民族的精英，你有能力就好好施展吧。"担任靖江、南通、如皋、海门、启东一带江防司令的他，深入防区修筑工事，时刻准备给来犯之敌以重创。在搞好江防的同时，他对共产党派来111师担任少校秘书的王维平（原名王振乾）和参谋处上尉书记张苏平两名地下党员十分欢迎，党中央对常恩多也十分关心。周恩来曾亲笔写信勉励他努力杀敌，为国立功。信的最后写道："主动在我，命运自决，光明在望，后会有期。"常恩多看后，非常欣慰，深受鼓舞。此后，他率部先后参加了扬州保卫战、台儿庄会战、盐城、阜宁和徐州攻坚战等，杀敌英勇，战无不胜，功勋卓著。在台儿庄会战中受到通电嘉奖。常恩多因此被誉为"常胜将军"、"真正打鬼子的将军"。

为了进一步密切111师和中国共产党领导的抗日军民之间的关系，常恩多除了把111师从敌伪那里缴获的武器、弹药送给八路军和抗日游击队外，他还提出"团结友军，亲如兄弟"的口号，鼓励官兵和八路军多来往。两军之间出现了互通情报、互相支援的可喜局面。这样，也增进了他对共产党的认识，增强了他对共产党的感情。他经常找地下工委的王维平反映思想情况，并多次恳切提出申请加入中国共产党。地下工委把他的愿望向中共中央山东分局作了汇报。分局派统战部长郭子化到常恩多驻地大于庄进行考察。1939年春，常恩多经山东分局批准，正式加入中国共产党，成为特别党员。从此，入党后的常恩多在党的领导下，奋斗目标更加明确。1939年冬，日寇千余名出动骚扰莒南、日照等地，他率部在十字路镇的王家庄将敌包围，在八路军的配合下，歼敌200多名，缴获野炮一门，还有很多枪支、弹药和军用物品。战斗结束后，两军联合举行了庆祝会，山东《大众日报》曾以《国共两军配合作战的典范》为题，发表文章，高度评价了此次胜利的重大意义。广大爱国群众也热情赞扬说："八路军、111师才是真正打鬼子的队伍。"

1940年夏，国民党掀起第一次反共高潮。在57军内部，一种反共投降论调甚是嚣张，该军政治部主任宋迪玺经常说："鬼子不可怕，可怕的是共产党。"高级参谋兰赓年为"鬼子不打自己，专打八路军"而拍手称快。军长缪澂流则更为猖狂，他在纪念《七·七》大会上竟然埋怨张学良。他说："要是没有'双十二'，共产党早已消灭了。"他还以鲁南游击区总指挥的身份，布置鲁南、苏北 17 个县的国民党县长进行反共。不仅如此，缪澂流还派他的亲信、少校副官李光烈几次赴苏北东海桃林镇，跟日本军鹫津师团达成“共同防共，互通情报”的协议，继而由缪澂流亲自指挥的 666 团的郝、王两连，公开携械投敌。常恩多听到上述消息，异常震惊，便密切注视着事态的发展。1939 年 9 月 12 日，缪澂流在和副军长朴炳珊、军政治部主任宋迪玺秘密策划之后，第二天，分派少校副官李光烈、665 团团长董翰卿和参谋处上校课长于文清为代表，去桃林镇跟日军作投降反共谈判。

于文清对于这种卑鄙的投敌勾当，深感苦恼，但又迫于缪澂流的威势，不敢拒绝，便找 333 旅旅长、中共地下党员万毅诉说苦衷。为了大局，万毅劝他忍隐成行，掌握他们投敌内情后，再研究对策。9 月 14 日，董翰卿等三人到桃林与日本鹫津兵团的代表，大尉参谋辛修三、顾问新容幸雄见面。双方谈判时提出，一互不侵犯，并规定联络信号，以免发生误会；二共同防共，日方打八路军，五十七军也要打。各自防区潜伏的共产党，自行剿除。回来时，他们还带回一批敌人给的手巾、肥皂、月饼、酒、香烟和武侠小说等。

于文清参加投降谈判回来后，把详情告诉了万毅旅长。当时正值“九·一八”九周年纪念日，在纪念会上，缪澂流公然宣称：“国民党根本不应该听信共产党的挑拨离间，去跟日本作战。中国的敌人是共产党，是‘赤匪’，中国今天还是应该剿‘匪’，攘外必先安内。”对他的反动言论和投降活动，常恩多非常气愤。

一场反对投降的风暴就不可避免地发生了。常恩多在东盘南圩子外一间霉湿的单房，与前来汇报缪澂流通敌的万毅秘密交谈，决定对缪澂流及投敌分子采取军事行动，并拟定了锄奸方案。确定 9 月 21 日晚会上，包围军部及会场，逮捕缪澂流等大小汉奸，具体行动由万毅指挥，常恩多负责解决 111 师和 331 旅内的汉奸。

9 月 21 日晚，锣鼓喧天的晚会正在进行着，行动开始了，夜半的黑空里，从万毅旅长手中放出一颗幽绿、一颗明红的信号弹，会场立刻翻飞着红、绿色传单，上面有常恩多亲自写的致《蒋委员长、于总司令血泪电》和“忠心爱国、杀敌锄奸、团结抗战、打回老家”等内容，到 22 日凌晨，除缪澂流因 667 团 1 营营长韩子嘉叛变告密，由 334 旅旅长荣子恒保护逃跑外，通敌的主要策划者和牵线者副军长朴炳珊夫妇，伪北平宣抚班的女间谍徐春圃以及董汉卿，缪澂流的小老婆和养女一同被逮捕。

“九·二二”除奸对日伪和国民党投降派是一次沉重的打击，广大爱国官兵和抗日群众,群情振奋,无不拍手称快。当地群众拿来鸡蛋、土特产慰问锄奸将士，大大鼓舞了士气，扩大了军队的声威，巩固了根据地，密切了与八路军的关系。

为抗日，率部起义，积劳成疾以身殉职

“九·二二”锄奸运动，蒋介石非常恼火，他首先命令把万毅扣留，押送到五莲山前的老君堂，后又转送到徐庄鲁苏战区总部。继而对身患重病的常恩多百般刁难，并以常恩多病重为由，日常工作由参谋长陶景奎主持。陶景奎本就是个反动投机分子，他借机弄权，和331旅旅长孙焕彩、666团团长刘晋武勾结一起，流言蜚语，打击屡立战功的万毅，要置万毅于死地。1942年4月，国民党中央发给于学忠总部急电：“万毅通敌，着即秘密处决。”于学忠感到很为难。因为万毅是一个屡立战功的正直军官，不经公开审理，就秘密处死，难以服众；再说总部又在111师防区，要杀万毅，常恩多这一关也难过。战区总部秘书主任兼政务处长郭维诚，原是张学良的秘书，1933年在复旦大学就加入了中国共产党。他暗中做于学忠的工作。而常恩多知道后则坚决地对于学忠说：“要处死一个杀敌锄奸有功的人,那就请先解散111师,先杀了我常恩多。我可以死,但万旅长必须活着，他活着对部队有利，对抗战有利。”在这种情况下，迫使于学忠不得不先把此事放下。

由于长期的劳累，常恩多病势日益恶化，他自感痊愈无望，对抗日报国不能多做贡献，深为抱憾。1942年8月1日，军医处正式宣布，常恩多的病停止治疗。于是酝酿已久的武装起义的风暴只好提前爆发。第二天，病重的他躺在床上。勉强写出他一生最后的三十五个字：“务要追随郭维诚，贯彻张汉公（张学良）主张，以达到杀敌锄奸之大欲。本师官兵须知。常恩多 八·二。”

为了保证起义万无一失，郭维诚遵照常恩多的指示，交代常恩多的爱将刘唱凯和工兵营王营长，做好扣押反动分子的准备工作，又交代特务连的张德福排长做好师部周围的警戒工作。接着刘唱凯分别给陶景奎、刘晋武及各团团长打电话，通知到师部开会，陶景奎等人误认为常恩多要交代后事，都欣然前来。

他们一到师部，刘唱凯就立即命令卫士缴了他们的枪，并说："师长说师里出了奸细，要出卖 111 师，你们就等候处理吧。"陶景奎顿时吓白了脸，被押到一边去。

1942 年 8 月 8 日，常恩多命令部队移到抗日根据地莒南县王家坊前村，把 3000 多人的部队交给了党和人民。九日凌晨。他含笑溘逝，终年 47 岁。

111 师起义后，中共中央山东分局书记朱瑞、八路军 115 师政委罗荣桓及肖华、黎玉、谷牧等党、政、军领导到 111 师看望部队，他们对 111 师的起义表示了亲切的慰问和热烈欢迎，高度赞扬了他们团结抗日的正义行动。对常恩多的逝世表示深切的哀悼。毛泽东在收到 111 师起义的报告后微笑着说："啊，是东北军少壮派的抗日、反蒋、联共。"立即指示山东分局要改造和建设好这支部队。接着部队在山东分局的领导下进行整编，番号不变，仍为 111 师，名义上师长仍是常恩多，万毅任副师长，郭维诚任副师长兼政治部主任，于文清任参谋长，王维平任政治部副主任，刘唱凯任副官处主任。

由于当时斗争形势的需要，对常恩多的逝世秘而不宣，直到第二年 7 月 17 日才在莒南县朱芦村为他举行了隆重的葬礼。山东省、滨海区与附近各县的党、政、军和人民团体以及区、镇、乡都派出代表前来哀悼这位优秀的中国共产党特别党员，英勇杀敌的民族英雄。

缅共兴亡始末与教训

徐 焰

听过20世纪60年代后期国内政治宣传的人，对报纸和电台上曾大力宣传的缅甸共产党武装都会记忆犹新，部分红卫兵还曾凭着一时冲动搞过“国际支左”。改革开放后，国内报道对缅共不再提及，其灭亡情况也不为人所知。1994年，本人曾到中缅边境考察，听当年“国际支左”的红卫兵谈过这段经历。其实，从自己的影子中往往最容易看到本身的缺陷。缅共的前车之覆，对我们今天的反腐败斗争是很好的镜鉴。

抗日斗争中兴起，学习中共革命道路

缅甸与中国山水相连，历史上交往很深。明朝末年一些反清的内地人逃入缅境，成为“果敢”人的最早祖先。1939年，在英国对缅甸实行殖民统治的末期，德钦丹东等读过马列著作的知识分子发起成立了缅甸共产党。他们在普遍笃信佛教的居民中起初并无太大影响。1942年日本侵略军入缅，打出“帮助大东亚共荣圈内的国家独立”的旗号，当地主张民族独立的德钦党多数领导人竟欢迎日军，只有缅共提出抗日口号，并发起建立反法西斯人民同盟，从而威信大增，连后来长期执政的奈温也曾参加缅共并成为候补党员。

1945年缅共组织反日起义时，曾建立起20000人的武装，在英国恢复统治后成为一支重要力量。1948年缅甸独立时，缅共提出“和平发展”口号，曾放弃武装走和平议会道路，却未获成功。1949年中国革命胜利后，缅共主席德钦丹东提出要“面向东方，学习毛泽东思想”。在此情况下，如何对待缅共，中共中央一时左右为难，拿不定主意。

列宁认为世界革命是连成一体的，按这一原则要求，一国共产党掌权后便有义务支援同一信仰的他国党进行革命，1919 年成立的共产国际便以此原则要求下属各党。但根据现代国际关系的共识，一国又不应干涉他国内政，这种党际关系要求与国际关系准则存在的矛盾，曾使共产党当政的社会主义国家长期陷入“两难”处境。

中国共产党作为执政党开始处理国家外交事务后，很快便感受到理想主义与现实的矛盾，在对外宣传中便停止鼓动世界革命，与缅甸、印度等国政府都建立了正常外交关系。当时周恩来强调，中国想支持各国的革命进步事业，关键是把自己国家建设好，以榜样的作用去影响他人。

缅甸政府于 1950 年初承认中华人民共和国，在社会制度不同的国家中最早同新中国建交，因为缅共的存在，其政府对华自然抱有担忧情绪。1954 年缅甸吴努总理首次访华时，曾于北京饭店的宴会上坦率地讲了自己的心态，那便是：“中国如同大象，缅甸好比羔羊。大象会不会发怒，无疑会使羔羊时刻提心吊胆。”当时因美国大力组织反华包围圈，争取缅甸中立和对华友好，便成为新中国外交政策的重要一环。

1954 年周恩来访问缅甸时，同吴努总理一同发表的联合公报中首次宣布了和平共处五项原则，在强调不干涉他国内政时又说明“革命是不能输出的”。周恩来、刘少奇访缅时，也都说明中国从来没有支持缅共来推翻政府，并以朋友的态度表示希望缅甸政府领导人与缅共坐下来一起谈，中缅两国关系由此进入非常友好的时期。

1955 年以后，缅共因得不到实际外援，开始与政府和谈，其内部也分裂为“白旗派”和“红旗派”。60 年代初中苏分裂后，缅共重新凝聚起来并表态支持中共，并自称“国际共运由 ABC 支撑”。所谓 A，即是 Albania（阿尔巴尼亚），B 即是 Burma（缅甸），C 指 China（中国）。缅共俨然与阿尔巴尼亚、中国并列为马列的最正统继承者。当时中共因在国际共运处于孤立状态，自然欣赏这一表态。1964 年 9 月，缅共中央会议上提出“赢得战争，夺取政权”的路线。不久，缅甸国内发生了经济动荡和大规模学潮，在此形势下缅共于 1966 年进入了鼎盛期，其根据地在国内发展到 9 块，人口近百万，还建立了 30000 军队。

“党内革命”，内部滥杀，人人自危

1966年夏，中国掀起“文革”风暴，缅共中央很快加以仿效，其根据地内每个村口都搭起竹木做的牌坊，上面并挂毛泽东、德钦丹东像，每天人们都要举行宗教仪式般的“早请示、晚汇报”。从1966年底起德钦丹东还展开了“党内革命”，将与他过去有派别纠纷及不同意见的领导人，都上纲定为“修正主义分子”，随后又模仿中国的政治口号，将他们宣布为“刘少奇反革命修正主义路线在缅共的代理人”。此时的中国因处于极“左”思潮泛滥的状态，对缅共公开表示支持，1967年允许缅共第一副主席德钦巴登顶在群众集会中亮相，《人民日报》还刊登了他的文章《缅甸的蒋介石——奈温军人政府必败！人民必胜！》。

缅共党内此时的斗争方式，完全重演了中共在20世纪30年代内部“肃反”的悲剧。在德钦丹东直接掌握勃固山脉的中央根据地内，所谓“党内革命”进行得最为残酷，斗争方式是一撤职、二开除、三处决，为节省子弹，对被批斗者都由“红卫兵执法队”用竹尖刺死。两年前政府镇压学生运动时逃到根据地的大批青年知识分子，过去曾被认为是“革命新鲜血液”，随着深入清查成分，这些家庭出身较富裕的学生几乎全被杀光。

看到缅共内部发生大动乱，政府军于1968年春季以后，以主力第77师、第88师向勃固山区进攻。德钦丹东提出“以我们的进攻粉碎敌人的进攻”，采取硬打硬拼，反对这一主张的军队领导人波吞迎于同年8月底被公审处决。内部滥杀造成了人人自危，缅共中央办公厅主任巴刻被定为“反革命修正主义分子”后，逃至仰光，下层也掀起投降风潮。同年9月，众叛亲离的德钦丹东被迫撤出中央根据地向东转移，9月24日在途中休息时被身后的警卫员谬苗开枪打死，此人随之也向政府投降。事后，缅共另一个副主席德钦辛接任中央主席，并宣布“谬苗”是“敌人派来的奸细”，中国《人民日报》于1969年全文登载了这一公告。缅共这种遇灾祸不检查自身缺点，反而一味推诿客观原因的做法，只能延续错误。

缅东北根据地由第一副主席德钦巴登顶直接掌握的“中央远方委员会”领导，在“党内革命”中注意学习毛泽东强调的“一个不杀，大部不抓”，政策上多少宽大些。缅共中央转移到当地后，背靠云南边境，周围多是少数民族，政府军进攻也缓和了许多。但新任主席德钦辛继续沿袭德钦丹东的极“左”一套，于1975年春在与政府军作战时战死，德钦巴登顶回国接任主席。1971年，缅甸领导人奈温再度访华，中缅两国政府恢复了友好关系，缅共得到的外援随之减少。此后十年间，缅共主要靠佤族山民和果敢等地的武装来勉强支撑，成员中还有不少抱着“世界一片红”幻想而越境的红卫兵。

毒品开禁，利益击败理想

缅共中央退到贫瘠的东北山区时，根据地内百姓粮食自给尚未不足，百年来都是靠种植贩卖鸦片弥补生计。对“人民军”及脱产干部20000多人自然难以供养。缅共领导人多年间习惯于住茅屋、穿草鞋，身无私物，中央级领导才配一台中国产半导体收音机以了解新闻，便以自身榜样号召学习“延安精神”，干部战士都耕地生产。由于当地自然条件差，种粮收获不多，缅共只好严重依赖外援“输血”，起初还严禁任何干部战士参与当地鸦片贸易。

1976年中国粉碎“四人帮”后，开始调整对外政策，70年代末完全中止了对缅共的支援。严重依赖外援而自身又没有“造血”功能的缅共，为增加收入，于1978年内在东北根据地进行了“阶级排队”，按中国土改的模式清查地主、富农。其实当地丛山中的经济形态还处于原始社会后期，阶级分化尚不明显，连土地买卖都未产生，哪有什么“地主”！硬性采取的“阶级排队”，只能将住竹楼、养水牛和口粮勉强够吃的人划为“地富分子”，并展开斗争没收他们几背篓就能装下的可怜财产。同时，为了满足下属的四个军区和十个县委的拨款要求，缅共中央政治局只好在根据地加收粮米，结果造成大批百姓逃亡。

当缅共在经济上捉襟见肘、陷入困境时，一些人提出利用鸦片贸易解决经费来源。在中国深受传统教育的德钦巴登顶主席坚决反对，认为影响既坏又会腐蚀队伍。但缅共领导人政治威信此时已大幅下降，无法约束下属。各军区见部队仅能吃盐水泡饭，决定自筹经费，不择手段“创收”，德钦巴登顶主席最后只好妥协。

缅东北山区中的特产有柚木和宝石，当地人却缺乏销售经验和渠道，只有对鸦片最为熟悉。70年代末缅共开始进行秘密的“特货”贸易时，中央曾做出严格规定，只限指定的“五一小组”经营，得钱全部归公，不许向中国贩运，也不准在“解放区”内销。其外销方式是将老百姓种植的大量鸦片提炼成“黄砒”，以秘密渠道向泰缅边境输送。当时缅共只允许加工“黄砒”，主要出于两方面考虑：一是“黄砒”体积较之鸦片要小得多，便于运输；二是“黄砒”不能直接吸食，当地老百姓即使得到也没有用，便能达到不毒害解放区人民的目的。

缅共中央的这番考虑用心不可谓不苦，然而潘多拉的盒子一旦打开，放出来的魔鬼就难以控制了。“五一小组”将鸦片生意作为中央主要经费来源后，四个军区乃至一些游击队看到毒品的巨额利润，也纷纷经营此道，获利后留为单位小金库或直接收入私囊。缅共过去的“党内革命”已把知识分子为主体领导的党委、党支部砸烂，各民族武装实际形成了首长个人专权，经商后造成“枪—钱”结合，变成中央无法控制的一个个“独立王国”。80年代中期以后，缅共“人民军”各部都各显神通赚钱，一些单位由贩黄砒发展为直场卖鸦片，甚至设厂加工海洛因，缅共中央的禁令在拜金主义冲击下完全失效。

据知情者透露，至缅共后期，除德钦巴登顶等几个人还洁身自好，其他中高级干部都或多或少卷入鸦片贸易。归公的经费越来越少，某些领导（包括个别政治局委员及其亲属）个人的腰包却畸形膨胀起来，有的军区司令员还由茅棚住进了模仿云南私人豪宅而修起的小楼，根据地内还不断出现谋财害命的凶杀，过去生死与共的团结战斗精神荡然无存，因利益分配不均而产生的矛盾不断加剧。

缅共后期，“人民军”的主力已是彭家声的“果敢指挥部”部队和鲍友祥（佤族）指挥的中部军区。他们长期感到“大缅族主义”压制排挤其他民族干部，对中央严重不满，最后发展到对抗地步。此时，德钦巴登顶主席仍然拘守教条，不能与时俱进地提出新理论，制定新政策，僵化的传统政治教育已近乎对牛弹琴。在这种党内凝聚力完全丧失的情况下，随着国际国内大气候的变化，缅共解体已势在必然。

缅共镜鉴：如何跳出盛衰周期

1988年，国际大气候发生变化，缅甸奈温军政府下台，苏貌执政后宣布施行多党议会制和对外开放，对国内各派武装也采取“对话沟通”。缅甸新政府同彭家声谈判并承认果敢地区“自治”，彭本人也决定同无法再革命的缅共分家。前些年彭家声接受记者采访还说，自己很珍惜担任缅共人民军副司令员的多年战斗历史，“3·11 起事”反抗缅共中央是顺应形势和为当地军民谋福利的不得已之举。

1989 年 3 月 11 日，这一天彭家声宣告归顺政府宣告了缅共中央走向覆亡。面对彭部脱离组织，中央主席德钦巴登顶召开政治局常委会，认定此举是“反革命叛乱”，却已无力镇压。4 月 11 日，佤族县长赵尼来和鲍友祥也起兵包围了缅共中央所在地邦桑，将德钦巴登顶及其他中央领导人“礼送出境”。8 天后，815 军区也宣告脱离缅共领导，成立“缅甸掸邦东部民族民主同盟军军政委员会”。德钦巴登顶和政治局其他几名委员又组成临时中央，于 6 月下旬迁回境内基本由克钦族组成的 101 军区。该军区过去便对中央若即若离，此时司令员丁英接待也不热情。同年 9 月，因缅甸政府又同意这里“自治”，丁英最后通知临时中央要其离开，缅共中央失去栖身之地只好解散。德钦巴登顶再次被“礼送”去一个地方，那里既不干涉邻国内政，对昔日的朋友还会养老送终。

公正地回顾缅共由建立到覆亡的 50 年历史，应该承认，缅甸像德钦丹东、德钦巴登顶这样的知识分子，引来共产主义学说建立党组织，浴血奋斗多年，还是为着国内人民摆脱贫穷压迫的理想。没想到美好的奋斗理想与可悲的结局，差距竟如此之大。缅共兴起于民族解放和阶级斗争，衰败于极“左”的内部斗争，最终亡于腐败，这种教训在不少落后国家带有规律性，有识者不能不站在时代高度进行深层次反思。

一个革命政党，出于对民族、阶级双重压迫的反抗心理，可以一呼崛起，但是如果不能顺应时代要求与时俱进，丧失了无产阶级政党的先进性，当初进行的革命势必会出现异化。其具体表现形式往往是——先由内部狂热的极“左”自残，造成理想破灭，接着又是腐败滋长导致组织崩溃或“易帜”。要跳出这种由盛至衰的周期率，必须始终保持党的先进性和创造力，始终保持党与人民群众的血肉联系，始终保持党的团结和统一。当人们站在云南边境，望着对面那片仍然长有罂粟花的土地，有必要对本国发展道路展开更多的思考。

里根遇刺真相

张　石

枪口脱险

与历次刺杀总统的事件相比，这一次没有阴谋、没有政变、没有死亡，甚至因为刺杀者作案动机的单纯和执迷，为整个事件平添了一丝浪漫的色彩。

1981年3月30日，下午2：25，时任美国第40届总统的罗纳德·里根刚刚参加完一次集会，正准备起身离开希尔顿饭店。他在保镖的簇拥下走到停在饭店门口的防弹林肯轿车旁，向慕名而来的群众挥手致意，并不时对记者们的提问做出回答，此时刚刚入主白宫70天的里根知道这些是身为一个总统例行公事般的必须，但他也许不曾想到，身为一个美国总统会遇到的不仅有欢呼和提问，还有枪声。片刻之后，“砰！砰！……”六声枪响，令所有人意识到悲剧又上演了。里根的贴身保镖，有18年特工经验的杰里·帕尔一把将呆若木鸡的里根推进轿车，用自己的身体掩护总统。而轿车外，白宫新闻秘书詹姆斯·布雷迪左眼上方的前额中了一弹，子弹穿过他的脑袋，布雷迪当即倒下，脸部贴地，额上鲜血流淌不止。副总参谋长迈克尔·迪弗肩头中弹。站在警戒线前背对记者的华盛顿市警察托马斯·德拉亨特，脖颈左外侧中了一弹，倒在布雷迪身旁。另一名特工人员蒂莫西·麦卡锡右下腹中了一弹，也倒在地上。现场立即乱作一团，但6名荷枪实弹的保镖和警察还是在距离总统坐车不到10米的人群中，发现了刺杀者。遂将其团团围住，一举抓获。

死里逃生的里根总统坐在车中，总感到周身疼痛，但帕尔在为他做身体观察时，并未发现有中弹的痕迹，但奇怪的是，里根的嘴角渗出了鲜血。凭着丰富的工作经验，帕尔判断，这是氧化血，里根的肺部一定受伤了。于是他立即命令司机赶往乔治·华盛顿医院。帕尔通过车内电话用总统的代号向上级通报说："罗海德正前往乔治·华盛顿。"

经医生检查，里根确实中弹了，且子弹还在他的体内。正是这颗子弹，击中了里根的左肺叶，危及生命。经过3个小时的手术，医生取出了这枚子弹。这是一颗杀伤力很强的"破坏者"子弹，内置铝制霰弹。杀手一共开了六枪，其中除了击中布雷迪等4人外，另2枪打在里根的汽车上，由于汽车有防弹功能，击中的子弹变形反弹，当时里根距离汽车很近，因此中弹。子弹从他的左肋下射进，击断了第七根肋骨，钻到左肺叶中部，那儿距心脏只有3英寸。12天后，里根痊愈出院，另外中弹的4人，也因抢救及时，保住了性命。

痴情枪手

凶手当场被捕，他是个一头金发的年轻人，名叫约翰·欣克利，26岁，是个无业游民。

欣克利出身于大富之家，其父是德克萨斯州达拉斯市的石油巨头，在科罗拉多州丹佛市拥有一家煤气和石油公司。此外欣克利家族与副总统布什家族关系密切。因此可以说，欣克利的家庭条件十分优越。但是，欣克利从小就沉默寡言，性格内向，与能说会道的哥哥相比，他不怎么受到父亲关注。由于学习成绩一般，欣克利没能考入综合性大学，而仅在一所技术大学就读。与此同时，哥哥却被父亲任命为石油公司的总经理，这使得他备受冷落。大学期间，欣克利一直自由散漫，逐渐脱离了大学生的正常生活。1974年，21岁的欣克利开始了流浪的生活，他居住在洛杉矶好莱坞附近的一处廉价公寓里，终日与地痞娼妓打交道。1976年的一部电影改变了他的生活轨迹。电影《出租车司机》中描写了一个青年人为解救一名雏妓而刺杀总统候选人的情节。欣克利看过电影后，对主演这部影片的女演员朱迪·福斯特一见倾心。尽管当时福斯特还只是个12岁的小姑娘，但欣克利一厢情愿地认为自己找到了真爱。在此后的几年之中，欣克利一直疯狂地爱着福斯特。1980年他打听到了福斯特的地址和电话，便开始频繁给福斯特写情书和打电话。对此，福斯特本人却并没当回事儿，只是把他当作一个狂热的影迷而已。然而，对于欣克利来说，感情在不断升温，使他备受煎熬。影片最后，出租车司机为了表达他对雏妓的爱，选择了刺杀对下层社会不管不问的总统候选人，并在动身前，留下了一封信。而在现实中，欣克利竟真的也选择了一模一样的方式来向福斯特示爱。案发当天，保安人员不仅从他身上搜出了福斯特的照片，还在他住的旅馆里发现了一封尚未投寄的书信：

“亲爱的朱迪：在我企图行刺里根的过程中，可以肯定，我是会被杀的。正由于这个原因，我现在才给你写这封信。你现在十分清楚地知道，我是多么地爱你啊！……朱迪啊，我求你扪心自问，在我干出这个具有历史意义的行动后，给我一个博得你尊敬和爱情的机会吧！我永远爱你。约翰·欣克利”

意志的“胜利”

4 月 3 日，在欣克利被捕 3 天后，他的父母得知了这一消息。惊愕之余，他们开始为儿子的这场情节严重的官司奔走开了。他们重金聘请了全美最好的律师和精神病专家。根据美国检察院对欣克利的起诉，他很有可能因为非法使用武器和谋杀总统、击伤布雷迪、德拉亨特、麦卡锡等 13 条罪行，被判终身监禁。而欣克利的代理律师则以“约翰是个有病的孩子”为由，要求法院按照美国宪法中明文规定的：精神非正常的人对其行为不负责任，撤销对欣克利的指控。辩方出示了多方专家为欣克利做的检查证明。为了鉴定欣克利的精神状况，法院指定了一名精神病专家对欣克利作了 3 小时的检查，专家的结论是：精神正常，应该接受审判。但辩方律师马上提出反驳意见，最后法官不得不决定把欣克利送至联邦教养院作为期 3 个月的精神病检查。在此后的 1 年中，围绕欣克利究竟是不是精神病患者的争论一直在继续，但随着时间的推移和总统的痊愈，人们渐渐弱化了对欣克利的仇视。1982 年 4 月 27 日，也就是枪击案发生 1 年多以后，美国联邦法院才不紧不慢地宣布成立大陪审团公开审理此案。听证会上，欣克利的 4 名律师和 6 位精神病专家为其辩护。双方各执一词，僵持不下。听证会一开就是 40 多天。最终陪审团成员精疲力竭，都不愿再纠缠于是否精神失常的问题上，辩方的“坚定意志”取得了胜利——欣克利因精神失常，被判无罪。

与此同时，他将被立即送往华盛顿圣伊丽莎白精神病院，无限期住院治疗，直到被证明对社会不再构成危险才能释放。

欣克利被判无罪的消息一经传出，立即招致嘘声一片。美国广播公司进行的一次民意调查结果表明：76% 的人认为判决是不公正的；90%的人认为欣克利不应该获释。面对这种局面，司法部长威廉·史密斯不得不承认美国刑法条文存在漏洞，使犯罪分子有机可乘。此外，此案也引起了人们对美国枪支泛滥的问题的再度关注。然而令人不能理解的是，里根本人就是一个反对枪支限制的人，即便是在自己遇刺之后，他仍旧对此坚定不移。4 月 22 日，即里根出院后的第 11 天，他在接受记者采访时，如是说："枪支并没有杀人，是人们自己在互相残杀。"

里根遇刺一案尘埃落定，但留给美国人乃至世人的严肃思考仍在继续。此外，围绕一个大总统、一个小青年和一个女明星的离奇故事也还在流传。

人物的新探

吴起：国家战略的牺牲品

云海孤月

吴起完美，左手执书，右手执剑，谋略过人，武功出众，在那个时代没有人能够战胜，足以列入战国十大名将之一。尉缭子说："有提七万之众，而天下莫当者谁？吴起也。"

吴起作为一名将领，"与诸侯大战七十六，全胜六十四，余则钧解。辟土四面，拓地千里"。这才仅仅是吴起作为魏将的战绩。纵横家言论多夸张之词，尤以《战国策》最甚，《吴子兵法》是否系吴起所作亦有争议。但是，有一点却无法改变：吴起文能治国，武能兴邦，战略战术独步天下，从无败绩，同时代之将领无人能出其右。

能够得到吴起的国家无疑非常幸运，吴起为鲁将，鲁国击败强大的齐军；做魏国西河守20余年，魏国雄霸天下；拜楚令尹不到5年，楚军大败号称无敌的魏国武卒。然而吴起的命运令人惋惜，先后被排挤出鲁国和魏国，最终死于楚国贵族们的乱箭之下。

众所周知，吴起离开鲁国，因为鲁国人质疑吴起"杀妻求将"的人品；离开魏国，因为魏相公叔座害怕吴起争夺相位；死于楚国，因为楚国贵戚大臣仇恨新法。除此之外，吴起的悲惨命运中还隐藏着什么秘密呢？笔者认为，吴起是鲁、魏、楚三国国家战略的牺牲品。

别卫入鲁

吴起性格倔强，人生目标坚定，不达目的誓不罢休，从他对待家庭成员的态度中就可以看得淋漓尽致。

吴起的结发妻子贤慧，做吴起的妻子不仅要贤慧，还必须绝对听话，像军人服从命令那样。妻子给吴起织了一条丝带，丝带的宽度不够标准。吴起让妻子重新织，妻子又织了一遍，还是窄。吴起面有愠色，妻子忙解释说："经线已经固定，拆掉重织过于浪费。钱财得来不易，居家应该节俭。"吴起不再多说话，休妻。岳父亲自来求情，吴起道："起家无虚言。"

吴起并不是因为丝带休妻，而是因为妻子话中有话，埋怨他乱花钱，干涉了他的事业。"做卿相"、干一番大事业是吴起的人生目标，为了达到目标，他花光了家里的千金积蓄。钱虽花光，官未得到，吴起非常郁闷。不仅仅吴起的妻子，街坊、邻居也嘲讽讥笑，说他花钱打水漂，纯一败子家。吴起报复的手段很是残忍，仗剑连杀 30 多人。吴起逃离卫国拜别母亲时咬破手臂发誓："起不为卿相，不复入卫。"做吴起的妻子是一种悲哀，做他的父母也是一种悲哀，吴起心中只有事业，只有理想。这种宁折不弯、不知妥协的性格为他的人生悲剧埋下伏笔。

吴起来到鲁国学习、求官，正逢齐鲁两国开仗，鲁国无将可派，鲁穆公想到精通军事的吴起。吴起第二任妻子是齐国人，而鲁国的敌人正是齐国，鲁穆公不放心。休妻不足以表明吴起之心，惟有杀妻才能显示其一心为鲁，绝无二心。吴起杀妻求将，鲁穆公大喜，拜吴起为将军，大败齐军。

鲁军获胜，诽谤吴起的人越来越多，人们把他"杀妻求将"的劣迹挂在嘴边，鲁穆公辞退吴起。其实，鲁穆公正是因为欣赏吴起杀妻表明忠于鲁国的心迹才肯让他带兵的，决不会为杀妻而罢免他。之所以辞退吴起，是鲁国国家战略的要求。

鲁国国小，没有争霸天下的志向。一个小小鲁国打败昔日霸主齐国，震动天下，必然招来灾祸。明哲保身，鲁穆公放弃吴起以向战国诸侯表示鲁国永远不称霸。

练兵强魏

吴起心有不甘地来到魏国。赵、魏、韩三家分晋之后纷纷进行变法改革，土地私有，人口不断增加，人们对土地的极度渴望引发兼并战争，魏国急需精通军事的人才，吴起与一代雄主魏文侯魏斯君臣际遇。

三家分晋后，势力大不如前。从地缘战略角度看，魏国乃中央之国，四战之地，北有赵国，西有秦国，南有楚国、韩国，东有齐、卫、宋，无论攻打哪一个国家，其他国家均有机会伺机而动，诸侯之间容易形成合力瓜分魏国之势。

吴起为魏国设计出“三晋结盟、西击秦”的国家战略，合魏、赵、韩三晋之力，削弱强国，吞并弱国，壮大自身。军事上三国联合拓地，政治上三国联合逼宫周王朝讨封诸侯。秦国是魏国大敌，魏国国都安邑与秦国一河之隔。魏国若想称霸天下必先灭秦国，灭秦之后再图诸侯。

也许有人怀疑吴起的战略决策，事实证明秦国远交近攻才是取胜之道，那是因为秦国无后顾之忧，而魏国的地理态势决定不可能远交近攻。你攻打身边的国家，其他国家早晚会警觉，从而攻灭你，三家灭智氏就是这样。秦国远交近攻的战略瞒不过六国，但是六国攻秦只有一条路。否则，秦国早被灭亡好几次。吴起主攻秦国的想法巧妙，秦国远在西方不易引起诸侯注意。攻秦可以得到赵、韩支持，两国离秦国近，适合瓜分。

魏文侯“身自布席，夫人捧觞，醮吴起于庙，立为大将，守西河”。魏国拜吴起为大将，按照吴起设计的国家战略走上争霸之路。

三晋同盟成立，韩、赵两国曾经翻过一次脸。韩国向魏国借兵讨赵国，魏文侯不借，说我与赵国是兄弟。赵国向魏国借兵，魏文侯也不借，说我与韩国是兄弟。凭借信义，三国同盟不断加深。

接手伐秦重任的吴起为魏国练就一支钢铁之师，号“武卒”。他们身着 3 套铠甲，拉 12 石强弓，背负 50 支箭，手持戈矛，腰间挎剑，带 3 日粮半天疾行 100 里。只有强壮的体魄和军事技能没用，还要保证这支虎狼之师甘心为之卖命，因此，吴起以身作则，与最下等的士兵吃相同的饭、穿相同的衣服、同打地铺，不骑马、不坐车、亲自背粮，与士兵们同甘共苦，同睡同起，赢得将士们的爱戴，并且毕生不改与士兵出生入死的习惯。

曾经有士兵长痈疮，吴起用嘴吸出脓汁，士兵的母亲听说这件事后，痛哭流涕道：“往年吴将军为儿子的父亲吮脓，父亲战死，我不知道我的儿什么时候死啊。”不管多少母亲哭泣，只要吴起一声令下，士兵们就勇往直前，生死无惧。

“武卒”也成为当时战国最精锐的士兵。

吴起的战绩证明一切。公元前 413 年，魏军在赵、韩军队帮助下越过黄河，向秦国发起一波又一波凌厉攻势，一直打到郑（今陕西华县）。2 年时间，魏军先后攻克临晋、元里、洛阴、郃阳等城镇，取秦国河西之地，号称虎狼之师的秦军退守洛水，只能被动防御，而无还手之力。

三晋同盟的战略取得辉煌战果，魏文侯领导的同盟军先后击败秦国、齐国和楚国三大强国，逼周天子承认赵、魏、韩三家为诸侯，魏国国力达到鼎盛，魏文侯当之无愧成为战国第一任霸主。然而，随着魏文侯的去世，魏国战略方向发生改变。

魏武侯魏击即位，无法苟同吴起的战略。攻打秦国这样一个蛮荒之地、士风强悍的大国，远无攻取郑国、宋国、卫国来得容易，而且中原土地肥沃，人口众多。魏国改变战略方向，转而向中原地区扩张。魏武侯没有意识到，进入中原的魏国阻塞秦国东进，使齐国无法向西拓地，挡住赵国南下的道路，又使楚国无法北上，费力抢占的河南地区又遮住韩国东进之路。无论魏国多么强大，最后必将倒在群狼凶狠、锋利的利齿下。

魏国的人民和魏武侯一样，沉浸于魏国繁荣强盛的泡沫中，看不到泡沫破裂后的灾难。时任西河守的吴起由于战略问题与魏武侯发生分歧。魏武侯曾与吴起等臣子们坐船沿黄河漂流而下，两岸崇山起伏、山势险峻，河水翻卷，奔流不息。魏武侯意气风发，赞叹道：“美哉乎山河之固，此魏国之宝也！”吴起提出反对意见：“在德不在险。”

君臣对国家战略思维的不同注定吴起“卿相”之梦难圆，注定吴起又一次被牺牲。公子成死了，李悝死了，魏国相位出现空缺，魏武侯舍弃战功卓著的吴起而任命平凡的田文为相。

田文死后，公叔座接任魏相，老奸巨猾的公叔座设计了一个阴险的计谋。他让魏武侯把公主下嫁给吴起，接着请吴起到家中做客。结果，一场家宴变成了“狮吼宴”，公叔座的公主妻子颐指气使，大呼小叫，一副高高在上的主子形象，而公叔座竟然连大气都不敢出，点头哈腰如同奴仆。心高气傲的吴起怎能忍受娶“河东狮”回家，毅然拒绝与王室联姻，离开了魏国。

魂断荆楚

吴起来到楚国，继续追寻梦想。由于楚军与魏军作战节节失利，楚悼王满足吴起的理想。吴起担任楚国宛守不过1年，就来到楚都郢担任令尹进行变法。新法取消世袭制，接受封地的贵族三代之后必须交回土地重新分配。吴起整顿吏治，将没有才干的人赶出公务员队伍，用官位和封地奖励有功之士。在吴起的调教下，楚国的强盛有目共睹，短短数年间，“吴起相悼王，南并蛮越，遂有洞庭、苍梧；北并陈蔡，却三晋，西伐秦”。不讲人民的生活是否得到改善，单论兵势，楚军兵锋所指无有不胜。

说起楚国，大家第一印象，似乎整个南方都划在楚国名下。其实，楚国没那么大，吴起时代楚国的势力才囊括洞庭湖，到达广西北部。陈国和蔡国的土地虽已是楚国领土，但依靠吴起才真正巩固下来，挡住韩、魏两国的疯狂扩张。

公元前383年，赵国军队大举进攻卫国，魏武侯彻底背弃魏文侯三晋同盟的战略方针，亲自带兵援救卫国。魏、赵两国大战，赵国向楚国求救。面对老东家，吴起毫不手软，楚军越过大梁，屯驻林中，先锋强渡黄河，击败魏军于河南温县，意图继续北上，切断魏国河东地区与河内地区的联系。凭借楚军凌厉的攻势，赵军发动反击，攻克魏国棘蒲、黄城等地。此战是否吴起亲自领兵不得而知，但如此大胆而精妙的战术布置除了吴起没有人能策划出来。吴起差一点就可以回到家乡卫国，以战胜者的身份，以“卿相”的身份，但上天最终没让这位游子如愿。

眼见魏国败局已定，谁知楚悼王死了。力挺吴起的楚悼王一死，被新法压抑的楚国贵族们便开始反击。楚悼王的灵堂上，楚国权贵带领甲兵冲了进来，燃烧着仇恨火焰的长箭暴风骤雨般射向吴起。吴起扑倒在楚悼王的身边享受着羽箭穿身的感觉。他很欣慰，完成了对母亲发过的誓言，得到了“卿相”，按照自己的理念风风火火地治理了一把国家，虽死不悔。吴起进行最后的报复。他死了，射箭的人也死了，因为他们射杀吴起的同时，急如骤雨的长箭把楚悼王的尸体钉成刺猬，70多家贵族惨遭灭门。

吴起至死不懂是什么造成他悲惨的命运，吴起在他的书中赞扬楚王，痛恨楚国人，恨楚国人为什么不理解他，恨楚国人为什么不想富国强兵。

楚国贵族屈宜咎的一句话道出楚国人的想法："善治国家者，不变其故，不易其常。"老子出生在楚国，道家学派在楚国影响深远。楚国文化与法家思想格格不入，吴起"富国强兵"的国家战略与楚国"无为而治"的思想背道而驰。屈宜咎与吴起辩论时说："怒者逆德，兵者凶器，争者人之所去也。"清楚表明楚国人的态度。愤怒是人最不好的品质，武器是最凶残的器械，人们要抛弃战争。

吴起死后，新法尽废。楚国人认为能打仗没有用，兵强没有用，严法治国没有用，统一天下没有用。楚人不要战争，不担心亡国，只希望幸福、平安的生活。谁做统治者都是一个样子，如果统治者一视同仁就没什么可担心的，如果统治者暴虐欺负人，一根棍子就能收拾。

或许有人不相信？楚国最终灭亡了呀！是，但推崇法家的秦国付出了多少人的生命。古代战争"伤人一千，自损八百"。秦国打过多少胜仗，又打过多少败仗。长平之战是秦国最大的一场胜利，战后，白起说："秦卒死者过半，国内空。"这样一个用死尸堆积起来的强大的帝国，楚人陈胜带着数百人"斩木为兵，揭竿为旗"，拿着木头、竹竿灭亡了它，究竟是"富国强兵"好？还是"无为而治"好？

事实证明，"无为而治"的道家思想并非不切实际的虚幻，秦国一统六国还不是为一个楚国流氓做了嫁衣？刘邦废除秦国苛政，约法三章，汉文帝和汉景帝继续着"无为而治"的国家战略，奠定汉王朝400多年基业。

吴起供职三国，三起三落，均与鲁、魏、楚三国的国家战略息息相关，鲁国不想称霸，一代名将吴起反倒成为国家的累赘，魏国国家战略从进攻秦国转向进攻中原时注定吴起不可能成为国相，被逼出走；当吴起试图改变楚国人"无为而治"的思想时，最终付出了生命的代价。

霍光：后雄主时代的政治转型牺牲品

堪旭彬

公元前87年，汉武帝病逝于长安城西的离宫五柞宫，时年70岁。自16岁继承帝位至今，统治汉帝国长达54年之久。中国历史惯于赞美雄主，强势明君一而再再而三地被后世津津乐道，甚至动辄以“大帝”相称，已经成为一种风气。汉武帝自然也不能例外。

这种“雄主癖”是中国历史和中国文化里面一种迄今未能引起警惕的致命癌症。无论是民众阅读还是媒体宣传，都患有这种严重的“雄主癖”。殊不知，“雄主”本身就是中国社会的一大毒瘤——但凡雄主，必然会挑战现有的秩序规则，最终将其个人统治力等同于现行政治规则；等到雄主陨落，现行政治规则必然立刻失效倾覆。换言之，雄主是对体制的一种挑战，是对“程序正义”的一种颠覆，是个人力量取代体制均衡，是皇帝个人变成了体制本身。一旦雄主个体消亡，社会别无选择，只能回归初始的权力制衡体制。这种回归的艰难程度，以及回归过程中的破坏力之大，要远远超过雄主在位时期的“建设性贡献”。

一代雄主汉武帝的病逝，不可避免地给后世留下了一个巨大的烂摊子：他独裁汉帝国50余年，以个人无与伦比的独裁权威，将汉帝国固有的政治体制肢解得支离破碎。在他去世之后，帝国该如何完成和回归自己的权力平衡之路？

这成了摆在首席托孤大臣霍光面前的第一要务。

在霍光拼尽全力完成汉帝国权力平衡的体制重组的同时，霍氏家族也走到了灰飞烟灭的末路。霍光的悲剧，是中国历史“雄主癖”的悲剧。

盐铁会议：国富？民富？

汉昭帝始元五年（公元前82年）六月，朝廷下诏，让三辅、太常等部门各举“贤良”两名，各地郡国则各举“文学高第”一人。最后，总共征召到“贤良文学”人才60余人。

次年二月，这批“贤良文学”被召入宫中，由相关部门来向他们询问民间疾苦。会议的高潮，是“贤良文学”们对国家现行的盐铁、均输、平准等经济措施提出了严重质疑，要求废除这些经济政策。

盐铁、均输、平准等政策，都是武帝时代制定的新财政政策，其主要特征是官营专卖。“贤良”们原为平民或者担任过小官吏的知识分子，被官府举荐之后，由朝廷授予官职；“文学”则大都来自民间，“诸儒生多窭人子”，“皆贫羸，衣冠不完”，出身寒微，衣食难堪。“贤良文学”们这样的出身，自然很熟悉社会底层的生活状况，这也正是朝廷让有关部门向他们询问民间疾苦的原因所在。

“贤良文学”们说，自武帝大举征伐以来，国家耗费严重，以至于田地荒芜，内外空虚，“百姓寒苦，流于道路”。国家虽然用“盐铁专卖”这一系列的强制经济政策解决了政府的财政困难，但民间百姓却“六畜不育于家，五谷不殖于野，民不足以糟糠”，并用大量实例证实了民生的疾苦。对此，相关部门也表示了认可，承认目前百姓生活很苦，社会形势很严峻。

接下来，“贤良文学”们批判了国家现行的财政政策，呼吁结束国家专卖政策，因为这些政策给民众生活带来了极大的负面影响。“贤良文学”们总结出这么几点：

一是盐铁国家专卖政策造成了官商不分，吏治腐败。官商们公然凭借专卖政策中饱私囊，“私家累万金”，百姓却流离失所；官商们一人得道鸡犬升天，“亲戚相推，朋党相举，父尊于位，子谥于内，夫贵于朝，妻谒行于外”。进而激烈地指责当朝的公卿大臣，说他们“处尊位，执天下之要十有余年，功德不施于天下而勤劳于百姓，百姓贫陋困穷”——在高位上养尊处优十几年，百姓却没有得到丝毫好处，反而贫困愁苦，日甚一日。

二是专卖政策下，政府部门只对上负责，而不顾及底层民众的实际要求。他们举例说：下级官员只顾着完成上级交派的任务，取悦上级，生产出的铁农具往往没法用，不是太重了农民挥不动，就是太轻了垦不动土地；为了更简便地完成农具生产数量，下级部门往往无视各地不同的土壤环境，而采用统一规格铸造农具，耽误农民们的生产活动。

三是销售农具的底层官僚极不负责任。不但铁器的定价不合理，好多农民买不起；销售点的设置和销售时间的安排也有很大的问题。那些负责销售农具的官吏，想来就来，想走就走，百姓爬了几十里山路去买农具，往往“吏数不在”，常常找不到出售农具的官吏，结果是“膏腴之日，远市田器，则后良时”，把大量的时间消耗在购买农具的奔波途中，耽误了农时。

四是官府的过分之处不止如上所述。下级部门不负责任生产出许多不合格的农具，结果卖不出去，地方政府为了完成销售任务，就用强迫分配的方式，强制当地百姓购买。具体的办法则是：强行按照人口数目来分配各户人家的铁器和食盐的购买量，而且要求民众自己到很远的地方去运输，家里即使缺少壮劳力，也不得不雇人前往。

面对“贤良文学”们的责难，负责制定和推行这一系列经济政策的汉帝国政府的代表——丞相田千秋和御史大夫桑弘羊，不得不站出来做一番辩护。田千秋性格谨慎，少语，不肯失言，所以辩护的主体是御史大夫桑弘羊。

桑弘羊认为，国家垄断山海、盐铁、酒类的销售专卖以及由国家制定各种物价这一系列经济政策都是正确的，是绝对不容置疑的。桑弘羊说，国家之所以要这样做，理由有以下三条：

一是这些政策可以缓解国家的财政困难，特别是解决国家军费开支的紧张状况。桑弘羊反问：往年，边境用兵费用不足，所以才兴起这些专卖政策。如今要求取消，假如国库就此空虚，军费没有着落，防备边塞的战士陷于饥寒，国家如何能够长治久安，御敌于国门之外？

二是盐铁国家专卖政策，可以防止地方势力割据。桑弘羊说：以前吴王刘濞之所以能够割据一方，不就是因为他可以临山铸铁，煮海为盐吗？所以，如果国家不把盐铁这样关系生死存亡命脉的经济资源牢牢控制在政府手里，是很危险的。

三是桑弘羊还说，由国家来搞专卖，有利于打击富商大贾，防止他们囤积居奇、操纵市场牟取暴利，可以起到保障民众生活必需品供给的作用，杜绝了富商大贾哄抬物价，操持国家经济命脉的行为。

在这次会议上，桑弘羊的态度是暴躁和气急败坏的。东汉桓宽《盐铁论》记载，多有“大夫不悦，作色不应”、“大夫勃然作色”等语。所谓“大夫”，即国家专卖政策的制定者和实施者——御史大夫桑弘羊。

“贤良文学”为了民生安定，故而呼吁废除盐铁专卖等经济政策，这和儒家知识分子所一贯秉持的恤民思想是完全一致的，如果这一建议获得实现，无疑会受到当时的民间工商业者和农民们的欢迎，尤其是前者。因为，民间工商业者的利益，一直被国家和国家专卖机构剥夺。

再考虑到当时民间有能力从事制盐、铸铁等业务的群体，除了中央及地方的一干豪族以外，不可能再有别人。也恰恰是这些人，手里有着向朝廷推荐“贤良文学”的权力。也就是说，在始元五年，这些渴望打破国家垄断，进入盐铁行业的地方豪族，推举了一批与自己的经济政治诉求相近的“贤良文学”，而这批“贤良文学”，则在第二年借入宫倾诉民间疾苦之机，对朝廷经济政策的主要决策者——桑弘羊发起了猛烈的攻势。

倡导召开盐铁会议的是当时的首席辅政大臣霍光的亲信杜延年。换言之，这场辩论，表面上看只是国家经济政策之争，实际上却是后武帝时代朝廷内部托孤大臣们之间的一场内争。霍光、桑弘羊等人同为托孤辅政大臣，汉昭帝年幼不能亲政，托孤大臣们之间的彼此倾轧，实际上从他们接过托孤诏令的那一刻起就已经开始了。而霍光组织盐铁会议，借“贤良文学”之口攻击桑弘羊，不过是彼此剧烈倾轧过程中的一次小高潮罢了。

桑弘羊之死背后的内廷、外朝之争

汉高祖刘邦曾以“白马之盟”确定了西汉帝国初期“三权分立”的格局，即以皇帝为代表的内廷势力、以军功大臣为代表的外朝势力，以及以刘姓诸侯为代表的诸侯王势力。这种鼎立格局在武帝年间被彻底打破。军功旧臣的消亡，以及地方诸侯王的彻底削弱，成就了武帝君权独大的统治模式。

在这种皇帝一人独裁的统治模式下，内廷势力得以迅速壮大，以丞相、御史大夫为首的外朝，则由文帝、景帝时代的国家政策决策机构退化成了一个单纯的政策执行机构。

武帝临终之际，册立年仅 8 岁的幼子刘弗陵为太子，令霍光、金日磾、上官桀、桑弘羊、田千秋五人为辅政大臣。这种托孤安排，其实表示武帝已经意识到了自己多年独裁统治下，朝廷当中缺少权力制衡的问题。五位托孤大臣当中，霍光、金日磾、上官桀属于与武帝关系亲近的内廷系；桑弘羊、田千秋二人则属于外朝系。

从心理上讲，武帝本人更加信任以霍光为首的内廷系大臣，毕竟这些人朝夕相伴武帝左右，长期充当着武帝的智囊。但武帝显然也很明白，若托孤之际将外朝系大臣排斥在外，既会引起诸多外朝官员的不满，同时也容易使得内廷系托孤大臣失去制约而无法无天。

无疑，武帝选择内廷三大臣、外朝二大臣来托孤辅政，是经过慎重考虑的。但是，正如本文开篇所述，“雄主”对历史而言是绝对有害的，“雄主”注定要破坏现行政治制度下的权力平衡，最终以个人取代政治制度。而在“雄主”死后，国家必然面临巨大的权力失衡，为了从失衡走向新的平衡，国家必须付出巨大的代价。一代“雄主”汉武帝临终之际的托孤安排，虽有深谋远虑，却远远不足以重塑汉帝国新的权力平衡，更遑论重建政治制度了。所以，武帝甫一去世，内廷与外朝之间的政争即显出端倪。

武帝托孤后 2 年，金日磾去世；丞相田千秋但求明哲保身，身居相位许多年，对于政务，“终不肯有所言”，发表个人政见的欲望为零。所以，所谓的五人托孤辅政，最终就变成了霍光、上官桀与桑弘羊三人辅政。

田千秋的慎言慎行，在某种程度上，也是武帝朝的特殊产物——武帝时期，先后有 13 人担任过丞相，自杀或被处死者有 5 人；担任御史大夫的前后有 16 人，自杀或处死的也是 5 人。尤其是武帝 39 岁之后，担任丞相的 7 人当中，惟有素以谨严著称的石庆和田千秋二人免于死于非命；而同一时期担任御史大夫的 9 人当中，被赐死者即有 4 人。宣布公孙贺为丞相之时，公孙贺惊恐万状，在武帝面前磕头涕泣，死活不肯接受任命，可见外朝大臣形势之险恶。丞相、御史大夫作为外朝大臣的领袖人物，如此频繁地被动辄赐死，显见出外朝势力在武帝中晚期已经完全沦陷，丧失了任何执政的独立性。也就是说，武帝个人，取代了外朝政府，外朝在政务处理方面完全处于失语状态。

武帝以个人取代外朝体制之后，内廷势力迅速崛起，并确立起了特殊的权威。

正因为这种内廷权威的惯性存在，汉昭帝即位初年，尽管一手遮天的皇权独裁已经随武帝的肉身一同消亡，但西汉帝国的政务运作，基本上还维持着武帝时代的格局，即内廷在决策权方面仍然占有优势，虽然已无法如武帝那般高度独裁，完全忽视外朝的存在，但在霍光与上官桀二人联手之下，靠桑弘羊一人苦苦支撑的外朝势力始终居于劣势。

这段时期也是霍光与上官桀这两位内廷托孤大臣最亲密的时期。早在武帝后元年间，霍光与上官桀即已结为儿女亲家。据《汉书·孝昭上官皇后传》记载，每当霍光“休沐”，上官桀“辄入代光决事”，霍光能够放心让上官桀在自己休假期间代替自己入宫决策政务，可见二人关系正处于一个蜜月期。

但是，这个蜜月期并没能维持太长时间。权力好比毒品，一旦染指即很难抽身而出。

始元四年，汉昭帝 12 岁，已到了立后的年纪。上官桀之子上官安（同时也是霍光的长婿）提出让自己年仅 6 岁的女儿入宫为皇后。上官桀这步棋，其实有某种彼此妥协的策略考虑在内——上官氏于上官桀而言是孙女，于霍光而言则是外孙女。如此互利，想必上官桀觉得霍光没有反对的理由，但结果是：霍光以外孙女年纪尚幼为由拒绝了这一提议。

碰壁之后的上官安转而寻求到了皇族内部另一实权人物盖长公主的支持，始元四年四月，上官氏成功被册立为皇后。册后事件，成了霍光与上官桀决裂的标志性开端。

内廷势力的分裂，给了外朝桑弘羊势力一个可乘之机。

桑弘羊的经历，与丞相田千秋有所不同。田千秋本人并无才能，也无学术，更没有什么大的功劳，是一个地地道道的无能且无为的丞相。他之所以出任丞相，仅仅是因为他的秉性得到了武帝的认可，御史大夫桑弘羊则全然与之相反。桑弘羊的一生，与武帝时代各种政策共生共存，可以说，武帝时代所有的大事件、大政策背后，都有而且都少不了桑弘羊的影子。

桑弘羊本是洛阳商人之子，13 岁即入宫宿卫，彼时还是汉景帝在位时期。武帝去世之时，桑弘羊已经是年近 70 的老人了。在 60 年的宦海生涯里，桑弘羊充分展示了自己的财务能力。自武帝即位以来，他一直深受武帝宠信，作为财务官僚参与了武帝年间几乎所有重要决策，始终担任着汉帝国的最高财务长官一职。也就是说，虽然在后武帝时代，朝廷的最高权威和政务决策权转移到了霍光手中，但朝廷的财政大权，却仍然掌握在桑弘羊手中。这种政务权与财政权的分离，在一个缺乏恰当的理论解释的时代，最终必然会演变成权臣间的内部政争。

昭帝始元六年由霍光主持发起的盐铁会议，正是一次这样的权力内斗。霍光希望借“贤良文学”之手整倒桑弘羊，如果能够借此次会议确定并宣布现行的财政政策是错误的、不道德的，那么，霍光就可以有足够的理由剥夺掉桑弘羊的财政大权。

但结果显然并没有让霍光满意。当时政府的财政主要依靠专卖收入支撑，霍光最终也不得不承认，时机未到，帝国还不能取消盐铁专卖政策。但为了对“贤良文学”们有所交代，桑弘羊在会议结束之后，上奏昭帝废除了对国家财政影响最小的酒类专卖——这一酒类专卖政策，前后实施了18年之久。一条历史如此悠久的政策遭到废除，也可见桑弘羊当时所承受的社会压力之大。

桑弘羊最终在元凤元年（公元前80年）死于非命。事件的起因是上官桀父子与盖长公主以及武帝之子燕王旦密谋打倒霍光，废黜昭帝。其间，桑弘羊也倒向了上官桀父子。计划失败之后，霍光尽诛上官桀父子、桑弘羊，燕王旦及盖长公主皆自杀。

桑弘羊倒向上官桀父子，其主要原因在于代表内廷的霍光对外朝势力的侵夺，尤其是对桑弘羊执掌的财政权的侵蚀。官方的《汉书》称：桑弘羊“欲为子弟得官”，霍光不允，桑弘羊进而心生怨恨，与上官桀勾结。

这种解释显然是缺乏说服力的——像桑弘羊这样年过七旬的老官僚，岂会因小怨驱动而参与废帝另立这样的大事？其背后显然隐藏着更切实的利害因素——内廷霍光对外朝桑弘羊势力圈的侵夺。

大司农是西汉设置的最高财政官职。自武帝太始年间桑弘羊被从大司农职务上变为搜粟都尉之后，长达15年的时间里，大司农一职就一直虚悬，没有再任命人选，大司农应承担的实际职务一直是桑弘羊在承担。但在始元六年（公元前81年），也就是盐铁会议召开的同一年，霍光任命自己的亲信杨敞出任了大司农一职。

盐铁会议的召开与霍光亲信杨敞出任大司农一职，同样都发生在始元六年，这显然不是巧合。桑弘羊不可能觉察不出，霍光已经不满足于仅仅将个人权力局限在内廷当中，他的权力触角已经侵入了桑弘羊在外朝的势力范围。这也就成了桑弘羊随后倒向上官桀父子的根本原因。但在早已做好了隐秘布局的霍光面前，无论是上官桀，还是桑弘羊，都同样毫无还手之力，只能接受退出历史舞台的无奈结局。

元凤三年的谶言

汉昭帝元凤元年，武帝临终指定的辅政五大臣，独存内廷势力出身的霍光一人。武帝亲自布局选定的内廷与外朝托孤大臣互相牵制的政治格局瞬间烟消云散。

这种结局是必然的。高祖时代的“三权分立”格局是有其特殊的社会基础（军功）的，“三权”的背后，不是单纯的权势者个体，而是不同的权力集团（譬如军功收益阶层），所以，即便某一位当权者在政争中被扳倒，但其背后的权力集团尚在，也就不会损害“三权分立”固有的政治格局。但是，后武帝时代的托孤制衡，缺乏这样的稳定性，“权力集团”在武帝晚年已经被摧毁殆尽——“戾太子案”爆发的起因，就是武帝欲借此彻底消灭卫氏家族庞大的外戚集团。在朝野所有权力集团被扫荡殆尽之后，武帝留给霍光的，只能是一条在无休止的政争中脱颖而出并最终抵达个人专权的死胡同。

霍光随后一系列的动作也恰恰如此。桑弘羊和上官桀死后，他马上更换了内廷和外朝的人员配置。田千秋稍后去世，外朝丞相先后由王䜣、杨敞、蔡义接任。三人任期都很短，目的就是为了防止任期过长培植出私人势力；更何况杨敞本来就是霍光亲信；蔡义当时已经年过80，老得只剩下喘气的份儿。因此，时人都讥讽霍光设置丞相“不以贤”，而只选用无能可制之辈。

与外朝只用无能之辈相对应，内廷则公然成为霍氏家族的天下。霍光之子霍禹、兄孙霍云皆为中郎将；霍云之弟霍山为奉车都尉侍中，霍光的两个女婿为东、西宫卫尉……《汉书》记载：“党亲连体，根据于朝廷……诸事皆先关白光，然后奏御天子。光每朝见，上虚己敛容，礼下之已甚。”对西汉帝国最终命运影响深远的内廷势力操纵朝局的政治格局，就此成形。

尽管完全掌控了内廷与外朝，但霍光并没有能够完全控制昭帝朝的政治局势。武帝留下的烂摊子里，不仅仅是朝廷权力制衡的失序。最令人头疼的是，武帝临终之际指定的太子刘弗陵，也就是而今的汉昭帝，长期无法得到朝野的彻底认同。燕王刘旦等皇族多次发动政变，所打出的旗号就是刘弗陵并非武帝之子，武帝遗诏乃霍光等人伪造。这类事情还在其次，最重要、始终压在霍光心头，令他喘不过气来的问题是：戾太子。

武帝晚年一手制造的“戾太子冤案”，始终没有获得平反。虽然武帝临终前曾修筑了思子台，也诛杀了迫害戾太子集团中的积极分子丞相刘屈氂，但正式的平反诏书却一直没有下达。昭帝登基之后，更是长期雪藏了为“戾太子”平反一事。

元凤三年（公元前 78 年），汉帝国发生了两件奇事。一是泰山有块石头自己立了起来，高丈五尺，大四十八围，入地深八尺，三石为足。立起后，又有白鸟数千聚集在旁边。二是昌邑之地有株早已干枯了的“社木”（社庙里的木头）竟然复活了；长安上林苑的一株断卧了的枯柳也自己站了起来，抽出了新芽，还有虫子在柳叶上面吃出来一段文字：“公孙病已立。”

精于《春秋》的符节令眭弘按照《春秋》推演，认为：“石头、柳树，都是阴类，代表了下民；泰山，是岱宗之岳，是王者易姓禅让之地。如今大石自己站立，枯柳忽然复生，均非人力所为，应当是有匹夫会成为天子的预兆。”因此，眭弘根据柳叶上的文字判断：“故废之家公孙氏当复兴者也。”

然后，眭弘跑去跟汉昭帝说：“先师董仲舒曾经说过，即便是明君，也不可妨碍圣人接受天命。陛下应该昭告天下，搜求贤人，承顺天命，把帝位禅让给他，然后像殷、周的后代一样，退位为百里之国的诸侯。”（《汉书·眭弘传》）

眭弘最终被霍光以妖言惑众、大逆不道之罪诛杀。但这次事件却将“公孙病已立”这句谶言大范围地宣传开了。眭弘虽然因为这一谶言而丧生，但“故废之家公孙氏”这个神秘的贤人却成了压在霍光心头的一块巨石。

如果说，大石自立、枯木复生都是有可能的事情的话，那么，虫子啮咬树叶，咬出“公孙病已立”五个字来非人为的可能性则是微乎其微的，简直是不可能的事情。在不贸然否定与肯定的前提下，可以作两种解释：其一，这五个出现在树叶上的字，是有人故意伪造；其二，树叶上的虫咬痕迹与这五个字有些轨迹相似。

但是，无论是前者，还是后者，都触及到了同一个问题：为什么有人要伪造这五个字？或者，为什么有人要将似是而非的虫咬痕迹解读成这五个字？

进而需要追问：为什么在昭帝年间会出现要求皇帝禅位给“匹夫”的舆论要求，甚至还有大臣不惧生死前去上书？董仲舒的天人感应理论虽然提及皇帝失德天意就会抛弃他，但昭帝在位这几年，因为年幼，政务一直掌控在霍光等人手中，其本人并无失德之处，霍光等人的施政也并无苛暴。

霍光应当是知道真相的，所谓的“公孙病已立”，其实是当年戾太子残存势力的潜流在四处活动。

武帝晚年对戾太子一案的有限平反，使得戾太子之孙，武帝之曾孙刘病已虽然免予追捕和诛杀，但却无法恢复皇室正统身份，只能沦为庶民。戾太子刘据在他 32 年的太子生涯里，团结了一大批朝廷的守文派官僚，形成了一股足以和武帝派系相抗衡的政治势力。当年武帝劳师征伐，大兴功利，耗费无度，以致“百姓贫耗”，国内“户口减半”，百姓怨声载道；太子刘据一直反对武帝的政策，主张给百姓以休养，力倡“守成”。无形中，在朝野中间，太子刘据被看做了武帝的对立面，尤其是在道德上，刘据被民间舆论推上了更高的位置，足以俯视武帝。这也是武帝晚年不能容忍刘据的一个重要原因——尽管他也赞成国家必须停止消耗，进入“守成”状态，而且多次赞扬过刘据是最优秀的“守成”之人。

始元五年（公元前 82 年）发生的假戾太子事件，最能说明民间舆论对已经去世的戾太子的感情。

《汉书·隽不疑传》记载，公元前 82 年，有一男子“乘黄犊车，建黄旐，衣黄襜褕，著黄冒，诣北阙，自谓卫太子”。事件被报告到宫中，昭帝下诏令公卿、将军、中两千石等官员全部前往辨认。长安城中前来围观的民众多达数万，全城都沸腾了。“右将军勒兵阙下”，朝廷甚至出动了大军，在事发现场严加戒备，防止生变。结果，丞相、御史大夫以及到场的中二千石官员没有一个人敢发言表态此人到底是不是戾太子。最后，在京兆尹隽不疑到场后，事情才获得解决。隽不疑追查出此人原名成方遂，相貌颇似戾太子。

不管隽不疑的“追查”是真实的，还是出于政治目的强行“结案”，这次假戾太子事件至少说明了两个问题：一是戾太子在民间的影响力巨大，假戾太子的出现，沸腾了整座长安城；二是昭帝朝廷对戾太子高度警惕，派大军前往现场就是明证。

霍光很清楚自己一直在走钢丝。一方面，刘姓皇室中的许多成员不承认昭帝是武帝之子，也不承认霍光所宣布的武帝遗诏的真实性，他们的质疑和否定让昭帝的合法性一直未能稳固；另一方面，戾太子当年的残余势力，早已团结在了戾太子之孙、武帝之曾孙、庶人刘病已的周围，这些人继承了戾太子当年的政治遗产，是一股不可捉摸的政治潜流，元凤三年的这次谶言事件，最有可能的策划者就是戾太子余党。前者否定昭帝的合法性，后者则在与昭帝抢夺帝位合法性。对于前者，霍光多次用武力手段进行了镇压，但对于后者，霍光除了能够将出头的眭弘以妖言惑众罪斩杀之外，实在没有更好的解决办法。

昌邑王的下台与宣帝的登场

元平元年（公元前 74 年）夏四月，汉昭帝去世，年仅 21 岁，没有留下后嗣。

霍光又一次被推上了朝廷内部权力斗争的第一线。此时，武帝之子当中，惟有广陵王刘胥在世，群臣大部分都主张册立广陵王为帝。但霍光最终借口广陵王品行不端、“先帝所不用”而逆群臣之意，选择了昌邑王刘贺。

霍光选择昌邑王，是采纳了一名无名郎官的“建议”，这也可见当日朝中群臣，几乎无人附和霍光，逼迫霍光只能借助无名小郎官的上奏来打开局面。

通常的说法是，霍光不立广陵王，是因为广陵王年长，不易控制。但这个说法是很牵强的，因为霍光本人所立的昌邑王刘贺，是武帝之孙，也已年满 19 岁，算不得什么“容易控制的幼主”。霍光之所以排斥广陵王，应该有两个原因：一是广陵王素来与霍光不合；二是元凤三年的谶言里曾提到过昌邑当地的社木复活，无论信与不信，霍光都希望借此能够增强一些新皇帝的合法性，毕竟霍光本人辅政的合法性，完全取决于在位的皇帝的合法性。

但戏剧性的是，昌邑王在登基 27 天之后就被霍光废黜。《汉书》给出的理由是，昌邑王在这 27 天之内淫乱不堪，干尽了人间所有的坏事。但这显然是不可信的，如此“丧尽天良”之人，难道说在登基之前，朝廷大臣以及霍光就毫无所闻？昌邑王之前并未期望自己会入京为帝，自然也谈不上伪装自己的本性来欺骗朝臣；一个好端端的青年，入宫不过 27 天，就成了天底下最不堪、最无耻、最下流之徒，这未免也太让人匪夷所思了。事实上，除了霍光，当时并无第二股势力指责昌邑王的个人品行。

其实，昌邑王被废黜，是因为其铲除霍氏势力的欲望触疼了霍光。

昌邑王刘贺实在算不得一个有城府的政客，他在长安 27 天的政治表演显得相当青涩。他所有的阴谋其实都是“阳谋”，譬如，他把昌邑从官们纷纷安插到宫中，分明就是想改变霍氏家族控制内廷的局面；再如，他改变调兵的符信的黄旄的颜色，这显然是在耍小聪明，企图借此收夺霍氏家族的兵权（即不下发新颜色的符信给霍氏家族）；再如，他私自祭拜自己的先父，这就是在明确表态，他不承认昭帝是自己“法统”上的父亲，也就等于不承认霍光的外孙女“上官皇后”是自己“法统”上的母亲……

这一连串的动作，对于在官场摸爬滚打了几十年的霍光而言，都是“阳谋”。最终，当刘贺的夺权行动越来越明目张胆，在“阳谋”之路上越走越远，越来越没有了游戏规则时，霍光坐不住了，他站起来，拟写了一连串刘贺的“淫乱罪状”，废黜了他。

昌邑王的废黜，对霍光而言只是一个无奈的选择。他同样也是这次风波中的输家——27 天之前，是霍光一意孤行，选择了刘贺；27 天之后，同样还是霍光，一意孤行，废黜了刘贺。这种尴尬，反映到具体的政治格局中来，就注定了霍光在接下来的选择皇位继承人的过程中，处于一种非常被动的局面。废黜昌邑王是一件相当仓促的事情，霍光当时对继任人选完全没有概念，致使西汉帝国皇位空缺长达 27 天。

最终，来自民间的戾太子之孙、武帝之曾孙刘病已，被推上了未央宫的宝座。可以说，如果没有昌邑王的速立与速废，恐怕也就很难有刘病已的上台。

刘病已的上位，很显然是霍光在万般无奈之下，与潜伏于朝野内外的戾太子余党之间达成的一次妥协。此时的霍光，早已是孤家寡人——无论是在内廷还是外朝，以及地方刘姓皇族中间，霍光都已丧失了信任。他惟一能够选择的，只能是一直在暗地里四处活动的戾太子余党。元凤三年的谶言终于实现了，霍光知道，民心，挂靠在已经死去的戾太子那里。

但霍光想必也应该知道：他的权臣之路，是一驾已经停不下来的马车。他实在不是那种权欲旺盛的权臣，他的个人品行，在汉帝国内部是有目共睹的。如果在一个正常的政治环境下，他霍光理所当然，可以成为一代名臣，德高望重，名垂青史。但是，历史把杂乱无序的后武帝时代交付到他手里时，就已经注定：只有他和他的家族最后的崩溃和毁灭，才能真正地重建出新的政治秩序。新的朝廷政治格局已经形成，新皇帝背后有自己的政治势力；外朝大臣也在霍光的速立速废事件中渐渐显露出独立的苗头。如今，新政治格局里，只等霍氏家族的退出。

汉宣帝地节二年（前68年），霍光去世；地节三年，霍氏家族灰飞烟灭。

高力士并非一无是处

史宗义

唐代大宦官高力士在后人的印象中不是什么好鸟，很多人认为他是“奸臣”，是“坏蛋”，与赵高、魏忠贤、李莲英等是一路货色。其实，在历朝历代的大宦官中，高力士虽然也权倾朝野，参与政事，但纵观他的一生，似乎并没有干什么祸国殃民的坏事。相反，他对唐代形成“开元盛世”的局面做出了很大的贡献，这是不容否定的。从他的为人处世和道德品质来看，他不仅是历代大太监中出类拔萃的高人，而且与魏忠贤之流也有本质的不同。

高力士的聪明才智首先表现在他的审时度势上。他在宫中亲眼目睹了种种险恶和残酷，逐渐形成了一套自己的处世绝学。在“神龙革命”中，他看中了年轻气盛、精明强干的李隆基，而李隆基那时候只不过是个潞州（今山西长治）别驾，这不能不说高力士是有远见卓识的。因为那时他完全可以交结朝中的高官达贵，但是他没有，他看的并不是眼前的利益，而看重的是长远的打算。

高力士的可贵之处还在于，他一旦看中了人，就会忠心耿耿，两肋插刀，决不变心。不管这个人处在辉煌的顶峰，还是跌落到人生的低谷，他都是一如既往，从始到终。他帮助李隆基诛杀了太平公主势力，为李隆基日后登基扫清了障碍。李隆基后来当了皇帝，他更是忠心事君，死心塌地地为李隆基效力。他曾说：“竭诚尽节，上答皇慈”，即使“粉身碎骨”也在所不辞，表达了他对玄宗的耿耿忠心。

上元元年（760年），已经下台的李隆基被逼“迁居”。高力士挺身而出，对李辅国厉声断喝道：“李辅国，休得无礼！太上皇乃五十年太平天子，今驾幸西门，你戎服领兵而来，想干什么？”已经得势的李辅国恼羞成怒，禁不住破口大骂：“你这老东西真不知趣，滚开！”说话之间，李辅国手起刀落，斩杀了高力士的一个侍从。李隆基和一干人都吓得浑身发抖，只有高力士毫不畏惧，对挡道的士兵大声喊道：“太上皇问将士们好，还不赶快放下兵器，高呼万岁！”兵士们被高力士的凛然正气所震慑，纷纷刀剑入鞘，跳下马来，向玄宗高呼万岁。高力士又喝令李辅国：“还不赶快给太上皇牵马护驾！”李辅国的嚣张气焰被打下去了，只好乖乖地把玄宗护送到西内太极宫。

事后，玄宗悲泣地对高力士说：“今日要不是将军胆识非凡，孤家恐怕已做了兵士们的刀下之鬼了。”

高力士一生最闪光的地方，就在于辅助唐玄宗李隆基，为“开元盛世”做出了积极的贡献。他精明、果敢，在复杂的政治斗争中为玄宗皇帝屡献奇谋，并设法保护了一些有功大臣，从而保持了当时政局的稳定。

开元十四年(726 年)春，宰相张说被李林甫等人弹劾而下狱。玄宗令高力士到狱中复查，准备依律治罪。高力士复查后，对玄宗说：“张说在狱中蓬头垢面，用瓦器当餐具，正凄惨地等待判罪呢。”玄宗听了，怜悯之心油然而生。高力士见玄宗心有所动，赶紧说：“张说对大唐有功，虽有过错，不应治罪太深。”玄宗听从了高力士的意见，对张说做了从轻处罚。不久，玄宗又以尚书右丞相致仕张说兼集贤殿学士，这不能不说是高力士的功劳。

开元二十六年(738 年)，唐玄宗 54 岁了，面临着立太子的疑难。究竟是立寿王李瑁,还是立忠王李玙？玄宗一直犹豫不决。高力士私下献计说：“推长而立，谁还敢争立太子？”玄宗茅塞顿开,断然立了李玙为太子。李玙后来更名为李绍，天宝三年(744 年)又改名为李亨，这就是后来的唐肃宗。

可以说，高力士的建议，避免了为争皇太子而可能发生的兄弟相杀事件，也就避免了一场残酷的宫廷斗争，维护了政治的稳定。

高力士历来反对弄虚作假，欺上瞒下，主张实事求是，说真话，办实事。天宝十三年(754 年)六月，征服南诏的战事失利，唐朝 70000 大军全军覆没。而宰相杨国忠却欺骗玄宗，把失败说成了胜利，朝中大臣谁也不敢反映真实情况，玄宗也觉得高枕无忧。高力士尖锐地指出：“臣闻云南数次丧师，又加边将拥兵自重，陛下将用什么办法制之？臣恐一旦祸发，无可挽救，岂能说是高枕无忧呢？”

这年秋天，关中地区阴雨连绵 60 多天，庄稼无法收回，饥民怨声载道。杨国忠仍然谎报国情，说天下太平，无灾无难。玄宗听到一些灾情的耳风，就让高力士讲实话。高力士就把实际情况告诉了玄宗，并进谏说：“陛下将权力付与宰相，本来是期望他能为陛下分忧解难。可是，当今政令不行，纪纲不肃，阴阳失调，天下哪里还有太平可言呢？臣子不愿说实话，是因为宰相专权，有意闭塞言路，不让人讲真话之故。”由此可见，高力士决不是那种唯唯诺诺之辈，但他与魏征、张九龄等人的犯颜直谏又有本质的区别，历史上说他采取的是“顺而不谀，谏而不犯”，足见他的高明和艺术。

总之，开元晚期，尤其是天宝时期，随着玄宗从“怠于政事”到“荒于理政”的变化，高力士的正面作用也愈来愈重要了。玄宗曾说：“力士当上，我寝则稳。”意思是有高力士值班，自己就放心了，睡觉也安稳了。的确，高力士作为玄宗的心腹，在一系列重大问题的决策上发挥了重要作用，表现了他的远见和卓识。

高力士虽然身居高位，但为人处事却非常低调，从不趾高气扬、盛气凌人、不可一世，不像那些“小人得志便猖狂”，因为他本来就不是小人。历史上说他“性情温和且少过”，即使大权在握，士大夫们却对他没有多少恨意，说明他是一个既聪明又谨慎的人。

高力士在历史舞台上最精彩的一出戏是他一手撮合了杨玉环和唐玄宗的旷世姻缘。对于这件事的是非，历史已经做了很好的回答。因为是他成就了杨贵妃，也是他在马嵬坡缢死了杨贵妃，真是“成也力士，败也力士”。

当然，高力士并非没有过错，他最大的过错就是没有看出安禄山的狼子野心，没有劝玄宗及时杀掉安禄山，导致了后来“安史之乱”的爆发，给国家和人民带来了深重灾难。不过，“安史之乱”的爆发有复杂的原因，引起这场战乱的直接元凶应该是杨国忠，而非高力士。但高力士在安禄山得宠时没有提醒玄宗对他进行必要的防范，或抑制其势力的扩张，以致养虎为患，这个责任他是推卸不了的。不过，从当时的历史环境来看，他的这个过错是“无意”中犯的错误，跟“有意”的犯错有本质的区别。

对待任何一位历史人物，我们都应该本着实事求是的原则，用一分为二的观点去进行评判。功就是功，过就是过，不能因为某个人是“忠臣”，就不敢说他的过；也不能因为某个人是“奸臣”，就不敢说他的功。历史人物是复杂的，正像本文中所写的高力士，用一个“忠”字和用一个“奸”字，怎么能够说得清呢？

善待每一个历史人物，这才是我们应保持的一种良好态度。

如何评说洪承畴

施宣圆

《洪承畴传》修订本出版了。王宏志先生给我寄来一本。修订本对史实、史料做了一些补充和核实，增加了插图，使该书更具可读性。

翻开这部30余万字的修订本，不禁勾起了我的回忆。上世纪90年代中期，《洪承畴传》出版，在洪承畴的故乡福建泉州举行“洪承畴学术研讨会”，会上，我见到王宏志先生，她是人民教育出版社编审。她说，她在编写历史教科书时，常常接触到一些中国封建社会改朝换代时由旧王朝转入新王朝的人物，这些人都对新王朝的统一、安定起了重大作用。然而，不同的朝代，对他们的评价却有很大的差异。为了搞清这些人物的真相，她选择了明末清初的洪承畴为研究对象。《洪承畴传》是抛砖引玉，期待学术界同行的批评指正。

洪承畴是一位有争议的历史人物。他是明王朝的重臣,因镇压农民起义有功,官至三边总督、蓟辽总督。后来在与清军作战的松锦战役中，因受到明兵部尚书陈新甲的掣肘,洪承畴壮志难酬,终于兵败被俘。经过清统治者皇太极的劝说,他权衡再三，投降了清王朝；而后，在清王朝统一中国的进程中出谋划策，参与清王朝中央佐理机务，在招抚江南，避免江南百姓生灵涂炭方面，起了重大的作用……但是，在传统的观念中，洪承畴是“汉奸”，是“奸臣”。如何评价如洪承畴这样一生“事二主”的历史人物？我和王宏志进行了交流，后来我根据她的谈话，写了一篇1500多字的短文——《王宏志教授谈评价洪承畴，必须打破封建道德观》，刊于《文汇报》“学林”专刊。

王宏志对历史人物的评价打破了传统的观点，她认为：中国旧的历史观对历史人物的评价，并不重视历史人物对历史进程所发挥的作用，即对生产力的发展和社会进步的作用，而只注重历史人物的言行是否合乎儒家伦理道德的标准，即用三纲五常、忠孝节义的道德纲常来衡量。过去说“忠臣不事二主”，这要具体分析，“主”要是“明君”，臣忠于明君，可以为国家，为百姓做有益的事；但如果其君不明，是庸君、昏君、暴君，臣忠于君，那就会有害于国家，有害于百姓。一般说来，在朝代更替中，后一朝比前一朝更有活力，更有所作为。洪承畴“事二主”，清朝就比明朝更有活力，更有所作为。洪承畴的这一选择，当是不该有太多非议的。

没有想到这篇短文发表之后，引来了一片讨伐声，说这是为“汉奸翻案”。同时，有人点名批评了这篇短文。于是，我写了一点文字进行解释，说这是一个学术问题，应该争鸣，发表不同意见，以还历史的真面目。本来我想以此为契机，开展关于如何评价洪承畴这样的历史人物的讨论，由此而中止。学术讨论是学术界的事，学术讨论应该发扬学术民主；学术与政治有联系，也有区别，如果不把两者区别开来，学术与政治混为一谈，动辄用政治来干涉学术，判断学术研究的是非，学者必然顾虑重重，学术就得不到发展。社会主义学术民主是社会主义民主的一个有机组成部分，没有学术文化的空前繁荣，就没有社会主义的全面发展。

其实，一生事奉“二主”的人在朝代更换的时候并不少见。对洪承畴评价的不同意见，被指责为“汉奸翻案”，无非是说清朝是满族少数民族建立起来的政权，少数民族不能统治中国，所以，背明投清的汉人洪承畴，就成了“汉奸”。这是什么逻辑？不是大民族主义思想在作怪吗？由洪承畴又引出了如何评价岳飞、文天祥和史可法等人的问题。在王宏志看来，封建统治者表彰他们的大节是“忠臣不事二主”，是忠于宋王朝、明王朝，而我们今天表彰他们的大节是反对民族压迫。史可法面对清朝统治集团的高压政策，举起抗清大旗，表现出威武不屈的英雄气概和高尚气节，这是应该受到敬仰和表彰的。

由于历史上对洪承畴存在重大的偏见，王宏志在写作这本书时更加认真谨慎，她搜集、整理大量史料，还多次到洪的故乡泉州南安调查考察，对洪承畴所经历的每一个历史阶段、每一个历史细节进行了认真的分析、研究、排比；对洪的历史功过，进行了实事求是的剖析，得出了洪承畴是一个应该基本肯定的历史人物的结论。从宏观史学看，作者立足于我国是多民族国家，评价历史人物也应从多民族国家的角度出发，即，满族是中华民族的主要成员之一，清朝是中国历史上的一个重要王朝，以清代明不过是中国历史上王朝更迭的正常现象。中国历代王朝的缔造者都曾争取大量的旧王朝的官吏到新王朝任职，这可以起到对旧王朝的瓦解作用，以及解决新王朝官源不足的困难。所以，历代王朝的更替都有大批旧王朝的官吏到新王朝任职，几乎没有例外，甚至包括辛亥革命成功以后，新中国建立之时，都有大批的官员来自旧政权。这些旧朝代、旧政权的官员不少在新朝代、新政权中起着安邦定国的作用，他们是历史的光明面，而不是黑暗面。洪承畴当然也属于光明面的历史人物。著名历史学家苏双碧先生在《洪承畴传》的序言中指出："《洪承畴传》的出版是用事实奠定了洪承畴历史功过的基础，贬斥洪承畴的人仍可坚持自己的观点，但不能否定书中这些基本的历史事实。"

清乾隆皇帝钦定一部《贰臣传》，12卷，所谓"贰臣"是指在前一朝代做官，投降后一朝代之后又做官的人。《贰臣传》收录了在清朝做官的明朝官员120多人，洪承畴是作为重要贰臣列入其中的。乾隆帝贬斥他们"大节有亏"。如何评价洪承畴这样的"贰臣"？这是一个十分复杂的学术问题，学术问题必须发扬学术民主，通过学术争论，摆事实，讲道理，实事求是地进行分析、讨论。当然，有的学术问题是一时很难得出一个圆满的结论的，但只有真正的、充分的学术讨论。才能促进学术的繁荣和发展。

多尔衮为何把大清都城迁北京

佚　名

明朝崇祯十七年(清朝顺治元年，1644年)，李自成率领的大顺农民军攻进北京，推翻了明王朝。

在这以前不久，雄踞东北的后金英明汗努尔哈赤，率领大军攻打宁远(今辽宁兴城)，明朝守将袁崇焕顽强守御，屡次打败爬城进攻的后金军，努尔哈赤又气又恨，指挥后金兵在城墙根部凿洞，准备破墙入城。袁崇焕发觉后，命令用西洋运来的火炮轰击。努尔哈赤被炮弹炸伤，只好命令全军退走。同年七月，努尔哈赤创伤复发，去清河汤泉疗养。八月，伤势转重，乘船回盛京。途中，他知道即将逝世，通知大妃纳喇氏来迎。八月庚戌日，因伤势恶化，殁于途中的瑷鸡堡(今沈阳市南)。

第二天(1626年八月辛亥日)，皇太极在诸贝勒和大臣的推举下称汗。第二年，改年号为“天聪”，改女真族名为满洲族(辛亥革命后通称满族)。1636年，皇太极在盛京(明朝时称沈阳)称帝，改国号为“清”，年号为“崇德”。

皇太极一生勤于政事，勇于战阵，诸多军国大事，事必亲躬。由于精神长期处于高度紧张，严重损伤了健康，积劳成疾。1643年八月九日晚上十时，在沈阳皇宫清宁宫东暖阁寝宫的南炕上端坐时突发心脏病而死。皇太极死后，大权落在多尔衮手里。

多尔衮是后金(清朝的前身)的开创者努尔哈赤的第十四个儿子。努尔哈赤一共有15个儿子，他临终的时候，曾经指定他最疼爱和器重的十四子多尔衮作继承人。可那时多尔衮才15岁，年纪太小。八子皇太极依仗自己掌握后金八旗中的正黄旗和镶黄旗，势力强大，夺得了继承权。

现在皇太极死了，多尔衮正值年富力强，手下又掌握着努尔哈赤的精兵部队——正白旗和镶白镶。他当然愿意按着当年努尔哈赤的遗言，接着当皇帝。可是，满族人受到中原封建文化的影响，文臣武将大多主张子承父业，想立皇太极的儿子当皇帝。多尔衮很聪明，为避免内部发生冲突，就放弃了当皇帝的想法，在皇太极的儿子中挑出一个年幼的——6岁的福临，立为皇帝。他自己当摄政王，大权独揽，掌管朝政。福临即位后，建年号为顺治。清朝习惯用年号称呼皇帝，所以历史上称他为顺治皇帝。

多尔衮和那些简单鲁莽的满族权贵不同，他有勇有谋，深知将来要夺取内地，和汉族人打交道，光靠打家劫舍的武力不行，还要依靠熟悉中原风土人情的汉族谋士。多尔衮当了摄政王不到2个月，就发生了豫亲王多铎阴谋抢夺汉族大学士范文程妻子的事情。多铎是多尔衮的同胞弟弟，他们的生母纳喇氏大妃是努尔哈赤生前最宠爱的妃子，被皇太极等贝勒强行逼迫为努尔哈赤殉葬，用弓弦活活勒死了，所以多尔衮非常痛恨皇太极。母亲死时，小弟多铎才只有5岁，一直依附在多尔衮身边，一直到长大成人。因此，平日最受多尔衮的疼爱。

多铎见范文程的妻子非常漂亮，动了邪念，想抢占她，经常派人到范文程家周围观察动静，弄得范家日夜担忧，恐慌不安。多尔衮听到这件事，十分生气，马上派人把多铎叫来，当着满朝王公贵族和文臣武将的面严厉斥责了他，命令他上交2000两白银和15个牛录的兵力（一牛录为300人）作为惩罚。

平时受到满族权贵欺凌的汉族大臣见摄政王不避亲贵，重重处罚了多铎，从心底里释去疑虑和怨愤，从此更竭力为清朝出谋划策了。范文程当即上书朝廷，分析关内的形势，请求严申军纪，笼络人心，进兵中原，同农民军争夺天下。多尔衮觉得有道理，便拿定主意，率领军队向通往中原的门户山海关出发了。

清军刚走到半路上，忽然迎来了两个明朝装束的人，自称是把守山海关的明朝总兵官吴三桂派来请兵的。

原来，李自成率农民军进入北京后，就接管了明朝的权利。他亲自召见将官和耆老，又派人到黄河流域各地去建立地方政权，甚至准备开科取士，筹备即位典礼了。在财政赋税方面，农民实行“三年免征”。这样，百姓固然受益，可是，维持军队和政府的庞大开支，就要靠没收明朝内帑（指国库里的钱财）和对官僚勋戚追赃。大将刘宗敏和李过主持北饷镇抚司，把明朝三品以上的官员，一律发往各营追赃助饷，不服者就拷打上刑，对四品以下的官员则让他们自动捐银助饷，然后授职录用。本来，大多数官僚地主虽然心里勉强，但是还以为是一般的改朝换代，只要恭顺，便可保住功名富贵。不料，小官要捐银，大官要追赃，于是，官僚地主阶级都怀着疯狂的仇恨，转为与农民军对抗了。李自成等领导人，因为胜利也被冲昏了头脑，几乎忘记了东北关外还有虎视眈眈的清军。在一些农民官兵中，贪图钱财追求享乐的思想也有所滋生，严重影响了部队的战斗力。

这时候，明朝宁远总兵吴三桂态度的转变，就越发举足轻重了。吴三桂出身官僚豪门，手下兵将骁悍，素为明朝的北方屏障。农民军逼近北京的时候，崇祯帝飞檄命他入卫，可他却走一走，停一停，迟缓观望，拥兵自重。北京陷落后，吴三桂又径直退回山海关去了。

李自成进京后，也看到吴三桂的重要作用，就命人带着40000两犒师银和他父亲吴襄的劝降信，许诺父子封侯，劝他投降。吴三桂接到信后，以为从此可以跻身新贵，就决计投降。带着兵马入京朝见李自成。不料走到半路上，府中的大总管来边关报信，说他父亲吴襄被索饷200000两，又说他的爱妾陈圆圆被刘宗敏夺了去，还说农民军放火烧了他家的宅院。吴三桂一听，肺都要气炸了，马上翻脸变卦，返回了山海关。为了报私仇，他派人去见多尔衮，请求合兵攻打农民军。

多尔衮听到这个消息，喜出望外，马上写信给吴三桂，答应出兵，并告诉他降清可以封王。吴三桂果然投降了清朝。

李自成得知吴三桂不肯归顺农民军，便亲自率军到山海关，征讨吴三桂。

1644年四月二十二日，李自成和吴三桂约好，双方进行决战。那天一开始，农民军以威武的气势把吴三桂的人马包围起来，占了上风。然而，早就埋伏好的清军突然掩杀过来。农民军猝不及防，乱了阵脚，败下阵来。李自成这才知道吴三桂已经投降了清朝，要引着清军入关了。

李自成连夜返回京城。他深知敌我力量对比对农民军不利，决定退出京城，做长期抗清的准备。四月二十九日，李自成在武英殿登基称帝，国号大顺。第二天早晨就率领军队撤出北京，退回他的发祥地陕西去了。两天以后，清军浩浩荡荡地开到了北京城下。

北京城里的明朝文官武将听到消息，连忙出城迎接。他们走出离城门五里地以外，跪在大道两旁，不顾千军万马扬起的尘土，不住地磕着响头。多尔衮命令明朝官员在前面带路，从朝阳门经正阳门进入皇宫。进城之后，多尔衮在武英殿升座。他看了一眼那些恭恭敬敬的明朝官员，说："我们大清军是仁义之师，这次进关杀贼，是为了替你们报君父之仇。"说罢，他又对身边的清朝王公大臣们说："传我的命令，诸将进城，不许闯入民宅，对百姓要秋毫不犯，违令者严加惩办！"过了几天，多尔衮又装模作样地为崇祯皇帝发丧，表示自己不会跟明朝的官僚地主们为敌。

消息传开，那些为逃避农民军躲到城外的地主和官僚们，也都高高兴兴地回到家里，按满族人的习惯剃了头发，留起辫子，迎接清军。

多尔衮实现了努尔哈赤和皇太极多年的夙愿，占领北京。他决定立刻迁都北京。可是有不少满族官员留恋东北故土，反对迁都。

有一天，他们又在朝堂上发生了争论，一些大臣对多尔衮说："王爷，不如留军队在这里驻守，大军还是班师凯旋吧！"多尔衮沉吟片刻，严肃地说："先皇（指皇太极）在世时曾经说过，如果得到北京，马上迁都，以图进取，况且现在人心未定，不可轻易放弃北京。"几天以后，奉命回去接小皇帝的使者拿着多尔衮的亲笔信上路了。

这一年十月，顺治皇帝从盛京来到北京。多尔衮用小皇帝的名义发布诏书，宣布以北京为首都。从此，清朝从偏居东北的小朝廷成为统治全国的大清帝国。多尔衮为这件事立了大功，被封为叔父摄政王。当时在一些少数民族中，有兄长死后嫂嫂嫁给小叔的习俗。顺治皇帝的母亲孝庄皇太后为了讨好多尔衮，巩固儿子的皇位，也按这个习俗和多尔衮结了婚。于是，多尔衮又被封为皇父摄政王。

多尔衮当了皇父摄政王，权力更大了。国家大事，他也不和别人商量，有时就在家里独自裁决。就连皇帝的玉玺，都被他搬到自己家里去了。

多尔衮虽然很有谋略，但是他那满族贵族的积习很难改变。他到北京以后仍然像满族入关前那样强行圈占土地，分配给王公贵族和八旗兵丁。北京附近方圆五百里的地方，全都被圈占。圈地官吏走到哪里，哪里的百姓就被赶走，不但田产房屋被霸占，就连锅碗瓢勺也不许带走。清朝官吏在北京附近先后圈地 3 次，共霸占土地 14.7 万顷 (一顷等于 100 亩)。除了“圈地”之外，还有一个办法叫“投充”，就是强迫汉族百姓投靠到满族权贵门下，为他们当牛做马，耕地服役。后来，因为“投充”的人常常逃亡，清朝又颁布了“逃人法”，规定谁要窝藏逃亡的人，就要对谁处以重刑。

“圈地”、“投充”和“逃人法”很不得人心。可是，只要有人在朝廷上稍微表示不满，多尔衮就大发雷霆，恶狠狠地说:“今后，凡是有人敢为‘圈地’、‘投充’、‘逃人法’上奏疏的，一律从重治罪！”

过了几年，顺治皇帝渐渐懂事了，对多尔衮独断专行越来越不满。顺治七年 (1650 年)，多尔衮病死了，14 岁的顺治皇帝开始执政。第二年，他下令没收多尔衮的财产，免去他的爵位，把依附他的王公大臣全部贬职、革职或者处死。随后，顺治皇帝又将多尔衮掌握的正白旗收归自己名下。从此，正黄旗、镶黄旗、正白旗都由皇帝自己管辖，称为上三旗。清朝的皇权也一步步的加强起来了。

孔二小姐：民国第一混世魔女

李 伟

公子还是小姐

孔令俊孔二小姐，乃民国时期“四大家族”之一、行政院长孔祥熙的二千金，“第一夫人”宋美龄的干女儿。她从小便撒野成性，在学校最喜欢挑起同学打架斗殴，自己则作壁上观。10岁出头，她就学会射击，13岁即会开车。孔二小姐不着女装，留大背头，或西装革履，歪戴礼帽；或商贾打扮，手持折扇，口叼雪茄，令人莫辨雌雄。有人称她为“混世魔女”。

在南京，一次孔二小姐驾车兜风，因违反交通规则，被交警教训了几句，她一怒之下竟拔出手枪，将该交警当场击毙。据说后来南京流行一句话：“你不要神气，小心出门叫你碰上孔二小姐。”

还有一次更邪乎，孔令俊竟在光天化日之下和云南军阀龙云的三公子因一点口角，在重庆中央公园开枪对射，误伤了不少游人，当即成为重庆轰动一时的新闻。

孔二小姐在外面极为刁钻蛮横，在孔祥熙面前也指手画脚，插手人事安排等事项，搞得孔祥熙毫无办法。最厉害的是，她连蒋介石的东西都敢去动。据说某次何应钦发来一纸紧急公文给蒋介石，被孔二小姐从文件夹中翻阅后随手抛开，害得何应钦反复催询，蒋介石莫名其妙，急令侍从室追查，于是查到孔二小姐头上，蒋介石哭笑不得，然后不了了之。

孔二小姐玩出的大事，最著名的是“飞机门”事件。1941年底，蒋介石派飞机到香港，亲手圈定将《大公报》避难老报人胡政之接回重庆，飞机着陆重庆机场后，《大公报》主编王芸生没有看到胡政之，只看到孔二小姐的家仆及17

只狗。《大公报》属于C·C系控制，与孔祥熙不和，于是王芸生草拟社论一篇予以揭露，刹时间举国哗然，学生游行，于右任弹劾，孔祥熙不得不辞职下课。

婚姻恶作剧

孔二小姐爱枪爱车，就是不爱读书，宋霭龄暗自着急。为了获得一张像样的文凭，1942年，宋霭龄联络到上海圣约翰大学一位美国教授，获得格外开恩。于是宋霭龄在重庆找了几名留过洋的博士教孔二小姐“读书”，之后顺利拿到了该校的毕业文凭。

孔令俊拿到文凭后，宋霭龄又关心起她的婚事来。这时，陈立夫向孔家推荐了一位乘龙快婿——“西北王”胡宗南。胡宗南祖籍浙江孝丰，当过小学教师，后考入黄埔军校。1942年，胡宗南已升任第八战区副司令长官，统辖29、37、38几个集团军。在黄埔军校毕业的数千名军官中，第一个被蒋介石授予陆军三星上将，是国民党军队高级将领中最有实力的少壮派。

就在胡宗南暗自得意之时，孔祥熙的死对头——军统头子戴笠托人给他捎话，说孔令俊平日性格乖张，行为不轨，娶她当媳妇可说是引狼入室。胡宗南犯嘀咕了，这孔令俊可不比其他女人，不顺眼可以休了。万一是只母老虎，在家作威作福，他胡宗南岂不是自讨苦吃？

胡宗南颇有心计，他电告陈立夫，近日军务繁忙，不便离开，只能烦孔二小姐大驾亲自到西安来一趟了。耳听为虚，眼见为实，你孔二小姐是骡子是马，只要到西安来一趟，就能露出庐山真面目了。

孔令俊到达西安后，被安排到临潼华清池。孔令俊在华清池住了几天，没见着胡宗南，反被通知有记者要来采访。“记者”便是胡宗南所扮。他身着西装，肩挎照相机，还粘了一撮假胡子。胡宗南走进客厅，只见孔令俊身着黑色哔叽西装，扎一条红色领带，一只手拿着一支古巴雪茄，一只手牵着一条黄毛哈巴狗，正冲着窗户吐着烟圈。

孔令俊一边逗狗一边似问非问地说：“找我有什么事？”“想……请教几个问题。”胡宗南慌忙递名片。“就你这个德性，还当记者。”孔令俊出言不逊，“也不撒泡尿照照，就想采访我？回去告诉你们社长，叫他直接来找我，否则别怪我不客气！”胡宗南强忍住怒火，继续赔出一副笑脸，表示希望能拍一张孔二小姐的照片。

“在上海，我的一张照片值 10 万块，滚吧！”孔令俊对胡宗南更加不屑一顾。照片没拍成，胡宗南却憋了一肚子气。回到住所，胡宗南把假胡子一扔，照相机一摔，大骂了一通。

孔令俊给胡宗南的印象太坏了，举止粗俗，毫无教养，不男不女，目无一切，还端着个臭架子。这样的婆娘娶进来，还不得像姑奶奶供着。胡宗南吓出了一身冷汗，他立刻给陈立夫打电话，说日军在秦岭准备发动进攻，他必须立即到前线督战，军情紧急，个人的事只好暂时放一放，请他原谅。

但孔令俊岂是好糊弄的主儿？她直接把电话打到胡宗南的司令部，对胡的参谋说，她必须见到胡宗南，否则她就不走了。胡宗南这才发现事情没有他想的那么简单。一计不成又生一计，他答应过两天亲自向孔令俊道歉。

两天后，胡宗南带着两个贴身卫士来到华清池。这次他一身戎装，腰扎武装带，手戴白手套，肩挎左轮手枪。孔令俊也学乖了，身着套裙，脚穿高跟鞋，头上和脖子上洒满了香水。

到达游玩地后，胡宗南依计而行，与孔二小姐步行观光，大约走了 2 小时小路，孔二小姐脚上打起了水泡，累得上气不接下气。胡宗南佯装不知，依然赞美风景，丝毫没有怜香惜玉的表示。游玩结束后，孔二小姐一回到家，便大骂胡宗南混蛋，并发誓说："就是他胡宗南当了皇帝，我孔某人对他也毫无兴趣。"

从此，孔令俊再没有和任何男人正式谈过恋爱，更不要说结婚。此后的孔二小姐，行事更加怪异，模仿男人“三妻四妾”。在重庆时，她公然跟一名军官夫人同居。在她的嘉陵公司里，大家都称呼孔二小姐为总经理，称呼这名军官夫人为“太太”。

从公众的视野中消失

孔令俊不男不女，阴阳怪气，很多人都讨厌且回避她，连她的亲生母亲宋霭龄都嫌她三分。但是，她却得到了宋美龄的钟爱。宋美龄常常夸赞："令俊天生豪放，女生男相，很像我。"据说孔令俊有次跟宋美龄出行，原定乘坐第二辆车，孔二小姐强烈建议她改乘第五辆，结果第二辆车被敌机扫射得百孔千疮。当孔令俊和胡宗南的“恋爱”失败以后，宋美龄就把孔令俊认作干女儿。

如果以为孔二小姐只知道撒野胡闹，那就大错特错了。此人天生会做无本生意大把捞钱，善于利用自己的独特身份大发国难财。至于孔二小姐捞了多少钱，大概只有天知道。

蒋家王朝土崩瓦解后，孔令俊没有随家人定居美国，而是去了台湾，跟随在干妈宋美龄身边。由于孔家人对她的行踪闭口不谈，孔令俊从公众的视野中消失了，一晃就是20多年。直到1975年，她搀着宋美龄出现在蒋介石的葬礼上，人们才发现她原来隐居在台湾。

好事的新闻记者开始打探她的个人生活，然而，他们得到的结果却使他们觉得索然无味。原来，这名在抗战时期红极一时的孔二小姐，这么多年里仍孤身一人，没弄出任何可以让新闻界热炒的“桃色新闻”。她默默地做着宋美龄的干女儿和贴身管家，而且变得循规蹈矩，这实在叫人难以置信。

吴佩孚：一个被认为更有希望统治中国的军阀

翁泽红

一代枭雄袁世凯在被迫宣布取消帝制，恢复“中华民国”年号近3个月后，1916年6月病亡，北洋军阀集团分裂成直、奉、皖等派系。为掌控北京中央政权，各派逐鹿日渐激烈。1920年吴佩孚在直皖战争中击败皖系，权倾中央。1922年4月底至6月初第一次直奉战争爆发，48岁的吴佩孚任直军总司令，使张作霖12万人的奉军败北山海关外。赫赫武功让吴佩孚声名鹊起。这个有着“一嘴短短的红胡子，长脸高额，鼻相很好”的直系军阀被当做“中国最强者”，于1924年9月8日成为首次亮相美国《时代》杂志周刊封面的中国人。是时，吴佩孚掌握着直系最多的兵力，拥兵数十万，虎踞洛阳，其势力影响着大半个中国。人们普遍看好吴佩孚的前途，上海英文杂志《密勒氏评论报》的主编、美国人约翰·鲍威尔甚至认为他“比其他任何人更有可能统一中国”。

秀才烟民避难京城

吴佩孚生于1874年，山东蓬莱县人。在其诞生之际，时为小商人的父亲梦见戚继光进入家门。为表示对抗倭英雄的景仰，便以戚继光的字“佩玉”为此子取名佩孚，字子玉。自6岁入私塾，吴佩孚不负长辈的厚望，勤学苦读。14岁时父亲病故，家境贫寒，吴佩孚一度想辍学挣钱养家。适值登州水师营招收年龄16至20岁的学子当学兵，要求每隔5天集训1天，每月发饷二两四钱白银。吴佩孚虚报为16岁到水师营当了学兵，其间拜登州府名儒李丕春为师。在半兵半读的学兵生活中，吴佩孚未曾中断学业，22 岁考中秀才。第二次鸦片战争爆发后，1858 年中国与外国侵略者签订了《天津条约》，登州（后改烟台）作为通商口岸之一对外开放，外国商船可以自由出入，鸦片作为合法的商品大量倾销到登州。登州所属蓬莱县地处该州东端，北临黄海、渤海，成为烟毒重灾区之一，吸食鸦片的人数剧增，县城里烟馆林立。在此大环境下，吴佩孚最终没有沿着科举的道路走下去，却成了一名不折不扣的烟民，成天陶醉于吞云吐雾。因家境不济，仅仅只是烟馆“普通座”的座上客。1897 年的一天，23 岁的吴佩孚烟瘾大发，可“普通座”已无空位，吴佩孚与当地著名豪绅翁氏相商，想借用翁氏所包的“雅座”一角抽几口过过瘾。谁知未过成烟瘾，却被翁氏踢了一脚，赶出了房门。为出此口恶气，吴佩孚找到了当时蓬莱县城很有名气、由十个落第书生组成的“十虎”集团，求这些文痞、讼棍帮忙出气。不日“十虎”大闹翁府，遭到官府缉拿。为避此祸，吴佩孚连夜逃往北京，穷困潦倒。为了糊口，他只有凭自己念过四书五经的能耐，刻苦攻读“相命书”，为他人卜卦算命。

次年，驻扎在天津的淮军聂士成部，因在 4 年前的中日甲午战争中伤亡惨重，奉命招兵，扩充队伍。曾经在家乡当过水师营学兵的吴佩孚，决定投笔从戎，到天津应征入伍，从此踏上军旅生涯。无论是吴佩孚本人或是翁氏都没有想到，烟馆“雅间”的一脚会踹出日后的一个手握重兵，叱咤风云的大军阀。

谍战中初露锋芒

吴佩孚虽当过学兵只不过是混点饭钱，实乃一文弱书生，初入聂部常因军训动作不合格，被教官惩罚示众，而吴佩孚又总是保持沉默寡言，所以大家都称他“吴傻子”。上司只好让他当了个勤务兵，在军中听差。一日，吴佩孚为巡警营幕僚郭梁丞送一份公文，发现郭错用了一个典故，郭才得知吴佩孚是个秀才，遂与吴佩孚结为把兄弟，并时常把吴佩孚叫到家里吃饭。在郭梁丞的极力保荐下，1902 年 9 月吴佩孚进入保定陆军速成学堂测量科学习。一年后，以优等成绩毕业，任北洋督练公所参谋处中尉，正式成为北洋系的一员。

1904 年 2 月，争夺我国东北地区控制权的日俄战争爆发了。清政府陷入了若“附俄则日以海军扰我东南，附日则俄分陆军扰我西北”的外交困境忧虑之中。

为打破俄国独占东北局面，维护东北主权，国势衰微的清政府，表面保持中立的态度，暗地里却联日拒俄，为日军提供情报帮助。日俄战争前夕，在日驻华军事顾问、日本近代间谍战鼻祖青木的主持下，从北洋督练公所中选拔出包括吴佩孚在内的16个能干得力的青年军官，与31名日本情报人员秘密组成中日混合侦探谍报队，由日军守田利远少佐带领渡海分别到旅顺、大连等地刺探俄军军事活动情报，尤其是俄国东方舰队的实力情况。在执行此次任务中，吴佩孚给日本人的印象是“温和良顺，举动不苟；交人圆和而不露圭角；任事处变而不急近功和不邀虚名；所自信以为是者，则行之以渐……”因此给他起了个绰号叫“总有法子先生”。吴佩孚出色的情报工作才能，深受守田的青睐。守田奖赏吴佩孚500大洋，并破例准假一周让吴佩孚骑着自己的坐骑回家探亲。日俄双方开战不久，二三月份日本海军对盘踞在旅顺口的俄国舰队进行攻击，遭到猛烈还击，久攻不下。主帅东乡平八郎决定对俄国舰队实行封锁战（闭塞战）。由于俄军设立多道防线，日本船只没能自沉在指定海区对俄海军实施封锁，导致日军遭到重创。吴佩孚建议用多只普通渔船日夜不停地对俄舰队进行骚扰、试探，趁其麻痹之际，把日军情报船混在渔船中送到海上阵地，港内各舰阵位信息成功地反馈到指挥舰，为日军歼灭俄国远东海军残余，以及陆上要塞决战做出了贡献。10月，已荣升为上尉的吴佩孚奉命携带重要情报到奉天（今沈阳）附近的新民屯参加秘密会议，途中被俄军以“间谍”之名逮捕。吴佩孚拒不承认自己谍报员身份，在押往哈尔滨途中跳车逃脱。

1905年9月，日俄战争以沙俄惨败告终。吴佩孚因屡次立功，日本赠其六等“单光旭日勋章”一枚。在历时1年有余的日俄战争谍报工作中，吴佩孚初露锋芒，可视其为日后吴氏跃为北洋之星的端倪。

识曹锟，北洋之星冉冉升起

吴佩孚在以间谍身份出色完成了其一生当中的第一次重大军务后，被派到北洋陆军主力第三镇，从此与日后为民国八大总统之一的曹锟结下了不解之缘。1906年春，吴佩孚在第三镇步队十一标第一营任督队官（营副），不久被保荐到天津讲武堂进行短期培训，毕业后回到原所在营部升为管带（营长）。翌年，曹锟成了第三镇的统制（师长）。一次吴佩孚随曹锟驻防吉林时，曹锟要用东北地图，整个第三镇只有吴佩孚有一张在日俄战争时期自己绘制的东北地图，由此曹锟对吴佩孚开始有所关注。次年吴佩孚调任炮兵第三标第一营管带。1911年10月辛亥革命爆发,各省纷纷宣布独立,曹锟奉袁世凯之命率第三镇官兵入关，负责天津、北京、保定一线京畿外围防务。同月山西新军宣布独立，袁世凯派曹锟率军攻打山西革命军。队伍即将行进到娘子关时，第三镇第三标部分人员在标统（团长）的带领下准备起事，被吴佩孚即时发现向曹锟告密，吴佩孚第一次救了曹锟，之后被提拔为第三镇第三标标统。

1912年2月，袁世凯为了达到在北京老巢就任大总统的目的，指使曹锟带兵到南京迎袁专使住处进行骚扰，最终迫使南京临时参议院通电同意袁世凯的要求，曹锟因此在官道上青云直上。随着曹锟势力的壮大，吴佩孚的官位也亦步亦趋地不断攀升。北洋政府成立的这年秋天，袁世凯将镇改为师，标改为团，曹锟继任第三师师长，吴佩孚继为炮兵团团长，驻防南苑。次年，吴佩孚积极跟随曹锟镇压“二次革命”。曹锟因功委任为长江上游警备司令，吴佩孚升任师部副官长，驻防岳州（今湖南岳阳）。时袁世凯的心腹爱将汤芗铭以海军中将都督湖南。一日，汤芗铭在长沙举行全湘名流会议，请师长曹锟致词，但曹锟很不善于辞令，吴佩孚主动请缨。吴佩孚从汤芗铭督湘有方，受到万民敬仰说到湖南人杰地灵而湖南诸将胸有韬略。这番颇富煽情之言打动了在座诸位，尤其是汤芗铭听得连连称赞，认为吴佩孚确是军中奇才，可惜官阶太低，会后便以湖南省督军府的名义向曹锟发来公函：“……兹借调贵陪吴佩孚来敝省主巡警旅军政。如贵部认为必须交换条件，敝省一定酌情满足之……”曹锟想一个堂堂的都督仅见吴佩孚一面，竟然要将其借走，而且还要升为旅长，想必吴佩孚一定有其独到之处，楚材晋用，不如楚弓楚得。于是回函：“本部已提升吴佩孚为第六旅旅长，掌管兵权，如何外借？”得到曹锟的器重，吴佩孚深怀感激，誓死追随曹锟一生，成为曹锟的心腹。

袁世凯当上大总统不久，便开始紧锣密鼓地为复辟帝制进行准备，1915年8月全国上下拉开了所谓的“要求实行帝制，请袁世凯登基”劝进的序幕。9月曹锟以直隶代表名义请袁世凯改变国体实行帝制，事隔2月再次通电，请袁氏早日登基。吴佩孚对袁氏称帝之举极不赞成，多次劝说曹锟与袁世凯划清界限。

但曹锟却痴迷其中，深得袁世凯赏识，被授予“虎威将军”，袁氏登上帝位后，又封其为一等伯爵。袁世凯的倒行逆施，导致了护国运动的爆发。曹锟部被派往四川镇压蔡锷的护国军。此战吴佩孚不仅取得了泸州、纳溪的胜利，而且还第二次救了曹锟的性命：吴佩孚进攻纳溪的护国军时，曹锟被高洞场的护国军围困在峡谷中不足一里的范围内，其所带的人马所剩无几，生命危在旦夕。闻讯后第十六混成旅旅长冯玉祥曾建议以攻下纳溪解曹锟之围，吴佩孚不听劝阻，率领几十名骑兵冒死杀出重围，直奔高洞场，将曹锟救出。曹锟感激万分，誓与吴佩孚共进同退、不离不弃，并向袁世凯禀报了吴佩孚的功绩，吴佩孚被授予陆军中将。护国运动的风起云涌，使袁世凯遭遇称帝危机。对此，吴佩孚劝曹锟要审时度势，极力主张采取“虚与委蛇，暗中联络各省”的一举两全之策。随着反帝制运动的不断高涨，袁世凯在位仅83天便被迫宣布取消帝制，旋即一命呜呼。群雄失驾，北洋军阀遂分为直、皖、奉三大派系，各自为政。直系重要代表人物曹锟虽然一直热衷于袁世凯的复辟帝制活动，但得益于吴佩孚之计，且又手握重兵，因此继袁世凯之后，反对袁氏称帝、实际控制着北洋政府的皖系首脑段祺瑞对其仍然看重，将其提升为直隶督军，驻防保定。在吴佩孚建议及积极协助下，曹锟加强第三师军事训练，大规模扩军为5个混成旅。功夫不负有心人，1917年7月张勋复辟，段祺瑞组织“讨逆军”，曹锟被任命为西路讨逆军总司令，吴佩孚为先锋率其精锐之师对丰台、天坛等处“辫子军”发起进攻，大获全胜。曹锟因此一役而兼直隶省长，吴佩孚更深得曹锟的信赖，曹锟对他是言听计从。

袁世凯的独裁统治被推翻，恢复了共和国体制，直系第一号人物冯国璋当上了代理总统，段祺瑞重任总理职务。由于北洋政府拒不执行《临时约法》和召开国会，孙中山在广东成立了护法军政府，在南方一些军阀的支持下，组成湘桂联军准备北伐。段祺瑞兵分东西两路南下镇压。1918年2月，西路统帅曹锟令吴佩孚以代理第三师师长身份任前敌总指挥。吴佩孚连克岳州、长沙、衡阳等湘中重镇，被称为“常胜将军”。攻湘首功应属吴佩孚，但段祺瑞却把“湖南督军”的宝座让给了自己的心腹张敬尧，吴佩孚只捞得了“援粤军副总司令”的虚衔。“直系打仗，皖系做官”，吴佩孚十分气愤，同年6月在攻下通向西南的门户——湖南最重要的战略要地衡阳后，便按兵不动，第三师全体罢战。为了拉拢吴佩孚继续为自己卖命，情急之下段祺瑞任命曹锟为四川、广东、湖南、江西四省经略使，成为民国以来最大的地方官，望曹锟能督军南下，而且还把吴佩孚封为与督军官阶相等的“孚威将军”，但曹锟、吴佩孚并不领情。考虑到“久戍于外，直隶根本之地，未免空虚，倘有疏虞，便无退步”，曹锟率兵北归保定。吴佩孚甚至联合北洋军将领通电南方主和，且誓言今生“不做督军，不住租界，不结外人，不借外债”。吴佩孚衡阳“罢战”，使此前一直暗斗着的直、皖两派保持“面和”的态势转入到公开的分裂。为避免直系主和派的报复，迫于形势，段祺瑞以退为进愿与冯国璋一起下台，与直系、皖系皆交好的清翰林出身的北洋元老徐世昌被推选为中华民国第五任大总统，但北京政府的实权仍掌握在参战督办段祺瑞手中。以此为转折点，曹锟、吴佩孚替代冯国璋逐渐成为直系实力人物，直系势力崛起且发展迅猛，最终得以主导北洋政府。湘省一战，吴佩孚由主战变成了主和，此惊人之举让吴佩孚脱颖而出，尔后其声望远远超过自己的老上司曹锟，成为北洋军阀的中心人物。

“中国最强者”

吴佩孚驻防衡阳不久，1919年全国爆发了反对“巴黎和约”的五四爱国运动。面对民族危亡，皖系力主签约，直系坚决反对，奉系则乐得坐山观虎斗。吴佩孚直接通电大总统徐世昌：“青岛得失，为吾国存亡关头。如果签字，直不啻作茧自缚，饮鸩自杀也。”并表示“卫国是军人天职，与其签字贻羞万国，毋宁背城借一。如国家急难有用，愿率部作政府后盾，备效前驱”。当北洋政府对爱国学生进行大肆逮捕时，他认为大好河山任人宰割之时，这些学生不顾自己的生命，为国家、民族前仆后继，“其心可悯，其志可嘉，其情更有可原”。让大总统释放学生，否则众怒难犯。吴佩孚在五四运动中的行为深得国人的赞许，认为他是一个富有胆略的爱国军人。在爱国光环笼罩下，吴佩孚及直系声望剧增，而皖系却因对帝国主义的妥协退让，对爱国学生的镇压以及一些将领危害一方等行径而弄得声名狼藉，“段氏令名，至是扫地无余”。与此同时，1918年至1919年间直系兵力日趋强大，从5个混成旅扩大为9个。在军事、政治条件皆成熟的情况下，曹、吴决定与段祺瑞决一雌雄，问鼎中央政权。

为加大取胜筹码，曹、吴力争欲雄霸中原的东北奉系军阀张作霖的支持。实力相对较弱的奉张清楚地认识到这正是能在直皖间的矛盾和争斗中获得兴师叩关的有利时机，因而对此做出了积极迎合，1920年4月密联与曹锟及其他一些军阀结成八省反皖同盟。5月，为增强北方直军的实力，积极配合曹锟夺取北京政权，吴佩孚率领第三师及三个混成旅撤离驻守的衡阳北上，沿途突破张敬尧等皖系将领的封锁、堵截，顺利抵达武汉，曹、吴南北呼应。同月9日，就在同一天，段祺瑞成立“定国军”，自任总司令，其铁杆心腹徐树铮任副司令兼总参谋长。曹锟成立以吴佩孚为前敌总司令的“讨贼军”。7月14日，直皖正式拉开战幕。初始双方在实力相埒的情况下拼搏，难分伯仲。17日后奉军直接出兵参战，形势发生剧变，直、奉联军在5日内击败皖段，彻底摧毁了皖系军阀。败局之下段祺瑞通电引咎辞职。

徐世昌当政时为安抚势力强大的军阀特设巡阅使制度，各巡阅使兼管数省的军事和民政大权。直皖战争结束后，曹锟由原来的川粤湘赣四省经略使的虚职改任直鲁豫巡阅使，吴佩孚为副使，张作霖任东三省巡阅使，晋授为镇威上将军。北洋政府进入到由直、奉两系军阀共同控制时期。直皖一战吴佩孚虽只是区区的一个师长，但却引起了国际上的关注。战后美国陆军助理武官费禄纳少校曾到保定访问曹、吴二人，然而从费禄纳给美国国务院的报告可以看出，在他眼中吴佩孚才是一个真正意义上的领袖，“直系首脑中最杰出的是吴佩孚……他的行动是一个真正爱国者的行动，他是为国家利益而不是为个人利益而工作的。……他显然极为民主，他的士兵对他既非常尊敬，又十分爱戴”。

直皖战争的胜利奉系是有功的，但在战后的各种利益的分配中，双方都认为对方占了便宜，而自己没能得到应得的好处。战争即将结束时，张作霖抢先将皖军遗留的军械辎重等物品全部囊括，其中有两只空军探照灯曾为直军获得，张作霖毫不留情地要了回来。曹锟气得不停地说：“张雨亭真是地道的胡子，得那些东西还不够，连这两个灯还要。”在战争中立下汗马功劳的吴佩孚非常气愤，他认为奉系在战争中没有出多大力，“这次战争，不足言功，是一件最可痛心的事情”。1920年9月，吴佩孚升任鲁豫巡阅副使后便率领他的第三师开进军事重镇洛阳，招贤纳士、筹饷练兵，扩充实力。他把军事指挥机构中心设在原袁世凯的离宫，在其东西两侧新建50多间房屋作为参谋本部给他的幕僚策士居住，在其南修建“继光楼”专门接待中外重要访客。除此之外还为学生兵修建了1000多孔窑洞作为宿舍。同时设立无线电台，修建飞机场，购买飞机，开洛阳航空先河。到1921年底，经过1年多的扩军练兵，已拥有10余万兵力。同年北洋军政府任命吴佩孚为两湖巡阅使，率大军南下平息两湖战争。此时吴佩孚的官职已与曹锟相当，势力日渐坐大。此间，直奉两派争夺中央政权、势力范围的斗争日趋激烈。直系军阀先占直鲁豫地区，夺取了江苏、陕西地盘，后吴佩孚又夺得两湖，直系显然占有了中国的半壁河山。直皖战争后张作霖在关外的势力得到迅猛的发展。1921年6月，张作霖正式就任蒙疆经略使，除控制了东三省外，还得到了热河、绥远、察哈尔三特区，成为事实上的满蒙王。12月，在日本的支持下，张作霖以亲日派梁士诒组阁成为奉系内阁，“张（作霖）的发言权高到极点，直系在中枢的地位几降为零”。实力强大的直系不甘心其权威及既得利益受到挑战，为了主宰中央政权，夺取更大的利益，决定与奉系兵戎相见。而奉张在扩大关外势力的同时还想染指长江流域，独霸中央政府，也是磨刀霍霍。1922年4月第一次直奉战争爆发。曹锟授予吴佩孚军事指挥全权，代表直系以洛阳之师为主力迎战张作霖。奉军入关兵力12余万人，大炮150门，机关枪近200挺，大有“投鞭断长江之流，走马观洛阳花”之势。吴佩孚直接参战的军队只有张作霖的一半，在兵力、装备悬殊的情况下，作战1个多月，奉军损失军费超过3000万元，被打死、打伤、投降及逃亡人数高达10万人，仅余2万多人逃出山海关。第一次直奉战争使吴佩孚达到了其军事生涯中的顶峰。

第一次直奉战争结束后虽然直系完全掌握了北京政权，但孙中山、段祺瑞、张作霖却迅速结成了“反直三角联盟”。就当前形势所应采取的方略而言，吴佩孚与曹锟意见相左，力主以武装统一为当前的头等大事，而曹锟却迫切想当总统，认为做了总统再统一也不迟。吴佩孚对其“恩君”“曲进谏言，以挽救其失，万不可动辄谋叛，以陷于大不忠之地步”。在苦劝无果的情况下，吴佩孚回到洛阳集中精力继续苦心经营自己的大本营。次年，曹锟上演贿选丑剧获得了成功，把吴佩孚升为直鲁豫巡阅使，吴佩孚被称为“大帅”，曹锟则升称为“老帅”。吴佩孚虎踞洛阳，在其最鼎盛时期，拥兵数十万人，其中直属部队5个师和一个混成旅10余万人，控制着直隶、陕西、山东、河南、湖北等省地盘。当时全国有18个省的督军、总督的代表机构就设洛阳，洛阳成为各方所仰望的中心，被时人称为“西宫”。吴佩孚 50 寿辰时，全国各地来洛阳向他祝寿的达官显贵、文化名人及各国驻华使节就有六七百人之多。由于吴佩孚当时已成为北方实力最大的军阀，洛阳实际上成为了北方的政治、军事中心。按曹锟所言：“只要洛阳打个喷嚏，北京天津都要下雨。”

其间就故宫三大殿幸免一劫而言不能不说吴佩孚还是利用了他的影响力的。1923 年，北京政府为解决国会会场狭小问题，决定拆掉三大殿改建为西式议院。吴佩孚听闻后，立即给大总统、总理、内务总长、财政总长发了电报：“……据云，百国宫殿，精美则有之，无有能比三殿之雄壮者。此不止中国之奇迹，实大地百国之瑰宝。……若果拆毁，则中国永丧此巨工古物，重为万国所笑，即亦不计，亦何忍以数百年故宫，供数人中饱之资乎？务希毅力维一大地百国之瑰宝无任欣辛盼祷之至。”各报刊争相登载吴氏通电，举国上下坚决拥护，故宫三大殿得以保护。就连苏俄成为世界上第一个社会主义国家后，为打破孤立状态，基于自身的利益，在对华政策上也企图首先联合握有重兵、正在崛起的直系实权人物吴佩孚，而非执著于中国革命事业，但手无兵权被他们称为“梦想家”的孙中山。1924 年，吴佩孚处于其一生之中的巅峰时期。9 月 8 日，吴佩孚以“中国最强者”成为首次亮相美国《时代》杂志周刊封面的中国人。是时，人们普遍看好吴佩孚的前途，上海英文杂志《密勒氏评论报》的主编、美国人约翰·鲍威尔甚至认为他“比其他任何人更有可能统一中国”。

巨星的陨落

直系独霸中央政权后，虽然势力极度膨胀，但由于遭人唾弃的贿选、血腥镇压“二七”大罢工以及企图依靠武力实现直系的一统天下等等行径，引起举国公愤。同年 9 月 3 日至 10 月 13 日，东南一隅的皖系浙江督办卢永祥与直系的江苏督军齐燮元发生江浙战争，曹、吴决定援助苏齐。就在吴佩孚成为美国《时代》杂志封面人物的一个星期后，9 月 15 日，张作霖以反对直系发动江浙战争为由，出兵 15 万人，分两路向山海关、赤峰、承德方向进发，曹锟任吴佩孚为讨逆军总司令，率 20 万人马迎战，第二次直奉战争爆发。10 月，当吴佩孚亲率 10 万大军正在激战之时，因不满吴佩孚排除异己的直系第三军总司令冯玉祥突然带领他在后方的3万人马从热河撤军，并与直系将领胡景翼、孙岳密谋倒戈，发动“北京政变”，囚禁曹锟，推翻直系中央政权。直系的内讧直接导致直系在第二次直奉战争中惨败。11月，直军全军覆没。悲痛之极，吴佩孚致信冯玉祥：“……与足下袍泽数年，以心相印，今被暗算夫复何言！昔乐毅云：‘君子绝交，不出恶声；忠臣去国，不洁其名。’佩为亡人，亦曾受教于君子，惟不明心迹，是以不免耿耿耳。吴佩孚泣启十一月十七日。”

第二次直奉战争结束后，吴佩孚从“时代的宠儿”一下跌到人生的低谷，率残部2000余人败走天津，想从水路乘船南逃武汉。沿途除受到阎锡山、冯玉祥及奉军的追击外，还遭到山东督理、湖北督军等拒绝入境。在生命攸关之时，其部下建议逃入租界保性命，吴佩孚却以“堂堂军官，托庇外人，有伤国体”为由，未曾向外国人求救，危急之下避难鄂豫交界的鸡公山。其间，遭到冯玉祥1个多月的围困，段祺瑞还乘机暗派杀手对他进行暗杀，吴佩孚头发一夜全白。就在吴佩孚险象环生之际，1925年春，浙江、江苏、湖南三省督军孙传芳、齐燮元、赵恒惕联名致电吴佩孚，愿一如既往地跟随其后。于是吴佩孚率“决川号”和“睿蜀号”两艘军舰前往岳州赵恒惕处。10月孙传芳发动反奉战争，应孙传芳之邀吴佩孚赴武汉出任“十四省讨贼联军总司令”。至此吴佩孚结束了寄身于兵舰7个半月的水上漂泊生涯。

虽然“讨贼联军”本应对付的是奉张，但吴佩孚为报冯玉祥反目之仇，与张作霖把手言和。在吴、张夹击下，冯玉祥被迫撤出北京。趁北方军阀混战，1926年7月，南方国民革命军以蒋介石为总司令誓师北伐。吴佩孚地处两湖，事实上成为了北伐军的头号目标。汀泗桥、贺胜桥、武昌血战后，吴佩孚兵败两湖。为躲避蒋介石、冯玉祥的追杀，吴佩孚打电报给曾受过其重恩的四川军阀杨森说：“我已无路可走，不论你允许与否，我都只有入川一途了。”从此，吴佩孚流亡入川，受到杨森的庇护。直到1931年春，蒋介石已巩固了自己的政权，才允许吴佩孚离开四川。吴佩孚屡次兵败，已心灰意冷。在结束了4年流寓生活后，同年秋，应张学良以子侄身份的邀请定居北平，住在张学良赠送的东四什锦花园胡同的大宅院，每月接受张学良馈赠的4000元维持生活。

自“九·一八”事变以来，日本为加快侵略中国的步伐，用尽一切办法收买汉奸为其服务。吴佩孚作为北洋军阀中继袁世凯、段祺瑞之后的中心人物自然成为日本特务的焦点。日本竟然在北平、汉口分别设立主要对吴佩孚进行策反活动的大伯机关和竹机关。对日本的侵略罪恶，吴佩孚是深恶痛绝的。即便流落四川有东山再起之意时，日本特务头子荒木代表日本愿奉送“步枪十万支、机枪二千挺、大炮五百门，子弹若干，此外并助款百万”，但他拒而不受。就在张学良到北平火车站来迎接他时，他质问张学良“九·一八”事变为何不抵抗。不久又通电揭露伪满洲国成立的本质：“伪称满洲独立国，实际为日本附庸，阳辞占领之名，阴行掠夺之实。”当得知南京大屠杀的消息后，为表示抗议，他整整绝食一天。国民党军炸开花园口黄河大堤，他为淹死很多日本人而喜，但又为无家可归的140万中国人而悲。日本特务头子土肥原、川本等采取拉拢、威逼各种手段都未能让吴佩孚放弃民族气节。董必武在《日本企图搬新傀儡》一书中对吴佩孚做出了中肯评价：作为军阀，吴佩孚“有两点却和其他的军阀截然不同。第一，他生平崇拜我国历史上伟大的人物关、岳，他在失败时，也不出洋，不居租界自失。第二，吴氏做官数十年，统治过几省的地盘，带领过几十万的大兵，他没有私蓄，也没置田产，有清廉名，比较他同时的那些军阀腰缠千百万，总算难能可贵”。

1939年12月4日，戎马半生的吴佩孚因牙疾复发、高烧不退，请日本牙医看病后卒死。人们普遍认为吴佩孚死得蹊跷，但由于缺乏资料的佐证，吴佩孚是自然病亡还是被日本人害死至今仍是个谜。抗战胜利后，为表彰其保持晚节，国民政府追赠他为陆军一级上将。

熊向晖的传奇一生："一人可顶几个师"

肖 岱

1938年春的一天，"西北王"胡宗南面见湖南青年战地服务团团员。战地服务团由进步青年组成，胡宗南希望在其中挑选一些有才华的年轻人，加以培养，为自己所用。

佩中将军衔的"面试官"胡宗南，手执服务团名册，依次点名问答。胡宗南依照印象在每个人的名字后面画圈，大多数1个或者2个，少数有3个圈，只有1名青年，画有4个圈。这名青年叫熊汇荃，清华大学高材生，父亲是国民政府湖南高等法院的院长。胡宗南深信自己发掘了一名"得力干将"。次日，胡宗南的秘书找到熊汇荃，说胡先生邀请他进行"个别谈话"……

"党国栋梁"原是共产党员

1938年5月初，胡宗南将熊汇荃送至中央陆军军官学校（前身为黄埔军校）第七分校学习。1939年3月学习期满后，熊汇荃被胡宗南调到身边，并很快成为了胡的左右手，一路从侍从副官升任机要秘书。"党国栋梁"熊汇荃开始了他平步青云的仕途。

尽管熊汇荃受到胡宗南等国民党高层的赏识，事实上，在1937年的秋天，熊汇荃已秘密加入了中国共产党。

早在清华大学学习期间，熊汇荃就积极参加北京的学生运动，接触了进步思想。他很快就成了学生抗日团体——中华民族解放先锋队的骨干。在先锋队中，出身官宦之家的熊汇荃学习并接受了共产主义思想，完成了从"富家子弟"到进步青年的思想转变。

1937 年 12 月 31 日，这个民族危亡年度的最后一天，对于熊汇荃来说有着永生难忘的记忆。这一天，他平生第一次见到了周恩来。当时周恩来到武汉给一些进步学生作演讲，熊汇荃也在其中，他被周恩来的非凡魅力深深折服，更受共产党“誓死抗日、保卫国家”的积极抗日政策的鼓舞，更加坚定了“共产主义信仰”。

这天之后，对熊汇荃来说，更传奇的故事接踵而来。

中共中央针对当时的抗日形势以及国共两党之间的关系，做出了开辟“隐蔽战线”的重要决定，计划将一些思想进步、立场坚定的优秀青年党员安排到国民党内部。在两党和平时，这些青年可以继续抵抗日军的侵略；一旦国民党对共产党实施打压和攻击，他们就可以为保卫我党起到积极作用。用周恩来的话说，这是一些“闲棋冷子”，当然也希望他们一直闲下去，冷起来。

中共北京地委的领导蒋南翔推荐了熊汇荃，并汇报给董必武和周恩来。在充分了解到熊的具体情况后，周恩来大加赞赏，说“这个角色非熊莫属”。此后，报名参加服务团、接受胡宗南的面试以及进一步成为胡宗南的秘书，这些都是“共产党一手安排的”。熊汇荃还在组织的建议下，改名为“熊向晖”，开始了他为期 12 年的间谍生涯。

闲棋不闲，冷子不冷

熊向晖担任胡宗南秘书不久，就得到胡宗南的器重。蒋介石给胡宗南的密令都由熊向晖签收，而胡宗南下达的命令也都是由熊向晖起草。起草胡宗南的讲演稿更是熊向晖的“拿手好戏”，这个“懂军事又懂政治的助手”深谙胡宗南的脾气，写出的讲演稿“激情和说理兼有”，完全符合胡宗南的口味。胡宗南由此对熊向晖的态度渐渐由欣赏到完全的信任。

同时，熊向晖也在认真履行着自己的任务——观察胡宗南，了解国民党高层势态，并且尽可能地“少联系共产党、一定做好隐蔽工作”——这是董必武亲口告诉熊向晖的，也是周恩来再三嘱托的。胡宗南在开始阶段也积极主张抗日，没有将过多的精力放在打压中国共产党上面。熊向晖这枚“闲棋”就一直“闲”着。

随着抗日形势的明朗，1943年开始，国民党对中共的态度慢慢发生了变化，敌对情绪高涨。1943年6月1日晚，蒋介石亲自主持召开官邸会议，决心取消中共武装和根据地政权。蒋介石随即密电胡宗南——“借共产国际解散良机，闪击延安，一举攻占陕甘宁边区，行动绝对保密。”胡宗南完成布置后，于7月2日正式确定了进攻边区的时间：7月9日。

而在7月4日，胡宗南却收到朱德的明电：“道路纷传，中央将乘国际解散机会，实行剿共。当此抗日艰虞之际，力谋团结，犹恐不及，若遂发动内战，破坏抗战团结之大业，则陷国家民族于危难之境。”原来，国民党的作战计划早在7月3日就由熊向晖传出，再通过八路军驻西安的电台发到延安。党中央接到情报后，及时拟定了这个类似“空城计”的作战方案，一方面，破例引用情报，正面揭露国民党破坏抗日、挑起内战的罪行；另一方面，则迅速从其他地区抽调兵力，保卫延安。

国民党的阴谋没有得逞。胡宗南发觉有人泄密，但怎么也没想到竟是自己的贴身秘书熊向晖所为，也没有太多追查。

1947年2月，熊向晖和相恋多年的恋人湛筱华结婚，蒋经国是证婚人。

婚礼过后，两位新人开始蜜月旅行，1947年3月1日，两人正在杭州游玩，熊向晖被一自称国民党保密局的人叫住，他起初担心是自己身份已经暴露，思索该如何应对。等被带去见胡宗南后，事情才明了。原来，此前熊向晖已计划赴美留学，只因机票不好买，才一拖再拖。胡宗南却命令熊向晖延期赴美，要熊向晖回到身边再辅佐他3个月。蜜月也不得不中途结束。

胡宗南对熊向晖说：“前天总裁急电召我来南京，说美苏英法四国3月10日在莫斯科开会，届时将讨论中国问题。总裁当机立断，命令我直捣共产党的老巢延安。并选在四国外长会议的第一天，即3月10日发起攻击。”说完，胡宗南给了熊向晖一个文件包，让熊根据包里文件的内容画一幅草图给他，并叮嘱熊锁好房门，不许任何人进来。熊向晖打开文件包，看到两份绝密文件：蒋介石核准的进攻延安的方案；陕北共产党的军队兵力配置情况。

熊向晖异常激动，将文件内容默记在心。3月3日上午，熊向晖随胡宗南和参谋长盛文乘专机回到西安。当天晚上，熊向晖就将情报送到了新华巷1号，西安《新泰日报》主编王石坚的家，通过地下室里的秘密无线电台，将这两份绝密情报发到延安。而当时为了保密,连胡宗南的军长和师长对计划还一无所知。

3月8日晚，胡宗南带着熊向晖等少量随从，秘密离开西安，辗转来到洛川。在洛川小学，与先期到达的几名国民党高官会面，组成前线指挥所。而熊向晖则意识到，自己有必要将胡宗南的日常动态报告给党中央。在如此紧要的关头，他决定冒险行事，将情报用信函的形式写在白纸上，装在印有战区第一司令部长官的大信封里。为保险起见，他同样的信都要写两封，一封寄给王石坚，另一封寄给王石坚的朋友潘裕然，源源不断的情报就这样被送到了党中央的面前。党中央果断放弃延安，在陕北地区与国民党玩起了捉迷藏。

因为有情报工作的保障，虽然力量相差悬殊，但共产党总能一次次从敌人眼皮底下逃走，还会时不时地给敌人以沉重打击。胡宗南的部队陷入了一团泥沼之中，非但没能“给共军以毁灭性打击”，自己的部队反而损失惨重。正应了毛泽东在窑洞里留给胡宗南的一首打油诗：“胡宗南到延安，势成骑虎。进又不能进，退又退不得。奈何。奈何。”

国民党“闪击延安”的计划破产。毛泽东大赞熊向晖，说他“一个人可顶几个师”。周恩来也称赞：“我党打入国民党内部的情报人员工作卓越，李克农、钱壮飞和胡底属于前三杰；解放战争期间，又有三位突出的情报人员（熊向晖、陈忠经和申健），同样一人能敌万千军，创造了情报工作的奇迹。他们就是后三杰。”

公开身份，也是一步棋

1949年11月6日中午12点半，中南海勤政殿，周恩来特设午宴招待国民党元老张治中、邵力子、刘斐。周恩来把熊向晖介绍给大家，几位元老都有些惊讶：“这不是熊老弟吗？你也起义了？”周恩来说：“他不是起义，是归队。”众人恍然大悟，张治中说：“早知道蒋介石在政治上、军事上不是共产党的对手，今天才知道，在情报工作上，也远远不是共产党的对手。”

胡宗南攻打延安未果后不久，熊向晖便赴美留学。而后，国民党情报部门证实了熊向晖是中共间谍。按理说，这么重要的案件应该着力查办，但最后除了熊向晖在美留学公费中止外，并没有其他的追究。这不能不说是个谜。经众多党史学者分析，主要原因是胡宗南把这个案子故意压下来不报，因为他深知如果蒋介石知道了这个情况，势必怪罪于他，尤其是两次攻打延安的计划被完完全全破坏。熊向晖一事只得不了了之。

而此次周恩来有无必要将熊向晖之事告知这几位国民党要员呢？虽然周恩来说熊向晖以后会从事外交工作，希望大家熟悉一下，但这个理由并不是十分充分。其一，对于情报工作来说，一旦身份暴露，就成了一枚死棋；其二，在这样的场合公布熊向晖的共产党员身份，且对象还是国民党要员，有无必要？这几个疑问曾长期困扰党史研究者。

为解答这个问题，熊向晖之子熊钢分析了当时的局势：

1. 胡宗南部的 30 万大军，于 1949 年 12 月西南战场的成都战役才被歼灭，是国民党在大陆最后一个被歼灭的重兵集团。胡宗南在成都战役后率残部 1 万多人据守西昌，直到 1950 年 3 月才飞往台湾。

2. 早在 1949 年 5 月，胡宗南、宋希濂便在汉中秘密会晤，一致决定取道西昌退往中缅边界，继续抵抗，万不得已退到缅甸。当时两个集团拥兵 50 多万，几乎占到国民党在大陆剩余兵力的一半。

3. 两者的如意算盘未能实现的主要原因在于蒋介石的反对。蒋介石当时的战略计划是“经营台湾、整顿东南、控制西南”，不允许轻易放弃西南。

据此，历史学者杨者圣先生找到了答案：这两位手握重兵的国民党高级将领，对于当时的军事形势把握得最为准确，无论从哪个角度讲，进军滇西方案都是一条苟延残喘之道，这比蒋介石鼓吹的“保卫大西南”的空洞口号“高明”多了。与此同时，党中央毛主席的策略部署则是大迂回、大包抄，力图把国民党全部消灭在大陆，以防后患。不怕敌人打，就怕敌人逃。所以如何将胡宗南套牢在此等待刘邓大军前来形成合围之势就是整个西南战局成败的关键所在。这时，如能“假蒋介石之手套住胡宗南、争取宝贵时间”就可以占据主动，所以如何离间蒋介石和胡宗南就是问题的关键了。周恩来出面宴请国民党元老的必要性正在于此。几位国民党元老和蒋介石通信是可以办到的，靠他们来让蒋介石知道“胡宗南曾经犯了这么大的错误，并且隐瞒不报”这一事实，蒋会怀疑胡的忠诚，进而看不到胡“进军滇西”方案的可行性，甚至会采取措施防止胡宗南自行撤离。果然，蒋介石连续 6 次拒绝胡宗南的西进方案，甚至有一次还命令胡宗南杀身成仁，为党国尽最大忠诚。如此以来，蒋介石替共产党看住了胡宗南，等待他们的只有溃败一条路。

外交战线和总理并肩作战

新中国成立后，熊向晖担任中华人民共和国外交部新闻司副司长，开始了他20多年的外交生涯。在诸多重要的外交场合中，熊向晖都以“总理助手”的身份出现。

参加日内瓦会议，熊向晖是中国代表团新闻办公厅主任，主要负责新闻招待会，回答各路记者提问；基辛格访华、尼克松1972年访华，他担任“总理助理”，负责一些重要问题的处理；中国加入联合国，他是中国代表团的代表；他还担任过驻英国代办、中国驻墨西哥首任大使。诸多外交场合都有他的身影。而熊向晖认为，更重要的是，他能一直在总理身边工作，这对他的帮助非常大。

1972年尼克松访华前夕，美国的国家安全事务副助理黑格来华做技术安排，熊向晖负责接待。其中一个重要工作是美国希望通过卫星电视信号，使美国民众能够在电视里到尼克松访华的盛况。而由于当时中国还没有通讯卫星，美国方面提出只需要中国在北京、上海、杭州三地修建地面站，美国负责相关技术支持，而通讯卫星则由美国方面提供。熊向晖就将此事向总理汇报：既然美国已经做了准备，我们就不必花费大价钱租用通讯卫星了。总理立即批评了熊向晖，说租用卫星虽然比较贵，但不能一听到要花钱就缩头，因为这涉及到主权的问题，而在主权问题上绝不能有丝毫含糊。总理提出指示意见：第一，请美国方面负责给中国政府租用一颗卫星，租用时间为1972年2月21日1时至2月28日24时；第二，在租用期间，这颗卫星的所有权属于中国政府，美国如使用，需要向中国方面提出申请，并交纳使用费给中国政府；第三，租用费和使用费都要合理，我们通过其他途径了解国际上的一般价格，不做冤大头。

熊向晖将总理的意见转达给美方后，对方大为吃惊，说第一次碰到如此厉害的谈判对手。最终完全同意总理提出的意见，承诺租用费一定合理。

熊向晖的女儿曾经问过父亲一个有趣的问题：“周恩来对你有知遇之恩，而胡宗南也对你不薄，你为什么对共产党始终忠诚不二，难道就没有想到一直追随胡宗南，平步青云吗？”的确，胡宗南亦是魄力非凡之人，而对熊向晖，更是关爱有加。熊向晖说他始终没有动摇，一来是因为共产主义的信仰很早就深植在心中；二来，胡宗南的人格魅力和周恩来相比，还是有太大的差距。

面对着黑暗，怀揣着光明

熊向晖革命生涯可谓完美，解放前的情报生涯和解放后的外交生涯已足够精彩。而1982年从调查部和统战部副部长的岗位退下后，受荣毅仁的再三邀请，熊向晖出任了中国国际信托投资公司副董事长兼党组书记，又成为改革开放浪潮中的弄潮儿。2001年，中央电视台为庆祝建党八十周年播放了特别制作的节目《一个人顶几个师》，时任国务院总理的朱镕基看后，深受感动，立即赶到医院看望这位“立过赫赫战功的英雄”。两位清华校友感慨良多。

2005年9月9日，这位孜孜不倦的共产主义战士终于停止了步伐。

熊向晖这个名字，是他在1937年初刚接到任务时受组织要求改的，直到解放后，他才道出这个名字的寓意：“向晖”，取意当时形容隐蔽战线工作境地的一句话——“面对着黑暗，怀揣着光明”。

揭秘中共史上六大“红色女谍”

李荣刚等

沈安娜：嵌入蒋介石“心脏”的“中常委”速记员

李荣刚

沈安娜，1915年出生，江苏泰兴人。1935年打入国民党浙江省政府，任速记员，为中共搜集情报。1938年5月，周恩来、董必武指示沈安娜设法打入国民党中央党部，担任机要处速记，并指示她的丈夫华明之指导、协助、掩护沈安娜，长期埋伏。1939年，经中共南方局组织部长博古批准，沈安娜成为一名中共党员。1943年，沈安娜的中共地下党上司被捕，沈安娜与中共地下党失去联系，直到1946年才又恢复了与中共地下党的联系，继续为中共提供机要情报，直至1949年5月上海解放。

现年93岁的沈安娜面容慈祥，满头银发，精神矍铄。谁能想到，她曾是共产党打入国民党内的一名谍报人员，11年战斗在国民党中央核心机关里。蒋介石在国民党会议上的多次讲话，都是由她记录的。

传递情报中收获爱情

1915年，沈安娜出生在江苏泰兴的一个书香门第。1932年入读上海南洋商业高级中学，结识了在中共特科从事秘密情报工作的中共党员华明之。1934年，由于没钱缴纳学费，沈安娜选择了收费低且学期短的中文速记学校。

1934年冬，国民党浙江省政府要招一名速记员。中央特科领导王学文希望沈安娜能承担这个工作。经过考试，1935年1月，沈安娜被正式录用为浙江省政府秘书处议事科速记员。凭着每分钟100多字的记录速度和一手好字，沈安娜很快在浙江省政府站稳脚跟。

不久，沈安娜接到了组织上的暗语密信，希望她"回上海一趟"。她偷偷地把省政府的一些会议文件、记录夹杂在衣物中装进小提箱，带回了上海。王学文看了情报后说："安娜一炮打响！""这是我第一次为党组织提供情报，我也不知道什么情报是重要的。我特别留意保安处长宣铁吾的秘密军事报告，因为宣铁吾主要负责'清剿'皖浙赣边区和浙南地区的红军游击队。"

沈安娜将宣铁吾的报告、国民党的计划以及武器装备、公路碉堡的附件、图表等重要情报，用特殊药水写在信纸背面，然后正面写一般的家信。这种药水非常原始，有时还没等用药水显影，字就显露出来了。

王学文派华明之到杭州取情报。华明之和沈安娜有时在茶室里会面，有时装扮成情侣在西湖碰头。"多次接触后，我们真的恋爱了。明之会坐在西湖边教我唱歌，给我吹口琴，我至今还清楚记得他吹奏的《毕业歌》和《义勇军进行曲》。"1935年，经王学文批准，沈安娜和华明之在上海举行了婚礼。

1936年冬，朱家骅接任浙江省政府主席。沈安娜因正派的为人和娴熟的速记，很快得到朱家骅的信任。

国民党的特别党员

1937年日军侵华，沈安娜和华明之随浙江省政府西撤，与上海党组织失去了联系。

在华明之的入党介绍人鲁自诚的政治保证和引见下，沈安娜找到了八路军驻武汉办事处。董必武对她说："朱家骅现在是国民党中央党部秘书长，你可以找他要求进中央党部工作，为党继续收集情报。这很重要！"周恩来叮嘱沈安娜：在国民党核心工作，一定要注意隐蔽，既要大胆，又要谨慎。

第二天，沈安娜求见朱家骅。她说："我千辛万苦赶来武汉，请主席栽培，安排个工作，好为党国效劳。”朱家骅很高兴，说中央党部正缺速记员，办个手续就行了，接着问她是不是国民党员，因为机要速记员一定要是国民党员。沈安娜随机应变回答：“我在浙江时还年轻，没有加入，现在加入可以吗？”

朱家骅马上交待部下给沈安娜办“特别入党”，就是由3个国民党中央委员介绍入党，手续简单，批准时间快。党证编号前有个“特”字，这在国民党内部被认为是有后台，有来头的。

1938年8月武汉保卫战失利，沈安娜和华明之跟着“国民参政会”的包船前往重庆。机要处得知沈安娜是朱家骅亲自安排进来的老部下，对她十分信任，她一报到就被派去担任国民党中央常务委员会的速记员。

宋美龄的新部下

1939年1月21日，国民党五届五中全会在重庆召开。主持人是蒋介石，沈安娜端坐在速记席上。这是沈安娜第一次见到蒋介石。

蒋介石从沈安娜前面走过，她看也没看一眼。“我只要做好记录工作，获得情报就行了，对于蒋介石，我没必要接近。”

此后，国民党中央常务委员会和中央全会都由沈安娜担任速记。她同时还担任国防最高委员会、国民政府委员会、最高军事会议以及蒋介石在中央训练团讲话的速记工作。蒋介石做梦也没想到，一直埋头记录的沈小姐，竟是中共情报员。

1941年1月6日，震惊中外的“皖南事变”爆发，新四军6000多人壮烈牺牲。蒋介石和众多国民党将领放声大笑，一旁速记的沈安娜“想哭却不能哭，强装镇定，牙齿把下唇咬破了”。

1942年，中共南方局派来领导沈安娜、华明之的徐仲航被捕，他们与党组织失去联系。沈安娜回忆说：“那是我一生之中最艰苦的时期，我待在10平米的房子里，每天都在等人来取情报。更让我悲恸的是，我搜集到的情报，因没人来取，不得不又亲手销毁。”

1943年5月，沈安娜暂兼新生活运动妇女指导委员会的速记工作，常为宋美龄的讲话做速记。每次给宋美龄速记前，她都会找出自己最好的旗袍穿上，因为“宋美龄实在是气质出众，只有这样去见她才显得比较得体”。每次速记完，沈安娜都将速记符号翻译成文字，工整抄录，由华明之装订成册，封面上还加上漂亮的美术字标题，宋美龄看了非常满意。

1946 年 3 月，蒋介石连续两次召开最高军事会议，策划在半年内击溃八路军、新四军主力，然后分区围剿，会上还确定了军事部署和兵力调配。这些我党最需要的预警性战略部署情报，都被沈安娜用速记符号仔细地记录了下来，并连夜翻译整理，半夜由华明之交给上级吴克坚，迅速送到延安中共最高决策层。周恩来对于这一时期的重要情报，给予了“迅速、准确”四字口头嘉奖。

1946 年 6 月，蒋介石悍然发动全面内战。在那段日子里，蒋介石在国民党的高层决策会议上，讲到一些绝密问题时，会突然示意：“下面的话不要记。”这时，全场的人员都要停下笔来，沈安娜也不例外。“蒋介石不让记的讲话，都是最高机密，更需要记下来汇报给党组织。”沈安娜把蒋介石的讲话牢牢记在心里。待到休息时上厕所之际，再偷偷记录下来。

红花与绿叶

沈安娜自从进入国民党核心机关后，一直注意和元老派搞好关系。她把于右任、吴稚晖等人的书法挂在家里最显眼处。

一次国民党中央常委会休息时，张继、于右任、吴稚晖等人对她说，他们愿意联名推荐她竞选立法委员。考虑到当上立法委员虽可名利双收，但获得情报的机会很少，在和丈夫华明之商量后，沈安娜谢绝了几位元老的好意。为此吴克坚表扬说：“不把名利放在眼里，实在难能可贵！”

1949 年 4 月，吴克坚指示沈安娜和华明之：不必随国民党南下了。他们悄然离开南京，回到上海。5 月上海解放，沈安娜长达 15 年的地下谍报生涯宣告结束。

1949 年 5 月 1 日，中共中央情报部通电嘉奖了吴克坚领导下的情报系统工作人员，其中就包括沈安娜和华明之。

新中国成立后，沈安娜和华明之分别进入国家安全局和上海国家安全局工作。1983 年，两人离休后，住在北京西郊。夫妇俩有个雷打不动的习惯，就是每天阅读《人民日报》，收看《新闻联播》。2003年，华明之去世，“老华走了，没有人和我一起讨论时政了，好在女儿天天来看我，使我觉得不那么孤独。”

每天，沈安娜都会端详家里墙上挂着的那幅《荷趣图》。在画之前，她叮嘱画家，一定要在整幅图的中央画一片大大的荷叶，荷花要画小一点，藏在荷叶后面，不要挡了荷叶的风采。“老华总说，我是‘红花’，他是‘绿叶’。我要永远依偎在他身旁！”

朱枫：牺牲在台湾的“特大间谍案”主角

袁朝明

朱枫，又名朱谌之，早在1925年就在宁波竹洲女子师范参加过爱国反帝学生运动。1937年，她积极参加了浙东的抗日救亡活动。1945年2月，参加了中国共产党，后调到情报战线，在上海、香港做党的地下工作，巧妙周旋于国民党经、军、警上层人物之间，保护党的事业和同志安全。新中国成立后，奉命去台湾执行秘密任务。1950年2月，因叛徒告密，被捕，同年6月10日，在台北壮烈就义。

1950年6月10日，戒备森严的台北街头笼罩着一片恐怖气氛。16时30分，阴霾低垂、空气肃穆的马场町刑场上，一位中年女子昂首挺立。微风吹乱了她的长发。罪恶的枪口开始向她瞄准。

这位被台湾国民党当局称之为“当代特大间谍案”的女主角，身中7弹，英勇地倒在血泊中。她就是女共产党员、中共华东局情报部派遣的“秘密特派员”朱枫。

这一年，朱枫只有45岁……

金华苦斗

抗日战争初期，在新知书店金华分店里有一位30多岁的女同志，她叫朱枫。

朱枫是宁波人，出身富裕家庭。1925年曾参加声援“五卅惨案”游行示威等反帝爱国活动。1927年远嫁奉天兵工厂炮厂技师陈某。1931年“九·一八”事变后，朱枫回到宁波老家。翌年，其夫病故，朱枫在老家度过几年家庭主妇式的生活，后与朱晓光结婚。

1937年7月，朱枫参加抗日救亡活动。1937年底，朱枫一家人到武汉。次年初，朱枫到武汉新知书店工作，并捐款500元支持抗日救亡运动。武汉会战前夕，朱枫产期临近，转移至桃源、沅陵，在那里分娩。朱枫分娩后，全家来到金华，朱枫在新知书店金华分店工作。

新知书店金华分店的重要任务之一是向皖南新四军提供抗日书刊。一方面，新四军派人到金华新知书店采购，另一方面金华新知书店也不断向皖南新四军驻地运送。金华新知书店还利用国民党官方印刷厂闲置的印刷力量，排印新四军机关刊物《抗敌》杂志。

朱枫在金华的日子，不仅从事书店里的工作，还积极支持和参加各类抗日救亡活动。1939年2月，她把9岁的女儿陈惮如送到台湾少年团，向台湾少年团捐赠衣服、布匹、蚊帐等，向台湾义勇队捐款800元，使台湾医院顺利开业。1939年秋，新四军教导总队决定设立随军书店，朱枫与丈夫一起来到皖南新四军教导总队驻地中村管理书店。

1941年夏，朱枫三次进入上饶集中营设法营救皖南事变时被捕的朱晓光。次年春，朱晓光越狱成功，两人到重庆、上海等地从事抗日活动。1945年春，朱枫加入共产党，调至中共华中局在沪贸易机构联丰棉布号和鼎元钱庄管理财务，兼管情报部门经费。在李克农的直接领导下，朱枫保护着党的事业和同志的安全。

受命入台

20世纪40年代末，一场摧枯拉朽的风暴席卷中国内地。继辽沈、平津、淮海三大战役之后，人民解放军百万雄师挥戈南下，横扫各路顽敌。仅仅几年光景，一个曾经由国民党统治的万里江山便成了人民的天下。

然而，兵败内地的国民党军队并未被彻底消灭。他们加紧了对孤岛台湾的控制。由于国民党的血腥镇压，台湾的地下党组织遭到了空前严重的破坏。国民党军政上层机关里的一些“内线”与中共的联系亦被切断。

高层领导当即决策，尽快取回重要军事情报。经过研究，这项任务落到了朱枫的肩上。

1949 年 11 月 25 日，朱枫从香港维多利亚码头登上了一艘开往台湾基隆的“风信子号”客货海轮。

母女团聚

朱枫这次赴台，是以探望女儿一家作掩护的。

“风信子号”海轮自香港启程的 3 天后，也就是 1949 年 11 月 27 日午后，终于在台湾的港口基隆靠岸。

女儿、女婿，还有妹妹和妹夫，早就在码头迎候她这个远客了。

这天晚上，她就住在女儿、女婿的家里。人们都已散去。夜深人静，涛声入耳。她久久难以入睡。

她想到了这次来台的任务。为了取回并转送高级军事情报，确保任务的完成，根据组织上的要求，她在台湾只能单独联系“两条线、两个人”。中共方面，是华东局台湾工作委员会的书记“老郑”（蔡乾）；国民党方面，是“国防部”参谋次长吴石（吴墨非）。从这一天开始，一场不动声色的战斗就要在敌人的巢穴中展开了……

秘密接头

到台湾的第二天，按照预先的约定，在一爿古色古香的茶食楼上，朱枫与“老郑”接上了头。“老郑”向她报告了台湾工委在西海岸发动群众、组织秘密武装的情况。同时还把工委掌握的一些绝密情报交到了朱枫的手中，并表示工委将进一步开展工作，把接应大军入台的事情做好。

一个星期后，她又与吴石中将取得了联系。

吴石是国民党革命委员会的骨干分子。解放战争期间，曾为中共地下组织提供了大量的绝密情报，同时还经常掩护中共地下党工作，为解放军胜利渡江、解放上海做出过巨大贡献。上海解放前夕，又被调来台湾工作，代号“密使 1 号”。入台后，他很快升任“国防部”参谋次长。

在将军的书房里，他起身走向书房的北墙，掀开了一个钉有蝴蝶标本的镜框，露出了墙上的秘密小保险箱。他迅速拧动钢门上的密码刻度盘，打开保险箱，从里面取出一只小圆铁盒，郑重地放到她的手里：“朱谌之同志！这盒里装的微缩胶卷，全是绝密军事情报：《台湾战区战略防御图》；最新绘制的舟山群岛，大、小金门《海防前线阵地兵力、火器配置图》；各防区的《敌我态势图》；台湾海峡、台湾海区的海流资料，台湾岛各战略登陆点的地理资料分析；现有海军基地并舰只部署、分布情况，空军机场并机群种类、飞机架数……另外，还有《关于组织全国性游击武装的应变计划》；5 个勘乱区的负责人及 15 个重点游击根据地的负责人、兵力配备……现在，我全部交到你的手上，望你以最安全的方式、最快的速度，送回香港，送至内地。”

3 天之后，朱枫按照预先的约定，在基隆码头，把已经到手的第一批重要情报，交到了中共华东局情报部特别交通员的手中。

毛泽东赞赏

朱枫到台湾后转送的第一批绝密军事情报，迅速通过香港传递到内地，传递到华东局情报部和总参作战部负责同志的手中。

1950 年 1 月上旬的某一天，这些绝密军事情报送到了毛主席手中。

毛泽东默默翻阅着，面色沉稳而又严峻。特别是那份《关于组织全国性游击武装的应变计划》，主席一边看，一边在上面用红蓝铅笔标上不同的记号。怪不得最近各地土匪活动猖獗，原来是这位蒋总裁在那里同我们捣鬼呢！主席一阵自言自语后，很感兴趣地问作战部长：“这样机密的情报，你们是怎么搞来的哟？”

“报告主席！”作战部长神情严峻，即刻答道，“是华东局情报部专程派人送来的。他们最近派去一位秘密特派员，而且还是个女同志，与国民党军队的一位上层人士‘密使 1 号’接上了头。这情报就是那位上层人士提供的。”

“哦，”毛泽东十分认真地听完，看样子很高兴。“这位秘密特派员，还有那位国民党军队中的‘密使 1 号’，都很能干哟！我建议，一定要给他们记上一功哟！”

“是，主席！我马上向总参传达您的指示。”

作战部长正要转身离去，又被毛泽东叫住：“慢走，我要亲自写几句话给你带去。”

只见主席沉吟片刻，便坐到办公桌前，挥笔在红竖格信纸上写下了几行苍劲的大字：惊涛拍孤岛，碧波映天晓。虎穴藏忠魂，曙光迎来早。

主席写好这几句话，交给作战部长：“你回去，别忘了给他们记功哟！”

风云突变

不知不觉，朱枫到台湾已有 2 个多月。这一天是 2 月 2 日，一年一度的春节就要到了。

朱枫来台的任务已经圆满完成。按照上级的秘密指示，她准备尽快返回香港，返回内地。

就在此时，吴石将军派他的副官前来紧急约见，对她道：那个化名“老郑”的地下党工委书记，已于 1 周前被国民党的“国防部保密局”抓获。现在，他已全面招供……而且首先供出“那边”过来的秘密特派员就是你朱枫……

“是吗？”朱枫的脑海里不由得一阵嗡嗡作响，思维一片混乱。

“当局随时都可能对您下手。情况万分紧急，您必须立即转移！一刻也耽搁不得！”副官道，“将军的意思，让您先到阿里山大酒店住下，他再慢慢想办法。”

在突变的风云面前，朱枫迅速镇定了下来，混乱的思维也开始逐渐清晰。

她马上给女儿、女婿留下一张字条，然后便迅速离开，转移至阿里山大酒店。

到香港的空中、海上航线，已全部紧急封航。只有一架军用运输机后天飞往舟山群岛中的定海机场。那里离朱枫的家乡镇海很近，还有她的一位老同学可以掩护……看来，也就这么一条路了。

吴石将军冒险为朱枫签发了一张《特别通行证》。这样，朱枫便以探视病亲的名义，于 2 月 4 日傍晚搭乘这架军用运输机，离开台岛，飞赴舟山……

“钦定”要犯

气急败坏的“保密局”局长毛人凤恼羞成怒。已经叛变了的“老郑”，此刻又供出了吴石中将。经毛人凤密报，蒋介石震怒了，火急下达秘密手令。参谋总长周至柔不敢怠慢，立即将吴石将军逮捕。在对其住宅的搜查中，查到了他亲笔签发给朱谌之前往舟山的《特别通行证》。这样，台湾当局不但摸清了失踪多日的朱枫的去向，也为吴石的“叛逆”最后定了罪。很快，朱枫也被捕了。

不能让敌人的阴谋得逞！她决心以死来表达她对党、对人民的耿耿忠心。

在一个漆黑的夜晚，她取出随身佩带的金链、锁片，还有海勃绒大衣衬垫里藏着的金镯，共有 100 多克。她把这些金器分解、折断，全部吞进肚里，然后平静地躺在地上，等待死神降临……

然而，巡查的敌人发现了她的异常。对于这位“总裁”钦定的要犯，他们哪里敢让她归天?

于是，一架军用飞机将她送到台北。经蒋介石亲自指示，她被送往“荣民总医院”紧急抢救。

死神没有将她收留。她将接受更加严峻的考验。

蒋介石需要的不是她的命，而是她的悔过与合作。

浩气长存

为了通过亲情感化来促使朱枫回心转意，在毛人凤的亲自安排下，朱枫的女儿、女婿被允许第一批来狱中探监。

一见面，女儿阿菊便泪眼汪汪：“妈，您瘦了！这些天来受苦了！”

“没有什么！”朱枫不以为然地笑了笑。“这些天来你们可好？”

“好，好！”女儿、女婿一边点头，一边应道。

望了望女儿的泪眼，朱枫道：“是妈妈连累你们了……”

“妈，您一死，女儿可就没有妈了！女儿心里难过呀！”阿菊更加泪眼汪汪，“妈，他们说了，只要您肯悔过，在悔过书上签个字，他们就不会杀您。妈，您就答应他们吧！……”

“胡说！”朱枫把眼一瞪，“妈妈岂是那种贪生怕死之辈！你要是再说这些话，我就不认你这个女儿，你也不要再来看我了！……”

阿菊哭得更伤心。

望着女儿憔悴的面容，朱枫心里也很难过。想到自己这20多年也是东奔西跑，对她也没尽到做母亲的责任，朱枫又觉得有些内疚。

女儿、女婿走了之后，奉命而来的游说者络绎不绝。

然而，朱枫毫不为之所动。

敌人没有想到，这个不识时务的朱谌之竟然如此顽固，他们彻底绝望了……

1950年6月10日，朱枫被捕入狱已经是112天了。

“哐啷啷！”牢门发出一声刺耳的声响。“保密局”局长毛人凤，在“特勤处”副主官章开觉的陪同下，跨进了这间“特别优待室”。

朱枫缓缓回身，朝这大小两个头目冷冷扫视，嘴角牵起一抹轻蔑的笑。

“够了！……”气急败坏的毛人凤一拳擂响桌面，朝眼前这位女共产党员厉声叫道，“朱谌之！实话对你说，奉总统面谕，给予了你最高的礼遇、优待……其实，我们并不需要你的口供，不需要你提供任何材料……只想换你个回心转意、共赴国难。可你……”

“我……怎么样？……使你们失望了？”

“我们的等待、忍耐，都是有一定限度的。我想，你也许猜得到，固执到底……会有什么样的下场！”

“你说的是要判我死刑吧？”朱枫哈哈笑了。“我个人的死算得了什么？‘青山处处埋忠骨’，‘人间遍种自由花’……”

“你！”毛人凤脸色骤变，朝身后“特勤处”副主官做了个手势。章开觉立正回应，忙向前跨上两步，打开手中黑色公文包，抽出一份文件，宣读：

“将共产党女‘匪谍’朱谌之押出去！”

朱枫轻蔑地笑了笑，然后便昂首阔步，走出了这间“陆军监狱”里的牢房。

接着，便发生了本文开始的那一幕。

朱枫的家人只知道朱枫于1950年代在台湾牺牲，但不知道朱枫是为何去台湾的，更不知道朱枫为何牺牲。朱枫在金华时参加台湾少年团的女儿陈悼如，为了纪念母亲便将自己的名字改为朱晓枫。直到2002年，朱晓枫从《老照片》

这本书上看到行刑前母亲的照片，才知道母亲是为何牺牲的。朱晓枫急切地寻找到了文章的作者——台湾历史学者徐宗懋先生，委托他寻找朱枫的遗骸。

朱枫临刑前的照片是徐宗懋为编辑《二十世纪台湾》画册搜寻历史照片时发现的。照片藏在一家报社的相片柜底部，徐宗懋找到时已是沾满灰尘。照片的发布单位是“军事新闻社”，或许是画面过于血腥，绝大部分照片未曾公开。从这些照片及徐宗懋后来的调查发现，当时所谓的“吴石案”有400多名中共党员被捕，被枪杀的有6人。

张露萍：打入军统的情报女英雄

佚　名

张露萍（1921—1945年），女，原名余家英，出生在四川省崇庆县一户普通人家，14岁时考入成都建国中学，成绩拔尖，因“积极参加抗日爱国活动”被校方开除，后入蜀华中学，并加入“中华民族解放先锋队”，1937年结识车耀先同志，并辗转奔向延安，改名黎琳。入抗大学习，同年10月入党。

1939年秋，奉命赴重庆“中共南方局”接受任务，改名张露萍打入敌军统局，后“军统电台案”案发，英勇就义。

在我党杰出的特工中，年仅18岁就打入戴笠军统局内部的张露萍是一位情报巾帼英雄。

打入军统内部

张露萍原名余家英，1937年，16岁的她经中共川西特委负责人车耀先保送到延安军政大学受训，1939年结业后在延安文联担任秘书。

这年秋天的一个夜晚，重庆曾家岩的八路军办事处，来了两个不速之客——国民党军统电台的军官张蔚林和冯传庆。

张蔚林出身江南士绅家庭，读书时深受一位进步教师的影响，可是这个教师却被国民党特务杀害了。张蔚林怀着抗日救国的志愿考入杭州无线电训练班，毕业后被派到皖南敌后潜伏。在敌后，张蔚林亲眼看到共产党领导的新四军坚决抗战。后来，张蔚林被调到重庆，在卫戍司令部稽查处监察科工作。

冯传庆毕业于上海南洋无线电技术学校，在交通部系统的威海电台、天津电台工作。由于擅长从纷乱的天线电讯号中排除干扰，被国民党军统局看中，调到重庆任军统电讯总台的报务主任。张蔚林和冯传庆因工作而相识，因信仰而相交，两人无话不谈，决心一起投奔延安。于是，两人结伴冒险来到重庆曾家岩八路军办事处。

曾家岩位于重庆市郊的一处红色岩石之上，又称红岩。这里的机关对外称“八办”，对内是中共南方局，领导着西南、华南的中共地下组织。南方局军事组组长叶剑英接待了这两个军统军官，决定让他们继续留在军统内工作，获取情报。不久，又发展二人为秘密共产党员。

国民党军统电讯总台设在重庆两路口浮图关下的遗爱祠，是个由美国援建的现代化电讯中心，从这里发出的电讯，指挥着其在海内外的数百个秘密情报组织、数十万秘密特工。冯传庆在电讯总台的职位仅次于台长，管辖军统在海内外的数百部电台和上千名报务人员。冯传庆的位置可以掌握军统的核心秘密，而张蔚林任职的重庆卫戍区电讯监察科，则负责监听重庆地区无线电讯号，控制无线电器材，正可以保护重庆地区的共产党秘密电台。

他俩组成了中共潜伏在国民党军统之中的情报小组，其作用十分重要。为了保证安全，南方局军事组禁止他们再到曾家岩来。

1939 年 10 月，中央社会部决定派余家英到重庆，归中共中央南方局军事组由叶剑英领导。起初，延安派她回四川，是想利用她和川军师长余安民的亲戚关系去做川军统战工作。余家英的到来，正合叶剑英的需要，叶剑英对她的工作做了安排，决定派她到国民党军统机关电台去做地下工作，和国民党军统特务进行情报斗争。当时，南方局给她规定了三项任务：一是领导已经打入军统机关内部的张蔚林、冯传庆；二是直接与南方局联系传递情报；三是相机在军统内部继续发展党员。为了便于工作，不致引起敌人注意，组织上决定她以张蔚林“妹妹”的身份作掩护，化名张露萍，并让张蔚林从军统宿舍搬出来，以“兄妹”的名义和张露萍一起住在牛角沱的两间平房里。为了避免特务盯梢，张露萍和南方局的联系不直接到曾家岩 50 号周公馆去，而是通过四德里的一个古老小巷里的联络站进行。

就这样，年仅 18 岁的张露萍和她的战友们，如同一柄出鞘的利剑，插入了国民党的心脏。他们憧憬着民主事业胜利的曙光早日闪现，临危不惧地工作着。

军统电台案

从 1939 年秋到 1940 年春的半年中，张露萍他们多次获得了军统重庆电讯总台的密码、波长、呼号、图表和军统在全国各地秘密电台的分布情况。与此同时，延安电台也不断收到在军统电讯总台工作的共产党员冯传庆利用电台值班间隙发出的密电。

一次，从戴笠发给胡宗南的密电中获悉军统准备派遣一个“三人小组”，携带着美制小型电台，通过胡宗南防区，潜入陕甘宁边区搜取情报，这个密令被张露萍等传送给南方局，南方局直告中共中央。结果，“三人小组”刚跨入边区地界，就被早已埋伏在那里的军民抓获，不仅美制电台成了战利品，同时，也增加了一条揭露蒋介石“假抗战真反共”的具体罪证。

同年 4 月，设在天官府街 14 号的中共地下联络站被军统特务发觉，他们采取放长线钓大鱼的手段，准备在该站进行联席会的那天晚上，更多地抓捕共产党人。由于这个情报送来得较晚，张露萍无法脱手让别人去通知，只好自己乘夜色走出牛角沱，直接找到天官府街（按规定这是不允许的），递上一张“有险情，速转移”的字条，便匆匆离去。

军统破坏我地下联络站的计划落空了，戴笠却从中发现了疑问，为什么我的秘密行动走漏得那么快？为什么中共的准备又是那么充分？难道我军统内部有人资敌通敌？想到此处，他倒吸一口冷气：好厉害的共产党，竟然在我眼皮底下安上炸弹！戴笠的猜想没有错，张露萍领导的特别支部，除原有的张蔚林、冯传庆之外，又发展了赵力耕、杨洗、陈国柱、王席珍等 4 人为地下党员。这样一来，机房、报务、译码等组（室）全有了共产党的眼线，消息焉有不走漏之理。

戴笠情急之下，立即和督察室主任刘培初密商，要对全局人员进行一次普审，尤其是电讯、机要处室，不论是头头还是一般人员，发现反常或可疑，一律先拘后审。

事有凑巧，张露萍这天骑自行车上街，被一辆逆行的小卧车挂倒，车主人下车道歉，竟然是大姐余顾彦，二人不约而同地喊出：“你是大姐！”“你是小妹！”姐妹久别偶遇，互相告慰几句便话归正题。张露萍不便暴露真实身份，佯称在一家公馆当家庭教师，大姐则说此次来重庆，是为母亲购买中风特效药的。母亲瘫痪在床，女儿焉有不动心之理，经组织批准，张露萍于 1940 年 4 月初，回成都去省亲。

不料在此期间，张蔚林出事了。由于连续工作，收发报机上一支真空管被烧坏，正在进行全面审查的监察科长肖茂如平时和张关系就不好，便想借机报复一下，于是说张是有意破坏，遂把张蔚林送到稽查处关了禁闭。张以为事情败露，沉不住气，竟从禁闭室逃出，跑到重庆八路军办事处去躲避。组织上认为，这是工作上的过失，至多受点处分，张应该立即回去找领导检讨此事。于是张蔚林准备回去找电讯处副处长董益三求情。

话说张逃离禁闭室之后，戴笠产生了警觉，不仅立刻派人四处追寻，同时搜查他的宿舍，结果搜出一个记有军统局在各地电台配置和密码的记录本、张露萍的笔记及七人小组的名单，待张蔚林来求董益三时，即刻被捕。在报房值班的冯传庆得信后，翻墙逃出电台大院到八路军驻重庆办事处报信。叶剑英见情况紧急，立即让冯化装成商人，安排他深夜过江去延安，并向成都发电报，通知张露萍就地隐蔽，莫回重庆。可惜，此电报晚了 1 个时辰，戴笠已借张蔚林名义，给张露萍发了“兄病重望妹速返渝”的电报。张露萍不知是计，接到电报后，一面用暗语写信向南方局报告，一面启程返回，刚到重庆就被特务逮捕。而冯传庆渡江以后，也被埋伏的特务抓获。这样，包括杨洸、陈国柱、王席珍、赵力耕在内的“牛角沱七人小组”全部被擒。

这就是当时震惊国民党心脏的“军统电台案”。

张露萍就义

在看守所里，因毛烈（戴笠的小老乡）与张蔚林等认识，而且毛烈不清楚张蔚林案情的具体情况，于是张露萍就要张蔚林利用这个机会送 50 块大洋买通毛烈，请他送一张纸条到重庆中二路中共南方局的一个秘密机关。毛收下钱后，果然照办。等戴笠派特务去搜捕时，我秘密机关已人去楼空。戴笠为此气得暴跳如雷，下令将毛烈枪决。

“军统电台案”发生后，军统方面万分震惊，他们万万没想到共产党已经打入到军统里面来了，他们怀疑张露萍是南方局派来的，便故意释放张露萍，并派敌人暗中跟踪。但机智的张露萍识破了敌人的阴谋，从曾家岩 50 号前通过时，从容不迫，碰到自己的同志就假装不认识，迷惑敌人。戴笠更为恼怒，他亲自出马，提审张露萍，想从她身上打开缺口。尽管戴笠用尽各种酷刑，张露萍始终只说自己叫徐慧琳，地主军阀余安民是她的亲戚，没有向特务吐露半点党的机密。戴笠一无所得。

“军统电台案”也使蒋介石受到极大的惊吓。他大骂戴笠无能，并责问戴笠：“你说军统打入共产党如何厉害，实际上共产党插入我们的心脏，你都不知道呀！”戴笠吓得心惊胆战，一时不知如何回答是好。

戴笠认为，一个 19 岁的女孩子能有多大能耐？却不想经过多次严刑拷打，张露萍始终没有招供。最后，戴笠只得以“和重庆地下党有联络”为由，判张露萍等 7 人死刑。

1941 年 3 月，张露萍等 7 人由重庆转押到贵州息烽集中营。

1945 年 6 月下旬，经百般折磨，策反无果，军统局长戴笠亲自给军统少将、息烽集中营主任周养浩发出密电：将张露萍等 7 人一同杀害。

1948 年 7 月，随着人民解放军进军江南和西南，国民党云南省政府主席卢汉发动起义，趁机逮捕了参与杀害张露萍等人的国民党军统特务徐远举、周养浩等人，随即将其押往已解放的重庆，交中国人民解放军西南公安部关押审理，受到了人民的严惩。

情报工作是个充满危险、充满牺牲的事业。由于当时敌我情报斗争激烈、复杂，加上我方打入军统电台地下工作人员身份隐秘，又改了名字，因此，张露萍等人的事迹在上世纪 80 年代才大白于天下。

关露：才女、汉奸、特工三个身份纠缠她一生

佚　名

关露，生于1907年，卒于1982年。原名胡寿楣，又名胡楣，生于山西太原。著名女作家。幼年家贫，自学完中学课程，1927年至1928年，先后在上海法学院和南京中央大学文学系学习。“九·一八”事变后，参加上海妇女抗日反帝大同盟，积极从事妇运工作。1932年加入中国共产党，同时加入“左联”，曾因诗作《太平洋上的歌声》蜚声文坛。

1939年冬至1945年，她受组织派遣，先后打入汪伪政权和日本大使馆与海军报道部合办的《女声》月刊任编辑。在该刊发表长篇小说《黎明》，同时以此做掩护，收集日伪机密情报，冒着生命危险为革命做出了很大贡献。

在关露身上，才女、汉奸、特工，三个身份纠缠了她一生。“春天里来百花香，朗里格朗里格朗里格朗，和暖的太阳在天空照，照到了我的破衣裳。朗里格朗里格朗里格朗……”相信很多人听过这首歌，可有多少人知道这首歌的词作者是谁?

从才女到“汉奸”

1939年的上海滩，在日寇铁蹄的蹂躏下，已沦为“孤岛”，这个外表灯红酒绿的十里洋场，到处都充斥着背叛、绑架和暗杀。

此时的关露，身份是上海滩最有名的三个女作家之一，另外两个是丁玲与张爱玲。

关露除了创作之外，还翻译了高尔基的《海燕》、《邓肯自传》等许多日后广为人知的优秀作品，而那首流露着健康豁达情怀的《春天里》，更为她赢得了社会底层人民的喜爱。那时的关露激情澎湃，面对日寇的侵略，她大声疾呼：“宁为祖国战斗死，不做民族未亡人！”这样的爱国诗词曾经为她赢得了“民族之妻”的称号。

让人想不到的是，这样一个受人喜爱的女作家，却在这年年底突然销声匿迹。当关露再次出现在上海滩的时候，她竟然成为汪伪特务头子家里的红人。

是什么导致她发生那么可怕的变化呢？谜底到43年后才彻底揭开。原来，这位本名胡寿楣的女诗人已是中共秘密党员，她接受了一个非常任务——打入“76号”，摸清汪伪政权特工头目李士群的真实思想动态，并在适当的时候对他进行策反。这么一个艰巨的任务，为什么会选择关露呢？

关露有个妹妹叫胡绣枫。1933年，李士群被国民党抓了以后，他的老婆叶吉卿在走投无路之下，胡绣枫接待了她，所以李士群对胡绣枫一直心存感激。基于这层关系，党组织原准备派胡绣枫去的，但胡绣枫当时在重庆工作繁忙，于是推荐了她的姐姐关露。

1939年11月，关露的长篇小说《新旧时代》已进入了最后的修改，但就在一天夜里，她接到了一份中共华南局最高领导人的密电——速去香港找廖承志！（廖承志时任八路军香港办事处负责人）

关露到达香港后的第二天，两个客人拜访了她。其中一个就是廖承志，另一个是潘汉年。那是一次绝密的谈话，直到若干年后，有的材料里才第一次提到它。潘汉年所带来的任务，竟是命令关露返回上海，策反李士群。

最后潘汉年是如何说服关露的，我们已无法知晓，通过史料能查到的是，潘汉年最后对关露说：“今后要有人说你是汉奸，你可不能辩护，要辩护，就糟了。”

关露说：“我不辩护。”

打入魔窟

回到上海后，关露便成了极司菲尔路76号汪伪特工总部的常客。李士群让太太和关露一起逛商场、看戏、出席各种公开场合。就在有意无意间，关露投靠汪伪特务的消息传开了。

1940年3月，汪精卫在南京粉墨登场，上海的敌特空前猖獗。这激起了文艺界进步团体的抗日热情，就在这个用人之际，左联负责人找到了主管诗歌工作的蒋锡金。

“关露还参加你们的活动吗？”

“是的。”

“今后不要让她参加了。”

此后，上海的许多关露昔日的同事、朋友均对她侧目而视，大家一谈起她，甚至要往地上吐唾沫。

据胡绣枫透露，在此期间关露曾给她写过一封信："我想到'爸爸、妈妈'身边去，就是不知道'爸爸、妈妈'同意吗。"

这里的"爸爸妈妈"就是指解放区、延安。胡绣枫说，接到关露来信后，自己立刻跟邓颖超汇报了此事。没多久，八路军办事处一个人就找到胡绣枫，随后胡绣枫回信给关露说："'爸爸、妈妈'不同意你回来，你还在上海。"

忍辱负重了 2 年后，关露的付出终于有了收获。

1941 年，关露与李士群进行了一次有迹可寻的对话。关露说："我妹妹来信了，说她有个朋友想做生意，你愿意不愿意。"李士群是个很聪明的人，他一听就明白了。

很快，潘汉年根据关露的判断，在上海秘密约见了李士群。

"孤岛"魔王李士群

1939 年，关露一生的命运因李士群而改变。

当年，李士群是杀人魔王的代名词。因为手下没有强有力的军队，汪伪政权只能用恐吓与暗杀等手段对付无法笼络的异己分子，在"孤岛"上海掀起了血雨腥风。而李士群就是那些杀手的头目，大名鼎鼎的"76 号"第 2 号人物。

不过，中共中央情报部在延安详细研究了上海情况后认为，这个双手沾满同胞鲜血的李士群却是个可以争取的人物。

原来，李士群早年受过高等教育，还在苏联留学过。参加共产党后，李士群就在我党的地下武装组织"打狗队"工作。1933 年 5 月，李士群失手被捕。在被关押的 2 年内，李士群受尽酷刑，虽然自首，但也对国民党军统组织埋下深深的怨恨。上海沦陷后，李士群抛弃了军统，转投日本驻沪领事馆书记官清水董山，开始为日本情报机关工作。1939 年汪精卫投靠日本人，李士群又成为汪精卫特务机关的负责人。因与军统结怨已深，李士群在当上"76 号"头目后立刻对军统特务大开杀戒，仅 1939 年一年就杀了 40 多人，一时间大上海风声鹤唳。

当关露来到李士群身边后，潘汉年通过关露掌握了李士群的一些真实想法：这些沦陷区的大汉奸，尽管可以对中国百姓生杀予夺，但对自己的前途却是惴惴不安。李士群的对头周佛海已经联系上国民党的军统，与军统势不两立的李士群，则急切欲在联系共产党上争先。

在与潘汉年见面后，李士群立即表白，自己其实是联汪反蒋，现在更想联共抗日。而日军的军事计划，从此也总是提前送到新四军手中。

但李士群并不是真心实意向人民投诚，而是利用与中共的关系，跟周佛海在汪精卫跟前争宠。1943 年，在他的胁迫下，潘汉年不得已前往南京与汪精卫进行了一次会面。

这年夏天，李士群因为在内部斗争中失势，被日本人毒死。

由于与汪精卫的见面潘汉年来不及向上级请示，这为他后半生的悲剧结局埋下了伏笔。当他受到怀疑时，当年的大批秘密情报人员也受牵连蒙冤入狱，关露就在其中。直到 1982 年，关露等人才得以同潘汉年一起平反昭雪。

恢复与日本共产党的联系

太平洋战争爆发后，日本加紧对华侵略，不仅是国土还有文化。日本军部在华新办了很多中文刊物，网罗了一批汉奸文人。1942 年 5 月，日本海军部控制下的《女声》杂志招来了一个新的编辑，她就是关露。

之前两年的磨练，令关露更为成熟。之后的日子里，她编辑很多暗含反战爱国色彩的文章，培养和发掘了大批进步的文学青年。

1943 年 7 月，《女声》杂志社决定派关露去出席 8 月在日本举行的“大东亚文学者大会”。中国的代表十几人全要被登报，并附照片。如果经过这次的亮相，关露的“汉奸”之名是再也洗刷不掉了。

就在关露犹豫之时，潘汉年派人送给她一封信，要她到日本转交秋田教授。原来，当时在中国的日共领导人野坂参三与日本国内的日共领导人失去了联系，希望通过秋田恢复，恰好杂志社给关露介绍的日本朋友中就有秋田，为了党的任务，关露再一次上路了。

在日本，关露圆满地完成了给秋田送信的任务。

当关露回到上海后，她得到两个消息：其一，汪伪特务头子李士群9月在家中神秘暴毙；其二，她出席日本大会的新闻已在国内传开。一篇登在1943年《时事新报》上的文章写道，“当日报企图为共荣圈虚张声势，关露又荣膺了代表之仪，绝无廉耻地到敌人首都去开代表大会，她完全是在畸形下生长起来的无耻女作家。”关露的“汉奸生涯”达到了顶峰。

1945年8月，日本宣布投降。我党接到密报，关露已经名列国民党的锄奸名单，于是立刻安排她来到了苏北解放区。可“汉奸”之名终可洗刷了吗？

“丹心不怯断头台”

熬过了6年敌营生活，关露终于回到自己人的身边，单纯的她并不知道，自己要经受的煎熬还没结束。

初到解放区，关露认为一切都可以重新开始了，她甚至又萌发了写作热情。可她却发现署名“关露”的文章都得不到发表。

此时的解放区的整风运动正进入审干阶段，任何一个来自白区的人都要受到审查。没有多久，关露成为严格审查的对象。

抗战胜利却仍然要忍受误解，作为一个女人，关露的精神已近崩溃边缘。这时，有人给关露送来一封信，当她看到寄信人名字的时候，她整个人在一瞬间振奋了起来。

关露一直有一个恋人，他是我党的高级干部，两个人的感情很深厚。抗战时期关露在敌人的营垒里始终是以汉奸文人的身份出现的，而她的恋人则以爱国分子身份在国际友人之间活动，身份的差别导致两个人聚少离多。关露以为到了解放区，他们就可以结合了。

但，关露绝想不到，这封珍贵的来信竟然是一封绝交信。

关露患上了精神分裂症。

过了一段时间，潘汉年等人为关露送来了证明材料，关露渐渐地康复了。

可关露的厄运还没结束。1955年，潘汉年受到错误对待被捕入狱，而受他的牵连，关露也失去自由。那一年她49岁，一关就是2年。1967年，关露再次被捕，那一年她61岁，这一次关了8年。

1982年3月，中组部做出了《关于关露同志平反的决定》。几个月后的一个冬日，关露在她那十多平方米的陋室里服药自尽，时年76岁。

人们在整理关露遗物的时候发现，陪伴关露走完人生最后一刻的是一个大塑料娃娃，而她的身边还一直保存着一张那个爱人的照片，照片的背后有关露写的两句诗："一场幽梦同谁近，千古情人我独痴。"（注：关露在狱中曾留下了11首诗，其中最著名的是《秋夜》中的两句，"换得江山春色好，丹心不怯断头台"）

1982年12月5日，关露的骨灰安放仪式在八宝山公墓举行。

陈修良：从事"间谍"工作的女市委书记

佚　名

陈修良，女，浙江宁波人。1925年在宁波女子师范学校求学时参加五卅运动，担任学联代表，接受中共的领导，开始接触马列主义。后被学校开除，次年到上海，就读于上海国民大学和广东大学，1927年5月加入共产党员。后任武汉市委宣传部长向警予的秘书，1927年受组织委派赴苏联莫斯科中山大学学习。1930年回国，先后担任全国海员总工会秘书，赤海报编辑，1932年上海沦陷后在江苏省委分工领导上海学委工作，先后担任江苏省委妇委书记，华中党校党委副书记，华中局新华日报总编辑，华中分局南京工作部部长，南京市委书记，组织部部长等职。

南京解放前夕，在白色恐怖笼罩下的国民党反动统治的中心，曾活跃着一支秘密力量，他们战斗在敌人的心脏里，获取情报、瓦解敌人、策动起义、策应人民解放军渡江作战……这就是由中共南京市委书记陈修良领导的地下情报组织。

第一任女市委书记

1946年3月，中共华中分局副书记谭震林在淮安召见华中分局城工部南京工作部部长陈修良，宣布这位39岁的莫斯科中山大学毕业生，担任中共南京市委书记。这是中共历史上第一位女市委书记。

南京，曾被蒋介石称为是国民政府用刺刀大炮围箍而成的“铁桶一般的城市”。当年南京市共有96万人口，而国民党、政、军、宪的机关工作人员却占了11万，光南京警察厅的警察系统的警察在册就有9700多人。

自1927年国民党“清党”以来，中共南京地下党连续遭到8次毁灭性打击。尤其是在1930年7月的第六次大破坏中绝大部分都被捕被杀，200多人的地下党只剩下了47人。1932年在王明路线危害下造成的第七次大破坏，更使得300多人被捕、100多人被杀，致使1934年2月之后，南京已经没有了党的组织。1937年11月南京被日军攻陷之后，整个城市连一个党员也没能剩下。

南京是名副其实的虎。这个虎已经吞噬了8个中共南京市委书记的生命，陈修良会不会是第9个呢？

1946年初，原中共南京工作委员会发展有地下党员约140人；苏南区党委系统有党员40多名；淮南区党委系统有30多名。摆在陈修良面前的问题就是如何充分发挥这220名党员的作用。

首先要做的自然是召开重组后的南京市委第一次会议。

那时候的南京市委仅5个人：书记陈修良、副书记刘峰，委员朱启鸾、方休、王明远。地下党党员张杰的父亲是一位同情革命的进步人士，他在磨盘街45号有一座独门独户的小院，于是这个静谧的后院便成了重新组建的南京市委第一次委员会议召开的理想场所。会议开得简短紧凑。陈修良在传达华中分局对南京市委的指示之后，便根据毛泽东、刘少奇确立的“隐蔽精干、长期埋伏、积蓄力量、等待时机”的白区工作“十六字方针”，对南京市委组织机构与工作方法提出了一系列革命性的建议。

两军对垒中，情报的灵通、准确与否对于战争胜负的重大意义早已为古今中外的政治家、军事家所瞩目。作为1933年即参与共产国际远东情报队伍的陈修良，对此当然有着深刻的理解。1946年5月南京市委建立伊始，她就根据华中局的指示，在市委专门设立了以卢伯明为负责人的情报系统；1948年又专门设立了以沙广威为首的策反系统。这两个系统都由她单线联络，由她直接向上海局报告。换而言之，市委书记亲自领导这两项生死攸关的要害工作。

要在国民党配备有8000名职业特务的南京截取敌人的机密情报，其艰险程度不言自明。

陈修良靠着对党和人民的忠诚，临危不惧，胆大心细地深入敌人内部搞情报。

有一天下午，她戴着一副墨镜，来到市委委员方休的家中。方休当时的公开职业是小学教师，与陈修良单线联系。一见面，方休立即悄悄地告诉她："我一个妻弟是国民党的军统特务，他刚从重庆回到南京，暂住我家，我们说话小心点儿。"出于职业习惯，陈修良当即询问了那特务的具体工作情况。方休告诉她，妻弟好像是电台机要人员，并且提出想把房子挪一挪，与一个特务长住一起总不大行，万一出个破绽不是闹着玩的。

陈修良毫不犹豫就否定了方休的提议。几天之后，陈修良再次造访方休。见面伊始，方休就迫不及待地说："妻弟出差去了，留下一个手提包，妻子打开一看，里面有一包军事密码，这事该怎么办？"

陈修良当即郑重地说："能不能拿出来给我看看？"方休自然允诺，让妻子把提包拎了出来，一看，正是党中央极其需要的国民党军事密码！

"方休同志，这份东西我需要借用一下，让情报部门的同志抄一抄，你看行吗？""可以。不过只能用半天，下午他就要回来。"

她紧紧地握了握方休的手，她知道方休做出这个允诺需要多大的勇气。

南京市委负责情报的卢伯明在妻子和助手的帮助下，连续抄了 3 个小时才把密码抄完。下午陈修良将密码"完璧归赵"的同时，卢伯明也跨上了南下上海的火车。

几个月之后，党中央给陈修良发来嘉奖令，中央高度评价这份密码对掌握国民党军队调动情况所起的重大作用。

"策反"立新功

1947 年末，蒋介石策划的重点进攻被粉碎之后，中共的领袖们把目光投向"策动国民党党政军人员起义"这一战略目标上。

南京市委负责策反的主帅是陈修良，其中具体组织指挥策反的是李克农直接领导下的大将沙文威。

1948 年 9 月，上海局发布了给南京市委的指示信，要求市委"积极进行策反工作”。南京市委立即建立了一个由沙文威负责的策反系统，并通知南京各情报人员，凡是在国民党军事机关有起义线索的，一律集中到策反系统。策反系统由市委联系，直接对上海局负责。一个个策反对象被筛选出来，而首先纳入市委书记视野的，正是被人称之为“天之骄子”的国民党空军轰炸机八大队的一个飞行员俞渤。

首先注意俞渤，并成为俞渤好朋友的是沙文威领导下的特工林诚。

林诚是国民党空军第四医院中尉航空医官。作为航空医官，为驻守南京的空军军官们提供医疗保健服务，与飞行员谈话聊家常，自然成为他的职责范围。经过一段时间接触，他发现轰炸机八大队飞行员俞渤很可能成为策反对象。

俞渤是广西人，少年时代是在桂林度过的，当时的桂林汇集了许多“左”倾的文化人，俞渤所在的中学就有好几个，在这些进步文化人的影响下，俞渤对于国家和民族产生了强烈的责任感。桂林失守后，俞渤考入中山大学，只读了 1 年便因家庭经济困难而辍学，这时他闻知国民党招收空军飞行员的消息，便毅然远去重庆考上国民党空军。1945 年春又奉命前往美国训练，归国后便担任了轰炸机八大队的飞行员。当时的内战战场上，国民党陆军哗变者已屡见不鲜，但空军系统驾机起义还不曾有过先例，如果策反成功，对于瓦解国民党军士气定会产生巨大影响。几经接触，当林诚试探着把谈话引入实质时，俞渤毫不犹豫地表示答应，并且告诉林诚，他这个机组共 5 个人，其他人平常都与他友好，完全可以争取他们一起。林诚的喜悦可想而知。可是，当俞渤提出驾机起义前入党的要求时，林诚没有这个思想准备，也没有这个权力。

问题提给了陈修良、沙文威。陈修良有点儿犹豫，不管怎么说，考验的时间到底短了一点儿；沙文威却认为，俞渤准备起义，这是用行动表明他能经受考验，有什么不能入党？

陈修良接受了沙文威的建议。不久，刚入党的俞渤又发展飞行员郝桂桥、轰炸员周作舟参加了共产党。同大队的飞行员陈九英、领航员张祖礼平日就与俞渤关系密切，紧要关头自然表态：一块干！俞渤等人驾机起义后，接着国民党驻宁部队先后又有 4 架最先进的轰炸机飞往河北解放区。

策反空军起义成功后，陈修良、沙文威相信策动国民党海军起义的时机也已经成熟。经过研究，他们决定把策反目标锁定为国民党军最先进的巡洋舰重庆号，同时，中共中央南方局、上海局等领导也介入策反工作。

重庆号巡洋舰原是第二次世界大战时英国在地中海的旗舰，它是国民党海军中装备最精良的军舰，拥有各种先进的炮火装置、无线电通讯设备及精密的航海仪器。重庆号舰长邓兆祥为人正派，在士兵中颇有威信。在人民解放战争胜利发展的形势下，中共中央上海局以及南京市委等情报策反部门多渠道积极工作。舰上的南京地下党员毕重远于1946年进入国民党舰艇士兵训练班。1948年8月重庆号回国后，南京的党组织就派人与他联系，要他团结士兵，相机行事，策动起义。1949年2月17日，重庆号奉命离开上海，在吴淞口外停泊。当获悉敌人要该舰逆江而上，到江阴与海军第二舰队配合，阻止解放军渡江的消息后，舰上的“士兵解放委员会”主要成员决定拒航，把起义地点改在吴淞口。

1949年2月25日凌晨1时，“士兵解放委员会”拘禁了包括邓兆祥在内的所有在舰军官。邓兆祥原有起义思想基础，但不知下层士兵已在酝酿哗变，当他得知这是在中共南京市委、上海地下党领导下进行时，毅然参加起义，下令开航，使军舰顺利驶向解放区。

解放南京大功劳

1949年3月，中共南京市委委员朱启銮和情报系统干部白沙化装成商人，冒着生命危险来到合肥人民解放军前委司令部，送去国民党京沪杭警备总司令汤恩伯的《京沪、京杭沿线军事布置图》、《长江北岩桥头堡封港情况》、《江宁要塞弹药数量表》等重要敌情资料，为配合解放军解放南京做出了贡献。

1949年4月21日，毛泽东、朱德向解放军发布了“向全国进军”的命令。第二天下午，一向主张进行“京沪杭大决战”的国民党京沪杭警备总司令汤恩伯做出了弃守南京的决定；不过他同时又命令撤离前务必炸掉港口、火车站、机场和重要仓库。4月22日，敌工兵营长带领爆破小组炸毁了下关火车站部分设施之后，又去破坏老江口火车轮渡栈桥。这个栈桥是南北交通的咽喉，栈桥工人竭力阻止，但手中没有武器，情况危急。这时，在老江口水上警察局岗楼上守望的地下党员潘逸舟一面喊话示警，一面用机枪扫射，阻止敌人破坏。分工负责保护栈桥的中共党支部委员林大宗立即带领起义警察奔向栈桥援助，敌人狼狈逃窜。

从3月国民党宣布“封江”之后，长江上的大小船只便统统被赶进了内河，解放军在江北根本找不到任何船只。百万大军，被滔滔江水阻隔，关键时刻南京市委显露身手。4月23日夜晚，下关电厂、下关机务段轮渡所工人驾驶着“京电号”、“凌平号”过江到达浦口；24日中午，被策反的水上警察局二号巡艇也开到浦口；紧接着，南京市委又组织民船和停泊在下关沿江一带的公、私营轮船公司的大小机动船只一齐出动（老江口的火车轮渡，一次能装载一个团的部队、战车）。

24日凌晨到中午，经过轮渡往返不停地运输，停留在浦口一带的解放军35军全军人马顺利过江。经过激烈战斗，悬挂在总统府上的青天白日旗被扯下来了。这天下午，设立在励志社的解放军第八兵团第35军军部门前，一辆吉普车停了下来。为首的一位中年妇女告诉哨兵，她需要去见35军何克希政委。

哨兵犹疑满腹，他不知道这位穿着旗袍的老百姓凭什么资格要见军首长。可是，当他把中年妇女通报的姓名转报值班室后，何克希却立即跑了出来：“陈修良同志，我正在到处找你！我正在到处找你！好啊，我们胜利会师了！”

会谈结束后，将军又立即派两个警卫员护送陈修良到寓所搬取行李。当军用吉普停在一间普通的民居前时，人们怎么也想不到穿着朴素、一天到晚外出“打麻将”的张太太，竟然是共产党的南京市委书记！

贺昌爱人黄慕兰口述营救关向应内幕

黄慕兰

黄淑仪，原名黄彰定，又名黄慕兰、黄定慧。1926年她年仅19岁时，就加入了中国共产党，不久还担任了汉口妇女部的部长。长得漂亮，眼睛很大的她，在1931年6月，时任共产党总书记的向忠发被敌人逮捕后叛变，出卖了周恩来同志时，第一时间得到消息。于是与潘汉年一起，及时报告了周恩来。这才没给革命带来更大的损失。而黄慕兰最感自豪的还是她成功地营救了关向应。

担任互济总会的营救部长

1931年1月间，党在上海的地下工作因“左”倾错误的影响，已受到很大破坏，许多同志被捕，地下党处于十分危急之中，营救被捕同志的任务非常艰巨繁重。专门负责营救工作的党的外围组织互济总会刚于1930年冬开过代表大会，调整了领导班子，新任书记戴晓云。互济总会在徐家汇附近开设了一店，作为与在龙华监狱里关押同志们的秘密联络点。因为我曾在龙华坐过牢，党组织1931年1月决定，调派我担任互济总会的营救部长。这是时任特科二科科长的陈赓同志征求贺昌意见后共同提名，经周恩来同志批准的。

我因刚开始新的工作，整天在外面奔走。贺昌自己在家，他瞒着我向中央申请到苏区去的事还没有得到批准，所以我根本不知道此事，直到中央批准了他的请求，临走前不久，他才向我说明。

我坚决不同意他独自去，要求跟着一起去江西苏区。我整整哭了3天，他也无法再勉强劝我，只好请吴德峰、戚元德夫妇做我的思想工作。吴德峰曾在武汉和江西省委工作过，又和希俨一起去赣西南特委工作，是老战友了。顾顺章叛变后，上海地下党的许多交通联络点都被破坏了。中央就调吴德峰到上海来，负责把顾顺章所知道的所有交通点、站都撤掉，重新建立党的地下交通联络网站。戚元德很会做说服教育工作，她劝我说周恩来同志在全党、全军都很有威信，经他考虑批准的决定，是非常全面、妥当的。贺昌保举你做营救部长，也是反复考虑到你很适合做这个工作。因为你有很多的社会关系可以利用、作掩护，可以设法营救被捕的同志。现在团中央书记关向应同志被捕了，如果你能想法子把他营救出来，就是从敌人的狱中抢救回一员大将，就是为党为人民立了一个奇功。你向来以花木兰式的奇女子自居，相信你一定能独当一面，出色地完成党所赋予你的重任。当然，这个工作也很危险，万一情况不好，就只好等一等，不能急躁盲动，暴露自己的真实身份；实在不行的话，自然还可以利用你娘家的社会关系作掩护，暂时撤退，长期隐蔽。这主要得靠你自己机智应付了。

关向应跟贺昌从建立共青团的时候起就一直并肩战斗，关系非常亲密。贺昌听到关向应被捕的消息后十分焦急，在家里3天3夜很少说话，更无笑容，只是再三对我说：“你不要跟我去苏区，现在你是营救部长，这个任务很重，关向应他们还在等着你去设法营救出狱呢！”我又听了戚元德这一番人情入理的劝导，也认识到不能只顾儿女情长、难舍难分，确实应以保证贺昌、护送的交通员以及沿途地下交通站的安全为重。于是我也就只能含泪答应让贺昌一人先去苏区了。

营救关向应

关向应，1902年生于辽宁金县，1925年参加共青团，是大连市第一位共青团员。其后入党，六大当选中央委员，一直负责领导共青团的工作。1930年与周恩来等同志同为军委常委。周恩来离开上海时关任军委书记。1931年顾顺章叛变，仓促之间未及通知关向应，关不幸被捕，但是并未暴露身份。周恩来闻知此事十分着急，即令陈赓迅速了解有关情况，尽快将关向应营救出来。

贺昌也告诉我，周恩来同志说：“要慕兰信赖党的组织，组织上自会派人暗中保护她的。万一潘汉年调动或有其他情况，组织上会另外派人跟她联系的，而且一定会派在北伐期间与慕兰共过事、慕兰信得过的人与她联系的。”他要贺昌和我都放心。

一切都布置停当后，我正式开始了营救工作。营救部的干事是黄浩（静汶），她在武汉时曾参加过黄埔军校的女生队。互济总会还有一位秘书朱伯琛，1930年入党，是周南女校朱剑凡校长的儿子。同时，组织还物色了替关向应辩护的律师，他是一位名叫陈志皋的年轻进步律师。

陈志皋的父亲名陈其寿，号介卿，曾为清朝二品大员。老先生在上海法租界做过18年的会审公堂刑庭庭长，是一位很开明的法官，这时已告老退休。

他任职上海法租界时，主持正义，开释过坚持民主革命的老同盟会会员。为此，孙中山先生曾亲笔给他写过感谢信。辛亥革命前，黄金荣在苏州涉及命案，应判死刑，陈老先生正在苏州做官，认为黄是出于帮会中的“义气”而代人受过，没有判黄死刑。到辛亥革命爆发时，牢监里的犯人也乘机一哄而散。不久，黄金荣就到上海法租界巡捕房做事，先是一般的探员，后来做到督察长，成为上海帮会里的“大亨”，蒋介石也曾拜在他门下。也巧，陈老先生也调到上海法租界任刑庭庭长，事实上管着巡捕房里的人，也算是黄金荣的上司。因为这样的双层关系，黄金荣口口声声地称陈老先生为“恩公”，每年都去陈家拜年；就连当律师的陈志皋到法租界巡捕房去办案时，黄见到也是很客气地称他为“二少爷”。

正因为陈志皋的家庭背景和身份，特别是他本人的思想倾向，非常适合于开展营救工作的需要，所以组织上要我出面去请他担任关向应的辩护律师。我扮成上层妇女去找陈志皋，对他说我是个脱离了共产党组织的人，丈夫是已经牺牲了的著名共产党人宛希俨，并且留下了一个遗孤交由家人抚养，自己是到上海来找职业的。这样表明自己的身份，就是要让受委托的律师知道我是个革命妇女，对他没有什么隐瞒，以便互相间建立起必要的信任。我还对他说，我的父亲黄颖初是湖南知名人士，当年曾经帮助谭嗣同整理编撰《仁学》，并支持变法维新。家里是个小地主，要营救的人是死去丈夫宛希俨的好朋友，又是我的姑表兄。他到上海来做小生意，不知为什么，被当做共产党而被捕了。但他确实不是共产党人，所以两家的亲友们都要我想想办法，无论如何要搭救他。我最后说：“早就听说陈老太爷、陈大律师都是很开明进步、富有正义感和同情心的人，请千万费心帮忙，开释这个被冤枉了的无辜之人。”陈志皋听了我的申述后，就接受了这个案子，并约定时间，到他家里去拜访他的父亲，争取获得“老太爷”的同情和支持，以便运用其影响力迅速解决此案。

到陈家，老太爷一看我举止谈吐端庄大方，是个很有教养的上层妇女。他也不说客套话，一见面就很认真仔细地问我：“为什么你是湖南人，而你表哥却是关外人呢？”我早有准备，当即不慌不忙地回答说：“我姑妈当年远嫁关外，所以表兄是关外人。他这次来上海经商，不知什么缘故，被戴上了‘红帽子’，当做‘共产党嫌疑犯’给抓起来了，实在是冤枉呀！”

审理关向应一案的法官叫赵韵逸，是位参加过北伐战争的年轻人，后来转业到龙华，当上了法官。他家里和陈家老太爷大概也有世交关系，所以老太爷一个电话就把他约来了。陈老太爷让陈志皋通知我到他家里一起吃午饭。陈家住的是三开间前后厢房两进的大房子，除了尚在读书的好几个儿女们外，还有一些本家的侄儿们也寄住在这里，家中雇有烧饭的大师傅和几个仆妇，前、后厢房都住满了人，是个每餐要开三桌饭的大家庭。老太爷向来是在楼下自己房间里吃饭的，由一位从老太太娘家带过来的钱嫂专门伺候他和老太太。只有逢年过节，儿女们才进来陪老太爷喝一杯酒，平时很少叫人陪他吃饭。那一天是例外，老太爷叫我、陈志皋、赵法官、孙晓村等几个人在一起吃饭。席间，老太爷自己开门见山地对赵法官说：“这位黄小姐是我的干女儿，她父亲黄颖初当年是谭嗣同的幕友，为他整理过《仁学》。她的表兄是做生意的，不知为什么在上海被当做‘共产党嫌疑犯’给抓起来了。可能你们抓错人了吧？有什么证据吗？口供怎么样？”那法官说：“没什么证据，他自己也说是个经商的。”老太爷就说：“是啊！没有证据怎么就乱抓人呢？这个案子是志皋接办的，看在我的面子上，就放了他吧！”那法官忙说：“陈老伯，我回去再看看案卷。您的吩咐，我一定尽力照办就是了。”

饭后，我赶紧把这些情况向组织上汇报，大家听了觉得大有希望，都很高兴。同时，我也向组织汇报了陈老太爷突然宣布我是他的干女儿。组织上认为认了这份干亲，有利于掩护我的工作，就为我备了一份厚礼，择定阴历七月二十八日老太爷生日那天，到陈家正式行拜见干爹、干妈的大礼。拜见时我说，这是我父母的意见，说我一个人在上海谋生找职业不容易，如果得到这样有身份有地位的老太爷、老太太的照顾，他们也放心了。老太爷很欢喜，就吩咐大哥大嫂以他和老太太的名义，在鸿运大酒楼摆了 3 桌酒席，宴请陈家的各房亲戚们。席间，由陈志皋和他的大哥大嫂介绍我跟大家见面，正式宣布我是陈老太爷和老太太的干女儿。陈家在上海的亲戚，如与老太爷同为公共租界法官的七姑父（姓韩）和八姑父（姓李），以及与志皋同辈的许多亲友都到场祝贺。后来在我的营救工作中和抗日战争时期，这个大家庭的诸多亲友，都帮过我们不少忙，起过重要作用。

在多方而灵活的营救下，1931 年底关向应出狱。

关向应脱险后即去往香港，不久被派往湘鄂西革命根据地，与贺龙等共同率领当地红军开展军事斗争，直接促进了湘鄂西根据地的发展。

一个“共产党的头头”被捕了

几天之前，陈志皋约我在东华咖啡馆喝咖啡，并建议吃过晚饭后，一起去大光明看电影，那天下午大约 4 点钟光景，我们两人坐在咖啡馆里闲谈，正巧碰见他在徐汇公学时的同班、同寝室好友曹炳生。我只是很礼貌地跟曹点点头打个招呼。于是他们两个人就天南海北地聊了起来。陈志皋问："小曹，最近巡捕房里有什么新闻吗？"曹炳生小声地回答说："有啊！南京国民政府派人来抓了一个共产党的头头，湖北人，60岁左右，镶一口金牙齿，酒糟鼻子，只有9个手指头，是悬赏了10万块钱才抓获的，这赏金真高呀！"

言者无意，听者有心。他俩在一旁兴高采烈地说着话，我面不改色地用茶匙搅拌着杯里的咖啡，装作一副对这种事漠不关心的样子，不插问一句话，只是静静地听着。接着曹炳生又说："咳！这个家伙真不中用，一坐上电椅，就吃不消，招供了。"后来，他俩又讲了一些无关紧要的事，我就不再用心旁听，紧张地暗暗琢磨起来：共产党的头头，湖北人，那是谁呢？我开始在心里琢磨，把自己所知道的、敌人会悬赏10万元的、湖北籍的领导人，一个个地排着队数过去。究竟是谁呢？忽然间我想到了向忠发。他在武汉当码头工人时就很爱喝酒，是酒糟鼻子。他镶了满口金牙，有个手指被别人砍掉了一点，看起来好像只有9个手指头。大革命失败后，他去苏联任中共驻共产国际代表。那时党中央总书记瞿秋白因犯"左"倾盲动主义错误，已被撤消职务。

1928年夏中共六大在莫斯科召开前，共产国际在选拔干部时片面地强调工人成分，推荐向忠发。他在六大上当选为中央政治局主席，兼政治局常委会主席（党内习惯上仍称"总书记"）。但向忠发没能力主持中央工作，他文化水平不高，又沾染上流氓无产者习气。仔细一想，各方面条件都符合，我就肯定是向忠发了。

这可是件了不得的大事，得赶紧设法向党中央报告。心里尽管急得要命，可是脸上还是不能露出声色，装作若无其事的样子。

回家后，我马上打电话给住在徐家汇一家烟纸店（上海人对杂货店的叫法）楼上的潘汉年同志，告诉他我有极其紧急的事要当面告诉他。潘汉年很快就来了，我把听到曹炳生讲的那些话复述了一遍，并说："因为我托陈志皋营救关向应，他刚才问曹炳生巡捕房有什么新消息，本来是有意问问关向应一案的进展情况，不料曹炳生竟在无意之中说出了这样一件大案。我数来数去符合曹炳生所述那被捕人特征的只有向忠发了。"潘汉年说他也认为是向忠发。我又说："听曹炳生的口气，向忠发坐了电椅子后吃不消，很可能已叛变，说不定今天晚上还有什么更严重的事情会发生呢！"就催他赶快去向党组织紧急汇报，他就匆匆离开了。

顾顺章叛变后，中央特科的工作是由康生负责的。潘汉年离开我的住所在街上转了几圈，确认身后没有盯梢的“尾巴”后，就立即去找康生。康生听后又立即向实际负责党中央日常工作的周恩来做了汇报，周恩来同志叫他马上通知中央的李富春、蔡畅等，约定转移到都城饭店暂时避一避。这些中央领导同志的家里，一般都是不藏文件的，有些紧急的、带在身边的文件，都马上烧掉，把纸灰丢进抽水马桶冲掉。到晚上 11 点钟左右，这些领导都穿着西装，扮成商界大老板的样子，大摇大摆地住进了法国人开的都城饭店，一点也没有引起别人的怀疑。

向忠发真叛变后被枪决

那时，上海有一种挑着担子流动卖馄饨的小贩，都是在晚上通宵营业的，打着竹板沿街穿巷地叫卖。人们一听“嘀嗒、嘀嗒”的竹板声，就知道是卖馄饨的来了，纷纷开门出来买馄饨当夜宵吃。康生派了两个特科的同志装成小贩，挑着馄饨担子分别到向忠发所知道的周恩来和李富春撤出前所住的地方附近观察。果然，到夜里 1 点钟左右，看见一个人戴着手铐脚镣，领着巡捕房的人来了，直接就用钥匙开了周恩来家的门闯进去，他们自然是扑了个空。周恩来家只有 3 把钥匙，他和邓大姐各一把，还有一把给向忠发（他是总书记），如果他俩都不在家，向忠发也可以打开门很方便地进去。所以，很明显，这带了巡捕前去抓周恩来的叛徒只能是向忠发，而不会是别人。但他一看周恩来没能抓到，就联想到中央其他领导人也都得知风声转移了，也就没再到李富春家搜捕，而是直接扑向就在附近的党的地下印刷厂——红旗印刷所。这个印刷所公开挂有招牌，有正式的营业执照，跟外面也有印刷业务的生意往来。一楼是（地下党的）红旗印刷所，二楼是同志们的宿舍，三楼是秘密印刷《红旗》杂志的工厂。当天晚上因情况紧急，我们来不及通知印刷所，就被向忠发领着巡捕破坏了，还抓走了好几位同志。装扮成挑馄饨担小贩的特科工作人员向康生汇报了以上情况后，党中央就确认向忠发是叛变了。

第二天，康生和潘汉年坐了小车来找我，说是恩来同志要见我。一进门，周恩来同志就紧紧地握着我的手说："慕兰，慕兰，你真不错呀！听听你的汇报吧。"他详细地询问了一切经过情况，然后指着摆在桌子上的一堆钞票说："是不是可以通过陈志皋，向巡捕房里有关人员收买向忠发的口供材料？虽然已通知凡是向忠发所知道的党在上海的地下机关立即转移，但仍必须进一步知道他究竟向敌人招供了些什么内容，以便有对付的办法。"我说，这样做恐怕不大妥当，因为我并没有向陈志皋暴露过自己的真实身份，作为一个到上海来求职业的地主家的小姐，决不应当关心向忠发这个共产党的大叛徒，更不会出高价去收买他的口供。再说，我又从哪里会弄得来这一大堆的钞票呢？如果真要那样的话，肯定就会暴露身份，而且势必会对营救关向应同志的工作造成不利。当时，恩来同志可能是太着急了，来不及周密地思考筹划。他听后立即说："你提醒了我，不能让你这样做。即使要买口供，也得通过其他渠道另想办法。"我说，我可以假装出于好奇心，不露痕迹地让陈志皋去打听一下向忠发这件案子的进展和下落。恩来同志说："如此很好。"离开前，恩来还表扬了我，说我工作认真负责，有高度的警惕性，如果不是注意到曹炳生讲话的内容，又仔细分析判断，果断采取措施，而是跟着陈志皋去吃晚饭、看电影的话，那么包括他在内的党中央领导人就早都被捕受难了。他还连连夸我头脑冷静，灵活机警，分析正确，大声地说："土豹子（贺昌）没有保举错。你跟潘汉年两人互相配合，行动得很好，一上马就为党立了这一大奇功！"他还嘱咐我，一切公开的活动都通过陈志皋出面，自己尽量不要出面，只做他的幕后参谋，千万小心谨慎，一定要想方设法隐蔽好自己，抓牢陈志皋，做好工作。

过了几天，我就想找陈志皋谈此事，那时我和他聊的话题很多，除了自己的真实身份和党的机密之外，几乎什么都谈。我在他书房里看到书架上有很多马列主义的著作，还有《马克思传》和《恩格斯传》的中译本，就谈起了马克思和他的夫人燕妮，还谈到马克思也当过律师。我们平时的谈话，大都是讨论所看过的书和当时报上的新闻时事，这样谈着谈着，我就忽然以好奇的口吻问他："哎！我问你，那天你朋友曹炳生所谈的那件案子后来怎么样了？我对这种人的下场倒蛮有点兴趣的。"

他说："你想知道吗？"我说："当然啦！那天曹炳生好像只说了开头，不禁引起了我的好奇心，就像听说书的人一样，听到'欲知后事如何，且听下回分解'

时，就很想知道后来的结果怎么样了。”陈志皋说我打个电话问小曹就知道了。

没几天，他从曹炳生那里打听到了有关情况，立即告诉我说：“唉！这家伙注定该死。原来抓住他的人，打电报给正在庐山的蒋介石，说是已抓到了共产党的总书记向忠发。蒋介石立即回电指示‘就地正法’。审讯他的人接着打去第二个电报，说向忠发已自首投诚，并帮助破获了共产党的地下印刷所，还抓到了一些共党分子。还没等蒋介石的第二次回电指示，那收到蒋介石第一个电报的人，为了抢先邀功领赏，就马上将他执行枪决了。这种人真是活该要死的。”我听了以后，表面上不动声色，装作一旦好奇心得到满足，就再也没什么兴趣似的，心中却不禁十分高兴。因为向忠发既已叛变投敌，他受不了敌人种种的威胁利诱，肯定还会继续出卖党的机密。他是中央的主要领导人，党内的事差不多全都知道，对于这样的叛徒实在是防不胜防的。如今敌人为了争功，抢先把他杀了，倒是帮我们堵住了这个大缺口。向忠发虽然出身于工人，但当了党中央的主要领导人后，生活日益腐化堕落，以至最后成了叛徒。

黄金荣在 1949 年

叶永烈

1949 年 5 月 26 日，上海宣布解放。27 日，中国人民解放军上海市军事管制委员会和上海市人民政府宣布成立。陈毅任军管会主任、上海市市长。

中国共产党人以惊人的效率接管着大上海。就在上海市人民政府成立的当天，上海人民广播电台开始播音。翌日，上海《解放日报》创刊号出现在上海的街头巷尾……

“皮泡水，水泡皮”的黄金荣

有着“海上闻人”之称的黄金荣，乃是上海人人皆知的头号大流氓、“青帮”大头目。

黄金荣，出生于浙江余姚捕快之家，没有什么文化。他在上海南市区长大之后，步其父亲后尘，在 25 岁时考上上海法租界的“包打听”。此后，凭借他的精明，屡破大案要案，逐步升至上海法租界警备处的督察长。

黄金荣深知，倘若不跟流氓结帮拉派，很难坐稳“督察长”的交椅。流氓有所谓“许充不许赖”的规矩：如果你并不是某人的门生，却“充”某人的门生，是允许的；然而，你是某人的门生，遇上麻烦时想赖掉，那是不行的。黄金荣依照“许充不许赖”的规矩，冒充青帮“大”字辈张镜湖的门人，并由此广收门徒。后来，他给张镜湖送去两万银圆，迫使张镜湖真的收他为徒。这样，他弄假成真，成了青帮“通”字辈传人。后来，随着他的势力的发展，竟然成了上海青帮大亨。

有了警界和青帮的双重地位，黄金荣无所顾忌，做起毒品生意，大大地“发”

了起来：闻名上海的“大世界”，归入他的“版图”；桂林公园，成了他的私家花园，称之为“黄家花园”；还有用他的“三分之二姓名”命名的“黄金大戏院”……

在黄金荣的众多门生之中，鼎鼎大名的要算是蒋介石了。

1921 年，黄金荣曾收失魂落魄的蒋介石为徒。几年之后，当蒋介石以北伐军总司令显赫身份重返上海滩的时候，识时务的黄金荣赶紧悄然把门生帖子送还了蒋介石。

1927 年 4 月 12 日，当蒋介石在上海发动反革命政变的时候，出面屠杀工人纠察队的，便是黄金荣手下的徒子徒孙们。

有了蒋介石作为政治靠山，黄金荣横行上海，更加飞扬跋扈，毫无顾忌。黄金荣每年都“隆重”地过生日，因为每一回过生日，都是他收受金银财宝的最好机会。那时，不论是否认识，只要收到黄金荣过生日的请柬，谁都不敢不送礼。

1947 年 12 月，黄金荣八十大寿（虚岁）。这当然是黄金荣大庆大贺的日子，就连身为总统的蒋介石得知之后，也亲自到上海黄家花园四教厅向黄金荣拜寿。黄金荣连说“不敢当”，蒋介石却硬把黄金荣扶到红木椅上坐定，然后向他跪下，磕了一个头离去。

中国人民解放军逼近上海，黄金荣手下的青帮大弟子杜月笙远走香港，而黄金荣却留了下来。

上海解放之初，令人不解的是，这里接管，那里接管，黄金荣却安然住在上海家中，没有人碰他一根毫毛。中国人民解放军上海市军事管制委员会为什么不去碰黄金荣呢?

夏衍清楚地记得，在他南下之前，和潘汉年一起，向主管白区工作的中共中央副主席刘少奇请示。刘少奇明确指示，对黄金荣那帮人，“先不动他们，观察一个时期再说”。

夏衍曾这么回忆道：“我记得他（引者注：刘少奇）问潘汉年，青帮会不会像 1927 年那样捣乱，潘回答说，他和杜月笙的儿子杜维屏有联系。1948 年在香港，汉年和我（引者注：夏衍）还去看访过杜月笙。我们离开香港之前，杜月笙曾向我们做了保证，一定要安分守己。又说，据他（引者注：潘汉年）了解，黄金荣那帮人也不会闹事。少奇同志要潘汉年告诉陈毅、饶漱石，先不动他们，观察一个时期再说。”

上海解放之后，对于黄金荣，上海市军管会果真没有动他，“观察一个时期再说”。

观察了一个时期,黄金荣确实没有捣乱。黄金荣声称“不问外事”,静居家中。他每天只是“早上皮泡水,下午水泡皮”罢了。所谓“皮泡水”就是喝茶,所谓“水泡皮”，就是泡在澡堂里。

据说，黄金荣在新中国成立前夕，没有随同蒋介石去台湾，原因有四:

一是流氓具有极强的地方性。去了台湾，人生地不熟，他也就无势无力。

二是他的财产大都是不动产。他曾向杜月笙商借20万美元，以便逃亡之后作花费之用，杜月笙居然没有答应，撇下他去了香港。

三是他年已八旬,多病在身,不像杜月笙小他20岁。所以黄金荣当时说,“我一生在上海，尸骨不想抛在外乡”。

四是他知道蒋介石大势已去，便跟共产党暗中有所接触。慑于强大的政治压力，曾经把自己手下400多名帮会头目的名单，交给了上海地下党。所以，解放后青帮未敢作乱。

正因为这样，潘汉年曾就黄金荣问题，谈过以下意见：“黄金荣是反动统治时期帝国主义的走狗，蒋介石的靠山。他的门徒们在上海干了许多坏事。但是，上海解放后他不走，也就是说他对祖国还有感情，对我们党至少不抱敌意。他声称不问外事，那很好，我们不必把‘专政对象’加在他的头上，只要他表示态度就行。”

尽管中共高层从刘少奇到潘汉年，都对黄金荣了如指掌，确定了“不动他”的政策，但是广大群众并不了解。上海不少市民恨透了黄金荣，纷纷写信给上海市人民政府，强烈要求逮捕黄金荣，以至枪毙黄金荣。再说，长期让黄金荣自由自在，不加管教，也不利于对他的改造。

于是，军委会的杜宣接到上海市军管会的命令，派他前往黄金荣家，对他进行一次教育性的谈话……

黄金荣在杜宣面前连声诺诺

杜宣记得，那时天气很热，已经到了穿短袖衬衫的时节，但是他仍穿一身军装，胸前挂着“中国人民解放军”符号，腰束皮带，佩着短枪。他带着十几个全副武装的解放军战士，乘坐两辆中吉普，直奔黄金荣的家。

黄金荣在上海有许多住处。当时，黄金荣住在上海八仙桥黄金大戏院对面的一条弄堂——“钧培里”。这条弄堂很多房子是黄金荣的。他自己住一幢大型石库门房子。

由于事先得到上海市军管会的电话通知，说是军管会的军事代表要来，黄金荣连忙做了准备。这样，当杜宣带着战士到达黄宅时，黄金荣已经早早打开黑漆大门迎接。二三十个黄金荣的门徒，一律光头，上着中式白短褂，下穿黑色灯笼裤，脚登圆口黑布鞋，一字儿摆开，分两厢站立，恭迎“长官”。

杜宣一到，马上有人向里通报，中等个子的黄金荣随即由两个徒弟搀扶着，急急迎了出来。他与杜宣在天井相遇。这时的黄金荣已经81岁，脸色苍白，虚胖，脸上的肉明显下垂，牙齿失缺。他穿一身白纺绸中式衣裤。黄金荣见到一身戎装的杜宣，以为要逮捕他，吓得双手颤抖，两腿哆嗦，竟然小便失禁，湿了裤子。

杜宣问：“你就是黄金荣？”

黄金荣连忙答道：“报告长官，在下便是。”

杜宣说：“进屋谈吧！”

黄金荣一听不是马上要逮捕他，赶紧说：“长官，请进！请进！”

黄金荣请杜宣步入客厅，上坐，而他自己仍垂手低头而立。杜宣请黄金荣也坐下，他这才坐下。

杜宣刚坐定，黄金荣马上请人送上一只金表。这只金表，配着一根金链，金光夺目。黄金荣打开金表，指着底盖上的一行字，让杜宣细看：

金荣夫子大人惠存

弟子蒋中正敬赠

黄金荣说：“长官，这是我的罪证。人民公敌蒋介石拜我为师的时候送的。现在交给贵军。”

杜宣收下金表，开始对黄金荣进行训话。他代表上海市军管会，要求黄金荣必须老老实实，服从人民政府管教，不许乱说乱动；要求黄金荣必须对所有门徒严加管束，不得进行破坏活动。黄金荣连声诺诺。

杜宣问黄金荣，最近是否有不轨行为?

黄金荣年岁已大，加上牙齿脱落，说话含混不清，说什么生了个“名义上是孙子，实际上是儿子”!

杜宣不明白黄金荣说的意思。

这时，黄金荣手下一个鼠头獐目的人物上前，替他解释道：黄金荣与儿媳不轨，生了个孩子。这孩子“名义上是孙子，实际上是儿子”。

经过这么一番解释，杜宣算是明白了怎么回事。

那人接着替黄金荣向杜宣汇报。他报告说，黄金荣手下还有几十个门人，他们打算把黄金荣的一个戏院、两个澡堂、三条弄堂的收入，用来实行“供给制”——他们青帮也要像解放军一样，实行“供给制”，每个门生每月两担半米。

杜宣一听，十分恼火，流氓集团怎么可能与中国人民解放军相提并论？青帮怎么可以不伦不类也实行“供给制”？他当场对那人进行了训斥。

后来，经过调查，查明那人是个混在黄金荣门生之中的潜伏特务。

杜宣警告黄金荣，必须老老实实待在家中。如果发现他的门生在上海滋事，惟他是问！黄金荣知道军管会没有逮捕他的意思，又连声诺诺。他感动地说，他贩过人口，贩过鸦片，绑过票，杀过人，各种坏事都干过，解放军对他竟是如此宽大，不关不杀。他非常感谢中国人民解放军对他网开一面，不予逮捕。他保证不在上海闹事。

杜宣起身，黄金荣和他的徒子徒孙们赶紧列队相送，一直送到大门外，杜宣带着战士们上车，车子已经开远，黄金荣和他的徒子徒孙们仍毕恭毕敬地站在那里。

在镇压反革命运动中，1951 年 5 月 20 日，黄金荣请人代笔，在上海《文汇报》和《新闻报》上发表《黄金荣自白书》，检讨了自己的罪行。这份自白书对上海的流氓起了震慑作用。

1953 年 6 月 20 日，黄金荣在上海病故，终年 86 岁。上海滩上另一个流氓大头目、比他小 20 岁的杜月笙，倒是先于他离世——1951 年 8 月 16 日病故于香港。

邱少云如何成为惊世英雄

王富松

1952年10月，上甘岭战役打响。奉命潜伏于“三九一”高地前开阔地里的邱少云被美军盲目发射的燃烧弹烧着而壮烈牺牲，时年26岁。

仗打完了，连里给邱少云报了三等功。此事似乎就这样无声无息地结束了。

半个月后战场总结，邱少云的指导员王明时被师里评为模范指导员，在写报告材料时，他就如何做好战士思想工作，促进后进战士变为先进战士的做法进行了汇报。

当时组织科的一名干事问王指导员；“你改变了哪位后进战士？”

王说，邱少云。在“三九一”高地潜伏前夜，我们连召开誓师大会时，大家都很激昂，纷纷表了态，惟独邱少云闷不吭声，连里连夜召开骨干会，都对邱少云不放心。当时我表了态,做邱少云的工作。那天晚上我给他讲了许多道理，并让他自己认识到应该如何做，使他终于打消了恐惧念头，当场表示“严守战场纪律”。第二天中午，一发燃烧弹落到邱少云身边，他忍着痛，一动不动，牺牲了自己，换来了整体的胜利。那位干事听后，十分激动：“这样的英雄怎么是后进呢？三等功不行，应报特等功。”

之后，又追问邱少云死时的一些细节，王指导员只知道是烧死的，其他详情也说不清。29师政治部便报了一个简单的经过，报请志愿军司令部批准。

特等功的报告呈到志愿军司令部后，引起了领导的重视。11月6日，中国人民志愿军领导机关追授邱少云特等功，但这件事同时也给人们留下了一个悬念：邱少云究竟是如何死的？

邱少云的两次报功和他奇异的牺牲经过，引起了《人民日报》随军记者郑大藩的注意。他在看了邱少云的简要事迹后，产生了两个疑问：其一是燃烧弹落在什么地方？是打中头部死亡后燃烧起来，还是从远处一点点燃烧的？其二是他的身边有无水沟，谁看见邱少云烧死的经过？两个疑问使他一直想对此事弄个水落石出，却苦于部队作战行踪不定，无法调查。

1952年底，王明时指导员到志愿军总部做报告。郑大藩即把这两个问题提出，王答应对这件事进行调查。

回到连队后，王指导员即召开大会，请大家回想战斗情况，当时连队经半年征战，减员很多，调入的新兵又没有参加过潜伏战斗，知情人只有三班副班长李元兴和战士李世夫，而此时他们已受伤在平壤附近住院。

这事又一次被搁下了，此时距离邱少云牺牲已有3个多月了。

1953年春节后，李元兴和李世夫一起出院，回到了九连。

王指导员即把他俩找去询问。李元兴回忆说，燃烧弹落在邱少云前面6米左右，燃烧液油溅到他的身上，是一点一点烧过来的，从头烧到脚，当时我伏在他身后5米左右，亲眼见到他被烧死的经过。

两人一起证明，邱少云左面3米来处就有一小水沟，如果愿意，只须一滚就可活命。

见证人的描述被迅速反馈到郑大藩手里。阅读着这一份份言辞确切、撼人心魄的材料，郑大藩激动了，他连夜奋笔疾书，10天后，1953年5月18日《人民日报》发表了那篇举世震动的新闻名篇《伟大的战士邱少云》。此文一出，随即引起强烈反响。1953年6月1日，志愿军领导机关再次授予他“一级战斗英雄”称号。

王光美的传奇家世

罗海岩

出身名门望族

在王光美家的家谱上，这样记载着她的父亲：王治昌，号槐青，早年考入天津北洋大学专修法律，毕业后东渡日本，在早稻田大学改学商科。回国后在清末科举应试中，考取商科举人。段祺瑞出任国务总理时，任农商部参事，后升至工商司司长、代理农商部长……

王治昌是当时管理中国经济的重要人物之一，深受北洋政府器重，曾被授予“特命全权公使”头衔，参加了两次重要的国际会议。一次是1919年第一次世界大战结束后的巴黎和会，另一次是1921年讨论裁减海军和太平洋问题的华盛顿九国会议。在英国伦敦出版的《中国名人录》中，他被冠称当时中国政府内的“革新派”人士。

王治昌学识广博，熟读经史，敬佩孙中山等人的革命事业。1925年8月20日，他的留日同学兼拜把兄弟、国民党著名左派领袖廖仲恺在广州遇刺身亡后，被誉为“绝无党派门户之见”的王治昌，愤而退出北京政坛，闲居北京西单旧刑部街，和妻子儿女们过起了平民隐居生活。日伪时期，他坚持不出仕为官。为了生活所计，他把相邻的两个院落先后出租，聊补炊米。解放后，年逾古稀的王治昌由周恩来总理任命，担任了中央文史馆馆员。1956年在京病故。

王光美母亲董洁如出身天津富商世家，毕业于天津北洋女子师范学院，是中国第一批女大学生。她贤惠豁达，教子有方，曾冒险掩护和营救过多名中共地下工作者。解放后，她曾当选为北京市第一、二、三届人民代表大会代表，北京市第四届政协委员。董洁如的叔叔是与李大钊一起就义的烈士。

董洁如先后生下 8 个孩子，加上以前去世的夫人遗留的 3 个男孩，全家共 11 个子女。她对不是自己所生的孩子给予了更多的关爱，前夫人的 3 个孩子都受到了良好的教育。

许多认识董洁如的人，都敬佩她为人的风格。人们没见她着过急生过气，没听过她高声讲过话，显得慈祥恬静，自尊不争。她对所有孩子视同己出，对家庭精心呵护，王光美耳濡目染，也影响了她以后的家庭生活和人生理念。在“文化大革命”中，老人惨遭迫害，被关入监狱达 4 年之久，1972 年 7 月病逝于北京秦城监狱中。

王光美排行第七，上有 6 个兄长，下有 4 个妹妹。每年入冬以后，是孩子们欢乐的溜冰时节。是时，孩子们每人拿个脸盆，争先恐后地去后院“泼冰”。有的孩子后来成了学校的滑冰队员。王光美除了爱好滑冰，还是学校的篮球队员，强健的体魄，是她后来战胜生活磨难的重要条件之一。

四哥是电影《永不消逝的电波》主角原型

王光美的十多个兄弟姐妹中，最早参加革命的是四哥王光杰。后来改名为王士光，是电影《永不消逝的电波》主人公的原型之一。

20 世纪 30 年代，王光杰先在北京大学数学系读书，后转到清华大学电机系，学习无线电专业。后来担任党内重要职务的姚依林、郑天翔等当时都是他清华大学的同学。

1935 年 12 月北平爆发一二・九运动，王光杰投身其中，不久加入了党领导的中华民族解放先锋队，后来成为中国共产党党员。抗日战争爆发后，北平沦陷，清华大学迁往西南内地，王光杰没有随校转移，而是留下参加抗日活动。为了收听苏联伯力一家电台的抗日广播，并把内容记下来进行抗日宣传，王光杰在家里组装收音机和无线电台。王光美还帮他收听收抄过。后来，中共北方局需要在天津建立秘密电台，化名姚克广的姚依林找到王光杰，让他想办法组装一部无线电收发报机，并筹建秘密电台。为了掩护工作，地下党安排了一名叫王兰芬的女青年，以夫妻名义和王光杰在天津英租界租房，作为秘密电台的地点。王兰芬又名王新，是东北军将领、曾任锦州省省长的王端华之女，当时是东北流亡学生、共产党员。两人在共同的艰苦斗争中建立了感情，1938 年 12 月经党组织批准，正式结婚。

王新成为王光美的嫂子后，有段时间住在王光美家里，以少奶奶的身份作掩护，进行党的地下工作。她介绍王光美认识了北平地下党组织的崔月犁等同志。而王光杰后来则在革命队伍中继续从事军工和电信事业。1946 年 9 月 1 日党在河北邯郸建立的新华广播电台正式播音，这座电台的设备，就是王光杰和战友们在当时艰苦的条件下七拼八凑搞起来的。他因此被授予“特等功臣”称号。这部电台存于北京的中国革命博物馆（现为中国国家博物馆）。

1948 年王光杰从晋冀鲁豫根据地来到西柏坡，向中央汇报解放区的广播电台工作。王光美见他需要手表，就把自己的表送给了他。四哥要王光美和他一起去根据地搞电台。王光美想了想说现在不行了，我可能要结婚了，并把和刘少奇的来往告诉了他。王光杰听了表情很严肃，说你别胡思乱想，刘少奇是我们党的领导！

新中国成立后，王光杰任电子工业部副部长，在电子行业德高望重。“文化大革命”中，他被诬为“走资派”、“反动学术权威”、“臭老九”，加上和王光美的关系，在秦城监狱被关了 8 年。在狱中他无事可做，就索性写起书来。在监狱里的小纸片上，他写满了密密麻麻的 70 万小字，足足钉了 39 本。出狱后，他一口气出版了 12 本无线电和雷达方面的专业书。

打落八架半敌机的五哥王光复

2005 年，在纪念中国人民抗日战争暨世界反法西斯战争胜利 60 周年大会上，几位抗战老战士和胡锦涛等党和国家领导人一起，坐在庄严的人民大会堂主席台上。其中一位面容清癯、精神矍铄的老人就是抗日战争中著名的空军英雄王光复。此次中国政府邀请旅居海外的 89 岁的王光复和夫人来华参加纪念活动。胡锦涛主席给他们颁发了中国人民抗日战争胜利 60 周年纪念章。

1995 年为纪念抗日战争胜利 50 周年，我国政府也曾邀请王光复和夫人回国，出席在人民大会堂举行的纪念大会。王光复作为抗日老战士代表，也是惟一来自海外的抗战人士代表，坐在纪念大会主席台上。

王光复是王光美的五哥。抗日战争中，他在国民党空军服役，是一位优秀飞行员。他在对日空战中，先后驾驶战机打掉日寇飞机8架半（半架指与另一美国飞行员共同击落）。抗战期间，中国飞行员击落敌机的最高记录是9架，王光复居于第二位，成为当时著名的抗战空军英雄。

抗战胜利后，王光复曾回家一次。当时国共两党已现分裂，王光美和家里的兄妹们围住他七嘴八舌：你为什么站在国民党一边？你有没有向共产党投炸弹？王光复急忙申辩："我在国民党军队里打日本鬼子，我没有也不会向共产党投炸弹。"

王光复毕业于当时北平的志成中学。他性格外向，喜欢打球、滑冰等体育活动。那时，日军几乎天天派飞机来骚扰轰炸。王光复所在的学校为了躲避日本飞机，常常停课。王光复心中燃起怒火，心想："总有一天我要亲自把它们揍下来！"当国民党政府准备加强空军力量，到王光复所在的志成中学招收飞行学员时，王光复立即报名参军。当时，王家老大因体弱多病而早逝，老二、老三出外求学，老四在清华大学读书，整天忙于学生运动，很少回家。王治昌夫妇对老五恋恋不舍，不放心。但二老深明大义，不仅同意了儿子的从军要求，而且鼓励他学好本领，报效国家。

经过3年紧张而艰苦的飞行训练，王光复于1939年毕业于空军特训班第九期，首次奔赴新疆伊宁空军基地执行飞行任务，很快被任命为飞行七分队分队长。一次，他带领几架飞机外出巡逻，在返回湖北老河口机场途中，发现日军的荆门机场有几架轰炸机正在落地，立即带领所有飞机飞临机场上空，给敌毁灭性打击。还有一次，为了不让敌人打通平汉铁路和粤汉铁路，他们在进行空中威慑侦察时，发现下方敌人在一个火车站里设了两道防火墙，一长串车厢被油布盖得严严实实，猜想是敌人的军火库，立即组织轰炸，使整个火车站夷为平地。在壮烈的武汉空战中，王光复中弹负伤，坚持把飞机开回机场，战友们将他从飞机上背下来，送到后方治疗数月，身体康复后又重返前线。

王光复在国民党军队里深受重用，曾任空军大学教官、飞行监察室主任、空军总部作战处长等。上世纪50年代初，国民党知道了王光复和王光美的兄妹关系，他因此而受到排挤。王光复一气之下，提前退役，携妻子和一儿一女离开台湾赴美国定居。改革开放以后，王光杰去美国访问时，这两个多年站在对立阵营的兄弟俩，在美国相拥而泣。

二哥和六哥各居国共两党要职

王光美的二哥王光琦，曾为国民党总统李宗仁顾问，毕业于清华大学，后在美国费城宾夕法尼亚大学攻读硕士，学成后回国。他高大帅气，聪颖开朗，常带着王光美去看球赛，请王光美吃刨冰，后来王光美才知道，是让她陪着去和他的女朋友胡珉见面。

胡珉毕业于南开大学。胡家是四川当时有名的船王，经营长江航运。王光美清楚地记得，二哥和胡珉结婚时，选在位于南池子的欧美同学会院内。婚后，王光琦先到青岛金城银行当主任，后来又在北平一家银行里当高级职员，还到燕京大学当过一段教授。抗日战争爆发后，他们夫妇随学校迁到了四川。

抗战胜利后，李宗仁被任命为北平行辕主任。赴任前他对熟识的胡珉父亲说，他要去北平了，但在北平一个熟人也没有。胡珉父亲就推荐了女婿王光琦。当时国共内战时期，王光美的父亲非常谨慎。他多次盘问王光琦，为什么和李宗仁搞到一起。王光美和妹妹曾躲在屏风后面，好奇地偷听王光琦的解释。

李宗仁当选国民党副总统后，聘请王光琦为经济顾问。北平解放前夕，王光琦拒绝离开大陆而留下来。后在对外贸易部从事国际贸易研究。

王光琦、胡珉夫妇有 4 个孩子。胡珉的父亲在解放后旅居海外，把国内的家产交由管家胡子昂管理。1955 年公私合营中，胡子昂把全部财产上交国家。后来，胡子昂任全国人大常委会副委员长。“文化大革命”中，王光琦被关押监狱 6 年多，出狱后把补发的工资全部买了《毛主席语录》。由于精神受到了强烈刺激，1985 年因脑血栓去世，时年 69 岁。

王光美的六哥王光英，因出生时父亲正出访伦敦，所以取名“光英”。他曾任第六、七届全国政协副主席，第八、九届全国人大常委会副委员长。王光美和他只差 2 岁，两人小时一起上学，一起回家，充满儿时的欢乐。王光英喜欢弹钢琴、唱京剧、看球赛，还当过拉拉队队长。他的朋友很多，经常带着一大堆人到家里来。旧刑部街 28 号的房子，就租给了王光英一个同学宗德纯。后来王光英和他一起在天津办起了工厂。

王光英先后两次表示要弃商参加革命，都未得其果。1944年，王光英看到兄妹们追求进步，也寻找机会，想到延安参加抗日斗争。地下党的负责人崔月犁在北海公园旁边的路上，约他谈话。王光英开门见山：“我想请你介绍我去延安。”崔月犁笑着说：“你不是在天津办了工厂吗？”王光英说：“那是为了谋生找个出路，但我认为真正的出路是在延安。”崔月犁耐心告诉他：革命是多一个人好，但你到了延安，党恐怕还要你做生意，你不要把做生意同革命截然分开，为共产党做生意，不也是为革命做贡献吗？听了崔月犁的话，王光英留了下来。

1949年春，王光美陪刘少奇回到旧刑部街的家中，王光英非常高兴，穿上笔挺的西服，还为刘少奇买了一条围巾作为礼物。见面后，他对刘少奇说，自己刚30岁，不愿意当资本家了，要靠近共产党，或者搞技术。刘少奇听了对他说：“共产党员、干部，我们党内有许许多多，但是能在工商界起作用的却不多。你如果穿着工商界的衣服，屁股坐在共产党、工人阶级一边，那就很好，也可以为党工作嘛！”刘少奇的几句话，明确了王光英一生的努力方向和座右铭。

“文化大革命”中，王光英由于和王光美的兄妹关系，被捕入狱达8年之久。改革开放后，他创办了中国光大（集团）公司，任董事长和总经理，领导光大公司用中外合资方式完成了围海造田等多项重大工程，参股建设了53层的京广大厦等5家酒店和大厦，从白手起家到拥有百余家企业，使光大集团在国际上享有很高的声誉。

爱因斯坦：平庸的圣人

虎　头

爱因斯坦当然是天才，但从他的一生来看，他不仅是普通的，甚至可以说是平庸的。可他成名太早，所以一生都在忙于向世人说明自己的平庸。最令他痛不欲生的是，他说明了一生，也没几个人真正明白。

爱因斯坦晚年与青年学生座谈时曾提出相对论定义科普版：“如果你和一个美女一起坐了 2 小时，你会认为仅仅是 1 分钟；如果你在通红的火炉上坐了 1 分钟，你会认为已经过了 2 小时。这就是相对论。”

这被普遍认为是爱因斯坦伟大的幽默。其实爱因斯坦是想用大家都能听懂的语言解释相对论。可是，作为一个蹩脚的教授，他的科普演说最后都被理解为幽默。

这才是爱因斯坦一生遭遇的最大的幽默。

爱因斯坦在家庭生活上的平庸足以与他教授职业上的平庸相提并论。不仅平庸，可以说是失败。

德国作家于尔根·尼菲在他的《爱因斯坦》中说，爱因斯坦对女人“最大的奖赏”就是“收用”她们为情人，但女人一旦被他“收用”，便立刻贬值万丈，成为他发号施令的对象和不屑一顾的累赘。他的首任夫人是塞尔维亚数学家马蜜娃，那可是全欧洲第一个数学女生。当时爱因斯坦被爱情冲昏了头，虽然全家反对，但是 1903 年他进入专利局工作后还是义无反顾地娶了她。但没几年爱因斯坦就把她称为“我的十字架”。1913 年爱因斯坦对独居的情人罗爱莎说：“我对妻子就像对一个不能解雇的雇员。我有自己的卧室，避免和她单独待在一起。对于这种方式的‘同居’，我颇能忍受。”

家庭生活中的爱因斯坦，平庸到令我们愕然。一次夫妻吵架，爱因斯坦愤而出走。在马蜜娃请他回家时，爱因斯坦在一张满是图示和计算公式的纸上给她罗列了一系列苛刻条件：

你要负责：

1. 将我的衣服整齐地放好；

2. 一日三餐送到房间；

3. 我的卧室和书房收拾整齐，尤其注意，我的书桌只让我一个人使用；

……

你别指望从我这里得到温情，也别指望我指责你。

大部分有关爱因斯坦的传记都说："人们非常震惊于这些'苛刻条件'。"

这有什么好"震惊"的？这不是典型的夫妻打架的气话吗？未必我们自己跟老婆打架时没说过这样的甚至更过分的话？我们为什么不对自己的所作所为感到"震惊"？之所以"震惊"，都是因为大家"觉得爱因斯坦是个圣人"。

其实他不是，他经常宣布自己不是，问题是大家都把他的宣布认作是伟人的谦虚。我们对于爱因斯坦的误解，对爱因斯坦来说，是致命的。

1917 年年初，爱因斯坦在柏林肝病胃病齐发，差点报销，多亏罗爱莎照顾才挺过这道鬼门关。由此，他们正式发展到灵肉合一。

大批"爱粉"切齿于罗爱莎，因为她是第三者。他们认为罗爱莎导致爱因斯坦无情。其实，所有的第三者都是窦娥。在一场风花雪月的事中，永远是第二者寡情在先，第三者出现在后。

可入选《警世通言》的是，一旦罗爱莎转正为"夫人"，她的待遇立马一落千丈。论对待爱人，爱因斯坦比席勒差远了，他连丁点儿感恩之心都没有。马蜜娃与爱因斯坦离婚后，罗爱莎嫁给爱因斯坦。她为让爱因斯坦学会卫生的生活方式整整奋斗了一生，单是为让爱因斯坦使用牙刷、梳子和肥皂，罗爱莎就说破了嘴，其收获是爱因斯坦的火冒三丈。在柏林，有一次爱因斯坦给罗爱莎写了个纸条说："如果我让你如此倒胃口的话，那就去找个合你胃口的男朋友吧！"落款是"你的邋遢鬼阿尔伯特"。

不过，综观爱因斯坦的所有女人，罗爱莎肯定最适合爱因斯坦。罗爱莎陪爱因斯坦从柏林漫游世界，一直走到普林斯顿。她比马蜜娃高明的一点就是，她给了爱因斯坦最大的家庭自由度。这自由度甚至开始于两人结婚前一礼拜，当时爱因斯坦一直在为到底是娶罗爱莎还是娶她的长女伊尔莎伤透了脑筋。罗爱莎不仅知道爱因斯坦的想法，她甚至还主动让爱因斯坦任意在母女两人之间挑选！

婚后，爱因斯坦还爱上过一个朋友的侄女——已婚少妇倪贝蒂。据说罗爱莎发现后特批爱因斯坦每周去见她两次，“免得他总是偷偷摸摸”。爱因斯坦与倪贝蒂的罗曼史的结局与绝大多数婚外恋的结局一样：一旦情人获得自由，她就失去了吸引力。1924 年倪贝蒂离婚，爱因斯坦立刻给她写了一封信，语气像所有处于相同境地的情夫一样：“找个比我年轻 10 岁并像我一样爱你的人吧。”此后，他们的联系戛然而止。

罗爱莎的战术显然正确。爱因斯坦，这个足以令全球 1/3 以上女人打开心扉的男人，居然从结婚后就没离开过她。

任何一个女人——无论美丑——嫁为人妇后都会犯一个传统错误：把结婚证看成是自己管制丈夫的执照，并且绝对忍不住要频繁地使用之。据说夫妻感情恶化，八成以上是因为这个原因。

正常的男人都喜欢结婚，但正常的男人都不喜欢被管制。不过一般男人都选择忍受，因为他无法忍受反抗之后几周不停的唠叨，但忍受的结果通常是爆炸。

罗爱莎喜爱交际，经常邀请朋友在家聚餐。由于爱因斯坦的盛名，因此她家的聚会总是高朋满座。大家怀揣敬爱之心巴巴儿地赶来，都是想见见爱因斯坦。然而，每当罗爱莎要求他下楼与客人一起吃饭时，爱因斯坦都立刻火冒三丈：“不！不！我不能去！我不能去！我不能忍受这样的骚扰，使我不能安心工作。我要立刻离开此地！”

爱因斯坦对穷人、弱者和被压迫阶级表现出来的同情和亲近，长久地感动着整个世界。但他作为丈夫和父亲，连普通人都比不上。他有两个私生女，第一个是与马蜜娃婚前所生，后来据说被送回塞尔维亚，而且就此不知所终。爱因斯坦在誉满全球、呼风唤雨的 30 多年间，从未做过任何努力去寻找她。第二个私生女是爱因斯坦 1933 年正式移居美国之后与一名纽约舞女所生（当时罗爱莎还健在），据说名叫伊夫琳。对她爱因斯坦也是不管不顾，最后大儿子汉斯不得不暗中接管了这个同父异母的妹妹。据说直到伊夫琳长大成人，汉斯也没告诉她，爱因斯坦是她爹。

历史的韵事

秦宣太后：原谅她，她只是个女人

海东青

一

秦昭王四十二年十月，咸阳城里，第一场雪已经飘飘扬扬地落下，这年的冬天来得特别早，似乎预示着什么大事发生。

果然，只见城外灵幡舞动，哀乐不绝，一支宏大的人流正蜿蜒几道，绵延数里，行走在路上。这支队伍中有将军，有士兵，有战马，有战车，细看之下，每个人的武器都是新的，每个人的衣服也都是新的，这绝对是一支正开赴边境的精锐之师，但奇怪的是，每个人的表情却都完全不像是要打仗。他们当中有人或愁眉，或垂泪，有人或顿足，或捶胸，个个哀伤不已。

在队伍后面的车上，放置着许许多多真人大小的陶俑，仔细一瞧，这些陶俑的样子几乎和前面行走的士兵一模一样，甚至连每个人的高矮胖瘦都能一一对应。

原来这是一支送葬队伍！如此庞大的送葬队伍，似乎只有国君才配拥有，难道是秦昭王驾崩？不是！却看队伍前头那面大旗之上，绣着个硕大的“芈”字，原来下葬的是秦昭王的母亲——秦宣太后！宣太后本是楚女，芈是楚国的国姓。

二

时光倒退几十年，那时的宣太后还是个天真浪漫的小女孩，从楚国的贵族家庭刚刚嫁入秦宫，一进宫秦惠文王便给她封了“八子”的官衔，相当于一千石的朝官。

芈八子是幸运的，她的美貌获得老公的宠爱，她也很争气，为秦惠文王生了三个儿子；芈八子也是不幸的，她的头上还有皇后、夫人、美人、良人，她注定不能得到专宠，只能小心翼翼地生活；芈八子更是危险的，老公对她的爱，随时可能杀死脆弱的她。

果然，不幸的事情马上就发生了，秦惠文王去世了。惠文王的嫡妻终于找到了发泄愤怒的机会，她要折磨她的一切情敌，她也要别人尝尝她曾经默默忍受的痛苦。芈八子首当其冲，她的大儿子嬴稷，很快就被作为人质送到遥远的燕国。

宫廷的争斗，政治的残酷，让芈八子头一次明白：一个人要生存，必须学会比别人更冷酷，更残忍，特别是作为一个失去丈夫的女人。那一刻，仇恨在她的心中发芽、生长，每一天都在加重，每一天都在加深！但她只是一个女人，又能怎么做呢？她的仇恨只能深深埋在心底，她的伤悲只能苦苦咽到喉中。

只有一个人懂她的心思，并时常来安慰她，这个人叫魏冉，是她的同母异父弟，此时正在秦国担任要职。魏冉臂力过人，豪爽猛断，与秦武王关系很好，时常陪武王一起习武，因战功卓著，被任命为秦国历史上第一位“将军”——当时秦国最高职位的武官。

芈八子不能要求弟弟做什么，魏冉也无法帮助姐姐，他只能时常去深宫之中看望看望她。每次魏冉走的时候，芈八子都唉声叹气，心想，这辈子恐怕就只能这样了！

可是，一个小小的机会使芈八子的人生发生了翻天覆地的变化。

一天，秦武王与大力士孟说比赛举“龙文赤鼎”，结果折断胫骨，双目出血，晚上竟气绝而亡，年仅 23 岁。

消息传出后，秦国顿时乱作一团，因秦武王无子，围绕新君拥立问题，各派势力开始明争暗斗。

首先是秦惠文王后和秦武王后发话要拥立公子壮为王。这事本来是无可争议的，兄终弟及，名正言顺。但是燕国听到这个消息后，却想浑水摸鱼，插上一脚，谋取私利。赵国此时也有相似的想法。于是两国派兵把在燕国为质的公子嬴稷送回了咸阳。

芈八子见到儿子，悲喜交加，喜的是孩子终于回到自己身边了，悲的是这种日子会不会重演？

不能，绝不能！芈八子暗下决心，绝对不能让之前的日子重演。

有了外邦强国的鼎力支持，她便有了和惠文王后较量的底气，可是要真正战胜对手，还需要一个手握实权的帮手。魏冉这时坚定地站在了姐姐这边，作为最高职位的武将，魏冉的立场至关重要。

嬴稷终于幸运地被母亲和舅舅送上了秦王的宝座，他就是秦昭襄王。

失败的一方总是不甘心就此放手，特别是那些久居高位的人，公子壮为首的一伙势力，不久就密谋了叛乱。魏冉没有给他们留任何情面，率兵很快平定了这场“季君之乱”。

如何处置失败者，便是胜利者的战利品。几年来，在芈八子心中早已生根发芽的仇恨，此刻淋漓尽致地发泄出来。倒霉的公子壮、惠文王后，以及其他的惠文王王子们，都被杀得干干净净。惟有秦武王后，留了一条活命，被赶回娘家魏国。

在一片血腥之后，芈八子也许会梦见死去的秦惠文王，老秦王一定会责问她，为何杀尽他的子子孙孙。

芈八子估计无言以对，她只能默默地向秦惠文王忏悔：“原谅我，我只是个女人，我只想保护我的孩子。”

三

秦昭襄王即位时，年尚幼，于是30岁出头的芈八子便独掌大权，成为中国历史上垂帘听政的第一人。

为了巩固自己的势力，她任魏冉为相，控制兵权，又封他为穰侯。同父的弟弟芈戎，则被封华阳君。另外两个儿子，一个公子市被封为泾阳君，另一个公子悝被封为高陵君。这四人合称“秦国四贵”，把持朝政，显赫无比，以至于当时的东方六国，只知秦有四贵，而不知秦有昭王。除此之外，她还把娘家的族人向寿从楚国接过来，后来也提拔成秦的相国。

从此，秦国便成为她一人的天下，一家的私产，一个柔弱的女子，一跃成为万人之上的女主，千万人的性命握在她的手中，万千人的贵贱由她定夺。

她为秦国是做了许多好事，可那些是她为别人做的，她也需要为自己打算。30岁是女人多么美好的时光啊，不青涩，已经学会享受世界，不老成，正是人生最壮年的时刻。可是，后宫的走廊，她独自走了一遍又一遍，床上的孤枕，她黯然睡了一天又一天。道德和情感，一条是红线，一条是黑线，她总是位于其中，不知道该往哪边走；激情与责任，一边是火焰，一边是冰雪，她总是两边煎熬，不知道该如何应对。

终于，《战国策·韩策》里记载了这样一件事：楚国伐韩，韩国惊恐，派使者向秦求救，其中有一个人叫尚靳，宣太后见他一表人才，要求单独召见他。见了面后，尚靳也不敢看她，低着头请求秦国出兵救援。宣太后见此，不由心中大乐，便想戏弄一下他。她走近尚靳，掩嘴笑道："妾事先王也，先王以其髀加妾之身，妾困不疲也；尽置其身妾之上，而妾弗重也，何也？以其少有利焉。"

不知尚靳听了这话后有何反应，结果是宣太后断然拒绝了尚靳出兵的请求。也许宣太后本来就没有任何出兵的意思，只是想戏弄他一下，打发一下无聊透顶的宫廷生活；也许是尚靳会错了宣太后的意，做出了不雅的言行。

自古美人爱英雄，宣太后喜欢的人，并不是汉人，而是一个匈奴人。他粗犷豪放，是苍狼的后代，是草原的骄子，他胸怀博大，是男人中的男人，是匈奴人的王。

宣太后和匈奴义渠王，这两个本是天南海北的人，却注定在命运中有一个交集。从义渠王来咸阳参拜新君的那一天开始，两人就被彼此深深吸引，他们突破地域的阻隔，突破民族的界限，毅然走到了一起。

这段爱情延续了整整30年，不过从它发生的那一天起，就注定没有结局，注定只能以悲剧收场。

也许有很多次，匈奴王想带着宣太后离开咸阳，去到关外，放马牧羊；也许有很多次，宣太后想和匈奴王远走高飞，去到边塞，织布缝衣。

理智终究战胜了情感，道德还是打败了情欲。30年后一个黄道吉日，宣太后邀匈奴王到甘泉宫去"度假"，她事先在这里埋伏下士兵，一举将毫无防备的义渠王捉住并杀掉，接着她又派兵扫荡了他的老巢，将甘肃、宁夏一带的领地全部收入囊中。

战国末期，当赵国、燕国一直苦于匈奴犯边之苦的时候，秦国的北境却相对安宁，这不能不说是宣太后留给子孙后代的一笔财富。

可是，谁又想过，当她亲手杀掉匈奴王时，内心有多么痛苦。根据司马迁记载，她曾为匈奴王生过 2 个孩子，所以她杀掉的不仅是她的爱人，也是她孩子的生身父亲。

匈奴王死的时候，一定无法原谅宣太后，但是宣太后又有什么选择呢，她为了她的孩子，为了她的国家，只能这么做。她惟一能补救的，也许只有等到夜深人静的时候，独自向匈奴王的在天之灵默默忏悔：“原谅我，我只是个女人。”

四

宣太后垂帘听政 41 年，秦国在她的领导下蒸蒸日上，将六国打得落花流水，被称为“虎狼之国”。

以魏冉为代表的“秦国四贵”在秦国呼风唤雨，为所欲为了 40 多年后，却因为一个名叫范雎的魏国人的出现改变了这一切。

范雎当初在魏国时，曾因得罪权贵，差点送了命，因此改名为“张禄”，在朋友的帮助下，进入驿馆做仆役，有幸被出使魏国的秦使带回秦国。范雎到秦国之后，整整 2 年，始终得不到秦昭王的召见。直到有一天，他听说穰侯魏冉欲率兵经过韩、魏去攻打齐国，这才抓住良机上书昭王，请求面谈。

昭王同意了这次会面，用车悄然把他接入宫中。见到昭王后，范雎并没有激动地直接道出来意，而是用试探的口气说：“臣在魏国的时候，听人说，齐国人都只知道有田单，不知道有齐王；还听说，秦国人只知道有太后、四贵，不知道有秦王。如今四贵擅行不顾、出使不报、击断无讳、目中无人，任由他们这样下去，国家便会危亡，今天的秦国，由太后、穰侯掌事，高陵君、泾阳君辅佐，秦王只是个摆设，似乎根本无足轻重，我怕以后的秦国就不归大王您的后代所有了！”

范雎这番话深深触动了秦昭王那根敏感的神经，他请范雎坐下详谈。范雎见昭王有了反应，心中暗喜，这才道出自己的主张：“穰侯这次跨越韩、魏攻齐根本就是错误的决策。出兵少不足以打败齐国，出兵多了秦国就会难以承受。一旦打败了，就是秦国的大辱；打胜了，却是他穰侯私人的功劳，而且由于太远，所占的地盘也无法有效管理，只会让韩、魏从中渔利。”

秦昭王当即恍然大悟，心中大喜，以为得一贤人，不久便任命范雎为客卿，开始重用他。自此，秦国慢慢施行“远交近攻”的战略，主攻三晋，分化齐楚，逐步推进。另一方面，昭王又听从了范雎的主张，实行“固干削枝”的政策，开始剥夺四贵手中的大权，穰侯便是第一个遭殃的人。昭王四十一年，魏冉被免去相国之位，由范雎代相。其后，华阳君、泾阳君、高陵君相继被迫离开咸阳，失去权势。

至于宣太后，《战国策·秦策三》中有这样的记载：“秦王惧，于是乃废太后，逐穰侯，出高陵，走泾阳于关外。”似乎说宣太后也遭到废黜，和穰侯他们同时失势。

但是在《战国策·秦策二》中，却又记载了完全不同的故事。宣太后快死时，下了一道懿旨：“为我葬，必以魏子为殉。”魏丑夫听说此事后，寝食难安。大臣庸芮听说后，便自告奋勇，去向宣太后游说，他见了太后，说：“以死者为有知乎？”太后说没有。庸芮继而说道：“若太后之神灵，明知死者之无知矣，何为空以生所爱葬于无知之死人哉！若死者有知，先王积怒之日久矣，太后救过不赡，何暇乃私魏丑夫乎？”太后听后，便放弃了让魏丑夫陪葬的要求。

从这段记载分析，临死时的宣太后还能发出命令，让大臣为她殉葬，庸芮并没有去向昭襄王求情，而是直接向太后本人求情，说明她的权势还在，而且还不小，绝不可能是遭到儿子废黜的境况。所以，对比这两段记载，综合分析，宣太后应该只是年纪大了，于是退居幕后，不再过分干预国事而已。至于穰侯罢相，四贵失势这些事情，想必也都是得到她点头默许的结果。

因为她做的一切都是为了儿子，为了这个国家，她也不希望自己死后，因为王权旁落，秦国发生政变、叛乱这类兄弟手足相残的惨剧。作为一个饱受考验的政治家，这些事情她已经看得太多，看得太透。

秦昭王四十二年十月，宣太后终于永远合上了她的双眼，儿子昭襄王为她举行了盛大的葬礼，甚至制作了许多真人大小的陶俑为其陪葬。

宣太后一生，爱过，恨过，悲过，喜过，受过很大的罪，也享过极大的福，当所有的一切都已灰飞烟灭时，留下来的只有史书上那些只言片语，模模糊糊地向后人诉说着：一个多愁善感的美丽女子如何在那叱咤风云的战国乱世谱写自己令人惊叹的传奇一生。

大话后妃：遭变多曲折，一身嫁两帝

上官平

历代后妃群体中，曾有这样一种少见的现象，每当她们所处王朝动荡不安、内争激烈、岌岌可危之时，一些后妃的命运，随之就会出现许多波折，甚至发生意想不到的剧变。在种种因素促使下，面对夫君帝位的变故，以及所在王朝被他人替代，她们转瞬间就从后位上跌落下来。出乎意料的是，在充满阴谋血腥的王朝替代过程中，和大多数经过此类变故，早已下台抑或身亡命丧者不同的是，她们虽然一时失去了后妃之位，但却躲过了惨遭诛杀的灾祸。更让人们想不到的是，得以在剧变中苟活下来的这些幸存者，最终却被取代她们王朝的野心家、权臣以及自立的新帝王所纳，再度进入后宫，成了新王朝帝王后妃。一名封建女性，有生之年能成为后妃，已经极不容易。而从一个王朝后宫出来，再进到另一个王朝后宫，两度成为不同王朝帝王后妃，更是罕见。这种令人称奇的现象，居然在历史上不止一次出现过。

西晋王朝第二任帝王、被称为“白痴皇帝”的惠帝司马衷的皇后、后来成为十六国之一前赵王朝末帝刘曜皇后的羊献容；北魏孝明帝元诩的妃子、后来成为孝庄帝元子攸皇后、终又成为齐高祖高欢（高欢生前并未称帝，死后被追为齐高祖神武皇帝）太妃的尔朱英娥，她们在后位上的经历非常曲折。羊献容在第一次成为皇后时，创下了 4 次被废，又 4 次复位的纪录。如果再加上最终成为刘曜皇后，羊献容一生中竟然 5 次为皇后。而尔朱英娥一生曾 3 次进入后宫，分别成为 3 个不同王朝帝王的后妃。

出身于封建官僚之家的羊献容，是泰山南城（今山东泰安境内）人。她的爷爷羊瑾，在西晋王朝时官至尚书右仆射。父亲羊玄之，初为尚书郎，后拜光禄大夫、迁尚书右仆射，加侍中，晋爵为公。公元300年（永康元年），当司马衷那个作恶多端的皇后贾南风被废黜后，身为侍中、中书监、骠骑将军、仪同三司的孙秀等人，又劝司马衷再立一位皇后。与孙秀同族的羊献容外公、曾任兖州刺史、迁平南将军的孙旗得知消息后，就与孙秀一起商议，并极力推荐自己的外孙女羊献容。在孙秀、孙旗操纵下，年约18岁的羊献容在贾南风被废了两年后，被43岁的司马衷立为皇后。

年轻貌美的羊献容在外公等人扶持下坐上后位时，由贾南风乱政引发的晋王室内部争权夺利的“八王之乱”尚未完全平息。在这场旷日持久的内争中，羊献容完全成了野心家的股上玩物，她一会儿被废掉，一会儿又被重新复位。甚至连她的父亲羊玄之，也被卷进了这场争斗。开始，司马衷的弟弟、成都王司马颖，“方恣其欲，而惮长沙王乂在内，遂与河间王（司马）颙表请诛后父羊玄之”（《晋书》卷59）。司马颖说干就干，当即以讨伐羊玄之为名，起兵诛伐哥哥、长沙王司马乂。司马乂败后，司马颖进入洛阳，趁机上书二哥司马衷，要求废羊献容为庶人。司马衷听了弟弟的话，遂废了皇后羊献容，并将她迁到金墉城（晋时被废的帝、后都被安置在这里）。这时，身为左卫将军的陈眕，本来就对司马颖不满。羊皇后被废后，陈眕以此为借口，要求讨伐司马颖。此时也看出了司马颖野心的司马衷，就让陈眕起兵诛讨司马颖，同时恢复了羊献容的皇后身份。不久，司马衷的堂叔、河间王司马颙让部将张方进入洛阳，为了将司马衷挟持到长安，又一次逼着司马衷“废后”，昏庸无能的司马衷又废了羊献容后位。这是羊献容第二次被废。幸运的是，张方挟持司马衷的目的并没有得逞。没多久，羊献容再度坐上了后位。公元304年（永兴元年），一直不曾死心的张方又逼着司马衷，第三次废了羊献容的后位。

对于羊献容这个屡废屡复，像不倒翁一样的皇后，河间王司马颙一时大为恼火，认为围绕她发生的一切，实在不应该继续下去。在他看来，与其留着“屡为奸人所立”的羊献容，还不如将她处死，以免再度围绕她发生争斗。这一次，司马颙干脆让尚书田淑，矫诏“赐后死”。司隶校尉刘暾、尚书仆射荀藩、河南尹周馥等人得知这一情况后，又联名上书司马衷，要求给羊皇后一条活路。他们说，像羊献容这样的人，就是留下她，她也不会作乱。“羊庶人门户残破，废放空宫，门禁峻密，若绝天地，无缘得与奸人构乱”。相反，如果杀了羊献容，文武百官不但感到寒心，说不定还会借机生出事端。“夫杀一人而天下喜悦者，宗庙社稷之福也。今杀一枯穷之人而令天下伤惨，臣惧凶竖乘间，妄生变故”。岂料一心要除掉羊献容的司马颙“见表大怒”，当即让心腹陈颜、吕朗东去抓捕刘暾，刘暾吓得跑到青州。不过，经历了这场风波之后，司马颙也感到众怒难犯，之后再也不说什么。羊献容因此幸免于难，得以苟活，“后遂得免”。之后，司马衷又“迎后复位”。然而，时隔不长，“洛阳令何乔又废后”。幸运的是，司马衷最终还是恢复了羊献容的皇后身份。“是后还立，立而复废者四”（《晋书》卷27）。在中国历史上，像这样4次被废，又4次复位的皇后，也就羊献容一人而已。

公元306年（光熙元年），“八王”经过互相攻杀，除了东海王司马越外，其他七王相继死于内争。这场长达近20年的内乱，不仅使得晋王室元气大伤，同时也给百姓带来了无尽的灾难。洛阳和长安等地受到了严重破坏。数以万计的平民百姓，则死在了他们的内乱之中。48岁的司马衷，最后也难逃厄运，终为司马越毒杀。之后，司马越又扶立司马衷的弟弟司马炽继位为怀帝。司马炽继位后，尊嫂子羊献容为惠帝皇后，居弘训宫。

本来在后位上充满不少坎坷的羊献容，在司马衷死后，她的命运又发生了戏剧性的变化。司马炽即位不久，原为匈奴后裔的晋建威将军、五部大都督刘渊，趁“八王之乱”的机会，起兵反晋。经过多年厮杀拼搏，刘渊最终自立并建立了汉国（刘渊以汉宗室公主嫁给匈奴单于为由，自称汉外孙，故国号为汉），都平阳（今山西临汾境内）。之后，野心勃勃的刘渊多次出兵，企图一举灭掉西晋王朝。刘渊命令儿子刘聪、侄子刘曜和部下王弥、石勒等人，同晋军多次展开激战。因内争元气早已大伤的晋军多以失败告终。“王师频为贼所败，死者甚众”。

公元311年（永嘉五年），刘聪、刘曜、王弥等终于率兵占领了西晋都城洛阳。经过多年战乱的洛阳，当时已经凋零不堪。“时城内饥甚，人皆相食，百官分散，莫有固志”（《晋书》卷103）。在此情况下，司马炽准备好船只，打算从洛水乘小舟东逃。“具舟于洛水，将东走”。结果，刘聪的大将军呼延晏得知司马炽意图后，放火将那些船只全烧了。无奈之中，司马炽又准备西逃长安。“帝开华林园门，出河阴藕池，欲幸长安，为曜等所追及”。之后，刘曜“纵兵大掠，悉收宫人、珍宝”。同时又“焚烧宫庙，逼辱妃后”，发掘诸陵、大杀宗室子弟和晋王朝官员。太子司马诠、吴王司马晏（司马炽的哥哥）、竟陵王司马楙（司马懿的侄孙）、尚书左仆射和郁、右仆射曹馥、尚书闾丘冲、袁粲、王绲等一大批官员，同时遇害。如果加上无辜的百姓，洛阳城内计有 3 万多人死于这场动乱，“百官士庶死者三万余人”。司马炽虽然在这场浩劫中活了下来，但是却被刘曜俘虏到平阳，“迁帝及六玺于平阳”（《通鉴纪事本末》卷 12）。司马炽最后被降封为会稽公。

晋王朝败给前赵后，芳龄不到 30 岁、颇有姿色、风韵尚存的羊献容，遂被刘曜接纳，“洛阳败，没于刘曜”。不久，刘曜“纳惠帝羊皇后”。之后，羊献容为刘曜先后生下刘熙、刘袭、刘阐 3 个儿子。刘熙后来还被刘曜立为皇太子。

公元 318 年（光初元年），刘曜趁汉国内乱之机自立称帝，并改汉国号为赵，徙都长安（今陕西西安），史称前赵。刘曜称帝后，即“立其妻羊氏为皇后”。羊献容这个经历坎坷的女人，没想到她离开西晋王朝后宫，又进入了前赵王朝后宫，从此又过上皇后生活。当羊献容第五次坐上皇后宝座之后，这个不思国破之辱的女人不但对灭了自家王朝的仇家宿敌刘曜没有一点恨意，反而对自己又一次成为皇后，特别是能成为刘曜皇后非常满意。有一次，刘曜为了挖苦羊献容，故意问她说，你看我这个人，比起司马衷来怎么样？“吾何如司马家儿？”岂料羊献容听了。竟然回答说，您怎么能这样和他比呢？您为开国圣主，他是亡国庸主。他连我和儿子都保护不了，又怎能和您相比。自从我成为您的皇后，才知道天下还有真正的男人。原话是这样说的：“胡可并言？陛下开基之圣主，彼亡国之暗夫，有一妇一子及身三耳，不能庇之。贵为帝王，而妻子辱于凡庶之手。遣妾尔时实不思生，何图复有今日。妾生于高门，常谓世间男子皆然。自奉巾栉以来，始知天下有丈夫耳。”

羊献容此番言语，刘曜听了感到很舒服。从此，刘曜对她“甚爱宠之”，并称她为献文皇后。在得到刘曜的不断专宠后，羊献容于是日渐擅权。“时曜妻羊氏有殊宠，颇与政事，羊氏内有恃宠，外参朝政”（《晋书》卷 103）。羊献容死后，刘曜为了表示对她的怀念，不惜动用巨额资金，为羊献容和他的父亲同时修建陵墓。“曜将葬其父及妻，亲如粟邑以规度之。负土为坟，其下周回二里”。由于动用人员太多，又昼夜不停地施工，一时百姓怨声不断。“作者继以脂烛，怨呼之声盈于道路”。为此，有大臣上书劝谏说：“今二陵之费至以亿计，计六万夫百日作，所用六百万功。二陵皆下锢三泉，上崇百尺，积石为山，增土为阜，发掘古冢以千百数，役夫呼嗟，气塞天地，暴骸原野，哭声盈衢，臣窃谓无益于先皇先后，而徒丧国之储力。”对此，刘曜一点也听不进去，最终还是按他的意愿，修建了两陵。“曜葬其父，墓号永垣陵。葬妻羊氏，墓号显平陵”。羊献容这个有着曲折经历的女人，在司马衷活着时，屡为大臣废立。然而，再为刘曜皇后，却获得了不少“殊荣”。这种现象，在后妃中实在不多。

如果说羊献容一生的经历在众多后妃中实属罕见，那么，原为北魏孝明帝元诩妃子、后为孝庄帝元子攸皇后、最终又被死后追封为北齐高祖神武皇帝的高欢纳为太妃的尔朱英娥，这位一身嫁过 3 位帝王的女人，历史上也仅她一人而已。

出生于“世为部落酋帅”之家的尔朱英娥，是北秀容（今山西朔县）人。她的爷爷是死后被赠为太师、相国、西河郡王的尔朱新兴，在他任酋长时，每当魏王朝有征讨等军事行动，“辄献私马，兼备资粮，助裨军用”（《北史》卷 48）。因此在明帝元诩和孝庄帝元子攸两朝，享有很高待遇。尔朱新兴年老时，为了他的后代能世袭酋长之位，特请求元子攸，“启求传爵于（尔朱）荣”。尔朱英娥的父亲尔朱荣，这个曾把北魏王朝搅得很不安宁的野心家，在父亲死后，不但“袭爵”为酋长，后来还成了在北魏说一不二的权臣。由于他家世居尔朱川，因此以尔朱为姓氏。

孝庄帝元子攸即位后，尔朱荣更是得到了很大的权力殊荣。元子攸特意下诏，任尔朱荣为使持节、都督中外诸军事、大将军、开府、尚书令、领军将军、领左右、太原王。尔朱荣的女儿尔朱英娥，本是明帝元诩的嫔妃，“荣女先为明帝嫔”。元诩被胡太后毒死后，在北魏王朝势力越来越大的尔朱荣，便以讨伐胡太后为名，将胡太后和刚刚继位、年仅 3 岁的幼主元钊投入黄河淹死。夫君元诩死后，尔朱英娥遂出家为尼。之后，野心勃勃的尔朱荣一直图谋称帝自立，只是怕众人不服，又拥立元子攸为帝。

为了进一步控制元子攸，进而将北魏王朝置于自己手掌之中，颇有心计的尔朱荣又让女儿蓄发还俗，并逼着元子攸将女儿尔朱英娥立为皇后。当时，元子攸考虑到尔朱英娥原为元诩的妃子，论辈分还是自己堂婶，因此极不情愿。尔朱荣“欲上立为后，帝疑未决”。就在元子攸犹豫不决时，给事黄门侍郎祖莹在尔朱荣的授意下，故意引经据典，劝元子攸纳尔朱英娥为后。在此情况下，刚满 20 岁的元子攸只好勉强同意。“上遂从之，（尔朱）荣意甚悦”。

慑于尔朱荣的高压，元子攸虽然立尔朱英娥为皇后，但又不甘心尔朱荣控制自己。因此，年轻气盛的元子攸，始终对这个野心家有所防范。公元530年（建明元年），元子攸听从了长阳王元徽建议，以尔朱皇后生下太子为名，诱骗尔朱荣入朝，并趁机将他除掉。开始，元子攸还担心，皇后怀孕才9个月，这样骗尔朱荣，怕他不来。元徽又对他说，妇女怀孕不到期生孩子的很多，他不一定对此怀疑。元子攸最终听了元徽意见，遂以皇子出生为由，暗中埋伏下兵士，等尔朱荣入朝后，将他杀掉。不知是计的尔朱荣，听说要当外公，果然如约而来。毫无防备的尔朱荣进了明光殿后，刚一拜见元子攸，就见光禄卿鲁安等人持刀从东边的门中进来。尔朱荣见状，知道鲁安等人是冲着自己来的，于是急忙起身，突然跑到元子攸跟前。尔朱荣心想，这样鲁安等人就不敢对自己下手。岂料这时，元子攸顺手拔出暗藏在身上的刀子，一下就将尔朱荣捅死。“帝拔千牛刀手斩之，时年三十八”。尔朱荣被杀后，元子攸对人说，总算把这个家伙除掉了，否则，今天一旦失手，就很难再制服他。“竖子！若过今日，便不可制”。以尔朱荣个性而言，元子攸这句话算是说对了。

然而，令元子攸想不到的是，随着尔朱荣被杀，他的末日也很快到了。尔朱荣死后没几天，他的堂弟尔朱世隆、侄子尔朱兆等，以为尔朱荣报仇为名，带兵直奔洛阳，很快就将元子攸抓获。当时，由于“事出仓卒，禁卫不守”。元子攸准备从云龙门出逃，结果被尔朱兆擒获。对元子攸非常痛恨的尔朱兆，先是将他“幽于永宁佛寺”。之后，尔朱兆“扑杀皇子，污辱妃嫔，纵兵虏掠”。没多久，尔朱兆又将元子攸迁移到晋阳（今山西太原），最终将他勒死在晋阳城内三级佛寺，元子攸死时才24岁。

尔朱荣、元子攸先后被杀后，北魏王朝混乱的局面从此日益严重。为了和尔朱氏家族对抗，“深沉有大度，轻财重士，为豪侠所宗”（《北齐书》卷1），并已逐步掌握了朝政大权的丞相高欢，并不就此罢休。元子攸死后，尔朱兆虽然将长广王元晔扶上了台，但3个月后，又被尔朱世隆废掉，另立元恭为节闵帝。早就咽不下这口气的高欢，立马带兵攻入洛阳，将尔朱世隆和元恭杀了。之后，为了控制北魏王朝，高欢先后拥立安定王元朗、元脩（孝武帝）上台。元朗和元脩分别当了二三年傀儡帝王，又分别为高欢和宇文泰所杀。存在了近150年的北魏王朝，于是退出了历史舞台。取而代之的，一个是由高欢控制的东魏，一个是由宇文泰控制的西魏。

元子攸被杀后，他的皇后尔朱英娥却成了高欢夫人。“彭城太妃（尔朱英娥和高欢的儿子高滋封为彭城王，故称彭城太妃）尔朱氏，荣之女，魏孝庄后也。神武纳为别室”（《北史》卷14）。高欢一生虽然未曾称帝，但死后却被北齐王朝的建立者、儿子高洋追封为齐高祖神武皇帝。尔朱英娥被高欢纳为夫人后，两人还比较恩爱。高欢并不因为她的父亲尔朱荣曾是自己的死对头就对她不恭敬。相反，对尔朱氏的宠爱，有时甚至还超过了原配夫人娄氏。“敬重逾于娄妃，见必束带，自称下官”。后来，高欢又娶了蠕蠕主郁久闾阿那环的女儿蠕蠕公主。为此，他还和尔朱英娥一起前往迎接。“神武迎蠕蠕公主还，尔朱氏迎于木并北，与蠕蠕公主前后别行”。蠕蠕公主箭法高超，尔朱英娥亦有百步穿杨之功。一路上，两人弯弓试射，不分上下。“公主引角弓仰射翔鸱，应弦而落。妃引长弓斜射飞乌，亦一发而中”。高欢见此，高兴地对人说：“我此二妇，并堪击贼。”不过，尔朱英娥后来却再次出家为尼，为此，高欢还专门为她修了一座佛寺。

尔朱英娥和高欢生有一子，取名高溆，后来被封为彭城王。高溆“明练世务，果于断决，事无大小，咸悉以情”。公元548年（武定六年），高溆出任沧州刺史。任职期间，由于高溆为政严察，治内肃然，口碑很好。后来，高溆征为侍中，临行时，地方官员和百姓哭着为他送行。其中有上百名年长者，专门带着当地食品，要求高溆吃上一口。并说在他任职的5年中，“人不识吏，吏不欺人，百姓有识已来，始逢今化。殿下惟饮此乡水，未食此乡食，聊献疏薄”（《北齐书》卷10）。面对百姓乡亲的要求，高溆为了表示自己的敬意，“为食一口”。遗憾的是，口碑尚好的高溆，在他32岁时，却不幸为强盗所杀。“群盗田子礼等数十人谋劫溆为主，诈称使者，径向溆第，至内室，称敕牵溆上马，临以白刃，欲引向南殿。溆大呼不从，遂遇害，时年三十二，朝野痛惜焉”。

公元547年（东魏武定五年），曾经不可一世的高欢终于因病倒下。高欢死后3年，他的儿子高洋代东魏正式建立了北齐王朝。在中国历史上，高洋是个集残忍、好色、狂悖、无情等所有恶迹劣行于一身的帝王。这个本来天资聪明、即位伊始还有点作为的帝王，后来却越来越不像样子。尤其在玩弄女性方面，高洋是个完全不管人伦羞耻的恶棍。对于宗室妇女，“不问亲疏，多与之乱”，或赐给他人肆意侮辱。有一次，高洋趁着酒醉，到了异母弟弟彭城王高溆家里，恰逢已经出家的尔朱英娥当时也在儿子那里。高洋见了原为父亲太妃的尔朱英娥，顿时欲火难捺，“文宣狂酒，将无礼于太妃，太妃不从”。在其兽行没有得到满足时，高洋遂将尔朱英娥“手自刃杀”。这个一生曾为3个帝王后妃的奇特女人，最终凄惨地成了后一任夫君儿子的刀下鬼。

几乎与尔朱英娥同时并有着相似命运的，还有高洋的弟弟、曾为北齐武成帝高湛的弘德夫人李氏等3人，这些曾是先帝嫔妃的女人，终又被高湛夺为己有。

高洋建立的北齐王朝，在中国历史上，是个只存在了27年的短命王朝。然而，在短短27年中，其内争之激烈残酷，在整个封建社会也是少见的。高洋称帝期间纵欲乱伦等恶行，对他后来的继任者影响很大。他的弟弟高湛继位后，也千方百计地将其他帝王的后妃据为己有。弘德夫人李氏等人就是这样被他占有。

李氏是赵郡（今河北赵县一带）人李叔让的女儿，原本是东魏孝静帝元善见的妃子。高洋代东魏并将元善见迫害致死后，李氏先被没入齐后宫。后来高湛看上了李氏，又将她纳为夫人。“初为魏静帝嫔，武成纳焉”。

李氏和元善见的命运都很凄惨。当初，年仅11岁的元善见被高欢立为帝王后，不但没有一点权力，反而还像高氏一家的玩物，受尽了高氏父子百般折磨与羞辱。高欢死后，其长子、身为大将军的高洋之兄高澄，又不断折磨元善见。公元547年（武定五年）的一天，元善见宴请宾客，席间，高澄故意用大碗盛满酒，逼着元善见喝下去。元善见知道高澄不怀好意，故意欺负自己，就婉言予以谢绝。岂料高澄脸色一变，愤怒地责问元善见，臣劝陛下喝酒，你为什么不喝？见高澄如此向自己挑衅，元善见顿时也很生气，“帝不悦”。停了片刻，他质问高澄说：“自古无不亡之国，朕亦何用此活。”意思是说，自古以来，还从来没有不灭亡的王朝，我这个帝王，虽然连我都不知能当多长，但如果连喝不喝酒都不能做主的话，如此苟活，还有什么意思。谁知等元善见刚一说完，高澄就大喊大叫，凶狠地骂着说：“朕，朕，狗脚朕。”骂完，又让他的心腹崔季舒将元善见打了几拳头，然后摔摔打打地走了。“殴帝三拳，奋衣而出”。虽然第二天，高澄故意让崔季舒向元善见道歉，但由于害怕高澄再折磨侮辱自己，元善见不但不敢说什么，反而给高澄一伙赐绢百匹。

常常遭高澄一伙侮辱欺负、“不堪忧辱”的元善见，经常以咏诵谢灵运“韩亡子房奋，秦帝鲁连耻。本自江海人，忠义动君子”的诗自求精神解脱。常侍侍讲荀济等人，知道元善见是借此发泄对高澄等人不满，于是联络其他大臣，准备除掉高澄。他们借口在宫中修假山，暗中挖地道于高澄的住所。“于宫内为山，而作地道向北城。至千秋门，门者觉地下响动。”高澄的侍者听见地下异常响声后，赶紧将这一情况报告给了高澄。第二天，高澄“勒兵入宫”，见了元善见，“不拜而坐”，然后厉声质问元善见：“陛下何意反邪？臣父子功存社稷，何负陛下邪？”骂完之后，高澄打算将元善见的其他嫔妃杀了，“将杀诸妃嫔”。这时，只见元善见正色说道，“自古惟闻臣反君，不闻君反臣。王自欲反，何乃责我。我杀王则社稷安，不杀则灭亡无日，我身且不暇惜，况于嫔妃，必欲弑逆。缓速在王”（《资治通鉴》卷 160）。做贼心虚的高澄，一听元善见这话，假惺惺地“下床叩头，大啼谢罪”。然而3天后，这个恶徒就将元善见囚禁起来，“幽帝于含章堂”。而当时参与挖地道的王大器、元瑾等人，则被高澄残忍地杀害，“皆见烹于市”。

就在高澄肆意折磨元善见时，他的一些部下对这个不得人心的恶棍也比较痛恨。早就对高澄不满的徐州刺史兰钦之子兰京，以为高澄送饭为名，“置刀于盘，冒言进食”（《魏书》卷 12），将高澄杀了。高澄的弟弟高洋时在城东双堂，“入而讨贼，脔割京等，皆漆其头”。不久，又逼元善见禅位于己。元善见在万般无奈之下，只好让位于高洋。元善见就要离开皇宫时，心情非常痛苦，“帝乃下御座，步就东廊”，口中念着范蔚宗《后汉书赞》中的一段话：“献生不辰，身播国屯。终我四百，永作虞宾。”当高洋的心腹催他快些时，元善见问那些人，我想和后宫嫔妃们告别一声，可不可以？“古人念遗簪敝履，欲与六宫别，可乎？”高洋走狗同意了元善见的要求，“乃与夫人妃嫔已下诀，莫不欷？掩涕”。元善见诸多嫔妃中，惟有后来为高湛占有的李氏，深知元善见喜好文学，于是心情沉重吟咏了他人一首诗，劝夫君多加保重。“嫔赵国李氏诵陈思王诗云：‘王其爱玉体，俱享黄发期。’”吟罢，“皇后已下皆哭”。后来，高洋趁机将 17 岁的元善见毒死。

元善见遇害后，李氏被没入齐宫。这位不幸的女人，遂被高洋的弟弟、后继位为武成帝的高湛乘机占有并纳为妃子。李氏成为高湛妃子后，生有一个儿子，这就是后来封为南阳王的高绰。高绰和后来继位为后主的高纬，俩人同日而生，高绰出生的时辰，还早于高纬。因此，高绰应是高湛的长子。但后来因高纬母亲被立为皇后，高湛便将高绰排行第二。“以绰母李夫人非正嫡，故贬为第二。”受高氏家族残暴无道劣风熏染，高绰这个典型的纨绔之子，自小心肠也特别残忍。

10多岁时，这个小家伙就喜欢蓄养波斯狗。长大后当了司徒、冀州刺史，仍养了不少狗。如果说高绰喜欢养狗，仅仅是玩玩也就罢了，然而可恶的是，高绰常常让他的狗残忍地生吃活人。“好裸人，使踞为兽状，纵犬噬而食之”（《北齐书》卷12）。有一次，高绰带着狗外出，路上碰到一个抱着小孩的妇女，高绰就将那个小孩夺了过来，让狗吃，结果母子俩竟被高绰的狗活活咬死。“有妇人抱儿在路，走避入草，绰夺其儿饲波斯狗。妇人号哭，绰怒，又纵狗使食，狗不食，涂以儿血，乃食焉”。还有一次，后主高纬问高绰在任时什么事最让他开心，高绰就说：“多取蝎将蛆混，看极乐。”高纬一听，“即夜索蝎一斗，比晓得三二升，置诸浴斛，使人裸卧斛中，号叫宛转”。高纬和高绰一起观看，“喜噱不已”。高纬还对高绰说，“如此乐事，何不早驰驿奏闻”。由是之后，高纬非常喜欢高绰。“绰大为后主宠，拜大将军，朝夕同戏”。

李氏当了几年妃子，终因意外而死。原来，她的姐姐曾嫁给了南安王高思好为妃。后来高思好因谋反，高纬派人将他杀了。“投水死，焚其尸，并其妻李氏”。得知这一消息，经不起打击的李氏精神错乱，发疯而死，“太妃闻之，发狂而薨”。

在淫乱龌龊的北齐后宫，高湛收纳的前帝嫔妃还不止李氏一个人。高洋死后不久，他的嫔妃也被高湛占有。“文宣王嫔及中人卢勒叉妹，武成并以为嫔”。高湛死后，以淫乱而出名的他的皇后胡氏，出于嫉妒，对这些人横加摧残。“武成崩后，胡后令二嫔自杀。二嫔悲哭，后主为之恻怆，私遗衣物，令出外避焉。卢养淮南王（高仁广），后为太妃”（《北史》卷14）。被封为司徒公、陈留王的彭乐和死后赠为太尉公、录尚书事的任祥，两人的女儿入宫后，先后也成了高洋的嫔妃，“为文宣所幸”。后来，高湛又把两人纳为己有。“武成以彭为夫人，养齐安王（高廓），任生丹杨王（高仁直），并为太妃”。高湛作恶荒淫的结果，使得他刚过了30岁就因病而死。之后，北齐王朝被北周所亡。

倘若从表面上看，一身曾为两个帝王后妃的这些女性，在封建王朝更替的过程中，较之国亡后被俘掠或因其他原因死于非命的后妃，运气似乎要好一些。但是，这些在王朝变故中活下来的貌似“幸运者”，一个个实际上又是最大的不幸者。因为争夺她们的帝王包括那些野心家，接纳她们的目的，除了贪慕其姿色、玩弄其肉体外，根本就没有尊重这些后妃人格的因素。这一点，正是她们一生最大的悲哀与不幸。

文成公主和亲吐蕃

车　水

中国历史上，有不少以公主或宗室女下嫁蕃邦国王和亲的事例，就其态势而言不外乎两种情况：一种是国力衰弱，以和亲委屈求全，以结好蕃邦；另一种则是国力强盛，威震四海，以和亲安抚边远之邦，有赐婚的意味。前者是持卑微之姿，利用女性的美貌和柔媚，来缓和战场上的冲突；后者却是趾高气扬，宣展大国之姿，用亲戚关系来笼络感化疆外野民。唐太宗时期，文成公主远嫁吐蕃，就是后一种和亲情况的典范。

吐蕃就是现在的西藏，唐代以前和中土没有来往。据说吐蕃人是东晋末年南凉国王鲜卑人秃发利鹿孤的后代，因失国而辗转流徒到西藏高原，为纪念祖先，他们以“秃发”为国号，后依语音相近讹变为“吐蕃”。吐蕃人过着以游牧为主的生活，饲养牦牛、马、猪和独峰骆驼，有的也种植青稞和荞麦。公元 7 世纪，弃宗弄赞继位做了吐蕃赞普（吐蕃国王），人们又称他为松赞干布，是一位骁勇剽悍的领袖，他率领军队统一了青藏高原上的许多部落，建立了以逻些城为中心的强盛王国，逻些城即今日的拉萨。

唐太宗贞观十二年，松赞干布率吐蕃大军进攻大唐边城松州，即今天的四川松潘县。唐太宗治理下的唐朝，此时正国富兵强，于是派侯君集督率领大军讨伐。大败吐蕃于松州城下。松赞干布只好俯首称臣，并对大唐的强盛赞慕不已，他在上书谢罪的同时，还特向唐廷求婚。

唐太宗经过一番考虑，决定答应他的请求，于是在宫中选定了一个通晓诗书的宗室之女，封她为文成公主。文成公主原是唐太宗一个远亲李姓侯王的女儿，人长得端庄丰满，自幼饱读诗书，她虽然对遥远的吐蕃心存疑虑，却又充满了新奇的向往，因而也就应允了。经过2个多月的准备，于贞观十五年隆冬，一支十分可观的送亲队伍，在礼部尚书江夏郡王李道宗的率领下，护送文成公主前往吐蕃和亲。

之所以要在隆冬季节出发，是因为由长安经陇南、青海到西藏有1个多月的路程，沿途要经过几条湍急的大河，隆冬季节河水平缓，才便于送亲的队伍通过。这支队伍，除了携带着丰盛的嫁妆外，还带有大量的书籍、乐器、绢帛和粮食种子；组成成员除文成公主陪嫁的侍婢外，还有一批文士、乐师和农技人员，几乎就像是一个“文化访问团”和“农技队”。这些人员是去干什么呢？因为当时吐善已经击溃了吐谷浑，俨然成为了西南举足轻重的强邦。唐太宗深谋远虑，觉得只有对吐蕃加强笼络，才能保证大唐西南边陲的稳定，因此才千方百计地对他们从经济和文化上予以协助，使吐蕃在潜移默化中感激和追随大唐。文成公主实际上就是肩负着这项和睦邦交的政治任务远嫁的，这支送亲的队伍也是前去协助她完成这项使命的。

经过一个多月的顶风冒雪的艰苦跋涉，春暖花开的时候，文成公主一行到了黄河的发源地——河源，这里水草茂盛，牛羊成群，一改沿途风沙迷茫的荒凉景象，让人精神为之一振。一路上很为吐蕃地势恶劣而忧心的文成公主这时也松了一口气，于是送亲队伍在这里做了数日的短暂休整。

这时，松赞干布亲自率领的大队迎亲人马也赶到了河源，松赞干布一行见到大唐使臣江夏郡王李道宗纳头便拜，并行了订婚大礼，他已认定大唐作为吐蕃的上国。李道宗请出文成公主与松赞干布相见，这位驰骋高原的吐蕃王一见到中土的金枝玉叶，顿时为她而倾倒。只见文成公主身着华美的盛服，神态端庄，气度文雅，与原始质朴的吐蕃女子完全不可同日而语。而文成公主所见到的松赞干布，虽然被高原的烈日和狂风塑造得黝黑而粗犷，但配上他高大健壮的身材和眉宇间流露出来的豪爽之气，显得十分英武。文成公主心中暗自庆幸，自己算是嫁了一个伟丈夫。

送亲和迎亲的队伍前呼后拥、威风八面地进入了逻些城，在李道宗的主持下，松赞干布与文成公主按照汉族的礼节，举行了盛大的婚礼，全逻些城的民众都为他们的赞普和夫人歌舞庆贺。松赞干布乐不可支地对部属说：“我族我父，从未有通婚上国的先例，我今天得到了大唐的公主为妻，实为有幸，我要为公主修筑一座华丽的宫殿，以留示后代。”

不久，一座美轮美奂的宫殿就建成了，里面屋宇宏伟华丽。亭榭精美雅致，还开凿了碧波荡漾的池塘，种上了各色美丽的花木，一切建制都模仿大唐宫苑的模式，用来安顿文成公主，借以慰藉她的思乡之情。为了与文成公主有更多的共同语言，松赞干布脱下他穿惯了的皮裘，换上文成公主亲手为他缝制的丝质唐装，还努力地向文成公主学说汉语，一对异族夫妻，感情融洽，互爱互敬，开始了他们新的生活。

按照传统习惯，吐蕃人每天要用赭色制土涂敷面颊，说是能驱邪避魔，虽说样子十分难看又不舒服。但因是传统习俗，谁也没有提出异议，大多数吐蕃人只是照章行事。文成公主到吐蕃后，仔细了解和揣摩了这种习惯，认为这样做毫无道理，又有碍卫生，实在是一项鄙俗的陋习，因此她婉转地向松赞干布提出了自己的看法。松赞干布听了觉得她的话很有道理,立即下令废除这项习俗，最开始一些念旧的吐蕃人很不习惯，但慢慢地都觉得保持自己的本来面目，既方便又好看，大家也就都乐意接受了，他们甚至还十分感激文成公主为他们破除了陈规。

待生活安定下来后，文成公主带来的汉族乐师们开始履行职责，他们十分卖力地为松赞干布和文成公主演奏唐宫最流行的音乐，音乐舒缓优美，使松赞干布大有如闻仙音的感觉，他对乐师和音乐大加赞叹，并选拔了一批资质聪慧的少男少女，跟随汉族乐师学习，使汉族的音乐渐渐传遍了吐蕃的领地，流进了吐蕃人的心田。

随来的文士们也开始工作，他们帮助整理吐蕃的有关文献，记录松赞干布与大臣们的重要谈话，使吐蕃的政治走出原始性，走向正规化。松赞干布欣喜之余，又命令大臣与贵族子弟诚心诚意地拜文士们为师，学习汉族文化，研读他们带来的诗书。接着他还派遣了一批又一批的贵族子弟，千里跋涉，远赴长安，进入唐朝国家，研读诗书，把汉族的文化引回吐蕃。

农技人员并不宣扬什么，他们只是先把从中原带去的粮食种籽播种在高原的沃土上，然后精心地灌溉、施肥、除草，等到了收获的季节，那硕壮的庄稼，惊人的高产，让吐蕃人瞪大了眼睛。因为吐蕃人那时虽然也种植一些青稞、荞麦之类的作物，但因不善管理，常常是只种不管，所以产量极低，他们不得不佩服汉族农技人员高超的种植技术。在松赞干布和文成公主的授意下，农技人员开始有计划地向吐蕃人传授农业技术，使他们在游牧之余，还能收获到大量的粮食。尤其是把种桑养蚕的技术传给他们后，吐蕃也逐渐有了自制的丝织品，光泽细柔，花色浓艳，极大地美化了吐蕃人的生活，使他们喜不胜收，都十分感谢文成公主入吐蕃后给他们带来的好处。

文成公主以款款柔情善待松赞干布，使得这位生长于荒蛮之地的吐蕃国王深切体会到汉族女性的修养与温情，他对文成公主不但备加珍爱，而且对她的一些建议尽力采纳。文成公主则凭着自己的知识和见地，细心体察吐蕃的民情，然后提出各种合情合理的建议，协助丈夫治理这个地域广阔，民风剽悍古朴的国家。而文成公主又不是那种极有权势欲的女人，她参与治国，却从未要求松赞干布给自己一个什么官职，对于吐蕃国的重大政治决策，她只是提出自己的看法，并不强行干涉，因此松赞干布和大臣们对她非常悦服，经常向她讨教唐宫的政治制度以作为他们行政的参考，而广大的吐蕃民众更视她如神明。

贞观二十二年，唐太宗派长史王玄策出使吐蕃，一方面和洽两国关系，另一方面也是去看望远嫁的文成公主。王玄策率出使队伍带着大批绢帛文物上路，途经天竺国时，不幸遭到天竺人的抢掠，除了王玄策带着少量人马逃出外，大部分人马及物品全都抢去。王玄策狼狈地抵达吐蕃，拜见了松赞干布并说明了遭劫的情况，松赞干布认为天竺国是有意挑衅，破坏他与大唐的关系，于是派遣大军讨伐天竺，捣毁了他们的都城，俘虏了天竺王子，还缴获了大批牲畜，救回了唐朝使节随从人员，算是替大唐使节出了一口气。

贞观二十三年，唐太宗李世民驾崩，太子嗣位为唐高宗。新任大唐天子授松赞干布为附马都尉，封西海郡王，并且派特使送去大量的金银、绢帛、诗书、谷种，并特为文成公主送去了饰物和化妆品，以嘉勉她和亲抚蕃的功德。

松赞干布因之上书谢恩，并忠心地表示：“天子初即位，若臣下有不忠之心者，当勤兵赴国除讨。”并献上珠宝 15 种，请代置太宗灵前，以表哀思。唐高宗对松赞干布的忠心十分感动，又晋封他为宾王，更赐彩帛 3000 段；吐蕃使者到长安后大开眼界，趁唐高宗高兴之机，向他请求赐给造酒、碾米和制造纸笔墨砚的技术，唐高宗都一一答应了。大唐王朝与吐蕃的关系，在文成公主联络的基础上，至此已到了水乳交融的顶峰。

在松赞干布与文成公主努力推行改革，及大论（吐蕃的宰相职）禄东赞的妥善谋划下，吐蕃在军事、政治、经济、文化等各个方面，都取得了突飞猛进的发展，因而能称霸西域，成为大唐王朝西方的有力屏障。

可惜不久之后，松赞干布去世，他的孙子继位为赞普，因赞普年幼，所以国事多由禄东赞一手掌理，家事则由文成公主操持，这时一切还算平稳。然而不久禄东赞也死去，他的儿子钦陵沿袭做了大论，这时吐蕃与邻邦土谷浑关系恶化，他们均上书向唐廷请求论断是非，而唐高宗迟迟不予裁决，钦陵按捺不住，起兵击溃了土谷浑。不料这一举动却触犯了唐廷的威严，唐高宗认为在他还没有做出判决之前，吐蕃就擅动武力，简直不把大唐天朝放在眼里，因此在咸亨元年，派薛仁贵督师讨伐吐蕃。

谁知薛仁贵的军队在大非川一带被吐蕃军队打得一败涂地，从此吐蕃人不再服大唐的气，连年兴兵进犯大唐边境。唐廷派大军长驻洮河镇守，以防吐蕃军队的骚扰，双方陷入了敌对局面，吐蕃成为唐王朝始终无法解决的最大敌人。

从唐太宗贞观十五年初春，文成公主下嫁松赞干布开始，到唐高宗咸亨元年薛仁贵率兵征讨吐蕃为止，整整 30 年的岁月，由于文成公主的博学多能，对吐蕃国的开化影响很大，不但巩固了唐朝的西陲边防，更把汉民族的文化传播到西域，这是唐太宗的得意之作，可惜唐高宗最终不能善加利用，轻易挑动战争，造成了不可收拾的局面，使得文成公主苦心孤诣所营造的和睦局势戛然而止，怎不令人痛惜！

唐高宗永隆元年，文成公主在逻些城病逝，唐廷特派使者前往祭奠，但也没能改善两国的外交关系。而文成公主受到吐蕃官民的敬仰并不因与唐朝关系疏远而稍减，她的死引起了所有吐蕃人的哀痛。

文成公主死后，吐蕃人到处为她立庙设祠，以志纪念。一些随她前来的文士工匠也一直受到丰厚的礼遇，他们死后，也纷纷陪葬在文成公主墓的两侧。至今文成公主和这些友好使者，仍被西藏人视为神明。

唐睿宗遭遇的桃色报复

毕厚奎

爱上一个人却又得不到时该怎么办？是面对现实坦然放手，把伤痛和幽怨埋在心底另觅知音，还是由爱转恨，狠狠地报复一下那个负心人？

不知有多少碰到这一难题的多情少女们因此辗转反侧，无法释怀。落花有意，流水无情，满腔爱恋得不到回应所产生的失落、惆怅、羞愧、酸楚的复杂滋味，确实不好受，这种痛苦和幽怨的情绪如果不能得到有效的调整、排遣，将会异化成一种既然我得不到，干脆就毁了他的扭曲心理，转化为通过疯狂残忍的报复才能消减心头的邪恶之火，满足畸形的心理需求。唐朝的韦团儿就是这样一个女人。

韦团儿是女皇武则天宫中的一名“户婢”(掌管宫中门户的宫女)，地位虽不高，但凭着聪明伶俐，善于察言观色，很快成了女皇跟前受宠的红人。武则天颠倒阴阳，改朝换代，建立武周政权的惊世骇俗之举，让她成为那个时代女子们顶礼膜拜、竞相效仿的榜样，也让众多被男人们压迫惯了的娇小女人们顿生“谁说女子不如男”的万丈豪情。身处这一时代氛围中的韦团儿于是也开始大胆主动地追求自己的幸福和爱情，并且偏偏看上了女皇的小儿子李旦。

不知是看出李旦是只极具升值空间的潜力股，还是这位性情温顺的前皇帝落难的颓唐样让她生心怜爱，反正韦团儿对李旦爱得挺上心、挺痴情，甚至主动向李旦发出献身的暗示。只是她没有考虑，已被降为皇嗣的李旦早已被强势的母亲震慑得不敢乱说乱动，没有一点儿自由了，此时怎敢引火烧身，接受她这份突如其来的感情呢？

对于作为母亲红人的韦团儿的主动传情，李旦心里直犯嘀咕：这是不是母亲对他的又一次考验呢？自己如果应对失据，言行稍有不妥，不要说接班人的地位不保，恐怕连小命都悬了。三个哥哥的悲惨下场让他深刻地认识到：他这位母亲绝对是个铁腕女强人，在权力面前是从不把儿女情长太当回事儿的。所以，他对韦团儿三番五次的主动挑逗引诱，拿出圣人柳下惠的定力，始终是视而不见，心如止水。

这让一贯受宠的韦团儿太伤自尊了。我追求的幸福得不到，你还左拥右抱地过快活日子，这太不公平了。你既然不领情，那就别怪我不客气了。于是，韦团儿准备狠狠地给李旦点儿颜色看，让他知道拒绝自己的后果很严重。但是该怎么办才能解心头之恨呢？这倒有点儿让韦团儿犯难：直接收拾李旦肯定不行，他毕竟是女皇的亲儿子，以女皇的禀性，自己怎么处置摆布李旦都行，但是绝不会容忍别人也对他随便捏。那么，就只好在李旦宠爱的两个妃子身上动脑筋了。你既然让我伤心，那我就摘掉你的心头肉，让你也尝一尝伤心的滋味。

于是，韦团儿事先在李旦的正妃刘氏、德妃窦氏的院子里埋了一些刻有武则天名字的小铜人，再跑到女皇面前诬陷说，李旦的两个爱妃行巫蛊之术诅咒女皇。接下来调查的结果自然如其所言。可是该如何处理二妃，女皇当场没有表态，反而一脸的高深莫测，让韦团儿也搞不准自己这次打的小报告到底奏没奏效。

但是没过多久，韦团儿就看到了想要的结果。长寿二年 (693 年) 正月初二一大早，刘氏和窦氏按照惯例到嘉豫殿给婆婆武则天拜年，不料这一去，二妃就在人间蒸发了，再也不见了踪影。按照史书的说法，是让武则天害死了。“梓宫秘密，莫知所在”，连尸体埋在什么地方都不知道。可怜的二妃到死都不知道自己犯了什么错，做了名副其实的屈死鬼。

李旦在东宫还眼巴巴地等着她们回来呢，但直等得花儿都谢了也没等来他的两个爱妃。李旦终于明白：他的爱妃永远也不可能回来了。惊痛交加的李旦既不敢向母亲要人，也不敢当众流露出自己内心的悲痛，而且严令东宫所有的人包括那几个不懂事的小儿女一律不得谈论刘、窦二妃之事。然后他像没事人一样，每天照样规规矩矩地到母亲那儿请安问好，打掉牙往自个儿肚里咽吧。血雨腥风的宫廷中多年的历练，让他清醒地意识到：在这件事的处理上稍稍有忤逆母亲之处就可能面临灭顶之灾，因为不止一个人盯着他目前坐着的这个并不牢靠的位子想取而代之，而这只需要母亲努努嘴。幸好母亲对他这次考验的表现还算满意。

韦团儿终于露出了妒意得到满足后的诡异笑容，因为颇为细心的她发现，李旦向女皇问安时虽然脸上堆满了谦恭的笑容，乍看上去平静如常，但其眼角眉稍间却散溢着掩饰不住的痛楚。那是由于内心的痛苦虽然受到刻意的压制，却因为太过深重而使得大脑一阵阵失去控制的表现。韦团儿不禁暗暗打了个冷颤，甚至生出些许悔意，自己用如此恶毒的手段对付这个她朝思暮想的可人儿是不是有些过分了？可是一想到他对自己冷若冰霜、熟视无睹的态度，又让她心里充满了醋意：谁让你如此对我来着？

韦团儿的高兴与满足并没有持续多长时间，命运就把她推到了地狱门口。因为她太锋芒毕露，太肆意张扬了，对自己受到的宠信从不加一点掩饰，把爱恨喜怒都写在脸上，如此缺少城府，注定了她要在充满钩心斗角、争宠夺爱的宫廷中过早地出局。“螳螂捕蝉，黄雀在后”，她在给别人设局的同时，也落入了别人给她设的局。很快，有人告发她诬告皇嗣妃，说搞巫蛊的那些小铜人就是韦团儿自己埋的。女皇这次反应倒挺迅速，根本没有多问，就把韦团儿杀了，连申辩的机会都没给她。

很可能，一开始韦团儿诬陷刘、窦二妃的时候，女皇就不相信是真的。因为巫蛊之术是宫廷斗争中打击对手常用的手段，而女皇自己就是炮制这种只要沾上就让人掉层皮的伎俩的老手。早在永徽六年(655年)六月，为了争夺皇后之位，还是武昭仪的女皇就曾用这种把戏算计过她的劲敌王皇后。而女皇之所以当时没有揭穿韦团儿，并且还如韦团儿所愿处死了刘、窦二妃，只不过是因为女皇正好想借用韦团儿献上的这把刀来试试她对儿子李旦驯服的效果和程度如何，来个顺水推舟而已。韦团儿借女皇的刀杀了刘、窦二妃，出了胸中恶气，却没想过自己也不过是女皇手中的一把刀，随着她使命的完成，剩下的只能是死路一条。

韦团儿的所作所为，按说是纯属偶然的小概率事件，但忽视小人物的能量和破坏力,往往也要付出沉重的代价。李旦的这个教训来得肯定要比其他人深刻。他不想出轨，可由于自己对韦团儿拒绝的方式太过生硬，所以反倒断送了两个爱妃的性命，真是事与愿违。而这一事件的另一个后果则是，让日后大名鼎鼎的唐玄宗李隆基过早地失去了亲生母亲，因为他的母亲就是冤死的二妃之一的窦氏。

皇帝扒灰丑史

林仕谋

俗称公公与儿子的妻子通奸叫扒灰，也写作爬灰，都为同一意义。在民间这种行为属乱伦，是丧尽人间天良的不耻行为，令人憎恶。虽然在民间出现这种行为，有各种客观的社会原因。然而，皇帝作为一国之君，拥有三宫六院七十二妃，成千上万的粉黛佳丽，为何也会出现“皇帝扒灰”之类的事呢？这似乎有点荒唐，似乎有点不可思议，然而，这荒唐而又不可思议的事，不以人们的意志为转移终究还是发生了，而且不是一个两个。本文旨在揭示，皇帝是历史的缩影，他们用自己或喜或悲的人生，演绎了一段又一段鲜为人知而又为人所耻的宫禁秘事，帝王们或深或浅的足印，隐现了中国封建历史的发展轨迹和帝王们的一些鲜为人知的秘闻轶事，而本文所示，仅为挂一漏万而已。

霸娶父妾又“扒灰”

西周文王有许多儿子，其中与后来的武王同胞的兄弟被分封到现在的河南与山东交界处的地方，这个国家叫卫国。卫国的国君卫庄公生有二子，长子卫桓公，次子卫宣公。

卫宣公还是公子时，他的君父卫庄公在60岁这一年从夷国娶了个年轻漂亮的妃子，这妃子取名叫夷姜。夷姜不仅漂亮且年轻，比宣公还小好几岁。宣公游手好闲，常到后宫里去厮混。

来者不善，善者不来。宣公到夷姜宫寝来请安，使夷姜思绪万千：这比自己还大的儿子，孝敬自己比孝敬父亲还勤，此乃有悖人之常情。深思之下，心中猜中八九，同时，夷姜还发现这儿子殷勤过度时，脸总是一阵红一阵白的，相对而坐老不开口，夷姜再三催促后，宣公终于开口：“君父60岁娶了您，可他不久要下世，让母受凄凉，真叫孩儿心酸！”说罢卫宣公向夷姜靠近，夷姜并不躲闪，也不回避。宣公含糊其词地叫她妈妈，她却清楚响亮地叫他儿子。这时，卫宣公要发泄兽欲，夷姜就逼着他先叫卫庄公为哥哥，宣公不肯，夷姜道：“这有什么难堪的呢？你能把母亲当做妃子戏弄，叫你的君父为表兄总可以吧！人跟野兽没有两样，为了情欲，有权有势的君王和公子有什么事干不出来呢？”终于，卫宣公贴着夷姜的耳畔先叫父亲为“哥哥”，接着一声声地叫夷姜为“妈妈”。自此，每当夷姜伴着这野兽儿子一同偷情时，就先逼着卫宣公叫卫庄公为哥哥。

不久，这母子同居生下一儿，取名叫伋子。夷姜又逼着卫宣公叫“伋子”为弟弟。卫宣公就这么不知羞耻地既叫卫庄公为哥哥，又叫伋子为弟弟。后来，怕事情泄露，就把伋子委托给民间的一个叫右公子职的收养。

卫庄公娶夷姜为妾后不几年就去世了，于是由长子卫桓公即位。此时，卫国的太后按自己的爱好，把自己的侄女，也就是蔡国的一位美女，迎娶给卫宣公为妻，叫邢妃。可卫宣公心中装着夷姜，因而一直不与邢妃同床共寝，这个无辜的蔡国美女，在卫国直到病死还一直是处女。

10多年后，卫桓公因宫廷内部的争权夺利而亡，卫宣公由卫太后一手扶持坐上了国君的宝座。卫宣公一即位，就立他后母夷姜为合法的夫人，还正式把伋子接进宫。这事把卫太后给活活气死了。这一来，卫宣公没有了卫太后的管制，仿佛一头脱了缰绳卸掉口罩的野牛，他更肆意地放纵自己，淫纵不检。

宣公刚登基时，夷姜便纠缠他，立伋子为太子。后来宣公的儿子渐渐增多，卫宣公发现伋子很是普通，不合乎他的心意，国家大业难以继承，于是开始不信任他也不喜欢他。在伋子15岁时，宣公在夷姜的催促下为他们的儿子张罗喜事。

恰好，卫宣公此时应邀出访齐国，

齐国国君要把公主嫁给卫宣公的太子，两国联姻，以便抵御外侮。齐国公主在齐国斋戒完毕后启程去卫国，卫宣公发现这个齐国的公主简直是天仙一般，于是动了淫心。此后，宫中原有的皇后妃嫔通通倍受冷落。美丽的齐国公主本来应该是太子的妻子，是他的儿媳妇，谁知这一来倒成了卫宣公自己的宠妃。

卫宣公夺了儿子的妻子为自己的宠妃后，取名为宣姜。之后与宣姜接连又生了两个儿子，一个叫公子寿，一个叫公子朔。因为伋子早已被立为太子，又因卫宣公越来越不喜欢他，于是加紧向夷姜和伋子进行迫害。夷姜终于彻底明白了卫宣公的邪佞。夷姜想："我要出离这粪溷之地。"于是便毅然上梁自缢，表示她出离兽穴。

卫宣公见夷姜死,就与宣姜买通社会上的杀手暗害伋子。公子寿知道内情后，想替代伋子去死，结果双双死于卫宣公买通的杀手的刀下。这样公子朔被立为太子，公子朔后来也知道了卫宣公与母亲宣姜是"公媳"关系。3个月后，太子朔突然宣布卫宣公得暴病而卒，自己摇身一变成了卫慧公。至此，卫宣公既霸父妾又扒灰的丑事画上句号，而他丧尽天良乱伦又扒灰的经过却载入了史册。

唐玄宗的"扒灰"史

唐玄宗李隆基（685—762年），号称唐明皇，有儿子30人，女儿29人，孙子几百人。由此可以想象他后宫的嫔妃之盛。除了人们熟知的王皇后、武惠妃、杨贵妃外，还有刘华妃、赵丽妃、杨贵嫔、钱妃、皇甫德仪、刘才人、高婕妤、郭顺仪、柳婕妤、钟美人、虞美人、阎才人、王美人、陈才人、郑才人、武贤仪等举不胜举。

唐开元二十四年（736年），太子李瑛死去不到8个月，这年的十二月，武惠妃也死了，从此玄宗常常闷闷不乐。这一方面因唐玄宗是一个很专情的人，武惠妃和他做了20多年的恩爱夫妻，在武惠妃死后他非常想念她；另一方面因为玄宗虽已过了50岁，但是仍然好色，而且眼光非常高，宫中虽有数以万计的佳丽，可是没有一个能让他看上眼，他认为谁也不能和武惠妃相比。同时，他让高力士四处为他选美。高力士物色了很多美女，但玄宗都不满意，高力士不得不把眼光转向"外宫"，终于在寿王的妃子中找到了杨玉环这个绝代佳人。

杨玉环生于开元七年（719年），祖籍弘农华阴（今陕西），后迁居蒲州永乐（今山东永济）。她出生于成都,当时父母都在蜀州,父亲杨玄琰担任蜀州司户。不久,父亲去世,她只好寄养在叔父杨玄璬家,在洛阳长大。杨玉环长得如花似玉，从小便能歌善舞，通晓音律，又娴熟各种乐器。开元二十三年（735年），她被选为玄宗第十八子寿王李瑁的妃子，那年她正好17岁。

寿王李瑁是武惠妃的儿子，原来玄宗对他很宠爱，想立他为太子，后来武惠妃死了，他很快便失宠了。开元二十六年六月，根据高力士的“推长而立”的主张，玄宗立忠王李玙为皇太子。在后来的几年里，寿王处境非常尴尬。高力士选中寿王妃，也是因为此时把寿王妃召入内宫，不会引起风波与麻烦的缘故。当然，另一个原因则是因为杨玉环天下无双的花容月貌，当时“姿色冠代”，风度举止都冠绝一代。实际上，唐玄宗原来也见过杨玉环，也赞美过她的“含章秀出”，只不过当时武惠妃还在世，他没有什么杂念，经过近 3 年精神上的孤独和感情上的空虚，当提及“姿色冠代”的杨玉环时，玄宗也想起了她，并相当高兴，毅然决定要高力士把她召入宫来。

为了把寿王妃弄进宫来，高力士找到寿王的亲姐姐咸宜公主。咸宜公主虽然和以前一样得到父皇的疼爱，但与母亲武惠妃在世时的情况已今非昔比。武惠妃在世时，她可以随便进出内宫，现在，这项规定虽然还没有被废除，但她已不敢使用这一特权了。高力士来后，委婉地谈了一些往事，提到以前 3 位皇子的死，又提到武惠妃逝世之后，皇帝一直高兴不起来。他又说，皇帝自武惠妃去世后，行乐自然很少，但在玉真观遇到寿王妃时，却破例擂了一次鼓。听到这句话，咸宜公主立刻明白是怎么回事了。咸宜公主找到了弟弟，坦率地把高力士拜访的事说了，寿王当时就像遭到了雷击一般，全身颤抖，说不出话来。

寿王的情绪非常激动，虽然 3 位兄弟的死让他感到害怕，但是，他和杨玉环夫妻恩爱，他不能容忍这件事情发生。他平时的理性与利害观念，此时已经不复存在了，气愤地说：“不行，我不能允许这样的事发生。父皇怎么能做出如此不合伦常的事来！”但是，虽作为皇帝的儿子却没有权力的他，除了完全服从父王之命外，没有第二条路可走，他最后只有献出自己的妻子以尽孝道。

为了能够与杨玉环相会，玄宗在一次宴会中提出让自己的妹妹玉真公主来照顾寿王妃杨玉环，让杨玉环搬到玉真观住一段日子。但是寿王妃在玉真公主的骊山道观停留不到半个时辰，就从后面进了内苑，在那里等待着寿王妃的就是大唐皇帝，寿王妃的公公唐玄宗李隆基。

唐玄宗在华清宫（今陕西临潼华清池）召见寿王妃杨玉环，但见她肌态丰艳，骨肉婷匀，眉不描而黛，发不漆而青，颊不脂而红，唇不涂而朱，果然倾国倾城，诚如唐代大诗人白居易在《长恨歌》中所描写的那样：“回眸一笑百媚生，六宫粉黛无颜色。”唐玄宗从未见过这样美的女人，简直是仙女临凡，无与伦比。他喜得心跳血涌，意荡神摇。他命她坐下，问其技艺。她回答说通晓音律，随后吹起玉笛，清音缭绕，逸韵悠扬。李隆基再以自己创作的《霓裳羽衣曲》示之，她略看一遍，即度入新声，且歌且舞，歌如莺啼，舞如飞天。唐玄宗听得痴了，看得醉了，当夜留下这个儿媳同宿，极尽男女之欢。是时，唐玄宗 51 岁，杨玉环 17 岁。唐玄宗在骊山温泉别宫陪寿王妃杨玉环住了 18 天，然后回到长安。这次骊山相会，对杨玉环来说，是惊忧，还是欢乐，就连她自己也说不清楚。但对这 51 岁的唐玄宗来说，这无疑是心灵的解脱，青春的再现，他已经完全为她倾倒。

公公强占儿媳，实在是件丑闻，有悖于伦理。为了能与杨玉环朝夕相处，玄宗命杨玉环自己上表，请求度为女道士，并给予其宫中女官的职位，号称“太真”，正式与寿王李瑁离异，住进了太真宫。杨玉环擅长歌舞、通晓音乐，又聪明过人，善于迎合玄宗的心意，得以受宠，宫中称她为“娘子”，礼仪与皇后相同。

做了 5 年地下夫妻后，唐玄宗开始想名正言顺地把杨玉环娶回宫中，当然，还得先把寿王李瑁的心安抚好。杨玉环被夺走，给他留下感情上的创伤，同时也埋下了一颗不定时的炸弹。

幸好寿王的脾气不怎么暴躁，不敢发泄不满，才得以免遭祸患。他的异母兄太子瑛、光王琚、鄂王瑶都是因对父王生怨言而引起被赐死的。寿王身处一种随时可能出现的危险之中，他只有摆出一副恭敬孝顺的样子让玄宗放心。为了安抚寿王，玄宗便为他另选了一位妃子，那就是左卫勋二府右郎将军韦昭训的二女儿。当然，寿王也深知这是狗尾续貂，无奈只得忍气吞声。天宝四年，皇上下诏册封韦昭训二女儿为寿王妃。为寿王册封韦妃的日子选在立杨贵妃前的 11 天。因为随着时光的流逝，在东都册封杨贵妃这件事或许淡忘了，感觉好像寿王此时才娶了一位王妃。不过，几年之后，寿王李瑁及其家人从世间蒸发，是死是活无人知晓，这成为一个永远不解之谜，直至今日。

天宝四年（745）八月初六，唐玄宗在刚过完 61 岁大寿的时候，就把册立杨玉环的诏书公布于天下，这年杨玉环 27 岁。从制度上说，贵妃的地位仅次于皇后，但此时玄宗的皇后王氏早已去世了，宫中没有皇后，杨玉环当时的地位，实际就是六宫之主。

自此，唐玄宗李隆基纵情声色，日夜寻欢，无所顾忌；杨玉环曲意逢迎，争爱受宠，无忧无虑。《长恨歌》写道："云鬓花颜金步摇，芙蓉帐暖度春宵。春宵苦短日高起，从此君王不早朝。承欢侍宴无闲暇，春从春游夜专夜。后宫佳丽三千人，三千宠爱在一身。"

唐玄宗对杨贵妃的宠爱有增无减。一次在兴庆宫沉香亭观赏牡丹花，还召来"诗仙"李白即兴作词，李白略加思索，挥毫写下三首《清平调词》，曰：

云想衣裳花想容，春风拂槛露华浓。
若非群玉山头见，会向瑶台月下逢。
一枝红艳露凝香，云雨巫山枉断肠。
借问汉宫谁得似，可怜飞燕倚新妆。
名花倾国两相欢，长得君王带笑看。
解释春风无限恨，沉香亭北倚阑干。

1000多年来，史学家们对唐玄宗有褒有贬，说他是个半明半昏的皇帝，开创了"开元盛世"，也导致了"天宝之乱"，如果是站在历史的后来而评论先期：可以说，安史之乱的导火索是唐玄宗生活奢侈放荡，扒灰纳儿媳杨玉环为贵妃而引发的，并非《新唐书·玄宗纪·赞》所言："呜呼，女子祸于人者甚矣……"杨玉环只是个有过失的宫廷妇女，说到底是被"扒灰"的受害者，充当了封建皇朝由治到乱、由盛变衰的可悲牺牲品。

后梁太祖"扒灰"导致宫廷政变

朱温（852—912年），后梁的开国元勋，庙号太祖。他原来是黄巢起义军中的大将，后叛变自立，取代唐哀帝李柷而称帝。朱温少时，娶张氏，乃单州砀山县（今安徽砀山）一富户之女。她生了儿子朱友贞。朱温被封魏王时，她是魏国夫人。朱温共有8个儿子，依次为朱友裕、朱友珪、朱友璋、朱友贞、朱友雍、朱友徽、朱友孜、朱友文。张氏（魏国夫人）没有活到朱温当皇帝之日，于唐昭宗天祐元年（904年）病故，朱温追封她为贤妃。

朱温当皇帝后，以唐昭宗、唐哀帝的嫔妃充实后宫，嫔妾成百上千，淫乐不止。

他最宠爱的有两人，一是陈昭仪，一是李昭容。陈昭仪好佛，以后不堪朱温淫威，于开平三年（909年）被度为尼。李昭容心实，一次朱温患病，寝殿栋梁突然破裂，倾刻就要塌下，宫人吓得纷纷逃命，惟独她侍侧，急忙帮朱温穿好衣服，连滚带爬地离开。他们刚出殿门，栋梁折断，寝殿崩塌，朱温幸免一死，感激这位心实的女人，遂拜她为昭容。

朱温自从结发妻子（张氏）死后，他一直没有再娶，而是随意放荡。早年生活荒唐，嬖爱女色，次子朱友珪，就是他与一逆旅之妇人野合而生。他当皇帝后，封诸子为王，派去封国，而把诸子的妻子（王妃），即自己的儿媳全都留在身边，以侍寝自己。8个儿子均因父王嗜杀成性，荒淫无比，只得忍气吞声。小儿子朱友文之妻王氏和朱珪之妻张氏姿色尤为出众、美丽动人，因此特别受到宠爱，常专房侍寝。

朱温为帝期间，一直未立太子。大儿子朱友裕有次攻打徐州，朱温听信谗言，差点杀掉大儿子，后虽赦免了死罪，太子位自然不再是他的了。他心中属意于小儿子朱友文，又常听朱友文的妻子王氏枕边之言，因此，最后越发想把太子位置给朱友文，而昔日屡屡为朱温攻城拔寨的朱友珪，认为既废了朱友裕太子位，那理所当然应是他的。可此时的朱温又极度迷恋朱友珪的妻子张氏，见朱友珪碍手碍脚，于是想让朱友珪离远一点，派去莱州任刺史。朱友珪之妻张氏探得此消息后，便悄悄地与朱友珪商量对策。朱友珪认为自己的娇妻被父王霸占，早已怒火心中烧，如今了解到父王又想支走自己，于是贼胆包天，立即决定率先下手，早自为图。乾化二年（912年），朱友珪突然发动宫廷政变，杀死父亲朱温，然后秘不发丧。又因平时朱友文之妻王氏美丽优于朱友珪的妻子张氏，更得朱温欢心。在二人之争中，张氏醋意大发，早已结下矛盾，立意诛杀王氏方解心头之恨。于是与丈夫又嫁祸于朱友文，一并杀之，消除隐患，最后自立为帝。

这段历史，史学家早有定评："太祖始为荒淫，卒以及祸"、"梁……及其败也，因于一二女子之误，至于洞胸流肠，到若羊豕，祸生父子之间，乃知女色之败人矣。"毛泽东也曾经评价朱温说："朱温处四战之地，嗜杀成性，荒淫无比……与曹操略同，而狡猾过之。"一句话：后梁太祖朱温因宠爱儿媳而扒灰，导致宫廷政变而葬于黄泉之下。

西夏王两度“扒灰”被削鼻而亡

李元昊（1003—1048 年），元昊为党项族人，本姓拓跋，唐朝曾赐姓李，宋朝又赐赵，西夏通称李姓。李元昊有雄才大略，几年之内，让西夏与宋、辽形成鼎足之势。公元 1038 年十月十六日，李元昊称帝，建国号大夏，历史上称其为西夏，晚年沉湎于酒色、荒淫残暴、滥杀无辜。称帝前娶妻野利氏，称帝后，野利氏被封为宪成皇后，虽然后宫佳丽逾千，不过，野利氏仍能集元昊宠爱于一身。

李元昊与野利氏生育了 3 个儿子，三子早逝，长子宁明后出道修术，练得走火入魔后绝食而终。于是,由次子宁令哥继太子位。宁令哥不仅相貌酷似元昊，就连乖张残暴的性格,也酷似其父,元昊十分宠爱,恣其所为。宁令哥做了太子后，更加飞扬跋扈。

李元昊见太子宁令哥已长大成人，便为其选太子妃。党项大族没藏皆山之女没藏氏，长得亭亭玉立，明目皓齿。元昊见她婀娜多姿，索性自纳为妃，号为“新皇后”。宁令哥本来高高兴兴准备当新郎,一连数日盘算着当新郎过蜜月，结果如泥牛入海杳无音信，一打听，不觉瞪了眼。不过，他深知父王残暴，事到如今，也只能打掉牙往肚里咽，忍气吞声。

元昊极其喜欢这个本应是儿媳的新人，为避人耳目，便命人悄悄地在天都山（今宁夏固原西北）营造行宫,内有七殿,极为壮观,供他与没藏氏吃喝玩乐，逍遥其中。天下没有不透风的墙，况且野利氏的叔父就是天都山的守将，叫野利遇乞，见状后极为不满：“我侄女出嫁 20 年，却只能住故居，况且本应为他自己之媳，却占为己有。奈何如此荒淫？”原来，野利遇乞和野利旺荣兄弟俩乃元昊的心腹重臣和开国元勋，因而敢口出怨言。而元昊本来就猜忌好杀，听了这话，担心野利兄弟谋反，于是除掉了野利兄弟及其亲眷。

元昊杀野利兄弟后，行为更为放肆，无所顾忌，没藏氏更加受到宠幸，元昊将后宫佳丽全都忘到脑后，至于皇后野利氏，自然不在话下。不久，元昊占儿媳为妃且号“新皇后”之事，也被野利氏发觉，随即，朝野均出现一些碎言碎语。元昊到底是个聪明人，他翻翻历史，灵机一动，便学习当年唐玄宗李隆基曾用过的“妙招”，让没藏氏出家为尼，并赐号没藏大师，居住在首都兴庆府的戒坊寺中。元昊眷恋没藏氏，经常到寺中与她幽会，甚至出猎也带她同行。

天授礼法延祚十年（1047年），没藏氏为元昊生下一子，即后来的毅宗谅祚，没藏氏也因此被封为皇后，而把年长色衰的野利氏废掉，并打入冷宫，不准相见。

自此，没藏氏因生子而贵，更加娇宠。“宁令”在党项语中为“欢喜”之意。野利氏所生的皇太子叫宁令哥，而没藏氏之子叫宁令谅祚，“祚”是君主的位置，其用心不言而喻。

接着元昊还封没藏氏之兄没藏讹庞为相国，主持军国大事及裁处，自己则与没藏氏在贺兰山深宫恣意淫乐。

太子宁令哥因没藏氏本应为已妻，现为父王“新皇后”之事极为不满．又由于父亲已废母，因而屡出怨言。没藏讹庞趁机教唆宁令哥作乱，企图借刀杀人，让元昊除去宁令哥，另立谅祚为太子。

这时的宁令哥早已成年，出落得虎背雄腰，像他的父亲一样也是个善骑射的彪形大汉。在此之前，元昊为平息宁令哥的怨气，收买其心，曾又一次当宁令哥面扬言要为他选妃。其后也真正选中一位小巧玲珑的娇小可人，宁令哥一见也相当满意喜不自禁。

谁知，自从这个小可人被皇上召见，说是要为他俩订完婚期后，就再也无下文了。宁令哥哪里想到，元昊故伎重演，在没藏讹庞的怂恿下，再次扒灰，宠幸儿媳妇。天授礼法延祚十一年（1048年）元宵节，元昊在宫中与众妃喝得烂醉如泥。宁令哥潜入宫中行刺，当他满腔怒火、暗藏腰刀进入元昊的寝宫，踱近卧床时，却见其父元昊正与本应成为自己妻子的小可人交颈而眠。宁令哥不啻五雷轰顶，险些晕了过去。瞬时，他怒火中烧，几至疯狂，急忙抽出腰刀，狠命向其父砍去，而元昊呢，此刻睡眼朦胧中闻听有响动惊醒过来，又因宁令哥用力过猛，慌乱之中，一刀向元昊头颅砍去，元昊本能地把头一偏，这一下，腰刀不偏不倚削去了元昊的鼻子。这时，早已奉没藏讹庞之命埋伏在宫门左右的军士一涌而出救驾，宁令哥仓皇逃窜，无处藏身，结果便投没藏讹庞家中，暂避风头，没藏讹庞当即声色俱厉，着人将其逮捕。随后，将早已被打入冷宫的野利氏一起以弑君之罪处死。元昊被儿子削去了鼻子后，又羞又恼，第二天，鼻创又发作，不治而死，年仅45岁。

李杜风流事

慕容骁

在唐代，要出名，“武作侠客，文作嫖客”才能风流百代，当然前提是武者武功卓绝，文者文华盖世。前者如尉迟敬德，勇冠三军，“马上三夺槊”；后者如杜牧，“十年一觉扬州梦，赢得青楼薄幸名”。

这开放的做派要从李世民算起，唐太宗李世民的母亲窦氏是鲜卑族人。老爹李渊生于关陇，自称祖居关陇，是西凉王李皓的后代。胡人风俗很乱，乱伦“扒灰”，算不得稀奇。所以武则天可以在太宗死后成为儿子高宗的皇后；杨贵妃则上了公公唐玄宗的床。皇上都带头风流，平民更该自由。

王小波在《唐人故事》里说，当时的长安城里的成年男子，都被姑娘们亲热地称为“舅舅”，且不论是否杜撰，多少有些映射些现实，可见当时的确开放。

且看看唐人如何风流，武的从略，单说文客。领军四人，大小李杜。

先说小杜。杜牧26岁就中了进士，可升官不快，30出头了，还只在淮南节度使牛僧孺（就是后来被扯进“牛李党争”的牛政客）的幕府当个小官，上班地点在扬州。当时有“一扬二益”的说法，这“扬”指的就是扬州，除了首都长安，扬州就是全国最繁华的都市。

那时扬州是著名的红灯区。一到晚上，全城的歌楼夜总会有上万灯笼打出来，“九里三十步，街中珠翠填咽，邈如仙境”（于邺《扬州梦记》）。杜牧是单身汉，每天下班后就爱往其里钻，如鱼得水，夜生活搞得丰富多彩。等到杜牧任满离开扬州的时候，牛僧孺提醒了一句：你还是应该注意点身体啊。杜牧马上抵赖说“某幸常自检守，不至贻尊忧耳”——自己还是很注意为官形象的。牛僧孺笑笑，让人拿来一大堆暗访记录，杜牧一看，都是牛总派当差夜里跟踪记录的报告，上书“某年某月某晚，宿某家，平安无事”等等。杜牧大窘，羞得连忙磕头。多年后老领导牛僧孺离世，杜牧亲自捉刀墓志铭，比给自己的墓志铭写得还好，以表知遇之恩。

后来杜牧回忆在扬州有当差护航逛妓院的日子，写下了著名的“十年一觉扬州梦”。虽然他在扬州过得肾亏脚软，但写出了不少关于扬州的经典诗篇，以至于后人一提起小杜，就想起扬州。

离开扬州后，杜牧贪色的毛病没改。一次，李司徒宴请官员，因为杜牧身为监察御史（相当于现在的纪检组长），李司徒怕被双规没敢请他。李司徒的家妓号称第一，杜牧很想去做个评委，就主动托人跟李司徒打招呼，要求赴宴。李司徒没办法，只好请他来。杜牧在家已经喝得脸似猴屁股，到了李司徒家，直着眼琢磨李的众多美女。又喝了一阵后，杜牧借着酒劲问：听说有个叫紫云的，在哪里？李司徒指给他看，杜牧瞪眼扫描了半天，说：果真名不虚传，应该送给我。众人皆笑，他却皮厚当没事。

当然情圣小杜也偶有失手的时候。一次他到湖州散心，湖州刺史顺便拍马，把附近的歌妓舞姬都召来让他做专业鉴定。杜牧嫌不过瘾，提出在湖边办一次大型“50 进 20”的选秀活动，这样他就可以挑一挑全城的美女。刺史够兄弟，真的照办。但是杜牧眼睛太毒，看了一整天，竟选不出个“最上镜小姐”。眼看要散场，一名妇女领着一个 10 来岁的小姑娘上台，杜牧按照“美女标准”仔细打分，盯着小姑娘钻研了好久，大为满意。他当场跟母女说：10 年内我会来这里做刺史，要是 10 年不来，就请另嫁。然后重金下了聘礼，满意地走人。

不料事情不顺，杜牧折腾了 14 年才混上湖州刺史。到任一看，当年的小姑娘已经是两个孩子的娘了。因为有 10 年保鲜的约定，杜牧愿赌服输，只能又用老办法解决——写情诗，一首《叹花》情切切：“自恨寻芳到已迟，不须惆怅怨芳时。如今风摆花狼藉，绿叶成阴子满枝。”这倒不是杜牧专情，大概只是想多个妾而已。

这不是杜牧第一次情场失意了。杜牧刚刚参加工作不久，就爱上了他领导的歌女，叫张好好的。自从见到此美女，小杜没事就往领导家跑，3 天看不见心抓挠。但张好好是领导家属，杜牧苦于有贼心没贼胆。后来领导的弟弟和杜牧色鬼所见略同，也看中了张好好，捷足先登纳为小妾，杜牧连饱眼福的机会也断了。直到杜牧调到扬州，还一直怀念着张好好。几年之后，杜牧偶遇旧日梦中情人，眼泪鼻涕乱飘，伤情之下写了著名的《张好好诗》。杜牧的书法本不是强项，写不过颜柳等大腕，但一股春情可能憋得太久，一爆发出来别有风韵，以至于杜牧手书的《张好好诗》成为传世珍品。流传至今的《张好好诗》纸本上，有宋徽宗、贾似道、年羹尧、乾隆等一堆名人的鉴定印章。后来被民国四大公子之一、收藏家张伯驹购得，最后捐给了国家。

再说说李商隐，虽然诗名同杜牧，并称为“小李杜”，但小李远没有小杜的大胆爽利，李商隐绝对属于闷骚型的，他得“牛党”令狐楚的赏识，又娶了“李党”王茂元的女儿，典型的两面派，夹在“牛李党争”中间，政治上压抑搞得压抑，所有的怀春诗全部朦胧一片，比如《锦瑟》，比如《无题》。

最著名的《无题》诗中有这样的句子：“隔座送钩春酒暖，分曹射覆蜡灯红。嗟余听鼓应官去，走马兰台类转蓬。”翻译成现代语言可以这样说：“正在和美女们玩着扑克色子、猜着小蜜蜂（送钩和射覆都类似今天的酒桌娱乐），眉来眼去酒喝得正欢，可恶的领导打手机催促了（古代官鼓一敲就是领导有急事要上衙门）！坐在公家的专车（专用马）上懊恼无比，脑袋像云霄飞车似的还在转转转。”没甚骨气的软蛋，要是杜牧早就请假不上班了。

最酷的当然要属于李白。

据考证在李白的1000多首诗中，100多首涉及风流暗示。李白尤其喜欢金陵妓女，甚至直接用妓作题，如《秋猎孟诸夜归，置酒单父东楼观妓》、《携妓登梁王栖霞山孟氏桃园中》、《邯郸南亭观妓》、《水军宴韦司马楼船观妓》等，而李白一生共有3个老婆，并曾和山东一个女人长期非法同居过。可惜“家花不如野花香”，李白现存的诗作中，没有一首是描写与老婆爱情生活的。最典型的就是《东山吟》中的名句：“携妓东土山，怅然悲谢安。我妓今朝如花月，他妓古坟荒草寒。”李白本来一向敬重谢安，这位东晋淝水之战一战成名的谢安，一度是李白的偶像，李白曾写过“但用东山谢安石，为君谈笑静胡沙”这样的千古名句褒奖他。但真正到东土山来吊谢公了，却带了个漂亮妓女来和他攀比，无礼到极点。谢安泉下若有知，一定想跳起来掐死李白这小子。

天宝四载（745年），李白和杜甫在宋州相遇，之后和高适等好友一起游历梁宋。这个时候李白刚刚错拍杨贵妃马屁，从当时的世界首富李隆基那儿得到一大笔“还乡赠款”，而杜甫和高适则均穷得叮当乱响。可以想象，他们叫了几个头牌陪酒，一直喝到三更，或许还写了诗，最后自然是各自领着佳人回了包房。

以李白“千金散尽还复来”的个性，这次结伴行动极可能是由李白买单。

有人说李白嫖娼不给钱，理由是李白一生游历甚广，除了任官一段时间，其他时段收入不稳定，如何来的钱？定是以诗文充账！

事实并非如此。

唐朝的娼妓分为官妓和私妓。官妓是不以盈利为目的的。政府按照官员级别发放妓女，相当于福利，即所谓“官给衣粮”。对于李白这样的风流大牌，交的官场朋友又多，泡的自然大多是官妓。他的诗文早已天下闻名，极受姑娘们的青睐，“临幸”一次求之不得，不用付账应属常理。另外，李白的阔绰朋友多，接济自然充裕。再加上平时赚的润笔，就算付过夜小费，应该还是风流得起。当然李白也不是日日沉湎酒色，他好道术，炼丹服饵，爱山水好酒，否则也出不来那么多精品山水诗文。

比较惨的是杜甫。

杜甫和李白的相遇，被称为文学史上的大事。他们一起在河南、山东一带漫游，一起拜访当时著名的道士。杜甫比李白小 11 岁，年轻的时候，确也向往“痛饮狂歌，飞扬跋扈”的生活，但他缺资本。首先是文凭不够，进士连考几次没考上（李白虽然也没考上，但他是受皇上特招的，不服不行），不是老杜不会写，而是他写得慢。他写诗不像李白，随便喝壶酒就能大段大段倒出来。他必须一个字一个字抠，句句都要“语不惊人死不休”，监考官可没空陪他琢磨啊！其次他身体不好，总是多病。他在长安四处碰壁，中年恰逢安史之乱，后在四川剑南节度使严武手下当差，由于个性高傲，得罪了严武，差点丧命。最后不得不重返草堂，成为平民。

后半生的杜甫极其悲惨，回到长安时，老爸死了，断了财源，只好靠采草药、卖些三无产品糊口，钱赚的很少，只够买救灾低价粮。杜甫在长安坚持了 10 年，等他弄到一个小官时，已经太晚。他上任不久，回家探亲，进门就听到噩耗，小儿子活活饿死了！离开四川后，杜甫客居湖南，被洪水围困了 9 天，当地县令用小船把杜甫救了，以牛肉白酒招待他，可惜难得大吃一回的杜甫当晚就撑死了。如此不雅的死法令后人不安，于是人们对杜甫的死因做了种种解释，推断出溺死、病死等各种说法。然而斯人已逝，遗痛千载，追考无用。“放荡齐赵间，裘马颇清狂”，诗圣的风流快乐只能是回忆，定格在年轻时遇见李白的日子。

爱你风卷残荷

风为裳

1916年11月8日，蔡锷将军在日本病逝，年仅34岁。

小凤仙得知此讯，痛不欲生。高山流水觅知音，他是她人生最大的亮色，谁知只是那么短短的一瞬，他就如流星一样划过夜空，永远从她的生命里消失了，这让她怎么面对以后的漫漫人生呢？

在蔡锷的追悼会上，送上“不幸周郎竟短命，早知李靖是英雄”的挽联后，小凤仙悄然离开了八大胡同。

此后颠沛流离，嫁过一位师长，师长战死。为生活所迫，她跟了一个厨子，住在沈阳市皇姑区寿泉街三胡同的一座平房里。因为丈夫姓李，四周邻居们都称她“李娘”。她给自己起了个意味深长的名字：张洗非。

老李是个老实巴交的男人。他隐约知道她是个不寻常的女人，只是，关于过去，她不说，他便不问。她没有工作，只靠他一点微薄的收入过日子，他们住的北厢房只有十平方米，家里几乎没有家具，惟一像样的摆设，也就是那只天天上弦叫他起来开工的小闹钟。他总觉得委屈了她。所以，只要她喜欢的，只要他能办到的，他都尽量满足她。

她惟一的爱好就是喝酒，几乎每餐都要喝上两盅。那时，他就会挽起袖子为她弄两个下酒菜，偶尔陪她喝两盅。庸常的生活里因为他的温暖便有了些许滋味。

她难一的乐趣是听戏。一出戏，她听得如痴如醉，恍如隔世。

对他，对生活，她倒也安之若素。她不讲究穿戴，只是爱干净，常常把几件平平常常的衣服洗得干干净净，穿在她身上，很与众不同。

她随身有个小包裹，那里面有一张照片，是位年轻英俊的军官。他问过一次，她淡淡一笑，轻声回答：是个普通朋友。

日子风驰电掣往前赶。他们的生活越来越困顿。

她见了一位故人，那是她与从前生活的惟一一点联系。故人是梅兰芳。

1951年年初，梅兰芳率剧团去朝鲜慰问赴朝参战的志愿军，途经沈阳演出。她闻讯，很想见见这位昔日在北京的旧相识，并求得他的帮助，遂写了一封信给梅。

数日后，她接到梅兰芳邀请相见的回信，她兴奋异常，穿上自己最好的衣服，打扮得像过节一样，去见梅兰芳。

生活忧患，饱经沧桑，故人相见，一言难尽。

经梅的举荐，她到一家幼儿园当了保健员。那是她一生过得最为顺意的日子。她表现得很积极，参加各种活动。

只是，她从不对身边人讲她是谁。在所有人眼里，她不过是个普通女子张洗非。

她已不大记得小凤仙的生活。华裳美服，琴棋书画，迎来送往。然后星火一样遇到生命里的那个男人。他像一道光，照亮了她的整个生命。然后光灭了，她的生命黯淡下去。

她跟李姓男子一起生活了大半辈子。她不曾真正了解他。她只是用他来逃避自己心里的那段记忆。可是，是他给了她一个家的全部温暖。她是明白女子，她何尝不明白，即使蔡将军活着，他们之间，或者也就是一段佳话，如此而已。

而他，用真心待她。他希望她所有的伤都能在平淡的岁月里不治而愈，一如他做的一粥一饭，平常却养人。

她很庆幸遇到他，他一直陪在她身边，给她最平实的温暖。这便够了，不是吗？

当她终于走完了自己曲折的人生道路，他颤抖着把那张跟随了她一辈子的照片放在了她的衣袋里。泪水从他沟壑纵横的脸上流下来。

一辈子，他没对她说过那个爱字。他不是小凤仙或者是改名叫张洗非的女子的知音，但是，有些感情，融进了血液里，比水浓。

那也是爱情。

陪她走完人生最后每一天的人，不是蔡将军，而是他。

爱你的春光明媚的人无论有多少，爱上你风卷残荷的，一人足矣。